民事再生 QA500
〔第2版補訂〕

監 修
須藤英章

編 集
企業再建弁護士グループ

上床　竜司	髙木　裕康	三森　　仁
江木　　晋	長沢美智子	村田由里子
大城　康史	野崎　大介	山本　　正
髙井　章光	古里　健治	渡邉　光誠
	松村　昌人	

信 山 社

第 2 版　監修のことば

　本書は，事業再生の実務に堪能な13名の弁護士による労作である。

　分担執筆による通常の書籍と違って，この労作では，各執筆者が書いた第 1 次原稿を持ち寄り，会のメンバーが集まって議論を闘わせたうえで原稿を完成している。各問に対する解答・解説が具体的で質が高いのはこのためである。拙速を避けたため，第 2 版の完成にも執筆開始から 2 年近くを要している。

　519問というQ&Aの数も他に類を見ないものである。民事再生の実務で逢着する大抵の疑問は，全て本書で解決するものと思われる。本書（初版）を読まれた実務家の方々から「QA500には何でも書いてある。」「実務で疑問が出ると先ずQA500を探す。」といった言葉をかけていただき，鼻を高くしている。

　目次をみれば一目瞭然であるが，本書には，読者が利用しやすいように様々な工夫が凝らされている。例えば，通常の書籍では「申立て」の章にまとめられている項目が，本書では「申立前」「申立て」「申立後の対応」の 3 章に分けられて，それぞれ20問前後のQ&Aによって解き明かされている。時系列に沿った構成で，検索しやすい作りである。

　多忙な弁護士がこのような大部の書籍を作り上げる苦労は並大抵のものではない。

　本書第 2 版が多くの実務家，研究者によって利用されることを願ってやまない。

　2008年 8 月

　　　　　　　　　　　　　　　　　　　　　　　弁護士　須　藤　英　章

第2版補訂第1刷にあたっては，最小限の補訂と誤植修正などを行った。

(信山社編集第2部，2011年1月)

第2版はしがき

　本書の初版を上梓してから，3年半が経過した。この間，破産法制や会社法制の改正など，倒産法制に大きな変化があり，民事再生法も各所で改正となった。そのため，本書も改正を反映させ，さらに内容の充実を図るため，第2版を刊行することとした。引き続き読者の皆様のご批判を賜れれば幸いである。

　2008年8月　　　　　　　　　　　　　　　　　　　　　　　　　　執筆者一同

はしがきにかえて

　本書をご利用される方へ，簡単なご案内をいたします。

1　企業の民事再生ハンドブックです。

　本書の対象手続は，株式会社等の企業についての民事再生手続です（破産手続や個人再生等は扱っていません）。本書は，既刊の『民事再生法書式集（新版）』（信山社）の執筆者が中心となって編集・執筆したもので，上記書式集の姉妹版ともいうべきものです。企業の再生実務に携わる執筆者が，執務の過程で遭遇した様々な疑問点を設問化し，再生債務者や申立代理人のみならず，監督委員，債権者等の関係者の方々が，民事再生手続を進めるにあたって，疑問点を確認するためのハンドブックとして，ご利用いただけるものと思われます。

2　設問数を，500問超と多くしました。

　本書では，500問を超える設問と解答が掲載されています。これにより，実務上遭遇する問題点を，概ねカバーすることができます。なお，実務上の取扱いが定まっていないものについても，積極的に採り上げ，執筆者なりの見解を掲載しましたので，批判的に検討していただければ幸いです。

3　設問は，時間順に配列されています。

　本書では，民事再生法に関する典型的な項目を，概ね手続の時間の流れに沿って配

列しました。民事再生手続下においては、限られた時間内で、的確な判断をする必要があり、体系書や逐条解説の該当箇所を探すための時間すら惜しいときもあります。そのようなときでも、時間順に配列された本書目次を検索することで、500余問の設問中から、参照すべき部分を、短時間で見つけることができるでしょう。

4　実務上遭遇する事項を、幅広く収録しました。

本書で扱った項目には、「申立前後の手続」、「開始決定前後の手続」、「債権確定手続」、「営業譲渡」、「相殺」、「財産評定」、「別除権」、「各種報告書」、「役員損害賠償」、「再生計画案」、「可決認可」、「簡易再生」、「同意再生」等といった典型的な項目で、上記3に述べた趣旨にしたがって、概ね、手続の時間の流れに沿って配列しました。また、実務上遭遇する事項として、「債権者への弁済の可否判断」、「認否書の書き方」、「認可決定後の事務処理」、「他の倒産手続きへの移行」、「業種別の特有事項」、「国際関係」等に関しても、設問を収録しています。

5　他の書籍へのリンク集にもなります。

本書の解説中には、必要に応じて、各種の体系書、逐条解説、書式集への該当箇所を示しました。これにより、本書の解説について、理論的根拠を確認したり、批判的検討をしたり、必要書式を参照したりすることができます。今後、民事再生法に関する新刊書が出た場合でも、読者が、本書の該当設問の解説余白に追記をしていくことで、オリジナルのリンク集として用いることが可能となります。

民事再生手続遂行に伴う負担の軽減に、いくらかでも本書が寄与できれば、執筆者としては、望外の喜びであります。

執筆者一同

監修者・執筆者のプロフィール

監 修 者

須藤英章（すどう　ひであき）
1971年　弁護士・会計士補登録（第二東京弁護士会）
東京富士法律事務所・代表弁護士

1990年　日本大学経済学部教授（商法担当）（～1998年）
1992年　司法試験考査委員（破産法担当）（～1994年）
1992年　建設省中央建設工事紛争審査会特別委員
1998年　日弁連・倒産法改正問題検討委員会・委員長（～2000年）
2004年　日本大学法科大学院教授（倒産法担当）（～2008年）

＜主要著書＞『会社法講義』（共著・中央経済社，1993年），『Q&A平成9年改正商法』（共著・新日本法規，1997年），『詳解・民事再生法の実務』（共編著・第一法規，2000年），『民事再生法の実務』（共著編・金融財政事情研究会，2000年），『個人再生手続の運用モデル』（共編著・商事法務研究会，2001年），『平成14年4月施行・改正商法のすべて』（共編著・財経詳報社，2002年），『新会社更生法解説』（共編著・三省堂　2003年），『Q&A　改正担保・執行法の要点』（共編著・新日本法規，2003年），『民事再生の実務』（編著・新日本法規，2005年），『私的整理ガイドラインの実務』（共編著，きんざい，2007年）

＜関与した主な企業再建・倒産事件＞　更生会社・興国鋼線索㈱管財人，和議・整理委員，民事再生・監督委員を多数経験。私的整理ガイドラインに基づく私的整理（岩田屋，岡島，日本冶金工業，間組，九州産交グループなど）の専門家アドバイザー

執 筆 者

上床竜司（うわとこ　りゅうじ）
1994年弁護士登録（第二東京弁護士会）
あさひ法律事務所所属

＜主要著書＞『民事再生法書式集』，『株式代表訴訟の見直しと取締役の責任軽減・監査役の機能強化』，『コーポレート・ガバナンス改革と株主総会制度の改正』，『新会社更生法解説』，『会社更生手続のすべて』など（いずれも共著）

江木　晋（えぎ　すすむ）
1997年弁護士登録（第二東京弁護士会）
角家・江木法律事務所所属

＜主要著書＞『民事再生法書式集』（共著・信山社，2001年），『新会社更生法解説』（共著・三省堂，2003年），『新しい破産法解説』（編著・三省堂），『企業再建の真髄』（編著・商事法務），『倒産実務ハンドブック』（編著，財形滅出版），『新会社法の実務Q&A』（編著　税務研究会），『会社法Q&A』（編著・ぎょうせい）等

＜関与した主な企業再建・倒産事件＞　株式会社ミナミ（民事再生申立代理人），日本重化学工業株式会社（会社更生申立代人），佐藤工業株式会社（会社更生申立代理人），磐梯リゾート開発株式会社（民事再生申立代理人），三和建物株式会社（更生管財人代理），株式会社真里谷（更生管財人代理），アエル株式会社（会社更生申立代理人）あし銀フィナンシャルグループ（更生管財人代理），学校法人東北文化学園大学（民事再生申立代理人），株式会社ゼクー（破産管財人代理），多田建設株式会社（会社更生申立代理人）など

大城康史（おおしろ　やすし）
1998年弁護士登録（第二東京弁護士会）
嶋倉・大城法律事務所所属

＜主要著書＞（倒産法関係）『民事再生法書式集［新版］』（共著）（信山社，2001年）『倒産実務ハンドブック』（共著）（財経詳報社，2005年），『実務解説会社法Q&A』（共著）（ぎょうせい，2006年）等

＜関与した主な企業再建・倒産事件＞　中小企業の民事再生申立のほか，会社整理・私的整理等の企業再建処理事案に多数関与

髙井章光（たかい　あきみつ）
1995年弁護士登録（第二東京弁護士会）
須藤・髙井法律事務所所属

＜主要著書＞『詳解　民事再生法の実務』（第一法規，

共著，2000年），『新会社更生法解説』（三省堂，共著，2003年），『委員会等設置会社への移行戦略』（商事法務，共著，2003年）『民事再生法書式集〔第3版〕』（信山社，編集担当，2004年），『新しい破産法解説』（三省堂，共著，2004年），『詳解新会社法の実務Q&A』（税務研究会，共著，2005年），『民事再生の実務』（新日本法規，共著，2005年），『倒産実務ハンドブック』（財経詳報社，共著，2005年），『実務解説会社法Q&A』（ぎょうせい，共著，2006年），『新版再生計画事例集』（商事法務，編集・執筆担当，2006年），『新注釈民事再生法』（ぎょうせい，共著，2006年），『破産実務Q&A150問』（ぎょうせい，共著，2007年），『民事再生手続と監督委員』（商事法務，編集・執筆担当，2008年）など

＜関与した主な企業再建・倒産事件＞ ［民事再生案件］㈱さくら野百貨店（旧商号㈱ダックビブレ，再生債務者代理人），㈱ワイ・エス・ジェイ（旧商号㈱フィットリゾートクラブ，再生債務者代理人），㈱東ハト（再生債務者代理人・菓子事業営業譲渡担当）ほか，［会社更生案件］日産建設㈱（更生管財人代理），東日本フェリー㈱ほか4社グループ（更生管財人代理），［破産管財案件］三洋総合キャピタル㈱（破産管財人常置代理人）再生事件：㈱東京テレポートセンター他東京臨海三セク2社（再生債務者代理人），㈱河口湖カントリークラブ（再生債務者代理人），㈱クレディア（再生債務者代理人），ニイウスコー㈱（再生債務者代理人）会社更生事件：昭和鋼機㈱（更生管財人代理）他

髙木裕康（たかぎ ひろやす）
1988年弁護士登録（第二東京弁護士会）
東京丸の内・春木法律事務所所属（企業法務を中心に取り扱いつつ，企業再建・整理・著作権関係事件等を手がけている）

＜主要著書＞ 『倒産法実務事典』（共著・きんざい），『詳解民事再生法の実務』（共編・第一法規），『企業の防災対策マニュアル』（共著・日本実業出版社），『民事再生法書式集［新版］』（共著・信山社），新会社更生法解説（共著・三省堂），『私的整理ガイドラインの実務』（共著，きんざい，2007年）

＜関与した主な企業再建・倒産事件＞ 日本硝子・興国鋼線索・中国パール販売・地産・國際友情倶樂部（更生管財人代理），小川工務店・日本ジャミソン（民事再生申立代理人），勁文社・エコーエンタプライズ・東栄（民事再生監督委員），セントラルファーム（特別清算申立代理人）

長沢美智子（ながさわ みちこ）
1984年弁護士登録（第二東京弁護士会）
東京丸の内・春木法律事務所所属
2007年より学習院大学法科大学院教授（倒産法）

＜主要著書＞ 以下，全て共著『民事再生法書式集〔第3版〕』（信山社，編集担当，2004年），『新会社更生法解説』（三省堂，2003年），『新しい破産法解説』（三省堂，2004年），『倒産実務ハンドブック』（財経詳報社，2005年），『民事再生の実務』（新日本法規，2005年），『詳解新会社法の実務Q&A』（税務研究会，2005年），『実務解説会社法Q&A』（ぎょうせい，2006年），『新注釈民事再生法』（きんざい，2006年），『私的整理ガイドラインの実務』（きんざい，2007年），『民事再生手続と監督委員』（商事法務，2007年）

＜関与した主な企業再建・倒産事件＞ 宝幸水産，佐藤工業，長崎屋，フットワーク，ホリディタワー等の会社更生事件，ハナエモリ，壽屋，琴平電鉄等の民事再生事件，私的整理ガイドライン案件

野崎大介（のざき だいすけ）
2000年弁護士登録（第二東京弁護士会）
伊藤・遠藤・高野・野崎法律事務所所属

＜主要著書＞ 『民事再生法書式集』（共著）（信山社），『実務解説 会社法Q&A』（共著，ぎょうせい，2006年6月）

古里健治（ふるさと けんじ）
1996年弁護士登録（第二東京弁護士会）
東京富士法律事務所所属

＜主要著書＞（倒産法関係）『詳解 民事再生法の実務』（共著）（第一法規），『Q&A民事再生法の実務』（共著）（新日本法規），『民事再生法書式集［新版］』（共著）（信山社），『新会社更生法解説』（共著）（三省堂）など

＜関与した主な企業再建・倒産事件＞ ゴルフ場，IT産業，鉄鋼商社等の民事再生事件における監督委員常置代理人

松村昌人（まつむら まさと）
1996年弁護士登録（第二東京弁護士会）
さくら共同法律事務所所属

＜主要著書＞ 『民事再生法書式集［新版］』（共著）第二東京弁護士会倒産法制検討委員会編(信山社,2001年)，『再生計画事例集』（部分執筆）事業再生研究機構（商事法務，2002年），『新会社更生法解説』（部分執筆）宮川・須藤編（三省堂，2003年），『民事再生法書式集［第3版］』（共著）(信山社，2004年3月），『民事再生の実務』（共著）(新日本法規出版，2005年10月），『実務解説 会社法Q&A』（共著）（ぎょうせい，2006年6月）

三森 仁（みつもり さとる）
1993年 弁護士登録（第二東京弁護士会）
あさひ法律事務所所属

＜主要著書＞ 『詳解民事再生法の実務』（共著・第一法規），『会社分割のすべて』（共著・中央経済社），『新

『貸金3法Q&A』（共著　弘文堂）、『知的財産権辞典』（共著・三省堂）、『民事再生法書式集［新版］』（共著・信山社）、『単元株創設と株式・株券の法律事務』（共著・中央経済社）、『株主代表訴訟の見直し』（共著・中央経済社）、『新会社更生法解説』（共著・三省堂）、『解説　改正会社更生法』（共著・青林書院）、『Q&A改正会社更生法のすべて』（共著・中央経済社）、『更生計画の実務と理論』（共著・商事法務）、『新貸金3法Q&A』（共著・弘文堂）、『実務解説　会社法Q&A』（共著・ぎょうせい）、『新注釈　民事再生法（上）（下）』（共著（全国倒産処理弁護士ネットワーク）・金融財政事情研究会）、『破産管財人の注意義務——2つの最一判H18／12／21を読んで』（共同執筆・「NBL」851号：商事法務）

＜関与した主な企業再建・倒産事件＞　［民事再生案件］㈱マイカル・申立代理人、和泉精機㈱・監督委員、［会社更生案件］協栄生命保険㈱・管財人代理、㈱新潟鐵工所・管財人代理、タナカインターナショナル㈱・管財人代理、［その他］㈱間組（ガイドラインに基づく私的整理）専門家アドバイザー補佐

村田由里子（むらた　ゆりこ）
2000年弁護士登録（千葉弁護士会所属）
村田総合法律事務所所属

＜主要著書＞　『民事再生法書式集［新版］』第二東京弁護士会倒産法制検討委員会編（共著・信山社、2001年）

山本　正（やまもと　ただし）
1994年弁護士登録（第二東京弁護士会）
岡田・今西・山本法律事務所所属

＜主要著書＞　『民事再生法書式集［新版］』（共著・信山社）、『Q&A民事再生法の実務』（担当執筆・新日本法規）、『平成商法改正ハンドブック』（共著・三省堂）、『親子会社の設立・運営・管理の法務』（共著・第一法規）、『平成商法改正ハンドブック平成13年〜平成15年版』（共著・三省堂）、『詳解　新会社法の実務Q&A』（共著・税務研究会）、『実務解説　会社法Q&A』（共著・ぎょうせい）、『倒産実務ハンドブック』（共著・財経詳報社）など

＜関与した主な企業再建・倒産事件＞　企業・各種団体の法務を取扱いつつ、株式会社ハナヱモリなどの民事再生申立代理人として再生事件に関与

渡邉光誠（わたなべ　こうせい）
1984年弁護士登録（第二東京弁護士会）
大江橋法律事務所所属

＜主要著書＞　『国際取引』（共著）（六法出版社、1986年）、『対米不動産投資』（共著）（第一法規、1987年）、『最新アメリカ倒産法の実務』（商事法務研究会、1997年）、『詳解民事再生法の実務』（共著）（第一法規、2000年）、『保証契約の法律相談』（共著）（青林書院、003年）、『新会社更生法解説』（共著）（三省堂、2003年）、『新しい破産法解説』（共著）（三省堂、2004年）、『新破産法の実務Q&A』（共著）（商事法務、2004年）、『会社更生法・民事再生法』（共著）（青林書院、2004年）、『倒産実務ハンドブック』（共著）（財経詳報社、2005年）、『民事再生の実務』（共著）（新日本法規、2005年）、『詳解新会社法の実務Q&A』（共著）（税務研究会、2005年）、『実務解説会社法Q&A』（共著）（ぎょうせい、2006年）、『担保の法律相談』（共著）（青林書院、2006年）、『民事再生と監督委員』（共著）（商事法務、2008年）、『会社法大系　第2巻　株式・新株予約権・社債』（共著）（青林書院、2008年）、「実務解説　担保の有無でポイント整理　米国連邦倒産法チャプター11申立企業からの債権回収法」旬刊経理情報 No.1226、2009年、「特集　国際（海外・並行）倒産の新展開 ATJ・AJH・ATIの事例にみる日米親子会社の同時再建〜更生計画外事業譲渡と「363条セール」」季刊　事業再生と債権管理　冬号第127号（2010年1月5日号）

＜関与した主な企業再建・倒産事件＞　ドレクセル・バーナム証券（チャプターイレブン、債権者代理人）、マルコー（チャプターイレブン、債権者代理人）、BCCI（セクション314付随手続、特別清算人代理人）、日本道路興業株式会社（破産管財人）、三洋証券株式会社（更生保全管理人代理及び破産置代理人）、東京生命保険相互会社（更生特例管財人代理）、求龍堂印刷株式会社（民事再生監督委員）、アエル株式会社（更生管財人代理）、空港エンタープライズ株式会社（民事再生監督委員）

目　次

第1章　総　論

Q1　近いうちに会社の資金繰りがショートすることが確実な情勢ですが，会社を清算すべきか，再建すべきか，どのよう判断したらよいのですか。…… *43*

Q2　会社を再建する場合には，民事再生手続，会社更生手続，私的整理などの手法があるそうですが，どのように手続を選択したらよいのですか。…… *45*

Q3　民事再生手続申立の目的には，どのようなものがありますか。…………… *46*

Q4　弁護士として民事再生申立を受任する場合，依頼者にどのようなことを説明しておくべきでしょうか。……………………………………………… *47*

Q5　民事再生手続の申立日はどのようにして決めたらよいのですか。………… *47*

Q6　民事再生手続のスケジュールはどのようになりますか。……………………… *48*

Q7　民事再生手続を申し立てると経営者はどうなりますか。……………………… *49*

Q8　株式会社以外の団体（合名会社等，社団法人，財団法人，地方公共団体，権利能力なき社団等）や個人も民事再生手続の対象となることができますか。… *50*

Q9　簡易再生手続とは，どのような手続ですか。……………………………… *50*

Q10　同意再生手続とは，どのような手続ですか。……………………………… *51*

Q11　民事再生申立の弁護士報酬はどの程度ですか。…………………………… *52*

第2章　申立前

Q12　民事再生の申立準備（特に申立費用や運転資金の準備）は，どのように行ったらよいですか。………………………………………………………… *53*

Q13　申立ての直前までの仕入や，賃料，リース料等の支払いをどうしたらよいか教えてください。………………………………………………………… *54*

Q14　資金繰り表は，どのように作成すればよいでしょうか。………………… *55*

Q15　事業計画は，申立前に作成しなければならないでしょうか。…………… *56*

Q16　民事再生を申し立てる場合，取締役会決議は必要ですか。また，必要として，どのように開催したらよいでしょうか。……………………………… *56*

Q17　他に倒産手続が進んでいる場合，民事再生を申し立てることはできますか。………………………………………………………………………… *58*

Q18　申立前に株主に説明する必要はあるのでしょうか。……………………… *58*

Q19　申立前に監査役に説明する必要はあるのでしょうか。…………………… *59*

Q20	申立後も事業を継続するためにどのような準備をすればよいでしょうか。	59
Q21	機密保持について，どのような配慮が必要でしょうか。	60
Q22	債権者への説明文書は，どのように準備すればよいでしょうか。	61
Q23	得意先（売掛先等）への説明文書は，どのように準備すればよいでしょうか。	61
Q24	従業員に対する説明文書は，どのように準備すればよいでしょうか。	61
Q25	マスコミへの説明文書は，どのように準備し，保管すればよいでしょうか。	62
Q26	特に重要な大口取引先，金融機関への謝罪，事前説明，根回しは必要でしょうか。	62
Q27	スポンサー候補者がいる場合，その事前交渉は必要でしょうか。	63
Q28	民事再生の申立て，開始について，債権者の同意または同意書が必要となりますか。	63
Q29	民事再生申立直後の債権者説明会会場は，どのように予約すればよいですか。	64
Q30	民事再生手続の管轄は，どのように決定されますか。また，外国の会社が日本国内にその営業所を設置している場合，日本の裁判所に対して再生手続開始の申立てを行うことはできますか。	64
Q31	当社の売掛先に対して，債権者として民事再生を申し立てることはできますか。	66
Q32	申立ての段階で代表取締役が失踪した場合，民事再生を申し立てることはできますか。また，取締役の意見が分かれている場合は，どうでしょうか。	67

第3章 申立て

Q33	裁判所への民事再生の申立書の作成方法を教えてください。	68
Q34	裁判所への提出書類，添付書類はどのようなものがありますか。	69
Q35	民事再生申立てに関する印紙，郵便切手，予納金の額はいくらでしょうか。	70
Q36	申立ての際に発令された弁済禁止の仮処分は，どのような保全処分なのでしょうか。	71

Q37 保全処分（弁済禁止）の申立方法を教えてください。 …………… 72

第4章 機関

Q38 監督命令とは，どのようなものですか。 ………………………… 73
Q39 監督委員は，どのような職務を担当するのでしょうか。 ……… 73
Q40 調査命令とはどのようなものですか。 …………………………… 75
Q41 保全管理命令とはどのようなものですか。 ……………………… 75
Q42 債権者委員会とはどのようなものですか。 ……………………… 76

第5章 申立後の対応

Q43 申立直後において実際になすべき財産保全とはどのようなものですか。
　　……………………………………………………………………………… 78
Q44 静的保全の一種とされる「現状保全」の内容とはどのようなものですか。
　　……………………………………………………………………………… 78
Q45 静的保全の一種とされる「回収手続への対応」は具体的にどのようにすればよいのですか。 ……………………………………………… 79
Q46 静的保全措置のための体制作りとスケジュール目安についてはどのように考えればよいでしょうか。 …………………………………… 81
Q47 従業員に対する説明の手順とコミュニケーションの取り方はどうすればよいでしょうか。 ……………………………………………………… 82
Q48 一般従業員に対し，とりあえず説明すべき内容，指示すべき事項にはどのようなことがありますか。 …………………………………… 83
Q49 従業員から受ける質問の内容はどのようなものがありますか。 ……… 84
Q50 マスコミ・証券取引所等に対する説明の仕方にはどのような点に留意すればよいでしょうか。 ……………………………………………… 84
Q51 マスコミから受ける質問内容はどのようなものでしょうか。 ……… 85
Q52 監督官庁等への説明方法について留意すべき点は何でしょうか。 …… 86
Q53 仕入先に対する説明進行手順はどのようにすればよいでしょうか。 …… 86
Q54 具体的な仕入先に対する説明方法について教えて下さい。 ……… 87
Q55 仕入先に対する説明の内容については，どのようなことが考えられますか。
　　……………………………………………………………………………… 89
Q56 金融機関に対する説明はどのようにすればよいでしょうか。 ……… 89

Q57	金融機関に対する説明の内容は，どのようなものでしょうか。	90
Q58	株主に対する説明，株主総会の開催に関してはどのような点に留意したらよいのでしょうか。	91
Q59	取引先に対する説明方法及び内容について教えて下さい。	92
Q60	申立直後に行うべき事業継続（動的保全）にあたり考慮しなければならないことはどのようなことですか。	93
Q61	民事再生の申立後は，如何なる債務について弁済が出来るのでしょうか。	94
Q62	民事再生手続申立てに対し，債権者としてどのように対応すればよいのでしょうか。	95
Q63	民事再生手続申立てに対抗して，債権者による会社更生の申立てを行うのが適切な場合はどのような場合でしょうか。	96

第6章 開始決定

Q64	再生手続開始決定はどのような場合に出されますか。	97
Q65	再生手続開始の申立てがされた後，開始決定が発令されない場合，再生手続はどうなるのでしょうか。	98
Q66	再生手続開始決定の手続的効果とはどのようなものですか。	99
Q67	再生手続開始決定が債権者に与える具体的な影響としてはどのようなことが考えられますか。	100
Q68	再生手続開始決定による弁済禁止の内容について教えて下さい。	102
Q69	民事再生の開始決定が出た後に，再生債権の給付を求めて，訴訟を提起するとどうなりますか。	103
Q70	民事再生の開始決定が出た後に，再生債権の確認訴訟を提起することはできますか。	104
Q71	民事再生の開始決定が出た場合，係属している倒産手続はどうなりますか。	105
Q72	民事再生の開始決定が出た場合，係属している執行手続はどうなりますか。	105
Q73	民事再生開始決定を受けると，会社の商業登記簿謄本に記載されるのでしょうか。	106
Q74	民事再生開始決定を受けると，官報に掲載されますか。	106

Q75 民事再生開始決定が出ると, 債権者に通知されますか。………………… 107
Q76 民事再生開始決定に対し不服がある場合, どうすればよいでしょうか。
　　　………………………………………………………………………………… 107
Q77 民事再生開始決定は, どのような場合に取り消されるのですか。……… 107
Q78 管理命令が発令された場合の民事再生手続は, 通常の民事再生手続とど
　　のような点が違うのですか。………………………………………………… 108
Q79 管財人は株主総会を招集したり, 募集株式の発行をしたりすることはで
　　きますか。取締役を解任することはできますか。管財人が退任した後の
　　会社の経営は誰が行うのですか。…………………………………………… 109
Q80 管財人はどのように業務を執行するのですか。…………………………… 109

第7章　決定後の対応

Q81 再生債権は, 民事再生手続でどのように取り扱われますか。…………… 111
Q82 再生債権とはどのようなものですか。……………………………………… 111
Q83 民事再生手続開始決定後に, 弁済禁止の債権を弁済した場合の効果はど
　　うなりますか。………………………………………………………………… 112
Q84 弁済以外の, 弁済禁止の原則の対象となる行為には何がありますか。… 113
Q85 弁済禁止の例外には, どのような場合がありますか。………………… 113
Q86 連帯保証人や物上保証人が支払った場合にも, 弁済禁止の原則に反する
　　のですか。……………………………………………………………………… 114
Q87 民事再生法上, 共益債権には, どのような債権がありますか。………… 115
Q88 民事再生法の手続上, 共益債権はどのように取り扱われますか。……… 116
Q89 民事再生手続における一般優先債権はどのようなものですか。………… 116
Q90 民事再生手続では, 一般優先債権はどのように取り扱われますか。…… 117
Q91 共益債権, 一般優先債権に基づいて執行された場合, 申立人としては,
　　どのように対応すべきですか。……………………………………………… 117
Q92 共益債権と一般優先債権とで, 民事再生法上の取扱に違いはありますか。
　　………………………………………………………………………………… 118
Q93 租税債権は, 民事再生手続法上, どのように取り扱われていますか。… 118
Q94 租税債権に基づいて差押えがなされた場合, 申立人としてはどのように
　　対応すべきですか。…………………………………………………………… 119

Q95	民事再生手続において、労働債権はどのように取り扱われていますか。	119
Q96	派遣業者や、業務請負業者に対する支払は、どのように扱うべきですか。	120
Q97	開始後債権とは、どのような請求権ですか。	121
Q98	開始後債権は、民事再生手続では、どのように取り扱われるのですか。	121
Q99	約定劣後再生債権は、再生手続の中でどのような扱いを受けますか。	121
Q100	別除権付債権の弁済は、禁止されていますか。	122
Q101	別除権付債権の弁済は、担保割れ部分については、可能ですか。	123
Q102	根抵当権付債権の弁済は、どのように行いますか。	124
Q103	物上保証人がいる場合、別除権付債権として、再生債務者が弁済してよいですか。	124
Q104	共同抵当の一部が、第三者所有の場合、被担保債権を弁済してよいでしょうか。	125
Q105	手形を商事留置されている場合、別除権として処理してよいですか。	126
Q106	再生債務者との取引に依存している業者について、支払をすることは可能ですか。	127
Q107	中小企業者が再生債権の支払を直接裁判所に許可申請することは可能ですか。	128
Q108	少額債権について、支払をすることはどのような場合に可能ですか。	129
Q109	何円程度であれば、少額債権といえるでしょうか。	130
Q110	毎月のリース料債権は、弁済してよいでしょうか。	130
Q111	未払いで滞納分のリース債権は、弁済してよいでしょうか。	131
Q112	不要リース物件の解約はどのような手順で行いますか。	132
Q113	リース継続希望物件は、どのように扱いますか。	132
Q114	民事再生開始決定を理由として、リース契約を解除されることがあるでしょうか。	133
Q115	開始後債権は弁済してよいでしょうか。	134

Q116	財産の処分は自由に行ってよいのでしょうか。商品の処分は如何でしょうか。	134
Q117	共有物件はどのように扱うことになるのでしょうか。	135
Q118	賃料，電気・ガス・水道・電話料金は支払ってよいのでしょうか。	136
Q119	預り品は返品してもよいですか。預り金はどうでしょうか。	137
Q120	新規に仕入れをおこしてもよいでしょうか。	137
Q121	新たに借入をしてもよいでしょうか。	138
Q122	受取手形を割り引いてもらってもよいですか。また，受取手形について支払にあてるため裏書きをしてもよいでしょうか。	138
Q123	再生手続が開始されましたが，税金を支払ってもよいですか。給与・ボーナスについてはどうでしょうか。役員に報酬を支払ってもよいでしょうか。	139
Q124	監督委員の同意事項とされている行為について同意を得ないで行った場合，どのような効果が生じるのでしょうか。	140
Q125	仕入先に支払ってよい債権と支払ってはいけない債権とは，どこで区別したらよいでしょうか。	141
Q126	得意先に開始決定書の写しを送付しても差しつかえないでしょうか。	141
Q127	再生手続の開始決定がなされましたが，売買契約や請負契約のような双務契約を解消することができるでしょうか。	142
Q128	再生債権の支払をしないと新規供給をしないとの申し入れがあった場合，どのように対処したらいいでしょうか。	143
Q129	民事再生法上，別除権とされるものの種類は何か。	144
Q130	土地を担保に入れていたが，登記がされていなかった場合，どうなりますか。	145
Q131	主力工場が競売されようとしているが，対処方法はありますか。	146
Q132	執行中止の上申書はどのようなものでしょうか。	147
Q133	執行取消申立てはどのような場合に，認められるでしょうか。	148
Q134	訴訟の中断の処理は，どうしますか。	148
Q135	開始決定後に再生債務者の財産に関して権利を取得した者の地位はどう扱われるでしょうか。	150
Q136	開始決定後に登記や仮登記手続をした者の地位はどう扱われるのでし	

	ょうか。	150
Q137	開始決定後に手形の引受をした場合，どう扱われるでしょうか。	151
Q138	賃借人が民事再生手続開始決定を受けたとき，賃借人は賃貸借契約を解除することができますか。賃貸借契約書に，賃借人が契約を解約するには6ヵ月間の予告期間を置くか，6ヵ月分の賃料を支払わなければならないと規定されている場合にも，賃借人は直ちに賃貸借契約を解除することができますか。	152
Q139	賃借人が再生手続開始決定を受けたとき，賃貸人は賃貸借契約を解除することができますか。賃貸借契約に，賃借人が民事再生を申し立てた場合には賃貸人は何らの催告を要しないで賃貸借契約を解除することができるという条項が定められているときはどうですか。	153
Q140	賃貸人が再生手続開始決定を受けたとき，賃貸人は賃貸借契約を解除することができますか。	153
Q141	賃貸人が再生手続開始決定を受けたとき，賃借人は賃貸借契約を解除することができますか。	154
Q142	賃借人が賃料の前払いをしていたところ，賃貸人が再生手続開始決定を受けました。この場合，賃借人は賃料の前払いを主張して開始決定後の賃料の支払を拒むことができますか。	154
Q143	賃貸人が将来にわたる賃料債権を譲渡していたところ，賃貸人が再生手続開始決定を受けました。この場合，賃料債権の譲受人は賃借人に賃料を請求することができますか。	155
Q144	賃借人が賃貸人に対して貸金債権を持っていたところ，賃貸人が再生手続開始決定を受けました。この場合，賃借人は，貸金債権と賃料支払債務との相殺を主張して，開始決定後の賃料支払を拒むことができますか。	155
Q145	賃借人が賃貸人に対して敷金，または保証金を差し入れていたところ，賃貸人が再生手続開始決定を受けました。この場合，賃借人は，敷金・保証金返還請求権と賃料支払債務との相殺を主張して開始決定後の賃料支払を拒むことができますか。	156

第8章 営業譲渡

Q146 開始決定後に営業等の譲渡をする場合の手順はどのようなものですか。 ……………………………………………………………………… *157*

Q147 再生計画によらない営業等の譲渡も可能でしょうか。 ………………… *158*

Q148 裁判所の営業等の譲渡の許可の要件は何ですか。 ……………………… *159*

Q149 営業等の譲渡はいつまで可能ですか。 …………………………………… *159*

Q150 営業等の譲渡について，株主総会の決議は必要ですか。 ……………… *160*

Q151 株式会社において，事業譲渡の許可と株主総会代替許可とは，両者とも必要ですか。 …………………………………………………………… *161*

Q152 営業等の譲渡について，取締役会の決議は必要ですか。 ……………… *162*

Q153 営業等の譲渡について，債権者の同意は必要ですか。 ………………… *162*

Q154 営業等の譲渡について，労働組合の同意は必要ですか。 ……………… *163*

Q155 裁判所の許可を得ないでした営業等の譲渡は有効ですか。 …………… *163*

第9章 債権届出・相殺

Q156 民事再生手続における債権届出の意義は何ですか。また，債権届出がなされると手続の中でどう扱われますか。 …………………………… *164*

Q157 債権届出書はどのように記載するのですか。 …………………………… *165*

Q158 再生債務者の所有する不動産のうえに担保権を取得している場合の債権届出の方法はどのように行うのですか。 ……………………………… *165*

Q159 債権届出期間を経過した後に，債権届出をすることは認められますか。また，債権届出期間経過後に生じた再生債権はどうやって届出をするのですか。 ………………………………………………………………… *166*

Q160 再生債権の届出がなされなかった場合，どのように取り扱われるのですか。 ………………………………………………………………………… *167*

Q161 再生債権者からの相殺は，いかなる場合に認められますか。 ………… *167*

Q162 自働債権および受働債権が，条件付債権（停止条件および解除条件），将来債権，期限付債権である場合にも，相殺することはできますか。 ……………………………………………………………………………… *168*

Q163 受働債権が賃料債権である場合の相殺は，どのように取り扱われますか。 ………………………………………………………………………… *169*

Q164	自働債権につき契約書上に再生手続開始申立てを原因とする期限の利益喪失条項がある場合には相殺は可能ですか。	169
Q165	債権者は,相殺の意思表示をいつまでにする必要がありますか。	170
Q166	民事再生手続上,再生債権者が受働債権を負担する時期により相殺が禁止される場合とは,いかなる場合ですか。また,相殺禁止の例外はありますか。	170
Q167	相殺禁止規定に新たに導入された基準である支払不能とはいかなる概念ですか。	172
Q168	民事再生手続上,再生債権者が自働債権を取得する時期により,相殺が禁止される場合とはいかなる場合ですか。また,相殺禁止の例外はありますか。	173
Q169	賃料債権が物上代位により差し押さえられている場合,敷金返還請求権を有する賃借人が差し押さえ債権者に支払った賃料は,共益債権化の対象となるのですか。	175

第10章　財産評定

Q170	財産評定とは何ですか。	176
Q171	財産評定の結果についてはどのように裁判所に報告するのですか。債権者への開示はどうするのでしょうか。	176
Q172	財産評定における財産の評価は処分価額によるものと聞きました。再建型手続であるのに何故処分価額によるのでしょうか。	177
Q173	処分価額により財産評定を行う趣旨は,再生債務者が破産したときの配当以上の利益を再生債権者に与えるべきという清算価値保障原則を担保するためとききましたが,実際に破産配当率はどのように算出すればよいのでしょうか。	177
Q174	財産評定を継続企業価値基準で行う場合はどのような場合でしょうか。	178
Q175	財産評定と別除権行使不足額との関係はどのように考えたらよいですか。	178
Q176	財産評定に関し作成した財産目録・貸借対照表には,作成に関して用いた財産の評価方法その他の会計方針を注記しなければならないと聞きました（規則56条2項）。財産の評価方法その他の会計方針にはど	

のようなものがあるのでしょうか。……………………………… *179*

Q177 財産評定における資産項目の評価基準についてどのような点に留意したらよいでしょうか。……………………………… *180*

Q178 財産評定において，負債の会計処理にはどのような点に留意する必要がありますか。……………………………… *182*

Q179 監督委員も財産調査を行うと聞きましたが，再生債務者の行う財産評定とはどのような関係にあるのでしょうか。……………… *183*

Q180 財産評定のスケジュールを教えて下さい。……………………… *184*

Q181 財産評定の作業手順を教えて下さい。…………………………… *184*

Q182 財産評定における仮決算はどのようなことに留意して行う必要がありますか。……………………………… *185*

Q183 再生債務者の財産評定と税務上の評価損益との関係について教えて下さい。……………………………… *186*

Q184 事業継続を前提とした評価にはどのような手法がありますか。……… *187*

Q185 土壌汚染等，土地の評価にかかわる環境関連法規制にはどのようなものがありますか。……………………………… *187*

第11章　法125条書面

Q186 法125条に規定される報告書とは何ですか。……………………… *189*

Q187 法125条1項の報告書にはいかなる事項を記載するのですか。………… *189*

Q188 125条の報告書は，いつまでに提出するのですか。………………… *190*

Q189 125条の報告書の要旨については，各債権者に報告する必要があるのですか。……………………………… *190*

第12章　計画草案，事業計画等

Q190 再生計画案の素案とは何ですか。再生計画案とどの点が異なるのですか。……………………………… *191*

Q191 再生計画案の素案の提出時期は，いつですか。………………… *191*

Q192 事業計画とは何ですか。内容はどのようなものですか。……… *192*

Q193 事業全体が不採算ですが，事業計画はたてられますか。……… *193*

Q194 事業計画の作成時期はいつですか。……………………………… *194*

Q195 予想損益計算書はどのように作成しますか。…………………… *195*

Q196	予想損益計算書における費用の記載について，留意すべき点は何ですか。	196
Q197	予想損益計算書において認められる費用の額に制約はありますか。	196
Q198	弁済計画表はどのように作成しますか。	197
Q199	弁済計画表の弁済原資の数字は，予想損益計算書から導いても構いませんか。	198
Q200	固定資産の売却処理等をする場合，損益計算書や弁済計画には，どのような影響を与えることになりますか。	199
Q201	担保物件となっている事業資産を維持するために支払う弁済金は，損益計算書や弁済計画には，どのように記載しますか。	199
Q202	税金等の支払は，予想損益計算書や弁済計画表には，どのように記載しますか。	200
Q203	再生債権への弁済率には，下限がありますか。	201
Q204	再生債権への弁済率には，上限がありますか。	202
Q205	毎年の再生債権への弁済率は，どの程度で決定すればよいでしょうか。	203
Q206	債務免除益に対する課税には，どのように対処しますか。	204
Q207	民事再生に伴う資産の損失は，どの程度計上することができますか。	205
Q208	民事再生に伴う資産の損失は，いつ計上しますか。	206
Q209	民事再生の場合，繰越欠損金はどの程度使用できますか。	206
Q210	免除益の発生時期を，支払が可能な時期に設定することはできますか。	207
Q211	免除益に対する課税額を分割払してもらうことは，可能ですか。	208
Q212	再生計画の素案段階で，検討しておくべき特別な条項にはどのようなものがありますか。	209
Q213	再生債務者の債務について保証をつける場合，保証人の同意が必要ですか。	210
Q214	弁済率を債権者によって異ならせる場合，債権者の同意が必要ですか。	210
Q215	減資や増資をおこなう場合，事前手続が必要となりますか。	211

第13章　認否書作成

- Q216　認否書の書式は、どのようなものですか。 ……………………… 213
- Q217　債権届出期間経過後に提出された債権届出についても、認否しますか。 ……………………………………………………………………… 214
- Q218　届出額よりも実際の額が大きい場合、超過額についてどうしますか。 215
- Q219　債権の認否は、どのような資料に基づいて行いますか。 ………… 215
- Q220　債権者に債権の存否に関する資料の提出を求めることができますか。 215
- Q221　債務者の帳簿と債権者提出の資料とで数値が異なる場合、どうしますか。 …………………………………………………………………… 216
- Q222　債権の認否にあたって、監督委員の意見は聞くべきでしょうか。 …… 216
- Q223　債権の一部のみを否定する場合、どのように認否しますか。 ……… 216
- Q224　元本と遅延損害金は、区別して認否すべきですか。 ……………… 217
- Q225　同一債権者が、異なる債権を、別用紙で届出をした場合、どのように認否しますか。 ……………………………………………………… 217
- Q226　別除権付債権については、どのように認否しますか。 …………… 218
- Q227　リース業者が、届出をしてこないのですが、どうしますか。 ……… 218
- Q228　敷引き特約のある敷金債権は、どう認否しますか。 ……………… 219
- Q229　譲渡担保に入っている債権について、二重届出があるとどう認否しますか。 ……………………………………………………………… 219
- Q230　手形債権者の有する手形の満期が債権届出期間経過後に到来する場合、手形債権者から相殺の意思表示がある場合、どのように認否しますか。 ………………………………………………………………… 220
- Q231　債権を認めない場合の理由は、どのように記載しますか。 ……… 220
- Q232　債権が存在するにもかかわらず、届出がなされない場合、どうしますか。 …………………………………………………………………… 220
- Q233　債権届出期間経過後に届出書を送付してきた債権者については、どう扱いますか。 ……………………………………………………… 221
- Q234　債権届出期間経過後に譲渡による届出名義変更があった場合、どう扱いますか。 ……………………………………………………… 222
- Q235　債権届出期間経過後に譲渡を受けた債権者について、反対債権を再生債務者が有している場合、再生債権者は、相殺ができますか。 ……… 222

目次

- **Q236** 同一手形債権について，複数の者から届出があった場合，どのように認否しますか。 ……… 223
- **Q237** 債権届出のされている債権について，当該債権を自働債権とする相殺通知も送られてきている場合，どのように認否しますか。 ……… 223
- **Q238** 債権額の認否とは別に議決権額の認否を記載する欄がありますが，どのように記載するのですか。 ……… 224
- **Q239** 第三者が債務保証や物上保証をしている場合，議決権額は，どのように認否しますか。 ……… 224
- **Q240** 保証人や物上保証人が届け出た求償権の議決権はどのように認否しますか。 ……… 225
- **Q241** 再生手続開始決定時点では，期限が到来していない債権の議決権はどのように認否しますか。 ……… 225
- **Q242** 条件付債権，金額不確定の債権は，どのように認否しますか。 ……… 226
- **Q243** 存続期間が不確定な定期金債権はどのように認否しますか。 ……… 226
- **Q244** 非金銭債権，外国通貨の債権の議決権額は，どのように認否しますか。 ……… 226
- **Q245** 再生手続開始後の利息請求権，再生手続開始後の不履行による損害賠償及び違約金請求権，再生手続参加費用の請求権は，議決権がありますか。 ……… 227
- **Q246** 自認債権については，議決権がありますか。 ……… 227
- **Q247** 議決権認否のための別除権評価はどうしますか。 ……… 228
- **Q248** 別除権付の債権において届出書にある議決権額欄の数値と，不足見込額とが異なる場合，どちらを届出議決権額と記載しますか。 ……… 228
- **Q249** 別除権付債権において，債権届出期間満了後に担保物件の換価により一部返済がなされた場合，どのように認否しますか。 ……… 228
- **Q250** 海外に所在する再生債務者財産から，債権の一部回収を行った債権者についての議決権は，どう扱われますか。 ……… 229
- **Q251** 認否書において認めた場合，認めない場合，それぞれどのような効果が発生しますか。 ……… 229
- **Q252** 認否書を提出しないとどうなりますか。 ……… 231
- **Q253** 届出債権について認否漏れがあった場合，どうなりますか。 ……… 232
- **Q254** 認否の結果について，債権者は再生債務者に写しの交付を請求するこ

とができますか。 …………………………………………………… 232

Q255 認否の結果について，債権者は裁判所に写しの交付を請求することが
できますか。 …………………………………………………………… 233

Q256 再生債務者が営業所に認否書の写しを備え置いている際に，再生債権
者から，認否書の写しの交付を求められた場合，認否書全部の写しを
交付する必要はありますか。 ………………………………………… 233

Q257 認否書を提出した後に債権を認める旨変更することはできますか。 … 233

第14章　債権調査

Q258 債権確定手続の流れはどうなっていますか。 ……………………… 235

Q259 議決権確定手続の流れはどうなっていますか。 …………………… 237

Q260 一般調査期間を，債権者は，どのようにして確認すればよいでしょう
か。 ……………………………………………………………………… 238

Q261 当社の届出債権が，認否書において認められなかったり，他の債権者
から異議を述べられたりした場合，放置しておくと，どのような不利
益を受けますか。 ……………………………………………………… 238

Q262 再生債務者の行った認否に，不服があります。どうすることができ
ますか。 ………………………………………………………………… 239

Q263 債権に異議を述べましたが，後日，異議を撤回することはできますか。
 …………………………………………………………………………… 240

Q264 他の債権者から，当社の届出債権について異議が出されました。どう
対処しますか。 ………………………………………………………… 240

Q265 査定の申立ては，具体的には，どのように行いますか。 ………… 241

Q266 査定の裁判の結果に不服があります。どのように対処すべきですか。 241

Q267 再生債権の確定に関する訴訟の結果は，再生手続にどのように反映さ
れますか。 ……………………………………………………………… 242

Q268 既に同一請求権について，訴訟が係属している場合，どう扱いますか。 243

Q269 異議を出すべき債権について，既に，仮執行宣言付支払督促，執行証
書，仮執行宣言付判決，確定判決等がある場合，争うことができます
か。 ……………………………………………………………………… 243

Q270 簡易再生・同意再生の決定があった場合でも，再生債権者表は作成さ
れるのですか。 ………………………………………………………… 244

Q271 再生債権者表の記載の効果には、どのようなものがありますか。 …… 244
Q272 共益債権の存否や額について争いがある場合、どのように確定しますか。 ………………………………………………………………………… 245

第15章 否認権

Q273 否認の類型には、どのようなものがありますか。 ……………… 246
Q274 再生債権者を害する行為の否認について説明して下さい。 ……… 246
Q275 相当の対価を得てした財産の処分行為の否認について説明して下さい。 ………………………………………………………………… 247
Q276 特定の債権者に対する担保の供与等の否認について説明して下さい。 ………………………………………………………………… 247
Q277 偏頗行為につき、法127条1項1号（故意否認）により否認することはできますか。 ……………………………………………………… 248
Q278 権利変動の対抗要件の否認について説明して下さい。 ………… 248
Q279 執行行為の否認について説明して下さい。 ……………………… 249
Q280 転得者に対する否認は可能ですか。 ……………………………… 249
Q281 一般優先債権に対する弁済は、否認の対象となりますか。 …… 250
Q282 否認権は、誰が行使するのですか。 ……………………………… 250
Q283 否認権の行使に関する法的手続には、どのようなものがありますか。 250
Q284 否認の請求をすることができるのは誰で、管轄裁判所はどこですか。また、否認の訴えを提起することができるのは誰で、管轄裁判所はどこですか。 ……………………………………………………………… 251
Q285 否認の請求事件において、文書提出命令の申立てや証人尋問の申請はできますか。 ………………………………………………………… 251
Q286 否認の請求を認容する決定には既判力がありますか。 ………… 251
Q287 管財人が原告の通常訴訟において、新たに攻撃方法として否認権を行使する場合、管轄裁判所はどうなりますか。 ………………………… 252
Q288 否認の相手方と債務者との間で否認の目的である権利義務に関する訴訟が係属している場合、否認権限を有する監督委員は、否認権を行使するために、訴訟に参加することはできますか。 …………………… 252
Q289 監督委員と相手方との間の否認の訴えが係属している場合、否認以外の攻撃方法は誰が主張するのですか。 …………………………… 252

Q290 監督委員と相手方との間に否認の訴えが係属している場合，否認以外の攻撃方法について，再生債務者が訴訟に参加しないか，主張しない場合，どうしたらいいですか。 ……………………………………… 253

Q291 詐害行為取消訴訟や破産法の規定による否認訴訟は，再生手続開始によりどうなりますか。 …………………………………………… 253

Q292 否認権行使の効果はどのようなものですか。 ……………… 254

Q293 否認の相手方から管財人に対し，法132条の2第4項により，差額賠償を求めることはできますか。 ………………………………… 255

Q294 再生債務者から貸金について弁済を受けたところ，否認されました。否認による不当利得返還債務と元来の貸金債権とを相殺できますか。 255

Q295 否認によって再生債務者に復帰した財産が未処分のまま，再生計画不認可決定，再生計画取消決定，再生手続廃止決定が確定した場合，否認の効力はどうなりますか。 …………………………………… 255

Q296 担保目的でする停止条件付債権譲渡契約は，否認の対象となりますか。 256

Q297 執行手続において再生債権者が受けた配当等による満足の効果を否定した場合，実体法上どのような関係になりますか。 …………… 256

Q298 法125条の報告書提出後，否認の要件に該当する行為を発見した場合，どうしますか。 ………………………………………………… 257

Q299 否認すべき行為の相手方が大口債権者である場合，否認権の行使についてどうしたらよいですか。 ……………………………………… 257

Q300 否認すべき行為がある場合，当該債権者の議決権は，どうなりますか。 ……………………………………………………………………… 257

Q301 再生手続開始決定後，営業譲渡を行った場合，後日，否認の対象となりますか。 ……………………………………………………… 258

Q302 否認権のための保全処分とはどのようなものですか。 ………… 258

Q303 開始決定後，否認権のための保全処分はどのようになりますか。 …… 259

第16章 役員への損害賠償

Q304 役員への損害賠償はどのような場合に認められますか。 ……………… 260

Q305 役員への損害賠償の追及は，どのような手順で行われますか。 ……… 260

Q306 管財人が選任されていない場合，役員への損害賠償請求が適切に行われるでしょうか。 ……………………………………………… 261

Q307	役員が調査に協力しない場合，申立代理人としてどのように対処しますか。	*261*
Q308	役員に責任財産がない場合，どうしますか。	*262*
Q309	役員への損害賠償請求権は，再生計画に盛り込むべき財源とすることができますか。	*262*
Q310	役員の財産に対する保全処分の被保全権利は，どのようなものが含まれますか。	*263*
Q311	役員の財産に対する保全処分の申立権者は，誰ですか。	*263*
Q312	保全の相手方となる，役員の範囲はどうなりますか。	*264*
Q313	役員の財産に対する保全処分は開始決定前にも行うことができますか。	*264*
Q314	役員の財産に対する保全処分の発令に担保は要求されますか。	*265*
Q315	役員の財産に対する保全処分に不服の場合，どうしますか。	*265*
Q316	役員に対する損害賠償請求権の査定の申立ては，誰が行うことができますか。	*265*
Q317	損害賠償請求権の査定の対象となる役員は，どのようなものがありますか。	*266*
Q318	損害賠償請求権の査定の申立てには，時効の中断効がありますか。	*266*
Q319	損害賠償請求権の査定の裁判は，どのように行われますか。	*266*
Q320	損害賠償請求権の査定の裁判の主文は，どのようなものですか。	*267*
Q321	損害賠償請求権の査定の裁判は，どの時点で確定するのですか。	*267*
Q322	損害賠償請求権の査定の裁判に対して，抗告をすることができますか。	*267*
Q323	損害賠償請求権の査定の裁判において，和解することはできますか。	*268*
Q324	株主は，役員に対して査定の申立てとは別に代表訴訟を提起することができますか。	*268*
Q325	会社は，役員に対して，査定の申立てとは別に，損害賠償請求訴訟を提起することができますか。	*269*
Q326	損害賠償請求権の査定の裁判に不服のある場合，どのようにするのがよいですか。	*269*
Q327	異議の訴えにおいて，原告となる者，被告となる者は，誰ですか。	*269*
Q328	異議の訴えの出訴期間はいつまでですか。	*270*

Q329 査定の申立てを棄却する決定に対しては，異議の訴えを提起することができますか。 ……………………………………………………… 270

Q330 一部棄却の査定に対して会社側から査定額の増額を求める異議の訴えを提起することができますか。 ……………………………… 270

Q331 会社・債権者側と役員側の双方から異議の訴えが提起された場合，併合されますか。 ……………………………………………………… 271

Q332 複数の役員について，異議の訴えが提起された場合，併合されますか。… 271

Q333 異議の訴えの主文は，どのようなものとなりますか。 ……………… 271

Q334 役員による債務不存在確認請求訴訟は可能ですか。 ………………… 272

第17章　再生計画案提出

Q335 債権届出期間満了前に再生計画案を事前提出することができますか。 273

Q336 事前提出をする再生計画案の特色は何ですか。 ……………………… 273

Q337 再生計画案を事前提出するのは，実際には，どのような場合ですか。 274

Q338 実際の再生計画にどのような条項を記載するのでしょうか。 ………… 274

Q339 再生計画の絶対的必要的記載事項（再生計画に必ず記載しなければならない事項）にはどのような事項がありますか。 …………………… 275

Q340 再生計画の相対的必要的記載事項（民事再生法に定める所定の事由が発生する場合には必ず再生計画に記載しなければならない事項）にはどのような事項がありますか。 ……………………………………… 275

Q341 再生計画の任意的記載事項（再生計画の具体的内容に応じて任意に記載できる事項）にはどのような事項がありますか。 …………………… 276

Q342 再生計画は，大まかに分けてどのようなタイプがあるのでしょうか。 276

Q343 再生計画によって営業等の譲渡を行う場合，どのような方法で営業等の譲渡を行えばよいのでしょうか。 ……………………………………… 277

Q344 債権者への弁済を行った後に会社を清算するという再生計画は認められますか。認められる場合，再生計画の内容はどのように定めればよいでしょうか。 ……………………………………………………………… 278

Q345 民事再生における再生計画は，会社更生における更生計画とはどのような点が違うのでしょうか。 ……………………………………………… 279

Q346 再生計画では，弁済資金の調達方法に関する条項を定める必要がありますか。 ……………………………………………………………………… 280

Q347	再生債権の権利の変更に関する条項は，通常はどのように記載するのですか。 ……… 280
Q348	再生計画における弁済条件について再生債権者の間で差異を設けることはどのような場合に許されますか。 ……… 281
Q349	ゴルフ場会員の権利については，再生計画ではどのような定めをするのでしょうか。 ……… 283
Q350	敷金・保証金返還請求権については，再生計画ではどのような定めをするのでしょうか。 ……… 284
Q351	再生計画の弁済率・弁済期間は何％，何年間の弁済とする例が多いのでしょうか。 ……… 285
Q352	再生計画による弁済期間は「特別の事情」がある場合に限って10年を超えることが認められていますが，「特別の事情」が認められるのはどのような場合ですか。 ……… 286
Q353	債権者集会で否決された再生計画案にはどのような例が多いのでしょうか。 ……… 286
Q354	共益債権や一般優先債権の弁済に関する条項はどのように記載するのでしょうか。 ……… 287
Q355	債権者委員会に関する費用負担について，再生計画ではどのような定めをしますか。 ……… 288
Q356	再生債務者の債務を保証したり，債務について物上保証人が担保を提供する場合には再生計画ではどのような定めをしますか。 ……… 288
Q357	再生計画を作成した時点で，異議が出されたためにまだ確定していない債権については，再生計画ではどのような定めをしますか。 ……… 289
Q358	再生計画を作成した時点で，別除権行使によって弁済を受けることができない債権の部分（別除権不足額）が確定していない債権については，再生計画ではどのような定めをしますか。 ……… 289
Q359	民事再生では担保権者への弁済は再生計画によらずに手続外で弁済すると聞きましたが，再生計画には担保権者への弁済に関して何も規定しないのでしょうか。 ……… 290
Q360	民事再生でも，会社更生のように減資・増資が必要な場合があると聞きましたが，実際にはどのような場合に減資・増資が必要なのでしょうか。再生計画で減資・増資を行った事例はどのくらいあるのでしょ

うか。……………………………………………………………………… *290*

Q361 再生計画で減資・増資を定める場合，どのような事項を定めるのでしょうか。……………………………………………………………… *291*

Q362 民事再生における，減資・増資手続を教えて下さい。………… *292*

Q363 減資・増資に伴って定款変更が必要になるのはどのような場合ですか。又，その場合には再生計画ではどのような定めをしますか。………… *293*

Q364 減資の方法として株式の併合をするときには，再生計画ではどのような定めをしますか。………………………………………… *293*

Q365 民事再生では，会社更生のように再生計画で債務の株式化（デット・エクイティ・スワップ）を実行することができますか。また，民事再生でデット・エクイティ・スワップを実行した例はありますか。…… *294*

第18章 別除権

Q366 今後も使用する不動産が担保に入っている場合どうしたらよいでしょうか。………………………………………………………………… *295*

Q367 再生手続における別除権には，どのようなものがあるのでしょうか。 *296*

Q368 譲渡担保権や所有権留保は，別除権となるのでしょうか。……… *297*

Q369 リース物件は別除権の対象となるのでしょうか。……………… *298*

Q370 債権者が再生債務者との間で契約によって抵当権や質権などの担保権を設定していなくても，別除権を主張できるのは，どんな場合ですか。
……………………………………………………………………………… *299*

Q371 登記・登録などの対抗要件の具備がなされていない担保権は，どのように扱われるのでしょうか。……………………………………… *299*

Q372 別除権の行使はどのように行うのでしょうか。……………… *300*

Q373 担保権の実行としての競売手続が中止されることはあるのでしょうか。
……………………………………………………………………………… *300*

Q374 別除権の目的物を再生債務者に受け戻してもらうことはできるのでしょうか。………………………………………………………………… *301*

Q375 別除権協定書を作成しないとどうなるのでしょうか。…………… *302*

Q376 別除権者との具体的交渉において気を付けるべき点は何ですか。… *302*

Q377 別除権協定はいつまでに締結すべきでしょうか。……………… *303*

Q378 再生債務者の保有不動産の数が多い場合，別除権協定を締結する場合

　　　　に債権者として注意することはありますか。……………… *303*

Q379 別除権の届出をしないと別除権を失効するのでしょうか。……… *304*

Q380 別除権協定により議決権を決定することができるのでしょうか。 …… *305*

Q381 別除権を有する債権者の債権届出における留意点は何ですか。……… *305*

Q382 債権認否における別除権の評価に不服がある場合，不服を申し立てることができるのでしょうか。……………… *306*

Q383 担保不動産売却の際の留意点は何でしょうか。……………… *306*

Q384 評価書提出のために依頼した不動産鑑定により，別除権の対象となっている担保物件が予想外に高い評価となった場合，その高い評価を基準に別除権協定を締結するのでしょうか。……………… *307*

Q385 製品が集合動産譲渡担保に入っている場合どうしたらよいでしょうか。……………… *308*

Q386 別除権協定の内容は再生計画案に記載する必要があるのでしょうか。 *308*

Q387 事業譲渡の場合における，事業のために重要な資産に設定されている担保権についての対処はどのようにしたらよいでしょうか。………… *309*

Q388 担保権消滅請求がなされた場合，担保権者はどうしたらよいでしょうか。……………… *309*

Q389 担保権消滅請求制度における担保物の具体的な評価手続はどうなっているのでしょうか。……………… *310*

Q390 再生債務者の財産が第三者の債務の担保に入っている場合，担保権消滅許可の対象となるのでしょうか。……………… *310*

Q391 同一資産に対して，担保権が複数設定されている場合，その一部のみに対して，担保権消滅許可を行うことができるのでしょうか。……… *311*

Q392 動産や債権が担保の対象の場合や，不動産であっても第三者の財産との共同抵当の場合でも，担保権消滅許可の対象となるのでしょうか。 *312*

Q393 リースは担保権消滅許可の対象となるのでしょうか。………………… *312*

第19章　債権者集会

Q394 債権者集会招集決定までの間や債権者集会当日に，再生計画案を変更することはできますか。……………… *314*

Q395 債権者集会は，どのような場合に開催されますか。……………… *314*

Q396 債権者集会はどのようなことを目的として開催されますか。………… *315*

Q397	債権者集会の通知を受けるのは誰ですか。	316
Q398	再生債権者は，債権者集会の日時，場所，再生計画案の内容をどのようにして知ることができますか。	317
Q399	再生計画案を提出し，債権者集会の期日が決まった時点において，どのように債権者を説得したらよいでしょうか。	317
Q400	金融債権者に対する説得活動はどのようにしたらよいでしょうか。	318
Q401	一般取引債権者に対してはどのように説得活動を行ったらよいでしょうか。	318
Q402	債権者集会と債権者説明会とはどのような関係にあるのでしょうか。	319
Q403	議決票・委任状はどのように取り扱われているのでしょうか。	320
Q404	再生債権を代位弁済した場合や債権譲渡した場合，どうやって議決権を行使すればよいのですか。	320
Q405	賛成の議決票を受領した後に代位弁済がなされた場合にはどうしたらよいでしょうか。	321
Q406	債権者集会の議決方法，可決要件，議決権の行使方法はどうなっていますか。	321
Q407	債権者説明会というのはどのような制度ですか。	323
Q408	書面決議となるのはどのような場合ですか。	323

第20章　簡易再生，同意再生

Q409	簡易再生手続を選択することができるのは，どのような場合ですか。	325
Q410	どのような場合に，簡易再生手続を利用するのでしょうか。	325
Q411	簡易再生手続の申立ては，いつ行うのですか。	326
Q412	簡易再生手続のスケジュールはどのようになりますか。	326
Q413	再生債権者としては，簡易再生手続に同意するかどうかは，どのように判断すればよいでしょうか。	327
Q414	同意再生手続を選択することができるのは，どのような場合ですか。	328
Q415	同意再生手続を選択するメリットは，何ですか。	328
Q416	同意再生手続のスケジュールはどのようになりますか。	329

第21章　可決・否決と認可・不認可

Q417	実際には，何割くらいが可決・認可されているのですか。	330

Q418	申立てから認可決定までの期間はどれくらいかかりますか。	*330*
Q419	再生計画案が可決されなかった場合，再生債務者はどのような対応をすればよいのですか。	*331*
Q420	再生計画の認可決定は，いつ頃確定しますか。	*332*
Q421	再生計画の認可決定が確定すると，どのような効力が生じますか。	*332*
Q422	再生計画の認可決定が確定すると，認否書に記載された再生債権に対してどのような効力が生じますか。	*333*
Q423	再生計画の認可決定が確定すると，届出をしなかった再生債権に対してどのような効力が生じますか。	*333*
Q424	再生計画の認可決定が確定すると，保証人や物上保証人に対してどのような効力が及びますか。	*334*
Q425	再生計画の認可決定が確定すると，強制執行等の他の裁判上の手続にどのような効力が及びますか。	*335*
Q426	再生計画に資本減少に関する条項を定めた場合，認可決定が確定するとどのような効力が生じますか。	*335*
Q427	債権者が失権するのはどのような場合ですか。	*336*
Q428	再生計画の認可決定又は不認可決定に不服がある場合はどうすればよいのですか。	*336*
Q429	再生事件は，どのような場合に終了しますか。	*337*
Q430	清算中，特別清算中，破産手続中の法人について，再生計画案が可決された場合，法人の継続措置及び認可・不認可の決定はどうなりますか。	*337*
Q431	再生計画不認可の決定が確定した場合，再生債権者表の記載には，どのような効力が生じますか。	*338*
Q432	労働組合等は，再生計画案について意見を述べる機会がありますか。	*338*

第22章　計画による弁済等

Q433	免責されない債権にはどのようなものがありますか。	*339*
Q434	再生計画に従って配当をする際には，どのような点に注意すればよいのですか。	*339*
Q435	共益債権など，再生債権以外の債権の弁済は，いつどのように行いますか。	*340*

第23章　認可後の対応

- **Q436** 再生手続が終結するのはどのような場合ですか。 ……………… *342*
- **Q437** 再生手続が終結すると、どのような効果が生じますか。 ………… *342*
- **Q438** 再生計画の変更というのはどのような制度ですか。 ……………… *343*
- **Q439** 再生計画が認可された後、債務者が弁済を怠った場合、債権者はどう対処すればよいのですか。 ……………………………………… *343*
- **Q440** 再生計画の取消しとはどのような制度ですか。 …………………… *344*
- **Q441** 再生手続の廃止とはどのような制度ですか。 ……………………… *345*
- **Q442** 再生計画の履行を確保するための手段として、どのようなものがありますか。 …………………………………………………………… *346*
- **Q443** 中断していた訴訟等へはどのように対応したらよいでしょうか。 …… *346*
- **Q444** 債権者集会後における申立代理人の役割はどのようになるのでしょうか。 ……………………………………………………………… *347*
- **Q445** 再生手続終了後に計画が履行できなくなった場合はどのように対応したらよいでしょうか。 …………………………………………… *347*

第24章　他の倒産手続との関係

- **Q446** 破産へ移行する場合はどのような場合ですか。 …………………… *349*
- **Q447** 破産への移行が決定した場合の手続の流れはどのようになるのでしょうか。 ……………………………………………………………… *349*
- **Q448** 破産へ移行した場合に、再生債権・共益債権はどのように取り扱われるのでしょうか。 ……………………………………………… *350*
- **Q449** 破産へ移行した場合に、民事再生手続内で行われた再生債務者の行為は、否認権行使の対象となるのでしょうか。 …………………… *350*
- **Q450** 民事再生手続が廃止された場合、双方未履行契約の解除の効力は失効するのでしょうか。 ……………………………………………… *350*
- **Q451** 民事再生手続が廃止された場合、担保権消滅請求制度による担保権消滅の効力は失効するのでしょうか。 ………………………………… *351*
- **Q452** 民事再生手続が廃止された場合、債権調査や確定手続の成果は失効するのでしょうか。 ……………………………………………… *351*
- **Q453** 破産へ移行した場合のDIPファイナンスの取扱いはどうなりますか。 *351*

Q454	再生手続から破産に移行した場合，労働債権はどのような取扱いを受けますか。租税債権はどうですか。	352
Q455	再生手続において，否認権行使がなされている場合，破産手続に移行した後はどのように取り扱われるのでしょうか。	352
Q456	再生計画によって，第1回目の弁済がなされた後に，破産へ移行した場合，破産債権の配当においては，再生手続における弁済はどのように考慮されるのでしょうか。	352
Q457	破産手続中に再生手続を申し立てることができますか。	353
Q458	会社更生手続開始の申立てがなされた場合の手続の流れはどうなるのでしょうか。	353
Q459	会社更生へ移行した場合における再生債権・共益債権の取扱いはどうなるのでしょうか。	354
Q460	会社更生へ移行した場合，DIPファイナンスの取扱いはどうなりますか。	354
Q461	会社更生へ移行した場合，民事再生手続において再生債務者が担保権者との間で締結した別除権協定の効力はどうなるのでしょうか。	354

第25章 罰 則 等

Q462	民事再生法上の罰則はどうなっていますか。	355
Q463	民事再生法における犯罪について実例はありますか。	356
Q464	民事再生手続の申立前の行為でも，詐欺再生罪の適用がありますか。	357
Q465	特定の債権者だけに弁済をした場合，どのような犯罪が成立しますか。	358
Q466	粉飾決算をしていた場合，民事再生法上の犯罪が成立しますか。	358

第26章 業種別（メーカー）

Q467	外注先が再生債権の支払を求めて製品を留置している場合にどのように対応したらよいでしょうか。	360
Q468	継続的に材料の供給を行っている再生債権者が供給をストップした場合にどのように対応したらよいでしょうか。	360
Q469	メーカーが再生手続に入る際の留意点は何でしょうか。	361
Q470	継続的に供給を行っている債権者の再生債務者への対応はどうしたらよいでしょうか。	361

第27章　業種別（小売・流通）

Q471 民事再生の申立てをした場合，通常，申立前の原因に基づき生じた債務については弁済が禁止されるものと聞きました。当社は小売業を営んでいるのですが，当社が発行した商品券やギフトカードはこの弁済禁止により取扱いが不能となってしまうのでしょうか。 ……………… 362

Q472 当社は小売業を営む会社ですが，民事再生の申立てを考えています。民事再生の申立てをした場合に納入業者が所有権を留保している商品を一斉に引き上げられてしまうと店舗運営上重大な支障が生じます。何か対策はありますか。 ……………………………………… 363

Q473 当社は小売業を営む会社ですが，民事再生の申立てを行い監督命令を受けています。監督命令において「取戻権の承認」に監督委員の同意を得なければならないとされていますが，例えば，催事業者が持ち込んだ商品で既に催事が終了したものについてはどのような手続を経て商品の返還をすればよいのでしょうか。 ……………………… 363

Q474 当社は小売業を営んでいますが，民事再生の申立てをしたところ，当社所有の商品の運送を委託していた運送業者において運賃未払を根拠に運送中の商品を留置されてしまいました。商品の返還を受けるためにはどのようにしたらよいでしょうか。 ………………………… 364

Q475 当社は小売業を営んでいますが，民事再生の申立てを行い，先日，債権者集会を開催して今後の仕入れ取引に関する支払条件（旬払い）を提案したところです。そうしたところ，納入を中断していた納入業者から旬払いによる取引再開に応じる前提として保証金を積むことを要求されました。どのように対処したらよいでしょうか。 ……………… 365

Q476 当社は，ショッピングセンターにテナントとして出店していますが，賃貸人であるショッピングセンター運営会社が先月末に民事再生の申立てを行い，先日開始決定がなされました。このショッピングセンターは，テナントの店舗営業による日々の売上金を毎日賃貸人に預託させ，月に1回月末で締めてその15日後に賃料，共益費その他の諸経費を控除して残額をテナントに返還するというシステムをとっており，当社の先月分の売上金が丸々返還されない状況となっています。当社は，現在，賃貸人に対し売上金を預託せず，いわゆる「自主管理」を行っ

ていますが，先月分の売上預託金を返還してもらうことはできるでしょうか。 ………………………………………………………………………… *366*

Q477 過去のスーパーマーケットなどの小売業の会社の再生計画を参考にして，小売業の会社の再生計画を策定する上で留意すべき点を教えて下さい。 …………………………………………………………………………………… *367*

第28章　業種別（ゴルフ）

Q478 ゴルフ場の価値はどのようにして算出しますか。 ……………………… *368*

Q479 貸借対照表に「コース勘定」とありますが，何ですか。換価性がありますか。 ……………………………………………………………………… *369*

Q480 法人会員について，再生債権の届出が個人名義でなされたものは，どうしますか。 ……………………………………………………………… *370*

Q481 ゴルフ会員権については入会金部分は，どう認否しますか。 ………… *370*

Q482 ゴルフ会員権については，プレー権はどう認否しますか。 …………… *371*

Q483 預託金据置期間満了前の預託金は，どう認否しますか。 ……………… *372*

Q484 会員が何万人もいますが，債権者集会はどうしますか。 ……………… *372*

Q485 ゴルフ場の再生計画には，どのような実例がありますか。 …………… *373*

Q486 抽選による償還方法を再生計画案とすることができますか。 ………… *374*

Q487 ゴルフ場の民事再生について，これまでの統計はありますか。 ……… *376*

Q488 ゴルフ場の民事再生については，管理型（管財人，保全管理人，会社更生優先）とされる場合が多いのですか。 ……………………………… *376*

第29章　業種別（建設）

Q489 建設会社の再生法の申立ての際に，工事出来高確認をする必要がありますか。 ………………………………………………………………………… *378*

Q490 ゼネコン→再生債務者→孫請けと，数次請負形態となっている場合，孫請企業が再生債務者に対して有する未精算金はどうなりますか。 …… *378*

Q491 工事現場を下請け業者が占有した場合，どうしますか。 ……………… *379*

Q492 建築途中の工事現場について，建築を続行することは，弁済禁止違反になりませんか。 ……………………………………………………………… *380*

Q493 完成した工事案件について，将来の瑕疵修補請求に応ずることは，弁済禁止違反になりませんか。 ………………………………………………… *381*

Q494 民事再生を申し立てたことを理由にJV契約を解除すると言われました。どうしますか。 …………………………………………… *382*

Q495 当社の下請業者が，JV契約の相手方企業（サブ）に対して，再生債権の支払いを請求しています。どうしますか。 ……………………… *383*

Q496 財務緒表に，売掛金の表示項目がありませんが，どの勘定科目が該当しますか。 ………………………………………………………… *384*

Q497 建設業者が民事再生を申し立てると，建設業の許可を取り消されませんか。 …………………………………………………………… *385*

Q498 建設業者が民事再生を申し立てた場合，官公庁の入札の資格は維持できますか。 ………………………………………………………… *386*

第30章 業種別（旅館業）

Q499 ホテルや旅館を営業する会社が民事再生手続の申立てを行う場合に申立直後の混乱を防ぐにはどのような点に注意すべきですか。 ………… *387*

Q500 ホテルや旅館を営業する会社の民事再生申立後，再生計画提出までの間はどのような点に注意すべきですか。 ……………………………… *387*

Q501 民事再生手続を行っているホテル内において，業務委託契約により働いている清掃人，配膳係等の債権についてどのように支払ったらよいでしょうか。 …………………………………………………………… *388*

Q502 ホテル経営会社が民事再生を申し立てる予定ですが，どのような点に注意したらよいですか。 ……………………………………………… *388*

Q503 当ホテルは，お客から料金の支払の代わりに取得した宿泊クーポン券について，取引銀行に交付した上，これを通じて旅行会社等から宿泊クーポン券の決済金の支払を受けています。当ホテルが民事再生手続を申し立てたところ，取引銀行は，預かった宿泊クーポン券について今後旅行会社から支払われる決済金を当ホテルに対する貸付金の返済に充当すると主張していますが，そのようなことができるのでしょうか。 ………………………………………………………………………… *389*

Q504 再生債務者が旅館業者の場合の債権者の注意点はどのような点でしょうか。 ……………………………………………………………………… *390*

第31章　国際関係

- **Q505** 再生手続において，外国人はどのように扱われますか。 … *391*
- **Q506** 外国に本店のある会社について，日本で民事再生手続をとることはできますか。 … *391*
- **Q507** 再生債務者について，外国倒産処理手続がある場合，どのような協力を求めることができますか。 … *392*
- **Q508** 再生債務者は，国内の再生債権者の代理人として，外国倒産手続に参加することができますか。 … *393*
- **Q509** 再生債権者が外国で弁済を受けた場合，再生手続にどのように反映されますか。 … *394*
- **Q510** 再生債務者について，外国倒産処理手続（外国で開始された手続で，破産手続又は再生手続に相当するものをいう（法207条1項））がある場合，その管財人等にはどのような権限がありますか。 … *394*
- **Q511** 民事再生法上の犯罪について，国外犯規定はどのようになっていますか。 … *396*
- **Q512** アメリカ合衆国における再建型倒産処理制度はどのようなものですか。 … *396*
- **Q513** イングランド及びウェールズにおける再建型倒産処理制度はどのようなものですか。 … *398*
- **Q514** カナダにおける再建型倒産処理制度はどのようなものですか。 … *400*
- **Q515** ドイツにおける再建型倒産処理制度はどのようなものですか。 … *402*
- **Q516** フランスにおける再建型倒産処理制度はどのようなものですか。 … *404*
- **Q517** 韓国における再建型倒産処理制度はどのようなものですか。 … *405*
- **Q518** 台湾における再建型倒産処理制度はどのようなものですか。 … *408*
- **Q519** 中国の再建型倒産手続は，どのようになっていますか。 … *410*

主要参考文献及び略語

● **主要参考文献**（50音順，略語がある場合には，[ ]内にゴシック体で表示し，本文中では 参考 の記号を挿入して示した）

『新しい国際倒産法制——外国倒産承認援助法等の逐条解説＆一問一答』深山卓也編著（金融財政事情研究会，2001年）

『一問一答個人債務者再生の実務』安木健＝四宮章夫＝小松陽一郎編著（経済法令研究会，2001年）

『一問一答民事再生の実務』安木健＝四宮章夫編著（経済法令研究会，2000年）

『一問一答民事再生法』深山卓也＝花村良一＝筒井健夫＝菅家忠行＝坂本三郎（商事法務研究会，2000年）[→『一問一答』]

『企業再生の法律・会計』企業再生ネットフォーラム（商事法務研究会）[→『再生の法律・会計』]

『Q&A民事再生法』山本和彦＝長谷川宅司＝岡正晶＝小林信明編（有斐閣，2001年）[→『QA民事再生』]

『再生計画事例集』事業再生研究機構編（商事法務研究会，2002年）[→『再生事例』]

『裁判実務体系(6)破産訴訟法』道下徹＝高橋欣一編（青林書院，1985年）

『実務解説一問一答民事再生法』三宅省三＝池田靖編（青林書院，2000年）[→『実務一問一答』]

『詳解民事再生法の実務』上野正彦＝須藤英章＝宮川勝之＝山岸洋＝高木裕康編（第一法規出版，2000年）[→『詳解民事再生』]

『条解会社更生法（上）（中）（下）』兼子一監修　三ケ月章＝竹下守夫＝霜島甲一＝前田庸＝田村諄之輔（弘文堂，1973年，1974年）[→『条解更生』]

『条解民事再生規則』最高裁判所事務総局民事局監修（法曹会，2000年）[→『条解規則』]

『条解民事再生規則〔増補版〕』最高裁判所事務総局民事局監修（法曹会，2001年）[→『条解規則増補版』]

『条解民事再生法』園尾隆司・小林秀之編（弘文堂）[→『条解民事再生』]

『書式民事再生の実務』森綜合法律事務所＝淀屋橋合同法律事務所編（民事法研究会，2000年）[→『書式実務』]

『新・裁判実務大系10・破産法』園尾隆司・中村肇編（青林書院，2000年）[→『新実務大系・破産法』]

『新版注釈会社法』上柳克郎＝鴻常夫＝竹内昭夫編集代表（有斐閣）

『注解破産法〔第3版〕（上）（下）』斎藤秀夫＝麻上正信＝林屋礼二編（青林書院，1998年，1999年）[→『注解破産』]

『注釈民事再生法〔新版〕（上）（下）』伊藤眞＝才口千晴＝瀬戸英雄＝田原睦夫＝桃尾重明＝山本克己編著（きんざい，2002年）[→『注釈（上）（下）』]

『倒産処理法〔第2版〕』谷口安平（筑摩書房，1980年）

『倒産法体系』霜島甲一（勁草書房，1990年）[→『体系』]

『入門民事再生法——申立手続と裁判実務』東京弁護士会編（ぎょうせい，2000年）[→『入門民事再生法』]

『破産法〔全訂第3版補訂版〕』伊藤眞（有斐閣，2001年）

『破産・民事再生の実務（上）（下）』園尾隆司＝深沢茂之編（金融財政事情研究会，2001年）[→『破産・民事再生の実務』]

『民事再生法書式集〔新版〕』第二東京弁護士会倒産法制検討委員会編（信山社，2001年）[→『再生書式』]

『民事再生手続運用の実情』高木新二郎＝伊藤眞編（商事法務研究会，2001年）

『民事再生手続と弁護士業務Q&A』日本弁護士連合会民事再生法に関する倫理問題

検討ワーキンググループ編〔→『弁護士業務Q&A』〕
『民事再生手続の運用モデル——手続の流れの理解のために』才口千晴＝田原睦夫＝林道晴執筆者代表（法曹会，2000年）〔→『運用モデル』〕
『民事再生法——要点解説と条文対照』新再建型手続研究会編（新日本法規出版，2000年）
『民事再生法逐条研究』ジュリスト増刊号（有斐閣，2002年）〔→『逐条研究』〕
『民事再生法における事業計画案の参考書式（平成14年7月）』日本公認会計士協会近畿会・法務会計委員会民事再生法分科会 NBL744号29頁以下〔→『事業計画案の参考書式』〕
『民事再生法の実務〔新版〕』高木新二郎＝伊藤眞編集代表（金融財政事情研究会，2001年）
『民事再生法の理論と実務（上）（下）』才口千晴＝田原睦夫＝園尾隆司＝小澤一郎＝加藤哲夫＝松下淳一編（ぎょうせい，2000年）〔→『理論と実務』〕
『民事再生法要説』花村良一（商事法務研究会，2000年）

● 雑誌・法令名略語

NBL	NBL（商事法務）	民商	民商法雑誌（有斐閣）
金判	金融・商事判例（経済法令研究会）		
金法	金融法務事情（金融財政事情研究会）	法	民事再生法
		規則	民事再生規則
銀行法務21	銀行法務21（経済法令研究会）	税徴	国税徴収法
債権管理	債権管理（金融財政事情研究会）	税通	国税通則法
		法税	法人税法
ジュリ	ジュリスト（有斐閣）	法税令	法人税法施行令
判時	判例時報（判例時報社）	民訴費用	民事訴訟費用等に関する法律
判タ	判例タイムズ（判例タイムズ社）		

第1章 総論

Q1 近いうちに会社の資金繰りがショートすることが確実な情勢ですが、会社を清算すべきか、再建すべきか、どのように判断したらよいのですか。

A

1 選択の手順

まず、会社を再建できる可能性があるか否かを検討します。その可能性があれば、再建を目指し、その可能性がなければ、清算を選択します。

次のそれぞれの要件を満たせば、再建の可能性があるものと考えてよいでしょう。

2 再建の可能性の要件

① 経営者

会社を再建するには、短期間のうちに債権者や従業員とのタフな交渉をこなし、再建のための施策を次々に実行する必要があり、そのための労力や気苦労ははかりしれません。経営者はこれらの困難に陣頭に立って立ち向かわなければなりません。経営者に、これらの困難に立ち向かう覚悟と能力がなければとても会社の再建はおぼつきません。

また、会社再建のためには会社の役員・従業員が一丸となって事業遂行に当たる必要がありますから、経営者には役員・従業員をとりまとめられる人望がなければなりません。

このような経営者がいない場合には、会社の再建はあきらめざるを得ません。

従前の経営者が経営に当たったのでは、従業員や債権者の納得が得られない場合もあります。その場合には、従前の経営者に代わって、再建を指揮する者を探さなければなりません。

② 営業黒字の見込み

会社を再建するには、事業を継続しながら、一定割合の旧債務を弁済しなければなりません。しかも、その弁済額は清算の場合の予想配当額を上回らなければなりません。したがって、手続き開始後営業黒字の状態で事業を継続できる見込みがなければなりません。弁済原資を捻出するには、減価償却前で営業黒字であれば一応よいのですが、安定した事業継続を行うには、減価償却後で営業黒字となることが望ましいのです。

営業黒字となるかを判定するには、3期分くらいの損益計算書および最終の決算期以後直近までの月次損益を並べてみるのが効果的です。これで、営業損益（償却前）で黒字が続いているようであれば、手続き開始後も営業黒字となる見込みがあると一応考えてよいでしょう。ただし、次の点に留意する必要があります。

i 倒産に瀕する会社の決算書には往々にして粉飾があります。会社の実体を見るには、粉飾分を修正した修正損益計算書を作成する必要があります。担当する弁護士は、損益計算書に粉飾がないかどうか、注意深くこれを読み、また経営者や経理担当者に真実を語るよう促さなければなりません。

ii 再建手続きの申立てをすると売上高が減少する可能性があることを考えておく必要があります。私的整理による場合には通常経営破綻が公表されませんので、

売上高への影響は小さいと予想されますが，法的手続をとった場合には，経営破綻が公表されることから，売上高に大きな影響が出ます。また，消費者を相手とする事業（ゴルフ場，レストラン等）では，順調に事業継続できる場合には，デパートやブランド品製造のようなイメージが重視されるものを除き，売上高への影響は小さいのですが，信用を背景に企業相手に継続的に取引するような事業（商社，建設業等）であれば，事業を順調に継続できたとしても急激な売上高の減少を覚悟しておかなければなりません。

iii 企業全体として営業黒字でなくとも，部門別に見て営業黒字の部門があるときには，その部門だけ事業を継続することで営業黒字を達成できる可能性があります。ただし，その場合には，当該部門だけで本部経費を吸収できるか慎重に検討する必要があります。

iv 人員削減等により営業黒字に転換できる場合もあります。ただし，どの程度人員削減が可能かは，具体的な人員配置表を作成したり，当該業種の平均人員と比較するなどして慎重に検討する必要があります。また，人員削減による売上高の減少も織り込み，適切な縮小均衡点を把握するよう努めなければなりません。

v その他事業不振に陥った原因を分析し，これを除去できる可能性があるのであれば，再建可能性はあります。

③ 資金繰り

会社を再建するには，事業を継続しなければなりませんから，資金繰りが続くことが必要です。法的手続をとれば，旧債務が棚上げになることから，事業が安定してくれば，資金繰りも安定してきます。問題は，手続きに入った最初の段階です。この段階では，仕入れ等で現金取引を求められたりしますので，相応の資金が必要です。

したがって，手続に入る前に当座の運転資金を用意しておくことが必要です。

また，手続をとるには費用が必要です。法的手続をとる場合には，裁判所に支払うべき予納金を用意することが必要です。さらに，弁護士費用を用意する必要があります。

手続に入って後6ヵ月程度の資金繰り見込み表を作成してみて，資金繰りが成り立たないようであれば，再建は困難です。

④ 事業継続に必要な資産の確保

事業を継続するために欠くべからざる資産があります。たとえば，工場です。このようなものには，通常担保権がついています。このような場合には，工場を使用し続けるために，少なくとも当該物件の時価に相当する額を担保権者が納得する形で弁済する必要があります。このような見通しが立つかどうかを検討する必要があります。

事業継続に不可欠の資産に担保が設定されていないとしても，当該物件の時価に相当する額の弁済はいずれにしてもする必要があります。再建手続による弁済額は，清算の場合の予想弁済額を上回る必要があるからです。そうすると事業継続に不可欠の資産の時価が高ければ，営業利益からの弁済額が高額になることになり，弁済計画の立案が困難となります。

⑤ 会社を再建するには，私的整理では対象債権者の全員，法的手続では債権者の法定多数の同意が必要です。手続に入る前に債権者の意向が確実に分かるわけではありませんが，主要な債権者が再建に反対しているようでは，会社の再建は困難です。

3 スポンサーによる再建の可能性

2の要件が満たされない場合であっても，スポンサーを探して経営主体を変更することで事業を残すことは考えられます。これにより雇用を維持し，債権者に対する弁済を極大化することが期待できます。　［髙木裕康］

Q2 会社を再建する場合には，民事再生手続，会社更生手続，私的整理などの手法があるそうですが，どのように手続を選択したらよいのですか。

A

1　会社を再建するための手続

会社を再建するための手続として，民事再生手続，会社更生手続，私的整理の3つがあります。

ここにいう私的整理とは，会社更生法や民事再生法などの手続によらずに，債権者と債務者の合意に基づき，債務について猶予・減免などをすることにより，経営困難な状況にある企業を再建するものです。倒産法の適用は受けないものの，債権者に多数の金融機関が含まれる場合には，「私的整理に関するガイドライン」に従うこともありますし，債権者と債務者の合意の方法として特定調停法を利用することも考えられます。

2　まず私的整理を検討

手続を選択するにあたっては，まず再建型の私的整理ができないかを考えるべきでしょう。倒産法による手続に比べて，私的整理には次のような利点があるからです。

① 金融機関や大口仕入先のみを対象にして，信用不安を表面化させずに債務整理を行うことが可能です。そうできれば，信用不安の表面化による販売減や納入拒否等を回避することができます。倒産直後の混乱も回避することができます。

② 手続が法定されていないため弾力的解決が可能です。ただし，多数の金融機関が債権者に含まれている場合には，「私的整理に関するガイドライン」によるか，またはこれに準拠して整理を進めることが多いです。その場合には，原則として，減資や経営陣の退陣が求められます。

③ 比較的短い期間で手続の終了まで至ることも期待できます。

④ 裁判所に納める予納金は不要です。

しかし，次のような場合には，私的整理を遂行することは困難です。

① 手形を振り出している場合に，手形の決済資金が手当できない場合。

② 強硬な債権者がいる場合

強硬な債権者が預金や売掛金の差押え，競売申立などを行った場合，対抗する手段がありません。街金融等が債権者にいる場合も同様です。

③ 金融機関や大口仕入先等の理解が得られそうにない場合

金融機関や大口仕入先等が，経営責任の明確化や手続の透明性，債権償却の便宜等を考慮して法的な整理を望む場合があります。この場合には，私的整理は困難です。

3　次に民事再生手続を検討

私的整理が困難である場合，民事再生手続で再建できないか検討することになります。会社更生手続に比べて，民事再生手続には次のような利点があるからです。

① 会社更生手続の場合，経営陣は原則として退陣しなければなりませんが，民事再生手続ではその必要はありません。

② 会社更生手続では減資が行われるのが通常ですが，民事再生手続では必ずしも減資を行う必要はありません。

③ 再生計画認可までの時間は，更生計画認可までの時間よりも通常短期間です。

以上のような利点から，事業の再生について一応の見込みさえあれば，民事再生手続を選択するのがよいでしょう。この手続は当初中小企業の再建を念頭においていましたが，大会社であっても選択可能です。企業としての再建は困難であっても，事業譲渡により事業自体を生かすことが可能である場合には，民事再生手き中で事業譲渡を行うことも可能です。

4　会社更生法を選択する場合

しかし，民事再生手続においては，担保権

実行は原則として自由であることから，次のような場合には会社更生手続を選択せざるを得ません。
① 事業継続必要不可欠な資産に担保権（リースを含む）が設定されており，その被担保債権（別除権）の弁済に債権者の同意の見込みがないほど長期間を要する場合
② 事業継続上必要不可欠な資産に担保権が設定されており，これについて競売申立を回避できない場合

また。メインバンクその他主要債権者が経営責任の明確化や手続の透明性を考慮して会社更生手続による整理を望んでいる場合には，会社更生手続によるのが適切な場合もあります。

[髙木裕康]

Q3 民事再生手続申立の目的には，どのようなものがありますか。

A

民事再生法は，経済的に窮境にある債務者について，債権者との権利関係を調整して，事業または経済生活の再生を図ることを目的としています（法1条）。

したがって，ほとんどの場合，債務者自身が，その主体的判断で，債務者の事業の再生を図ることを目的に申立てを行っています。しかし，債務者自身の事業の再生に加えて，別の目的のためにも手続が利用される場合もあります。たとえば，次のようなケースです。

① ソフトランディング

最終的には事業廃止に至る可能性が高い場合でも，ただちに事業を廃止したのでは，たとえば仕掛かり中の工事がストップするとか，売掛金・貸付金の回収が困難になるなど，かえって債権者や取引先に甚大な被害が生じることがあります。このようは場合には，民事再生を申し立て，順次事業を縮小していくことが適切なことがあります。

② M&A

事業について M&A を行う場合に，譲渡会社に多額の負債があるときは，円滑に手続が進められなかったり，後に詐害行為や否認の主張が出ることがあります。このような場合に，民事再生を申し立て，その手続の中で事業譲渡や株式譲渡を行えば，債権者の納得も得やすく，また後に否認等で効力を否定されることもなくなります。したがって，M&Aを前提に民事再生が申し立てられることがあります。申立前に，M&Aの内容を固めてから申立がなされることもあります（プレパッケージ型）。

ただし，この場合には譲渡先選定およびその対価決定の公正性に留意する必要があります。公正性が担保されていないと，監督委員や債権者から異議が出され，手続がうまくいかないことがあります。

③ 不良債権処理

返済が滞っているにもかかわらず，債務者が何らの手続もとらないために，債権者の不良債権処理ができない場合があります。このような場合で，しかし事業自体には再生の見込みがあるというときには，金融機関等の債権者が債務者に民事再生の申立てを促すことがあります。債権者がしびれを切らし，債権者側から民事再生を申し立てたケースもあります。

また，たとえば，債権者が親会社1社のみというようなケースでは，同意再生を行うことにより，他への影響を最少に留めて，不良債権処理を行うことも考えられます。

[髙木裕康]

第1章 総論
Q4・Q5

Q4
弁護士として民事再生申立を受任する場合，依頼者にどのようなことを説明しておくべきしょうか。

A

民事再生手続の効用ばかりでなく，再生債務者の義務や責任，民事再生手続の限界や不利益などについても十分説明し，再生債務者にとって予想外の事態とならぬようにしておくべきです。そのような意味で次のような事項を説明しておくべきです（参考『再生書式』書式1および2参照）。

① 申立前後から再生計画認可までのスケジュール
　Q6を参照下さい。
② 所要資金（予納金，弁護士報酬，運転資金）
　Q11，Q12，Q35を参照下さい。
③ 再生債務者の行為規範
　ⅰ 原則として業務遂行権・財産管理処分権は再生債務者に残るものの，公平誠実に手続を遂行する義務を負うこと（法38条2項）
　ⅱ 重要な行為（法41条）について監督委員の同意または裁判所の許可を要すること
　ⅲ 申立前の債権については，原則として支払を禁止されること
④ 再生債務者も分担しなければならない事柄
　（分担内容はケースバイケースですので，代理人弁護士と再生債務者でよく協議する必要があります）
　ⅰ 取締役会における再生手続申立決議
　ⅱ 事業の維持継続
　ⅲ 予想破産配当より高額の配当を可能とする事業計画の作成
　ⅳ 債権認否表その他の書類の作成
　ⅴ 債権者集会における同意の取得
⑤ 手続が順調にいかない場合
　独力で事業維持ができない場合や自主再建の計画では法定多数が得られない場合には，経営陣退陣や事業譲渡，減資を検討せざるを得ません。
　債権者集会において法定の同意が得られない場合，認可された再生計画を履行できない場合等，再生手続が失敗した場合には，破産に至る可能性が高くなります。
⑥ 役員の責任
　役員としての義務違反があった場合，責任を追及される可能性があります。
⑦ 保証人等の責任
　再生計画が認可されても，保証人や物上保証人には影響を及ぼしません。また，再生手続の申立により期限の利益を喪失することから，保証人に対する保証履行請求や担保実行がなされる可能性が高くなります。

［髙木裕康］

Q5
民事再生手続の申立日はどのようにして決めたらよいのですか。

A

次のような点を考慮して，適切な日を決めます。
① 手形決済日
　手形不渡りを出すと，事業の継続は困難になります。したがって，手形不渡りとなる前に，弁済禁止の保全命令を取得しなければなりません。そこで，裁判所が保全命令を出すまでの審理期間を考慮し，申立日を決めます。たとえば，東京地方裁判所であれば，通常申

立当日に保全命令を出していますが，他の裁判所では，必ずしもそうではありませんので，事前に裁判所に確認しておく必要があります。

② 資金繰り

申立後の資金繰りも考慮しておく必要があります。手元資金の少ない時期や，その後の入金予定が少ない時期に申立をすると，申立後資金繰りが破綻することがあります。

③ 業務上の混乱の少ない時期

通常業務が活発に行われる日に申立てをすると，混乱もそれだけ大きくなります。業種にもよりますが，週末や場合によっては休日に申し立てることが適切なこともあります。

④ 公開会社の場合，株式市場への影響

公開会社の場合，申立てにより株式市場に影響が出ます。この点を考慮し，週末の営業時間終了後や休日に申し立てるのが適切な場合もあります。

⑤ 取締役会の開催

申立をするには取締役会の決議が必要ですから，取締役会開催可能日以降に申立てをする必要があります。会社によっては，取締役を招集するのが容易ではない場合もありますから，注意を要します。また，取締役会の決議を得たら，ただちに申立てをすべきです。

⑥ 債権者や取引先への影響

申立日によって，債権者や取引先に甚大な被害が生じるなど，特別な影響が出ることもあります。これにより，再生手続について賛意が得られなかったり，取引継続を拒絶されたりすることもありますから，注意を払うべきです。　　　　　　　　　　［髙木裕康］

Q6 民事再生手続のスケジュールはどのようになりますか。

A

東京地方裁判所では，民事再生手続の標準的なスケジュールとして，下表を公表しています。同地裁管轄の事件については，概ねこのスケジュールに基づき手続が進められています。他の裁判所でも，順序としては，概ね東京地方裁判所と同様ですが，裁判所ごとに多少異なっています。東京・大阪以外の裁判所では，開始決定までの審理期間が1ヵ月程度かかることもあります（**参考**事業再生と債権管理115号37頁）。申立受理件数の少ない裁判所では，スケジュールが定まっていないこともあります。

したがって，現実に申立てをする場合には，事前に裁判所に確認すべきです。　　　　［髙木裕康］

民事再生手続標準スケジュール（15．5．26改訂）

東京地方裁判所民事第20部

手　続	申立日からの日数
申立て・予納金納付	0日
保全処分発令・監督委員選任	0日
（債務者主催の債権者説明会）	（0日～6日）
第1回打合せ期日	1週間
開始決定	1週間
債権届出期限	1月＋1週間
財産評定書・報告書提出期限	2月
計画案（草案）提出期限	2月
第2回打合せ期日	2月

認否書提出期限	2月＋1週間
一般調査期間	10週間～11週間
計画案提出期限	3月
第3回打合せ期日	3月
監督委員意見書提出期限	3月＋1週間
債権者集会招集決定	3月＋1週間
書面投票期間	集会の8日前まで
債権者集会・認否決定	5月

平成12年4月1日施行。6月15日，7月10日，7月31日，13年1月9日，15年5月26日改訂。

Q7 民事再生手続を申し立てると経営者はどうなりますか。

A

会社が民事再生手続を申し立てても，原則として，引き続き従前の経営者が会社の業務を遂行し，また会社財産の管理処分権限を持ちます（法38条1項）。

ただし，例外的に従前の経営者が退陣しなければならないこともあります。

① 非公開会社の場合，会社の銀行借入等について，代表取締役が連帯保証していることが一般です。会社が民事再生を申し立てると，銀行借入等について期限の利益を失いますから，連帯保証人は保証履行を求められます。そのため，多くの場合，代表取締役は，その固有の資産を債務弁済に充てることになります。保証債務が多額の場合，代表取締役が破産手続開始決定を受けざるを得ないこともあります。そうなれば，取締役は退任となります（民法653条2号）。ただし，破産手続開始決定を受けたことは，取締役の欠格事由ではないので（会社法331条1項），再任されることは可能です。

② 経営者が放漫経営を行っていたなど，経営破綻に関する経営者の責任が重大である場合には，経営者がそのまま経営にあたったのでは，債権者，取引先，従業員等の反発が強いことがあります。

i このような場合には，利害関係人の申立または裁判所の職権で，保全管理人・管財人が選任されることがあります。また，債権者側から会社更生が申し立てられたり，債務者自ら会社更生を申し立てざるを得なくなったケースもあります。この場合には，従前の経営者は，業務執行権および財産管理処分権を失います（法66条，81条1項，会社更生法72条1項，同法32条1項）。

ii 保全管理人・管財人が選任されないにしても，従前の経営者の続投に債権者らの反発が強い場合には，事業の継続や再生計画案の可決は困難です。このような場合には，むしろ従前の経営者は退陣し，債権者の納得の得られる新しい経営陣が経営および再生手続の遂行にあたるのが適切です。

③ スポンサーの子会社となる場合やスポンサーに事業譲渡する場合には，通常従前の経営者は退陣します。　　　　　　［髙木裕康］

Q8 株式会社以外の団体（合名会社等，社団法人，財団法人，地方公共団体，権利能力なき社団等）や個人も民事再生手続の対象となることができますか。

A

できます。

民事再生法の対象となる債務者の法人格には，制限はありません。すべての自然人および法人は対象となり得ます。

自然人（個人）も対象となり得ます。現に，個人営業者や会社役員等の個人の申立も相当数なされています。外国人も対象となります（法3条）。個人の場合には，通常の民事再生手続のほか，「小規模個人再生及び給与所得者等再生に関する特則」（法13章）を利用することもできます。

株式会社だけでなく，合名会社，合資会社および合同会社も対象となります。第三セクターももちろん対象となります。これについては実際の申立例もあります。外国会社も対象となり得ます（法3条）。

社団法人・財団法人（一般，公益を問わない。），医療法人，学校法人，協同組合等の会社以外の法人も対象となり得ます。医療法人については，実際に申し立てられた例が相当数あるようです。

地方公共団体が民事再生手続きの対象となりうるかについては，一般に公法人の破産能力という論点で論じられているところが参考になります。種々意見があるところですが，地方公共団体であっても，民事再生法以外に処理する手続きが見あたらないときは，これを適用することに障害はないものと考えます（参考『体系』96頁参照）。

権利能力なき社団・財団については，これまで例はないものと思いますが，民事訴訟法においてもすでに当事者能力が認められていますから（29条），これが経済的に1つの団体の体をなしている場合には，民事再生法を適用できるものと考えます。

［髙木裕康］

Q9 簡易再生手続とは，どのような手続ですか。

A

1 手続

簡易再生手続とは，通常の民事再生手続のうち，債権の調査および確定の手続を省略する手続です。簡易再生手続を行うには，次のようにします（法211条）。

① 簡易再生の申立

債権届出期間の経過後一般調査期間の開始前（東京地裁の標準スケジュールによれば申立日から6ないし10週間ころ）において，再生債務者（管財人を含む）が簡易再生の申立てをしなければなりません。

② 債権者の同意

①の申立てをするには，届出再生債権者の総債権（実質的な額を裁判所が評価します）の5分の3以上の債権を有する届出債権者が，書面により再生計画案に同意し，かつ債権調査確定手続の省略に同意していることが必要です。

2 メリット・留意点

簡易再生手続では，債権の調査・確定手続を省略する分，早期に再生計画認可決定を得ることが可能です。通常の手続より1〜2ヵ月の短縮は可能と思われます。債権調査をしない分，再生債務者の労力も節約できます。

しかし，債権者の立場から見ると，再生計画の履行確保の点で問題が残ります。すなわち，簡易再生手続では債権確定しないので，万一再生計画が履行されなかった場合に，ただちに強制執行をすることができません。したがって，債権者から見た場合の手続の信頼性はやや劣ることになりますので，再生債務者としても十分な説明が必要になります。

また，届出債権者から上記1②に記載した同意を得るには，あらかじめ再生計画案を作成しておく必要があります。届出債権者の同意を取得する時間を考えれば，申立時に再生計画案を作成しておくようなスピード感でないと間に合いません。

なお，届出債権者が上記1②の同意をしている場合には，当該債権者が債権者集会に欠席しても，賛成したものと見なされます（法214条3項）。

3　実際の利用

現実の運用状況を見ると，簡易再生手続の利用はあるものの，極めて少数に留まっています。通常の民事再生手続でも会社更生や従前の和議に比べれば運用上十分に手続の進行が早いので，簡易再生手続のメリットが薄らいだためと思われます。実際的には，債権者数が比較的少数で，申立の前後には再生債務者と債権者の大半とで話がまとまっているような事案に利用されるものと考えます。

なお，Q409〜Q413を参照下さい。

［髙木裕康］

Q10　同意再生手続とは，どのような手続ですか。

A

1　手続

同意再生手続とは，通常の民事再生手続のうち，債権の調査および確定の手続および再生計画案の決議を省略する手続です。同意再生手続を行うには，次のようにします（法217条）。

① 同意再生の申立

債権届出期間の経過後一般調査期間の開始前において，再生債務者（管財人を含む）が同意再生の申立てをしなければなりません。

② 債権者の同意

①の申立てをするには，すべての届出再生債権が書面により再生計画案に同意し，かつ債権調査確定手続の省略に同意していることが必要です。

2　メリット・留意点

同意再生の決定が確定したときには，債権者の同意を得た再生計画案について，再生計画認可決定が確定したものと見なされます。

申立から再生計画認可決定まで1ヵ月程度で進行することも可能です。債権の調査・確定手続，債権者集会の招集手続を省略する分，再生債務者の労力も節約できます。

しかし，債権者の立場から見ると，再生計画の履行確保の点で問題が残ります。すなわち，同意再生手続では債権確定しないので，万一再生計画が履行されなかった場合に，ただちに強制執行をすることができません。したがって，債権者から見た場合の手続の信頼性はやや劣ることになりますので，再生債務者としても十分な説明が必要になります。

また，届出債権者から上記1②に記載した同意を得るには，あらかじめ再生計画案を作成しておく必要があります。届出債権者の同意を取得する時間を考えれば，申立時に再生計画案を作成しておくようなスピード感でないと間に合いません。

3　実際の利用

同意再生においては，早期に届出債権者全員の同意を得なければならないことから，実際的には，債権者数が少数で，申立前に再生

債務者と全債権者とで話がまとまっているような事案でないと利用できません。

実際的には，すでに成立している私的整理について，裁判所の手続を経ることにより，合意成立の裏付けを確実にするために利用されるものと思われます。これによって，債権者の税務処理の確実性を高めることもできるでしょう。子会社・関連会社を救済し，かつ親会社の確実な債権償却をすることを目的に利用することも考えられます。

なお，Q414～Q416を参照して下さい。

［髙木裕康］

Q11 民事再生申立の弁護士報酬はどの程度ですか。

A

再生債務者の支払能力が限られているところから，依頼者と弁護士との協議によりケースバイケースで決めているのが実情ですが，民事再生事件の処理には弁護士としても相当の執務量を要するところから，申立てから認可決定までに要する弁護士報酬として，少なくとも裁判所に納付する予納金の1.5倍ないし2倍程度の額を見込んでおくべきでしょう。事件の性質上，多数の弁護士の関与を要する場合には，さらに多くの弁護士報酬が必要になります。

上記は，申立前に着手金として支払うのが原則ですが，依頼者と弁護士との協議で，着手金を減らして，月額報酬を支払うことも可能です。この場合，月額報酬の支払について監督委員の同意を受ける必要はありませんが，月次報告書等に記載して監督委員に対して報告するのが望ましいと考えます（参考『弁護士業務Q&A』17頁）。

報酬金については，債務免除の額を勘案して協議の上定めることになりますが，再生債務者の支払能力との関係から，弁護士と顧問契約を結び，顧問料を支払うケースもあるようです。

［髙木裕康］

第2章　申立前

Q12 民事再生の申立準備（特に申立費用や運転資金の準備）は，どのように行ったらよいですか。

A

1　申立てまでの準備

申立てを決断した場合（あるいは申立ての可能性があり準備だけはしておくという場合），申立費用，運転資金の準備をするとともに，申立てに必要な書類及び資料の作成，ならびに必要書類の収集などの準備，取締役会における決議，債権者を含む様々な関係者への対応に関する打ち合わせ・方針決定が必要となります。

ここでは，このうちの申立費用・運転資金の準備について，説明することとします。

2　申立費用及び運転資金の準備

(1) 民事再生の申立費用としては，概要，以下のものを要することになります。

① 裁判所に対する申立手数料(貼用印紙)
② 同予納金
③ 同予納郵便切手
④ 代理人に対する費用（着手金）

また，民事再生においては，申立直後から借入や手形の割引ができなくなり，当面の資金繰りに必要なある程度の運転資金が必要となります。なお，必要な資金の予測をたてるために，申立て後の日繰り予想表を作成することも有効な方法の一つです。

(2) 申立費用は，申立時に現金として，直ちに使える状況になければならず，保管現金又は直ちに引き出せる預金で準備することになります。

ただし，預金については，当座預金では，引き出すために小切手の呈示が必要となりますし，定期預金や通知預金も直ちには引き出せません。

また，普通預金でも，窓口では平日3時までしか引き出せず，ATMでは通常引き出し限度額が設定されているため，申立当日又は前日に全額引き出せるとは限りません。従って，余裕をもって現金化しておくか，申立代理人に預けるなどの措置をとることを検討すべきです。

なお，債権を有している金融機関の口座からの直前の多額の預金の引き出し行為は，再生手続の成否にかかわる場合もあり，そのような行動をとるか否かについては，慎重に検討する必要があります。

(3) 当面の運転資金は，現金又は借入のない金融機関の普通預金にて用意しておくことになりますが，運転資金については，申立後の売掛回収等による資金も利用でき，その見通しを把握しておく必要があります。

なお，借入のある金融機関の預金口座については，申立前の預金は相殺され，その後開始決定までに振込入金された預金口座の引き出しは事実上凍結されることもあり得るため，当面の資金繰りに使用できることを前提とすると危険を伴います。

そこで，申立前後に，売掛金等の回収口座について，借入のない金融機関や申立代理人の開設した口座へ振り込むように売掛先に通知して，振込口座の変更を依頼することもあります。

また，決済条件が，約束手形の振出による場合には，満期までのサイトの利息を割

り戻した金額で現金入金してもらえないか，交渉する方法もあり得ます。
(4) いずれにしろ，申立て及びその後の運転資金には，相当の資金が必要となりますので，余裕のあるうちに，申立てを決断することが望ましいといえます。

［山本　正］

Q13 申立ての直前までの仕入や，賃料，リース料等の支払をどうしたらよいか教えてください。

A

1 　民事再生を申し立てることを最終的に決定するのは，申立ての直前であることが通常であると考えられますが，決定時から申立てまでの間の仕入や賃料，リース料等の支払いをどうしたらよいか，悩ましい問題に直面することになります。これらのどの問題についても，申立代理人とよく打ち合わせをして，具体状況に応じて判断し決断することになります。

2 　申立前日の仕入，発注，受注
(1) 仕入，発注について
　　申立て前の仕入や発注は，取り込み詐欺のような形態になる可能性があり，避けた方が良いです。
　　例えば，申立直前の大量仕入れや発注などは，再生手続に対する信頼を保てないことが明らかであり，避けるべきです。
　　いずれにしても，再生債務者のおかれた具体的状況により判断する以外になく，申立代理人と十分に検討して行動することになります。
(2) 受注について
　　民事再生は，営業を継続することが前提ですから，営業利益を上げるために，前日に受注することはあり得ます。
　　受注しても，通常，決済は申立て後になると思われ，双方未履行の双務契約として処理すれば良いですし，再生会社が申立後に当該契約を履行できるのであれば，当然，再生のためにも必要なことであると思われます。

3 　賃料の支払について
　　申立てまでの間の賃料支払については，支払期日がその間に到来すれば，賃借物件が再生計画又は事業計画のなかで申立て後の使用が必要である場合に債務不履行解除を阻止するためにも，支払う必要があります。しかし，資金繰りがつかない場合は，申立後に支払うこともできますので（事務所の賃料については，弁済禁止の仮処分から除外されることが多い），申立後に処理することもあります。
　　他方，賃借物件を明け渡してもよい場合は，支払わなくとも，敷金等によって担保されているとすれば，賃貸人にも迷惑がかからないので，支払わない方法もあり得ますが，具体的状況により，判断することになります。

4 　申立てまでのリース料，買掛債務などの支払い
　　基本的に，履行期が到来したものは，支払う方向で検討することになり，資金繰りがつくのであれば，支払うことになります。
　　しかし，資金繰りがつかない場合など，支払いができない場合もありますが，事務所の備品のリース料金は，弁済禁止の仮処分から除外されることが多いので，申立後に支払う処理もできます。

5 　申立てまでの，金融機関の自動引き落とし
　　自動引き落としは，履行期に自動的に決済されるものであり，申立てまでは通常どおりの決済をすることになります。

［山本　正］

Q14 資金繰り表は，どのように作成すればよいでしょうか。

A

1 民事再生の申立てには，月別過去1年分の資金繰り表及び申立て後6ヵ月間の資金繰り表の提出が必要とされています（規則14条1項6号。なお東京地裁の場合，提出しないことを理由に申立てができないことは，通常ないようです）。

過去の実績である資金繰り表は，手形決済のために従前作成していたものを決済日毎ではなく，月別にまとめればよいので，ある程度簡単に作成できます。また，申立後の見込みとなる資金繰り表は，過去の実績を参考としながら，申立後の状況予測を加味して，作成するのが効率的であると思われます。

いずれにしろ，再生手続の見通し及び再生計画立案の基礎となるものですので，可能な限り精緻に作成し，また検証していくべき表となります。

2 資金繰り表の作成
(1) 実績分

過去の資金繰りは，実績そのままを月別に1年間分記載することになります。

仮に売掛金や仕入れなどについて粉飾があったとしても，将来の資金繰りを想定するために（また，将来の資金繰り表が無理のないものか，検証するために）作成すべきなので，粉飾を修正して実績を忠実に記載する必要があります。

(2) 将来の見込み分

将来の資金繰りは，過去の資金繰りの実績を勘案しながら，申立後の状況を予測し修正して作成することになります。

特に，再生申立てによる営業店舗数の縮小などに伴う売上の減少，ゼネコンなど信用を基礎としている場合に信用失墜の与える影響などがどの位なのかを予測することが重要となります。

また，約束手形などをすぐに現金化できるか否かを検討して，売上又は回収欄に加算するか否かを検討し，約束手形等について，別欄にしてその状況を記載することも考えられます。

さらに，仕入について，全て現金払いとするのか，締め日を設けるのか（設けるとしてサイトをどうするのか），一部現金払いとするか，なども検討することになります。

また，少額債権の弁済予定があればその少額債権者数と弁済額予定総額，弁済禁止の対象外となるリース債権や賃料等の弁済額，共益債権（及び保全期間中の債権で共益債権化された債権）の金額等を，各弁済予定期日を勘案して，資金繰り表に織り込む必要もあります。

(3) なお，事案にもよりますが，民事再生手続を円滑に進めるためには，向う1，2ヵ月の日繰り表を作成しておく必要があるでしょう。　　　　　　　　　　　　[山本　正]

Q15 事業計画は，申立前に作成しなければならないでしょうか。

A

1 申立前に作成する必要性

民事再生の申立てにかかる提出書類として，今後の事業計画の概要も掲げられていますが（東京地裁：民事再生事件申立書類提出要領），事前相談においては，提出する必要はありません。しかし，再建のためには，申立前に，事業計画を準備することは，再生の方向性を検証するためにも望ましいといえます。

2 作成方法

(1) 作成手順

① 再生方針の概略

民事再生申立てを選択する場合には，抜本的な経営の方向転換を行う場合もあり，その方向性に従った事業計画になります。要素としては，スポンサーの存否及び関与の形態，事業譲渡・資産譲渡の予定，リストラの方法・規模，売却益の税務上の処理，評価損の処理，再生計画の弁済期間などを検討することになります。

② 既存の資料の利用

従前の再建計画の方向にある程度沿った再生計画を作成することを予定している場合，再生債務者が，既に金融機関の融資を受ける際に提出した事業計画を利用するなど，会社に存在する資料を利用して，再生を申し立てた後の変動要因を加味して作成することもあります。

(2) 記載事項

記載事項は，それぞれの再生債務者がどのような再生を目指すのかにより異なりますが，①再生債務者の従前の事業内容・状況，②財務状況悪化の原因，③②原因除去の方法，④今後の事業内容などを記載することになると思われます。

作成手順としては，再生債務者が作成し，それを債権者がどうみるか，また倒産原因の除去の実現可能性などを，申立て代理人が検証して，修正していく方法もありますが，具体的作成方法は再生債務者によって異なることになります。　　　［山本　正］

Q16 民事再生を申し立てる場合，取締役会決議は必要ですか。また，必要として，どのように開催したらよいでしょうか。

A

1 取締役会設置会社が民事再生を申し立てる場合，会社の重要な経営方針に関する「その他の重要な業務執行」の決定として，取締役会決議が必要となります（会社法362条4項）。

そして，再生手続開始申立書の添付書類として，取締役会議事録の写しが申立時に必要とされています。

いずれにしろ，取締役会決議は，過半数の出席を定足数として，過半数の賛成が必要となりますので，事前の票読みを行うことが重要となります。なお，定款に定めがある場合，取締役会を開催せずに，取締役全員の同意の意思表示によって提案を可決し決議したものとみなすことは可能です（会社法370条）。

委員会設置会社の場合も取締役会の決議事項となります（会社法416条1項1号）。他方で，取締役会設置会社でない場合は，取締役が一人の場合は当該取締役の決定，複数の場合は，定款に別の定めがない限り，取締役の過半数の決定が必要となります（会社法348条）。なお，会社法上の特例有限会社を含む取締役会非設置会社においては，株主総会は全ての事項を決議することができる機関であり（会社法295条1項），民事再生申立ての決議もできますし，旧有限会社の申立てについて社員総会の決議の議事録が添付書類として必要とされた事例もあるようですので，その申立てについては，株主総会決議議事録の添付を要するかどうかを管轄裁判所に確認しておく方が無難であると思われます。

2 取締役会の手順

(1) 取締役会決議の手順

取締役会決議は，①取締役及び監査役に対して1週間前に会議の目的を示して通知を発送し，②開催された取締役会において，過半数の取締役が出席し，過半数の決議により，③取締役会議事録を作成して，出席取締役（及び監査役）が署名することになります。

(2) 招集手続

会社法上は，招集通知を会議の1週間前に発送しなければなりませんが，民事再生に関する議事は，緊急を要する場合もあります。

この点，定款に1週間未満の期間が定められている場合は，その前の発送で足り，あるいは緊急の場合には期間を短縮できる旨の規定が定められている場合などは，それらの規定に従って招集することになります。

(3) 招集手続の省略

取締役会は，取締役及び監査役の全員の同意があれば，招集手続を要しないので，全員の同意がとれる状況であれば，直ちに開催できます（会社法368条2項）。

(4) 招集通知の記載事項

民事再生の申立てに関する議事は，会社にとってきわめて重要な事項であり，会議の目的たる事項には，明確に民事再生申立てに関する取締役会であることを明示することが望ましいでしょう。

ただ，社外に漏れると混乱を生じ収拾がつかなくなる可能性がある場合は，経営方針など一般の議事事項を記載することも可能です。

3 その他

取締役会設置会社で取締役が法定または定款に定める最低数である場合において，1名の取締役が「民事再生を申し立てるなら，取締役を辞任する」と主張し辞任の意を表明した場合は，以下の方法があります。

(1) 期間に余裕があり，またオーナー会社など臨時株主総会を開催することが容易である場合は，臨時株主総会を開催して新たな取締役を追加し選任した上で，取締役会を開催し，決議する方法があります。この場合は，取締役の辞任を含め，速やかに登記手続をする必要があります。

なお，上場会社などでは，期間，費用及び理由説明の点で臨時株主総会の開催自体非常に困難ですが，そもそもそのような会社では最低数の取締役しかいないことは通常考えにくく，また補欠取締役を選任していることもあり問題は少ないと思われます。

(2) 取締役会を開催したところその場で辞任し，退席した場合でも，議事を続行し，2名の出席，2名の賛成で決議する方法もあります。この場合，辞任した取締役は，次の取締役が選任されるまで，権利義務を有していますが（会社法346条1項），決議は成立します。

(3) その他，臨時株主総会において定款変更により取締役会非設置会社へ移行する，裁判所に仮取締役の選任を申し立てる（会社法346条2項）ことも考えられます。

［山本　正］

Q17 他に倒産手続が進んでいる場合，民事再生を申し立てることはできますか。

A

1 基本的関係

民事再生手続と他の倒産手続との関係は，法に定められていますが，基本的には，清算型の倒産手続よりも再建型の倒産手続を優先させ，またより厳格で強力な手続を優先させています。

2 具体的関係

① まず，破産手続，特別清算手続が進んでいる間においては，民事再生手続を申し立てることができます。

この場合，破産手続及び特別清算手続は，再生手続開始決定前まで利害関係人の申立て又は職権で，中止されることがあり（法26条1項1号），再生手続開始決定により，破産手続は中止し，特別清算手続は効力を失います（法39条第1項）。

なお，裁判所は，再生手続開始を判断する際に，係属している破産手続又は特別清算手続によることが債権者の一般の利益に適合すると判断した場合は，再生手続の申立てを棄却しますので，その結果，従前の手続が進行することになります（法25条2号）。

② 次に，会社更生手続が進んでいる場合（更生手続開始決定がある場合）は，再生手続開始を申し立てることはできません（会社更生法50条第1項）。

なお，更生手続開始決定が出る前にすでに再生手続が係属している場合，更生手続開始決定により再生手続は中止します（会社更生法50条1項）。また，更生手続開始決定が出た後に，会社更生手続が廃止され，又は更生計画不認可が確定した場合，係属している再生手続は続行され，更生手続における共益債権は，再生手続における共益債権となります（会社更生法257条）。

［山本　正］

Q18 申立前に株主に説明する必要はあるのでしょうか。

A

1 申立前に株主に説明する必要は，基本的にはないと考えられます。

というのは，オーナー会社であれば別ですが，そうでない場合において民事再生の申立て前に説明した場合，申立ての情報が漏れて混乱する可能性があり，説明の弊害は大きく，また説明する必要性も特に認められないからです。

もともと民事再生法では，株主に申立権を認めておらず（法21条），また，手続参加も基本的には認められていないので，再生手続の構造上，特に株主に対して申立前に説明し協力を仰ぐ必要性はないと考えられます。

2 しかし，例えば，定款で株式の譲渡制限を定めた閉鎖会社において増減資の手続を予定する場合などは，株主総会の特別決議を得るか，裁判所の許可を得て再生計画案に増減資に関する条項を定める必要がありますが，後

者の裁判所の許可に対して株主は即時抗告を申し立てることができます（法166条4項，166条の2第4項）。また，株主は営業譲渡に関する株主総会の決議に代わる許可（代替許可）に対して即時抗告を申し立てることができます（法43条6項）。

従って，具体的状況にもよりますが，株主にも事前に説明して，その後の手続の協力を要請することが必要となる場面も出てくることもあると思われます。　　　　［山本　正］

Q19 申立前に監査役に説明する必要はあるのでしょうか。

A

1　監査役は，取締役会に出席し，必要な場合に意見を述べる義務があり（会社法383条），監査役には，申立てを決議する際の取締役会において，申立てに関する説明を行う必要があります。監査役は，取締役会の議決権はありませんが，取締役会に出席した際に説明を受けることになるわけです。なお，公開会社ではない会社で監査役の監査の範囲を会計に関するものに限定している場合，業務監査権限はなく，取締役会への出席義務はありませんが（会社法389条1項・7項），監査役は，民事再生開始後も監査役として職務をおこなうわけですから，少なくとも申立ての際には説明を受けるべき立場にあるといえます。

［山本　正］

Q20 申立後も事業を継続するためにどのような準備をすればよいでしょうか。

A

1　申立後において事業を継続させることは，再生を実現するためにきわめて重要な課題です。

そのため，申立前において，限られた時間と制約された活動範囲のなかで，できる限りの準備を必要とします。

そこで，以下，(1)営業店舗，在庫保管倉庫などの確保と(2)申立後の円滑な事業継続のための準備事項について，いくつかの注意点を挙げることにします。

2　営業店舗，在庫保管倉庫などの確保について

申立直後は，営業店舗は混乱し，在庫保管倉庫については，納入業者の商品引き上げ等のおそれがあります。

そこで，申立前において，申立てと同時に営業店舗に申立て事実を周知し，債権者や顧客への対応マニュアルを配布するなどの準備を行い，また弁護士を含め誰がどの店舗へ行くかなどの人員の配置について予め決定して迅速に対応できるようにしておく必要があります。

また，倉庫についても同様であり，借りている倉庫であれば，直ちに保全命令が出たことを連絡しFAXするなどの手順を定めておく必要がありますし，自社倉庫であれば持ち出されないよう手段を講じ周知文を貼付するなどの措置もありますので，その周知文の起

案や対応手順を検討する必要があります。
3 申立後の円滑な事業継続のための準備事項について

　申立後は，事業を継続するための資金繰りに苦慮することが予想されます。そのため，当面必要な資金（現預金，受取手形小切手など）をできるだけ確保することが必要です。
4 業種に応じた準備

　機械製造業の製品に信用があり申立後も売却先が確保できる場合などと異なり，会社自体の信用（例えばゼネコンの場合），ブランドイメージが重要である場合（例えばアパレルの場合）は，申立てにより信用が失墜するため，できるだけ信用を損なわないような対応を申立準備段階からする必要があります。

　そこで，例えば，申立準備段階からスポンサーを探し支援してもらえる約束がある場合や事業譲渡などの予定がある場合は，申立て後直ちに情報を開示し説明する準備を行い，場合によっては報道向け会見の場にスポンサーや譲受先などに同席してもらう準備を整える場合もあります。　　　　　　［山本　正］

Q21 機密保持について，どのような配慮が必要でしょうか。

A

1　民事再生の申立ては，取引先にとっては再生申立てによって売掛金が回収できない結果になるなど，その申立自体に再生会社の債権者や債務者にとっては重大な利害関係が生じます。

　もし，それらの関係者に事前に民事再生の申立てをするという情報が流れると，それらの対応に準備ができていない会社に債権者が押し寄せるなど，混乱を招く結果となることは明らかです。

　そのようなことから，民事再生申立てに関する情報の機密を守ることが，きわめて重要な課題となります。

2　民事再生の申立てを決定している場合か，あるいは申立ての可能性があるという段階でも，その準備を念のためしている場合などにおいて機密保持が問題となりますが，その場合の一般的注意事項としては，以下のようなものが考えられます（なお，各ケースに応じて様々な態様，方法があり得ますので，それぞれの具体的状況に応じて，申立代理人の判断で機密保持に関する対応決定をおこなうことになります）。

① 信用できる経理担当者などの会社関係者だけに情報を開示して作業を行うか，全て申立代理人事務所に申立て準備資料作成作業を集約するなど，関与する会社関係者を最小限とする。

② 作成した資料や準備検討資料など書類の保管方法に注意し，できるだけ申立代理人の事務所において保管する。

③ スポンサーを事前に打診している場合などは，その相手方との間で機密保持契約を締結する。

④ 申立後の対応に関する指示はできるだけ申立直後に行い，事前に準備しなくてはならない場合は，可能な限り申立直前として，最小限の準備をおこなう。

⑤ その他，情報を開示しなくてはならない場合は，その相手方を十分見極めて，機密情報であることを明示して開示する。

　　　　　　　　　　　　　　　［山本　正］

Q22 債権者への説明文書は、どのように準備すればよいでしょうか。

A

1 債権者への説明文書の準備

債権者への説明文書は、申立代理人が作成することが多いと思われますが、再生会社の経営の責任者である社長が、再生会社の説明文書とは別に説明と謝罪の文書を作成することがあります。ただ、文章として残るため、社長が作成したそのままを発送（交付）するのではなく、申立代理人と協議して、完成させる方がよいでしょう。

なお、保管場所は、その機密性からいって、申立代理人事務所が適切です。

2 説明文書の内容は、①申立てに至った簡単な経緯、②謝罪、③今後のスケジュール、④保全処分の説明、⑤債権者集会の連絡などになると思われますが、ケースに応じて、作成することになります。

［山本　正］

Q23 得意先（売掛先等）への説明文書は、どのように準備すればよいでしょうか。

A

1 得意先（売掛先等）への説明文書の準備

得意先への説明は、例えば商品の販売先であれば、保証や瑕疵担保、アフターサービスなどについての危惧を除去して、将来の取引継続を確保するためにも重要な役割を果たします。

従って、申立代理人は、再生を円滑に進めるためにも、説明文書を作成準備し、事務所に保管して速やかに発送できる体制を整える必要があります。

2 説明文書の内容は、業種により異なるでしょうが、①申立てに至った簡単な経緯、②再生・再建についての説明、③取引継続のお願いなどを記載することになります。

［山本　正］

Q24 従業員に対する説明文書は、どのように準備すればよいでしょうか。

A

1 従業員に対する説明文書の準備

事業継続のためには従業員の協力は不可欠であり、また、清算型の再生手続であったとしても事業譲渡等において従業員又は労働組合の同意を得ることが再生計画の成否を左右することがあります。また、従業員側には、

会社が再生手続に入ることに多くの疑問や質問があることが予想され，予め疑問点を明らかにして，安心させる必要があります。

他方で，社外の債権者からみると，従業員も倒産会社側の者ですので，混乱を避けるために，従業員に対して，債権者など関係者との対応方法を周知する必要もあります。

そこで，説明文書を配布することになりますが，その準備は申立代理人が，担当者と協議しながら作成し，保管しておくことになるでしょう。

なお，全国に支店がある場合などは，申立てを公表すると同時にFAXを送付して，配布できるような方法を予め打ち合わせておく必要があります。

2　説明文書の内容は，従業員に対するものは，①申立てに至った簡単な経緯，②手続の趣旨概要，③再生の方向性，④賃金の支払いなどについて記載し，債権者などに対する対応説明では，注意事項を列記することになります。

［山本　正］

Q25 マスコミへの説明文書は，どのように準備し，保管すればよいでしょうか。

A

1　民事再生申立てが社会的に注目されマスコミが殺到する可能性がある場合は，事前にその対応を考慮することになります。

マスコミ担当事務局ないし弁護士を決め窓口を一元化する方法や，マスコミ向け共同記者会見を設営する方法がありますが，いずれにしろ予め説明文書を準備し，作成配布すれば，間違いも誤解も少なく，それらへの対応の省力化も図れます。

2　説明文書の内容は，会社の（経済）社会における位置づけ，業種，規模等により様々なものがあり，また，共同記者会見を行う説明資料とする場合や記者クラブや業界担当記者デスクに流す文書とする場合など使用目的によってそれらに応じた内容を検討し作成することになります。

一般的な項目としては，①負債額，負債内容，②申立ての経緯，③監督委員の氏名，④代表者の去就などがありますが，監督委員の氏名など準備段階では不明である項目は補充予定として準備することになります。

なお，別に代表者か会社としての声明文などを準備することもあります。

3　これらの保管については，事前に流出しないようにすることは当然であり，そのような可能性のない申立代理人事務所など，確実に保管できる場所を選択することになります。

［山本　正］

Q26 特に重要な大口取引先，金融機関への謝罪，事前説明，根回しは必要でしょうか。

A

民事再生においては，債権者の再生計画案に対する過半数の同意が必要となりますし，また，再生申立て後においても原材料の仕入先など従前の取引先との関係を維持しなければ再生計画自体作

成できないなど，関係者に協力を求める場面が多くあります。また，開始決定の判断において，多数かつ多額の債権者が再生手続に反対する場合，再生計画案の可決の見込みがないとして，開始決定がでないこともあり得ます（法25条3号）。

そこで，申立前に，重要な大口取引先や金融機関への謝罪，事前説明，根回し等を行う場合もあります。

ただ，情報が漏れるなどの危険もあり，また再生債務者をとりまく状況も千差万別ですので，一概に事前説明などが必ず必要であるということにはなりません。

この点は，申立代理人とよく相談し，事前説明などを行うかどうかを決定し，また事前説明をするとしてその内容をどうするかということを判断することになります。　　　　　　　　［山本　正］

Q27 スポンサー候補者がいる場合，その事前交渉は必要でしょうか。

A

1 事前交渉の必要性

民事再生を申し立てる会社にスポンサー候補者がいる場合，まず，民事再生手続を選択する点について，スポンサーの意向を確認する必要があります。

というのは，例えば民事再生の申立てにより申立会社の信用がなくなりその事業に魅力がなくなる場合もあり，民事再生手続による当該会社の事業への影響の予測が重要となる場合があるからです。

2 機密保持

スポンサーとの事前交渉により，民事再生を検討していることが債権者等に判明することは避けなければならず，機密保持に留意する必要があります。

また，機密保持契約を締結することも検討すべきです。

3 交渉の方法

スポンサーの協力の態様としては，資金援助，手形割引協力，事業譲受・資産譲受（買取），資本参加，業務提携などがありますが，スポンサー候補者は，アドバイザー，取引業者，監査法人，金融機関などの仲介・紹介による第三者またはそれら関係者自身である場合があり，スポンサーの性格や協力態様によって，交渉方法を考える必要があります。

また，場合によっては，協力に関する文書を差入れてもらうこともあり得ます。

　　　　　　　　　　　　　　　　［山本　正］

Q28 民事再生の申立て，開始について，債権者の同意または同意書が必要となりますか。

A

1　従来，和議の場合，その申立時あるいは開始時において，原則的に議決権の4分の3に相当する程度の債権者の同意書が要求される運用がとられることがありました。しかし，（東京地裁での）民事再生の申立ての場合，債権者の同意または同意書は原則として不要とされています。また，民事再生の開始についても同意書は要求されておらず，監督委員

の意見も債権者の同意書の有無に左右されることはないようです。

2　ただ，営業譲渡を予定している民事再生手続に対して労働組合（又は従業員の相当数）が反対し，再生手続が円滑に進まないことが明らかである場合などは，開始決定の前に民事再生手続を進めることについて事実上同意が必要となることはあり得ます。

また，監督委員の民事再生申立てに関する照会文書に対する回答において，総債権額の過半数を超える多数の債権者が反対している場合は，再生計画案の可決の見込みがないとして，開始条件を満たしていないと判断される場合もあります（法25条3号）。

［山本　正］

Q29　民事再生申立直後の債権者説明会会場は，どのように予約すればよいですか。

A

1　民事再生申立後，できるだけ早く債権者説明会を開催する必要があります。

そのためには，早急に会場を確保しなければなりませんが，出席債権者数を予測して会場の規模を決定し，また，債権者の便宜もある程度考慮に入れて会場の場所を設定することになります。また，説明及び質疑応答時間と会場設営準備時間を予測して，使用時間を決定し，会場に予約を入れることになります。

一般的には，公会堂や地方公共団体の公共的施設など，施設利用料が比較的高額ではない地味な会場が利用されますが，インターネットなどからも情報を入手できますので，情報を集め，できるだけ早く適当な施設を予約することになります。

なお，申立ての情報漏洩のおそれがあるため，申立代理人事務所名あるいは個人名で予約することもあり得ます。

2　会場準備は，再生債務者の従業員と申立代理人事務所職員が行うことが多く，会場設営形態や受付方法，会場までの案内，入場後の案内，誘導などについて，綿密に打ち合わせを行い，スムーズに説明会が開かれるよう準備する必要があります。

また，再生債務者，申立代理人の着席位置，監督委員及び会計士の控え室確保及び着席位置の確認なども予め決定しておく必要があります。

［山本　正］

Q30　民事再生手続の管轄は，どのように決定されますか。また，外国の会社が日本国内にその営業所を設置している場合，日本の裁判所に対して再生手続開始の申立てを行うことはできますか。

A

1　専属管轄

再生手続開始を申し立てる裁判所の管轄は，専属管轄とされており（法6条），民事再生法で定められている管轄裁判所に申し立てる必要があります。

従って，申立人は，その都合により，どこの裁判所でも申し立てられるわけではなく，管轄は民事再生法の規定によることになりま

す。
2 管轄の決定
(1) まず，職分管轄は，地方裁判所とされています（法5条）。
(2) 次に，土地管轄は，以下のとおりです。
① 申立人が営業者であるとき
その主たる営業所の所在地を管轄する地方裁判所が管轄裁判所となります。なお，主たる営業所は，法人では，原則として，定款に記載された本店所在地であり，登記簿上の本店所在地となります（会社法911条3項3号など）が，本店としての実体がある所在地で判断されているようです。
② 再生債務者が外国に主たる営業所を有するとき
日本における主たる営業所の所在地を管轄する地方裁判所となります。
③ 再生債務者が営業者でないとき（又は営業所を有しないとき）
民事訴訟上の普通裁判籍（民訴法4条）の所在地を管轄する裁判所となります（法5条1項）。
(3) 補充的土地管轄
(2)の土地管轄がないときは，①財産の所有地を管轄する地方裁判所となり（法5条2項），②財産が複数あり，2つ以上の裁判所が管轄権を有するときは，先に再生手続開始の申立てがあった裁判所となります（法5条10項）。
(4) 子会社等関連する法人および個人に関する管轄（特則）
①親法人が株式会社の総株主の議決権の過半数を有している場合，当該子株式会社については，親法人の再生事件または更生事件（以下，「再生事件等」といいます）が係属している地方裁判所にも管轄があります（法5条3項前段）。②子株式会社について再生事件等が係属しているときは，親法人については，子株式会社の再生事件等が係属している裁判所にも管轄があります（法5条3項後段）。③また，①および②については，孫株式会社がある場合（子株式会社または親法人及び子株式会社が他の株式会社の総株主の議決権数の過半数を

有する場合）は，当該孫株式会社が当該親法人の子会社として適用され，その管轄を生じます。さらに④会社法上の連結する法人がある場合（株式会社が最終事業年度において会社法444条の規定によって，当該株式会社及び他の法人に係る連結計算書類を作成し，かつ当該株式会社の定時株主総会においてその内容が報告された場合），当該株式会社と当該連結する法人との間において，上記①，②と同様の関連土地管轄が認められます。（法5条5項）。
(5) 法人の代表者
代表者は，その普通裁判籍の所在地を管轄する裁判所が管轄権を有することになりますが（法5条1項），法人との密接な利害関係を考慮して，当該法人の再生事件等が係属している裁判所にも管轄があります（法5条6項前段）。また，法人の代表者について再生手続が先に係属している場合は，当該法人の管轄は，代表者の再生手続が係属している裁判所にも生じます（法5条6項後段）。
(6) 個人の再生
個人の再生に関して，以下の関係にある場合は，その相互間に管轄が生じ，1人について再生事件が係属しているとき，関係ある他の者について，当該裁判所に管轄が生じます（法5条7項）
① 相互に連帯債務者の関係にある個人
② 相互に主たる債務者と保証人の関係にある個人
③ 夫婦
(7) 大規模再生事件の場合
債権者が多数いる大規模再生事件は，その手続が複雑かつ困難である蓋然性が高く，以下の管轄が認められています。
① 再生債権者の数が500人以上であるときは，原則的な土地管轄（法5条1項，2項）の裁判所の所在地を管轄する高等裁判所の所在地を管轄する地方裁判所（例えば，原則的には千葉地方裁判所の管轄である場合における東京地方裁判所）に管轄が認められます（法5条8項）。
② 再生債権者の数が1,000人以上であるときは，東京地方裁判所または大阪地方

裁判所にも管轄が認められます（法5条9項）。

(8) 複数の管轄がある場合の処理

複数の裁判所が管轄を有するときは，再生事件は，先に再生手続開始の申立てがあった裁判所が管轄します（法5条10項）。

(9) 国際倒産管轄（法4条）

① 債務者が個人である場合は，日本国内に営業所，住所，居所または財産を有するときに，その者の再生手続開始申立てを日本の裁判所にできます。

② 債務者が法人その他の社団または財団である場合は，日本国内に営業所，事務所または財産を有するときに，その法人等の再生手続開始申立てを日本の裁判所にできます。

③ 債務者の財産が日本国内にあるときは，法人等・個人とも再生手続開始申立てを日本の裁判所にできます。ただし，この場合は，外国裁判所に対する外国倒産処理手続の申立てを並行して行うことなどを検討する場面があると考えられます。また，日本国内にある財産が少ない場合は，再生債務者の再生計画立案が困難であることが予測され，管轄が認められたとしても再生手続開始の申立てが棄却される可能性は残ります。

④ 民事訴訟法の規定により日本の裁判所に対して裁判上の請求をすることができる債権は，日本国内にあるものとみなされ，③と同様，法人等・個人ともに再生手続開始申立てを日本の裁判所にできます。

(10) 管轄の基準時

管轄の基準時は再生手続開始の申立て時です（法19条，民訴法15条）。申立時に管轄の原因が存在すれば，申立て後住所や営業所に変動があっても，管轄は変動しませんが，申立て時に管轄が認められない場合において，その後開始決定の審理中に管轄を生じる事実があれば，管轄が認められます（管轄違いの治癒）。　　［山本　正］

Q31 当社の売掛先に対して，債権者として民事再生を申し立てることはできますか。

A

1 債権者申立ての可否

債権者は，売掛先等の債務者に対して，民事再生手続開始を申し立てることができます（法21条2項）。

従来，和議法においては，債権者申立ては認められなかったのですが，民事再生法では，申立権者として債権者を加えました。

申立てができる債権者は，会社更生法と異なり，その債権額の制限はありません。

2 申立ての要件

債権者申立ての要件は，基本的には債務者申立てと異なりませんが，債務者に破産の原因たる事実の生じるおそれがあるときのみ申立てが可能となっている点が異なります。

債務者が申し立てる場合は，債務者が事業の継続に著しい支障を来すことなく弁済期にある債務を弁済することができないときも認められますが，債権者申立ての場合は，申立てができないということになります。

3 申立必要書類

東京地裁の場合，例えば取締役会議事録写しなど債務者しか提出できない書類は提出する必要はないのですが，それ以外の書類については，債務者申立ての場合とほぼ同じです。

また，予納金などの費用も債務者申立ての場合と同額になっています。　　［山本　正］

Q32 申立ての段階で代表取締役が失踪した場合，民事再生を申し立てることはできますか。また，取締役の意見が分かれている場合は，どうでしょうか。

A

1 代表取締役の失踪

民事再生の申立てについては，債務者が申立権者となっており（法21条），取締役は申立権者となっていません（破産法19条参照）。

そのため，1名しかいない代表取締役が失踪した場合は，直ちに申立てをすることはできず，取締役会で新たな代表取締役を選任するなどして，債務者について新たな代表取締役が代表して申立てを行うことになります。

2 取締役の意見が分かれている場合

民事再生申立ては，取締役全員が申立てについて意見が一致していることは要求されておらず，取締役に意見の対立があったとしても，申立ては可能です。

ただ，民事再生申立ては，重要な業務執行であり，取締役会設置会社においては取締役会決議が必要となります。従って，少なくとも，取締役の過半数が出席した取締役会において，出席者の過半数の賛成を得る必要があり，その限度で取締役の意見調整が必要となります。

［山本　正］

第3章 申立て

Q33 裁判所への民事再生の申立書の作成方法を教えてください。

A

1 申立書

再生手続開始の申立ては，申立書を作成して行う必要があります（規則2条1項）。なお，その書面に記載した内容をフロッピーディスク等に記録しているときは，裁判所から，そのコピーの提出を求められることもあります（規則2条4項）。

2 申立書の記載事項

再生手続開始の申立書の記載事項は，以下のとおりです（規則12条・13条）。

① 申立人の氏名または名称および住所（法定代理人が存する場合には，その氏名および住所）
② 再生債務者の氏名または名称および住所（法定代理人が存する場合には，その氏名および住所）
③ 申立ての趣旨
④ 再生手続開始の原因となる事実
⑤ 再生計画案作成の方針についての申立人の意見（できる限り，予想される再生債権者の権利の変更の内容及び利害関係人の協力の見込みを明らかにしてしなければならない）
⑥ 再生債務者が法人であるときは，その目的，役員の氏名，株式または出資の状況，その他当該法人の概要
⑦ 再生債務者が事業を行っているときは，その事業の内容および状況，営業所または事務所の名称および所在地，使用人その他の従業者の状況
⑧ 再生債務者の資産，負債（再生債権者の数を含む）その他の財産の状況
⑨ 再生手続開始の原因たる事実が生じるに至った事情
⑩ 再生債務者の財産に関してなされている他の手続または処分で申立人に知れているもの
⑪ 再生債務者の使用人その他の従業者で組織する労働組合があるときは，その名称，主たる事務所の所在地，組合員の数および代表者の氏名
⑫ 再生債務者の使用人その他の従業員の過半数を代表する者の氏名および住所
⑬ 法169条の2（社債権者等の議決権の行使に関する制限）第1項に規定する社債管理者等があるときは，その商号
⑭ 再生債務者について法207条（外国管財人との協力）第1項に規定する外国倒産処理手続があるときは，その旨
⑮ 再生債務者が法人である場合において，その法人の設立または目的である事業について官庁その他の機関の許可があったものであるときは，その官庁その他の機関の名称及び所在地
⑯ 申立人または代理人の郵便番号及び電話番号（ファクシミリの番号を含む）
⑰ 法5条（再生事件の管轄）3項から7項までに規定する再生事件等（親法人・子法人の関係など）があるときは，当該再生事件等につき，次の事件の区分に応じた下記の事項
　　i 再生事件　当該再生事件が係属する裁

判所，当該再生事件の表示及び当該再生事件における再生債務者の氏名又は名称
ⅱ　更生事件　当該更生事件が係属する裁判所，当該更生事件の表示及び当該更生事件における更生会社又は開始前会社の商号［金融機関等の更生手続の特例等に関する法律第4条（定義）第3項に規定する更生事件にあっては，当該更生事件における更生協同組織金融機関又は開始前協同組織金融機関の名称］

［山本　正］

Q34　裁判所への提出書類，添付書類はどのようなものがありますか。

A

1　申立書の添付書類

再生手続開始の申立てに際しては，再生手続開始原因たる事実の疎明が必要ですし（法23条1項），また，管轄その他の判断のためにも，再生手続開始の申立書とともに，書類を提出することが必要となります。

2　添付書類の種類（規則に定められた書面・規則14条）

① 再生債務者が個人であるときは，その住民票の写し
② 再生債務者が法人であるときは，その定款または寄附行為及び登記事項証明書
③ 債権者の一覧表
担保権付債権者，リース債権者，租税等債権者，従業員関係，一般債権者等に分け（東京地裁の場合），債権者の氏名または名称，住所，郵便番号，電話番号，ファクシミリ番号，その有する債権および担保権の内容を記載
④ 再生債務者の財産目録
⑤ 貸借対照表および損益計算書
再生手続開始の申立ての日前3年以内に法令の規定に基づき作成されたもの
⑥ 再生債務者が事業を行っているときは，再生手続開始の申立日の前1年間の再生債務者の資金繰りの実績を明らかにする書面および再生手続開始の申立日以後6ヵ月間の再生債務者の資金繰りの見込みを明らかにする書面
⑦ 再生債務者が労働協約を締結しまたは就業規則を作成しているときは，その労働協約または就業規則
⑧ 裁判所において必要があると認めるとき，再生債務者に属する権利で登記又は登録がされたものについての登記事項の証明書又は登録原簿に記載されている事項を証明した書面

3　その他の添付書類

裁判所は，再生手続開始申立てをした者又はしようとする者に対して，上記書面のほか，再生債権及び再生債務者の財産の状況に関する資料その他再生手続の円滑な進行を図るために必要な資料の提出を求めることができます（規則14条の2）。例えば，以下の書類の添付が求められることがありますので，予め裁判所担当部に確認する必要があります。

ⅰ　今後の事業計画書
ⅱ　会社の概要説明書
ⅲ　営業所及び工場の所在一覧表
ⅳ　支店・営業所の管轄法務局名が記載された一覧表（登記された支店・営業所がある場合）
ⅴ　株主名簿
ⅵ　組織図
ⅶ　その他

4 なお，訴訟行為をするのに必要な授権に関する書面である委任状（民事訴訟法規則15条）や取締役会議事録の写し（取締役会設置株式会社の場合）も必要となります。

［山本　正］

> **Q35** 民事再生申立てに関する印紙，郵便切手，予納金の額はいくらでしょうか。

A

1 印紙・予納金・予納郵券

再生手続開始の申立書には，1万円の収入印紙を貼付します（民訴費用3条1項・別表第1第12項）。

また，申立てに際しては，裁判所の定める金額を予納する必要があります（法24条1項）。

予納金の額は，再生債務者の事業の内容，資産及び負債その他の財産の状況，再生債権者の数，監督委員その他の再生手続の機関の選任の要否その他の事情を考慮して，裁判所が決定しますが（規則16条1項），各地方裁判所において，負債総額による予納金の額の目安が定められています。

また，再生手続において，各書類の送達などに備えて，郵便切手の予納が求められます。

2 東京地裁の場合の予納額の目安及び予納郵券

(1) 東京地裁における通常再生事件の平成18年2月6日現在の予納金基準額は，負債総額に応じて定められており，その概要は以下のとおりですが，再生事件の規模等によって，増額することもあります。

(2) 法人の予納金については，5,000万円未満は，200万円，5,000万円から1億円未満は，300万円，1億円から5億円未満は，400万円，5億円から10億円未満は，500万円，10億円から50億円未満は，600万円，50億円から100億円未満は，700万円，100億円から250億円未満は，900万円，250億円から500億円未満は，1,000万円，500億円から1,000億円未満は，1,200万円，1,000億円以上は，1,300万円となっています。

(3) 個人の予納金については，事業者か非事業者かにより区別され，また再生会社の役員又は役員とともに会社の債務を保証している者の申立てについても，それぞれ基準があります。

例えば，再生会社の役員又は役員とともに会社の債務の保証をしている者の申立てでは，25万円（但し，当該会社の債権者集会の決議後に申立てを行う場合は，35万円から50万円），会社について民事再生の申立てをしていない場合の役員の申立てでは，会社について法的整理・清算の申立てがされた後の申立ての場合，50万円，会社について法的整理・清算を行っていない場合の申立ての場合，負債額5,000万円未満が80万円，5,000万円以上が100万円，50億円以上が200万円となっています。

そして，上記以外の非事業者については，負債額5,000万円未満が50万円，負債額5,000万円以上が80万円となります。

また，個人の事業者については，5人以上の従業員を使用している場合，上記(2)の法人と同じ基準額となり，従業員を使用していないか，又は従業員として親族1人を使用している場合は，100万円，従業員が4人以下であり，かつ親族以外の者又は2名以上の親族を従業員として使用している場合は，負債額1億円未満が200万円，負債額1億円以上が上記法人の予納金基準額から100万円を控除した額となっています。

(4) 予納郵便切手は，3,880円（内訳は，420円が4枚，200円が2枚，80円が20枚，10円が20枚）であり，法人・個人を問わず，関連事件について郵便切手の予納は不要とされています。

(5) なお，個人再生事件の予納金準備額は，11,928円，予納郵便切手は，1,600円（内訳は，80円が15枚，20円が20枚）となっています。

3 予納金納付方法

(1) 予納金の納付は，一括納付が原則ですが，分納を認める取扱いもあります。

(2) 納付は，現金，小切手(預手の指定あり)又は振込によりますが，各裁判所にて取り扱いを確認する必要があります。

［山本　正］

Q36 申立ての際に発令された弁済禁止の仮処分は，どのような保全処分なのでしょうか。

A

1　再生手続における手続開始前の仮の処分

倒産手続において，手続開始前にその財産が散逸すると開始後の手続が円滑に進まず再建が不能となる一方で，申立てにより混乱が生じることは必須であり，それを暫定的に保全するために，仮の処分が制度化されています。

そして，再生手続にも保全処分が認められており，充実した，以下の保全処分が立法化されています。

① 仮差押え，仮処分その他の保全処分（法30条）
② 保全管理命令（法79条）
③ 他の手続の中止命令（法26条）
④ 担保権の実行としての競売手続中止命令（法31条）
⑤ 包括的禁止命令（法27条）
⑥ 法人の役員の財産に対する保全処分（法142条）

2　業務・財産に関する保全処分

裁判所は，利害関係人の申立て又は職権で，開始決定前において，再生債務者の業務及び財産に関する仮差押え，仮処分その他の必要な保全処分を命じることができます（法30条）。

この保全処分は，特別清算，会社更生等で利用されていますが，これらの場合は，弁済禁止，借財禁止，処分禁止の3つの仮処分で構成されています。他方で，民事再生手続では，申立時に監督委員が選任され，監督委員の同意にかからしめることによって，保全の趣旨が達成できるために，弁済禁止及び担保提供禁止のみを発令する扱いが多くなっています。

3　内　容

(1) 弁済禁止の仮処分は，一般に保全処分発令日の前日までの原因に基づいて生じた債務の弁済及びこれに係る担保の提供を禁じ，次にものを除外することを典型的な内容としています。

① 租税その他国税徴収法の例により徴収される債務
② 再生債務者とその従業員との雇用関係により生じた債務
③ 事業所の賃料，水道光熱費，通信に係る債務
④ 事業所の備品のリース料
⑤ 少額（例えば，20万円以下）の債務

(2) 効　力

再生債務者に対して弁済の禁止を命じるものであり，手形決済も禁止されます（0号不渡り）。

ただ，給付訴訟や強制執行を禁止する効力はなく，訴訟などの中止などは，他の手続の中止命令（法26条）や包括的禁止命令（法27条）によります。

(3) 違反する弁済の効果

再生債権者が債務の弁済の当時保全処分が発令されていることを知っていたときは弁済の効力が否定されます（法30条6項）。

［山本　正］

Q37 保全処分（弁済禁止）の申立方法を教えてください。

A

1　申立手続
　(1)　申立権者
　　　利害関係人であり，再生債務者，保全管理人，再生債権者，共益債権者などが含まれます。なお，裁判所の職権による決定も規定されています。
　(2)　申立ての時期
　　　再生手続開始の申立後，開始決定あるいは棄却・却下決定があるまでの間であれば，いつでも申立てができます。
　(3)　効力期間
　　　保全命令発効後，開始決定あるいは棄却・却下決定があるまでの間，保全処分の効力が存続します。
2　申立方法
　(1)　弁済禁止の仮処分は，申立てと同時に申し立てなくては，意味がありません。そこで，再生手続開始申立書と併せて，保全処分申立書を裁判所へ提出します。
　(2)　印紙，郵券は，特に必要ありませんが，金融機関等に提出するための謄本に要する交付費用は必要となります。
　(3)　委任状は，再生手続開始申立の委任状に保全に関する委任事項を記載してあれば，足ります。
　(4)　資格証明書（登記簿謄本）も再生手続開始申立のものを共用できます。
3　書類作成
　　申立書には，①保全申立人，②求める保全処分の内容，③申立ての理由（保全の必要性）を記載します。　　　　　　　［山本　正］

第4章　機関

Q38　監督命令とは，どのようなものですか。

A

1　監督命令
裁判所は，再生手続開始の申立後，必要と認めるとき，監督委員による監督を命ずる処分をすることができます（法54条）。これを監督命令といいます。

2　監督命令の運用
東京地裁でも大阪地裁でも，再生手続開始申立て後，開始決定前に監督命令を出し，監督委員を選任する運用となっています。

3　監督命令の内容
監督命令の内容は，民事再生法で定まっておらず，裁判所によってその発令する内容が異なりますが，通常以下のような事項をその内容としています。
① 監督委員による監督を命ずる旨の記載
② 監督委員の住所及び氏名
③ 民事再生法120条1項により生ずべき相手方の請求権を共益債権とする裁判所の許可に代わる承認を行う権限の付与
④ 再生債務者において監督委員の同意を要する行為
⑤ 報告書提出期限

4　監督命令と保全処分の関係
開始決定前に監督命令が出る場合，監督委員の監督と保全処分とは併存します。そのため，保全処分において，弁済禁止の仮処分のみを発令して，財産の処分に関する保全処分を発令しない方法がとられます。即ち，財産の処分については，監督委員の同意事項にかからしめて，これに反する処分行為等を（悪意の第三者との関係で）無効とし，保全の目的を達することができます（法54条4項）。

その結果，動産や不動産の処分禁止仮処分などについての申立人の物件目録の作成や裁判所の登記嘱託等の手続の負担がなくなり，迅速な手続が実現されています。

［山本　正］

Q39　監督委員は，どのような職務を担当するのでしょうか。

A

1　監督委員の立場
監督委員は，再生手続が原則として申立人（再生債務者）の主導で行う手続（DIP型手続）であるため，問題が生じないように後見的に関与して，申立人（再生債務者）の再生手続を監督する立場にあります。

そのような立場から、監督委員には、倒産実務に精通した専門家が、選任されることになっています。

2 監督委員の職務

(1) 行為に対する同意権

裁判所は、監督委員を選任する場合、その同意を得なければ再生債務者がすることができない行為を指定します（法54条2項）。

監督委員の同意を要する行為は、各裁判所により指定内容が異なりますが、再生債務者の財務内容に多大な影響を与えることが類型的に認められる行為が指定され、実務上は、以下の行為が指定されているようです。

① 再生債務者が所有する不動産に係る権利の譲渡、担保権の設定、賃貸その他一切の処分
② 再生債務者の有する債権について譲渡、担保権の設定その他一切の処分（再生債務者による取立てを除く）
③ 財産の譲受け（商品の仕入れその他常務に属する財産の譲受けを除く）
④ 貸付け
⑤ 金銭の借入れ（手形割引を含む）および保証
⑥ 債務免除、無償の債務負担行為および権利の放棄
⑦ 別除権の目的の受け戻し

監督委員の同意を要すると指定された行為について、再生債務者が同意を得ずに行った場合、その行為は無効となります（法54条4項）。ただし、善意の第三者に対抗することはできません（同但書）。

(2) 裁判所の許可に代わる共益債権化の承認

再生手続開始前の資金の借り入れ、原材料の購入その他再生債務者の事業の継続に欠くことができない行為をする場合、裁判所は、その行為によって生ずべき相手方の請求権を共益債権とする旨の許可をすることができると定められていますが（共益債権化）、裁判所は監督委員に対し、共益債権化の許可に代わる承認をする権限を付与することができます（法120条2項）。

監督委員は共益債権化の承認をした場合には、遅滞なく、その旨を裁判所に報告する必要があります（規則55条）。なお、実務上は再生債務者が報告する場合もあるようです。

(3) 否認権

裁判所は、再生手続開始決定があった場合に、監督委員に対し、特定の行為について否認権を行使する権限を付与することができます（法56条1項）。

監督委員が否認権の行使権を付与された場合、その否認権の行使に関し必要な範囲内で、再生債務者の財産の管理処分権を有します（法56条2項）。

監督委員が否認権を行使する場合、訴えまたは否認の請求の方法によらなければなりません（法135条1項）。また、裁判所は、監督委員が実際に否認の訴えの提起や和解、その他裁判所の指定する行為をするには、裁判所の許可を要するものとすることができます（法56条4項）。

なお、監督委員が裁判所の許可を得ずに行った行為は無効となります（法56条5項・41条2項）。ただし、善意の第三者に対抗することはできません。

(4) その他

監督委員は、再生手続開始要件を調査したり、開始決定に関する意見書の作成提出、再生計画案に対する意見書の作成・提出などの職務を行います。そして、監督委員が再生手続を監督してその公正さを確保し、債権者の信頼を得ることなどが期待されています。

なお、東京地裁の監督委員の執務メモでは、議決権の認定に関する意見書提出や議決権額に争いがあり、その債権者から議決権を定める決定の申立てがあった場合の意見書提出なども、監督委員の執務とされています。

(5) 裁判所の監督

監督委員は、裁判所より選任され、裁判所によって監督されます（法57条1項）。監督委員は、職務遂行状況を、裁判所に口頭あるいは書面により報告します。

〔山本　正〕

Q40 調査命令とはどのようなものですか。

A

1　調査命令
　再生手続開始の申立てがあった場合，裁判所は，その必要性を認めたとき，利害関係人の申立てによりまたは職権で，調査委員を選任して，調査を命ずることができ（法62条1項），これを調査命令といいます。

2　調査委員の調査
(1)　裁判所から選任された調査委員は，裁判所が定めた調査すべき事項を裁判所に対して調査の結果の報告をすべき期間内に，報告しなければなりません（法62条2項参照）。
(2)　調査命令は，決定の形式でなされ，調査命令やその変更・取消決定に対し，利害関係人は即時抗告をすることができます（法62条4項）。
(3)　調査事項
　調査事項は，裁判所が必要と認める事項ですが，例えば，裁判所が再生手続を開始するか否かを判断するための具体的事実の有無や財産の状況などを調査することになります。
(4)　調査委員の権限
　調査委員は，個人である再生債務者やその法定代理人または法人である再生債務者の理事，取締役，監事，監査役，清算人などに対し，再生債務者の業務及び財産の状況について報告を求め，又は再生債務者の帳簿，書類その他の物件を検査する事ができます（法63条・59条）。
　また，調査委員は，必要があるときは，裁判所の許可を得て鑑定人を選任することもできます（規則26条2項・24条）。
(5)　裁判所の監督
　調査委員は，裁判所の監督下におかれます（法63条・57条1項）。
　また，重要な事由があるときは，裁判所は，利害関係人の申立てにより又は職権で，審尋を経て，調査委員を解任することができます（法63条・57条2項）。

［山本　正］

Q41 保全管理命令とはどのようなものですか。

A

1　保全管理命令
(1)　再生債務者が法人である場合，裁判所は，利害関係人の申立てによりまたは職権で，再生手続開始の決定があるまでの間再生債務者の業務および財産に関し保全管理人による管理の命令を発令することができ（法79条1項），これを保全管理命令といいます。
(2)　その要件は，①再生債務者の財産の管理または処分が失当であるとき，②①の他再生債務者の事業の継続のために特に必要があると認めるときとなっています。
(3)　保全管理命令は，上記要件が示すとおり，非常に限定的に認められるものであり，実際発令されることは少ないようです。

2　保全管理人の選任と職務

保全管理命令が発令された場合，裁判所は保全管理命令において1人または数人の保全管理人を選任します（法79条2項）。

保全管理人が選任されると，再生債務者の業務の遂行および財産の管理処分権は保全管理人に専属し（法81条1項本文），再生債務者の業務の遂行，再生債務者の財産の管理・処分および再生手続開始決定までの間の再生手続上の権限を行使することになります。

例えば，①他の手続の中止命令の申立て（法26条1項），②再生債権に基づく強制執行等の包括的禁止命令の申立て（法27条1項），③再生債権に基づく強制執行等の手続の取消しの申立て（法26条3項・27条4項），④仮差押え，仮処分その他保全処分の申立て（法30条1項），⑤担保権実行としての競売手続の中止命令の申立て（法31条1項）の行使を検討することになります。

3　保全管理人の調査

保全管理人は，監督委員，調査委員と同様に再生債務者の役員らに対し再生債務者の業務・財産の状況について報告を求めるとともに，帳簿・書類その他の物件を検査することができます（法83条1項・59条）。また保全管理人は管財人と同様に再生債務者宛の郵便物を開いて見ることができます（法83条1項・74条1項）。

4　常務に属しない行為

保全管理人は，再生債務の常務に属しない行為をする場合，裁判所の許可を得なければなりません（法81条但書）。

また，常務に属する行為であっても，要許可事項として裁判所により指定された業務遂行，財産の管理処分において重要な行為（財産の処分，譲受け，借財，双方未履行双務契約の解除など）については，裁判所の許可を得ることが必要となります（法81条3項・41条1項）。

5　保全管理人に対する裁判所の監督

保全管理人は裁判所の監督下にあり（法83条・57条1項），報告書を提出し，また再生債務者の業務および財産の管理状況その他裁判所の命ずる事項を裁判所に報告しなければなりません（法125条）。

なお，裁判所は重要な事由があるときは，利害関係人の申立てによりまたは職権で，保全管理人を解任することができます（法83条・57条2項）。

［山本　正］

Q42　債権者委員会とはどのようなものですか。

A

1　機関の性格と関与承認の手続・要件

債権者委員会とは，民事再生手続について意見陳述するなどの関与をすることを裁判所により承認された民事再生法上の機関です。

裁判所は，利害関係人の申立てにより，次の要件をすべて満たしているものについて，再生手続に関与することを承認することができます（法117条1項）。

① 委員の数が3人以上10人（規則52条）以内

② 再生債権者の過半数が，当該委員会が再生手続に関与することについて同意しているものと認められること

③ 当該委員会が再生債権者全体の利益を適切に代表すると認められること

上記の要件を満たしていれば，委員が選任された時期が再生手続開始の申立前であっても差し支えないと考えます。しかし，整理屋的な人物が含まれているような場合には，再生債権者全体の利益を適切に代表するものとはいえないので，承認は受けられません。

利害関係人が債権者委員会関与承認の申立てをするには，委員会を構成する委員の氏名・住所等を記載した申立書（規則53条1項）を

提出し，委員会の運営に関する定めを記載した書面および再生債権者の過半数が当該委員会の再生手続への関与に同意していることを認めるに足りる書面を添付します（規則53条2項）。ここにいう「同意していることを認めるに足りる書面」とは，必ずしも個別の再生債権者の同意書でなくとも，私的な債権者集会の議事録でもよいと考えます。

裁判所は，利害関係人の申立てによりまたは職権で，いつでも債権者委員会が再生手続に関与することについての承認を取り消すことができます（法117条5項）。

2 債権者委員会の役割

債権者委員会の役割・権限には次のようなものがあります。

① 裁判所は，必要があるときは，債権者委員会に対して意見の陳述を求めることができます（法117条2項）。

② 債権者委員会は，再生手続において，裁判所，再生債務者等または監督委員に対して，意見を述べることができます（法117条3項）。

③ 再生債務者等は，裁判所書記官から債権者委員会関与承認の通知を受けたときは，遅滞なく，再生債務者の業務及び財産の管理に関する事項について，債権者委員会の意見を聴かなければなりません（法118条2項）。

④ 再生債務者等は，財産評定や125条報告書を債権者委員会にも提出しなければなりません（法118条の2）。

⑤ 債権者委員会は，再生債権者全体の利益のために必要があるときは，裁判所を通じて，再生債務者等に再生債務者の業務及び財産の管理状況その他再生債務者の事業の再生に関し必要な事項について報告を求めることができます（法118条の3）。

⑥ 債権者委員会は，裁判所に対し，債権者集会の招集を申し立てることができます。この場合，裁判所は，債権者集会を必ず招集しなければなりません。（法114条）

⑦ 裁判所は，営業等の譲渡に関する許可（法42条1項）をする場合，債権者委員会があるときには，その意見を聴取します（法42条2項但書）。

⑧ 再生計画において債権者委員会がその履行確保のため監督その他の関与を行うことが定められた場合には，その定めに従い，債権者委員会は再生計画の履行の監督等に関与することができます。法154条2項は，債権者委員会が再生計画の履行確保に関与する場合の費用負担について定めていますが，このことから法は再生計画において債権者委員会の関与を定めることを認めていると解されます。

3 債権者委員会の活動の仕方

債権者委員会の活動は，その構成する委員の過半数の意見により決します（規則54条1項）。債権額の過半数ではなく，人数の過半数です。各委員は単独で権限を行使することはできません。

債権者委員会は，連絡を担当する委員を指名し，裁判所に届け出るとともに，再生債務者等および監督委員に通知しなければなりません（規則54条2項）。また，債権者委員会を構成する委員または運営に関する定めについて変更が生じたときは，債権者委員会は遅滞なくその旨を裁判所に届け出なければなりません（規則54条3項）。

債権者委員会に再生債務者の再生に貢献する活動があったと認められるときは，裁判所は，当該活動のために必要な費用を支出した再生債権者の申立てにより，再生債務者財産から，当該再生債権者に対し，相当と認める額の費用を償還することを許可することができます（法117条4項）。再生債権者の利益のためにのみ活動した場合には，費用の償還は認められません。債権者委員会に関する費用のうち前項⑧の場合に要する費用は，再生計画において再生債務者が負担するか否か定められます（法154条2項）。

4 実情

実際の民事再生手続において，債権者委員会が設けられる例はほとんどありません。再生債権者が民事再生手続に関する意見を述べたいときには，裁判所や監督委員または再生債務者代理人等に事実上意見を述べればよく，債権者委員会まで設けることが必要なケースは限られます。

［髙木裕康］

第5章　申立後の対応

Q43 申立直後において実際になすべき財産保全とはどのようなものですか。

A

申立直後は，債権者らによる取り付け騒ぎや，社内での混乱が生じるため，財産保全の措置をとる必要があります。申立の受理が確認され次第，店舗・営業所と連絡を取り，直ぐ保全措置に取り掛かる必要が出てきます。

なお，財産保全とは，①現状保全，②回収手続への対応といった静的保全に加え，③事業の継続という動的保全をも含めて考える必要があります。

このうち，財産保全や債権回収を防ぐ静的保全においては，一定数の保全担当用弁護士を確保し，現場で保全措置を行う必要が強いといえます。申立直後において当面必要とされる保全は，かかる静的保全措置のことを指します。

その後，申立直後の混乱期が収拾すると共に，現場における静的保全措置を終了させ，事業継続を中心とした動的保全を行う必要があります。

民事再生手続は，再生債務者に再建の機会を与える法的手続に過ぎません。事業再建の成否は，法律外の経済社会の中で決せられる事柄であり，民事再生手続を取ったからと言って事業が再建出来る保証はありません。その意味で，民事再生手続申立直後の保全行為を如何に適切に行うかは極めて大きな意味をもっており，申立代理人及び再生債務者は，その重要性を認識し，申立直後の混乱期を乗り切る必要があると言えます。

［江木　晋］

Q44 静的保全の一種とされる「現状保全」の内容とはどのようなものですか。

A

システムや情報が集約している本店や主たる営業所で行うべき現状保全と，実際に債権者が押し寄せることが予想される現場で行うべき現状保全とは，内容が異なります。

1　本部における現状保全において主として留意する点は下記のとおりです。
　①　通帳や印鑑を確保する。
　②　伝票・帳簿を締め切る。

再建手続に当たっては手続の公正さ・債務者としての誠実さが不可欠です。倒産直後には，一部の債権者が，伝票の書替などを要請し，自己に有利な返済を要求してくるケースがまま見られますが，断固これを排除する必要があります。特に，申立直後の混乱期に乗じ，担当者間で伝票偽造等が行われる可能性がありますが，このようにして有利な弁済を受けた債権者は，必ず，その旨を他の債権者に吹聴する傾向がある

ため，伝票などの管理は徹底させる必要があります。

又，会計事務がコンピューター管理となっている場合は，システムの稼動をストップし，出金停止措置をとる必要があります。特に，借入がある金融機関に預金債権を有している場合は，申立後直ちに金融機関に支払差止めの依頼書を送付する必要があります。システムの関係上，前日に自動引落しの処理を行った支払を翌日止めることが出来ない場合があり，保全命令に違反する可能性があるからです。

2 現場における現状保全として，主として留意する点は下記のとおりです。
① 倉庫・鍵などを管理する。
債権者を倉庫，店舗内へ自由に出入りさせると，債権者による店舗の占有や原材料，棚卸資産，商品等の搬出を受ける可能性があります。そこで，基本的に，債権者の現場立ち入りについては拒否する必要があります。また，倉庫・店舗などに，申立代理人名義で，債権者の立ち入り等を禁止する張り紙を貼る場合が一般的です。
② 小口現金の管理
日銭商売を行っている業種では，釣銭等の小口現金が日々必要であるため，ある程度の小口現金を各支店，現場ごとに確保しておく必要があります。通常，民事再生手続開始の申立てと共に，金融機関の協力が得られなくなりますので，小口現金の確保及び確認は，事業を継続する上で不可欠なものです。また，社内にある小口現金については，日報を付け，申立以後の出入金状況を日々チェックしておくことが望ましいでしょう。加えて倒産直後は，夜間の侵入にも備え，従業員が，交替で見回りをするなどの配慮が必要と言えます。

[江木　晋]

Q45 静的保全の一種とされる「回収手続への対応」は具体的にどのようにすればよいのですか。

A

事業継続を行うための棚卸資産や原材料を確保する対応と，債権回収手続への対応の2種類に大別されます。再生債務者従業員と債権者との力関係，法的問題が発生する分野であること等を考慮すると，申立代理人が対応しなければならない場面が多いと言えます。再生債務者の事業規模にもよりますが，社内に「保全本部（再生実務室）」を作り，申立代理人がそこに詰め，社内稟議決済の監督・実施を行うべき場合もあるでしょう。

1 棚卸資産，原材料の確保
① 占有が再生債務者にある場合
保全命令が出ておらず棚卸資産の引き上げ等が予想される場合（申立会社の子会社でありながら申立会社と同時に民事再生の申立てを行っていない場合など），売上消化仕入れの場合，委託販売の場合等において，棚卸資産の引き上げを要求する債権者に対する対応は困難が予想されます。しかし，これらの債権者の要求に応じ，棚卸資産の引き上げを受け入れることは，再生債務者の業務継続を困難にするだけでなく，債権者の経済的損失を増やす場合が多くなるため，粘り強く説得して阻止する必要があります。

又，債権者の中には棚卸資産の引き上げではなく，在庫確認のためと称して店舗乃至倉庫内への立ち入りを要求してくる場合があります。この場合，後日の法的手段のために物の特定作業がなされる可能性がありますので，注意が必要です。

近時の東京地裁における監督命令は，占有の移転の可否を監督委員の同意事項としている例が通常であり，監督委員の同意が出ていないことを理由に債権者による引き

上げを拒否することも考えられます。

なお，棚卸資産等が，債権者の所有物である場合には，無意味にその権利行使を奪うことは法律上できません。また再生債務者にとって不必要な棚卸資産等については再生債権者に早期に返却すべきと言えます。債権者の所有物として再生債務者に返還義務がありながら，その資産が再生債務者の事業継続に必要であって，再生債務社がその資産を使用することによって債権者にも経済的メリットがある場合に，引渡を拒否し，再生債権者と交渉することが必要となります。ただ，申立直後の混乱期において，物件毎にこれらの個別判断を行っている時間的余裕はありません。そこで，一度は債権者からの引上げを拒否し，速やかに対応方針を決定した上，開始決定直後を目途に，再生債権者と個別対応していくという方法がよいのではないかと思われます。

② 占有が債権者に移転している場合

既に棚卸資産や原材料等が債権者の管理下に移転している場合（留置権等の行使）はこれを取り戻す対応が必要と思われます。別除権付債権であっても，債権者と交渉し出来るだけ債務全額を支払うことなく，取り戻すよう努力すべきです。再生債務者における運転資金は，決して豊富なものではなく，資金の効率的な投下と事業継続のバランスを考え，占有を開放させる必要があるでしょう。

2 債権回収への対応

① 書面の保管と法的対応

申立てがなされると，相殺通知，期限の利益喪失通知，解除通知，債権譲渡通知，強制執行の通知などの各種書面が多数送付されます。これらの書類の中には，法的意義を有するものが少なくないので，総務部などでファイルにして一括保管しておくと，後日便利です。

又，各種法的回収手段については，弁護士と協議の上，迅速且つ適宜対応すべきです。

② 金銭管理（相殺の危険）

申立後の取引金融機関に対する入金については拘束されない筈です（法93条2号）。しかし，時に，金融機関が預金拘束をかけてくる場合が有り，細心の注意を払う必要があります。殊に，振込手続においては，システム上のタイムラグが発生するため，申立後の入金であるか，申立前の入金であるかの判別がつきにくいという点に留意すべきです。当該入金が，従業員の給与であったり，原材料の購入代金等であったりした場合，予定通りの送金が出来ないことは，信用不安を増大させる結果になることを配慮し，申立直前・直後に金融機関を利用する場合には，細心の注意を払って下さい。

なお，送金のために，警備保障会社等を使用している場合，警備保障会社が棚上債権の回収のために送金車ごと拘束する場合が考えられるので気をつける必要があります。

③ 動産売買先取特権への対応

通常，動産売買先取特権に基づく物上代位については転売先の契約内容が判明せず，差押手続を取ることが困難ですが，再生債務者が商社業務を営んでいるようなケースにおいては，納品伝票などから仕入先に転売先の契約内容が明らかになるため，対応に苦慮することになります。再生手続開始申立てと同時に，仕入先が再生債務者を外して直接転売先と契約を開始することもあり得ますので注意して下さい。

［江木　晋］

Q46 静的保全措置のための体制作りとスケジュール目安についてはどのように考えればよいでしょうか。

A

　静的保全措置のための体制作りとスケジュール目安については，再生債務者の規模・事業内容において多種多様であり，一概に決まった目安はありません。以下は，全国に支店があり，比較的従業員数も多い，大規模な申立てを想定したものです。

1　保全スタッフの確保

　保全の重要性にかんがみれば，再生債務者の規模が大きくなるほど，保全を行う担当弁護士の確保が必要不可欠となります。保全スタッフとして，再生債務者従業員を選定することも考えられますが，従業員が当事者であることを勘案すると，余り勧められません。又，初動の混乱期における保全業務においては，衡平さ，決断力，交渉力，胆力が要求されるだけでなく，事業継続のための経営センスが要求されるため，弁護士自身の選定自体も重要となります。

2　保全場所及び担当者の割当表の作成

　担当弁護士の確保とスケジュール調整が終わり次第，保全を必要とする場所の住所，連絡先，担当者（債務者及び担当弁護士），担当者の連絡先（携帯，Eメールアドレス）を一覧として作成します。重要拠点ごとにベテラン弁護士を配置するなどして，権限分掌に配慮し，本部に現場の情報が集まり，且つ，本部からの指示を即座に現場に伝達できる連絡体制を予め構築しておく必要があります。

3　保全本部（「再生実務室」）の設置

　保全本部は，大局的立場に立ち，現場に適切な指示を発信するためのターミナル基地となります。各現場の情報を収集し，現場への指示を行うために，専用の本部スタッフ及び執務室を用意する必要があります。主として本社の一部がその実際的現場になると思われますが，申立直後においては本社といえども混乱するのが常であるため，予め専用の電話，FAX,Eメールアドレス等を準備しておく必要があります。

4　保全担当弁護士説明会の開催

　再生債務者の規模に応じて，申立直前に，保全担当弁護士を招集し，再生債務者の内容と，保全に当たっての注意事項，担当割振りを説明する必要があります。申立ての密行性を確保する観点から，説明会については申立ての準備がほぼ完了した申立直前の2・3日前が望ましいと言えます。

5　保全担当弁護士への資料の配布

　実際の現場で保全を担当する弁護士には，保全開始直前に必要資料を配布し，現場で待機して頂きます。配布すべき資料は，①保全場所の地図，②割当表，③申立書，④会社概要，⑤決算書類，⑥債権者リスト（名寄せした債権者リスト及び金額順債権者リスト），⑦委任状等になります。保全担当弁護士は，資料を受領後，その内容に目を通し，現地で待機し本部からの連絡を待つことになります。倒産が噂される企業においては，マスコミの目があるため，申立前にその行動を察知されないよう気をつける必要があります。

6　保全開始のタイミング

　保全本部が，申立ての受理及び保全命令の発令を確認した後，現地で待機する保全担当弁護士に連絡を入れることになります。それと並行して，本社から各現場責任者に対し，再生手続開始申立ての事実と担当弁護士の指示に従う旨の連絡を入れます。その後，各担当弁護士が現場責任者と連絡を取り合い，保全を開始することになります。

7　現場保全開始直後に行うべきこと

　保全担当弁護士は，現場責任者に対し再生手続開始申立ての事実と，今後の対応について迅速且つ的確に説明しなければなりません。保全担当弁護士は，現場での決済事項を指示

するため，執務場所の確保，電話，FAXの準備等を現場責任者に指示して確保する必要があります。現場での取り付け騒ぎが始まるまでの僅かな時間の中で，人，金，物の各責任者に説明と指示を行うこととなるでしょう。

8 現場保全に際して行うこと

保全担当弁護士が行うことは，資産の流出を防ぐとともに，事業継続を図る前提として，関係者各位の協力体制を構築することにあります。

即ち，保全担当弁護士は下記の関係者各位と積極的にコミュニケーションを取る必要があります。

① 従業員
② 仕入先・取引債権者
③ 取引先
④ リース業者
⑤ 金融機関
⑥ マスコミ
⑦ 証券会社及び監督官庁
⑧ 株主

9 現場保全弁護士と本部対応弁護士との関係

静的保全措置を効率的に行うためには，現場保全担当弁護士と本部担当弁護士とが連携を密にして，対応を間違えないことが必要となってきます。現場保全担当弁護士が，主として対応を要求されるのは8の①ないし④の関係者であるのに対し，本部担当弁護士が初動の静的保全段階で対応を要求されるのは主として⑤ないし⑧の関係者と言えます。

その意味で，静的保全の中心は，各現場保全担当弁護士ということになりますが，本部担当弁護士も各現場からの情報を下に，財産保全に際しての統一的見解や指示を適宜打ち出し，債権者の混乱を防ぐために協力する必要があります。

一方，現場保全担当弁護士といえども，事業継続に関する動的保全について全く無関心であってはなりません。実際に動的保全措置を行う必要性は殆ど要求されないものの，現場での情報が後の事業継続に関する動的保全を行う際の貴重な資料になることを認識して保全措置を行う必要があります。具体的には，毎日の現場における状況を報告書にまとめて，適宜本部に連絡することとなります。

10 静的保全終了のタイミング

静的保全措置の目的が，資金の流出及び取り付け騒ぎを防ぐとともに，事業継続を図る前提としての関係者各位の協力体制を構築することにある以上，初動の混乱期の終了と共に静的保全措置は終了します。概ね，申立初日に従業員への説明が終了し，2・3日目で債権者，取引先への対応が一段落するのが一般的と言えます。即ち，適切な保全措置をとるためには，現場保全担当弁護士は，最低3日間程度は現地にて指揮をすることが必要となってきます。

〔江木　晋〕

Q47 従業員に対する説明の手順とコミュニケーションの取り方はどうすればよいでしょうか。

A

1 管理職への説明・指揮系統の構築

如何に有能な保全弁護士を選定しても，従業員の協力なくして，初期の混乱期を乗り切ることは難しいと言えます。保全担当弁護士の指示を実現するためには，従業員の協力が不可欠であり，各従業員を担当分けし，新たな指揮系統システムを構築する必要があります。一般的に，従前の指揮系統システムを転用することが効率的ですので，業務責任者である管理職等へ説明を行い協力をよびかけることとなります。

2 労働組合への説明と協力要請

裁判所への申立書提出を確認した段階で，直ぐ労働組合への説明と協力要請を行うこと

となります。

3 一般社員への説明

労働組合への説明が終わり次第，一般社員を集めて説明を行います。一般に，従業員は，申立ての事実を事前に知らされていないため，申立ての事実を聞いたことによりパニックに陥る可能性が高いと言えます。後で，確認出来るように，予め用意した文書を各従業員に配布することが望ましいと言えます。従業員には家族もおり，配布資料が，家族への説明文書になることも忘れてはなりません。又，配布資料については，社長名義による文書と，実務的な文書の2種を配布し，個人的な問題以外に従業員として行うべき指針を示しておくと，その後の保全手続がスムーズに進行します。

4 社員向け説明会の開催

会社再建における唯一の味方が従業員であることを認識し，社員向け説明会，会合等を頻繁に開催し，従業員との信頼関係を構築する努力が必要となります。

説明の仕方は，従業員の能力，社員数，業種等によって多種多様です。①役員向説明会，②各部門統括者向説明会，③一般従業員向説明会，④パート・アルバイト向説明会等の垂直的な説明方法や，①仕入，②生産，③営業，④総務・経理等業務内容に基づく並列的な説明方法等を適宜組み合わせ，効率的に説明を行って下さい。

又，従業員それぞれの立場により，聞きたい内容も異なることに配慮し，説明内容や説明の仕方にも工夫を払って下さい。申立直後の業務時間内に説明を行う場合には，再生債務者内部の混乱を外部（特に顧客）に示すことがないよう，説明の時期，場所等にも配慮する必要があります。

労働組合から団体交渉を申し込まれた時は，基本的に受け入れ，協力を取り付ける必要があります。再生債務者の再生を図るという経営的側面と，労働者としての権利を保護するという側面とのバランスが困難ですが，根気よく説得を重ねる以外に方法はありません。

5 朝礼や会議の活用

申立直後の数日間，朝礼を開き，従業員の士気を鼓舞すると共に，業務終了後に，各部門統括者を集めて日々の問題点をチェックすることも必要な場合があります。特に業務終了後に問題点をチェックすることは，事業継続における解決すべき問題点を早急に明らかにする利点を有すると共に，従業員との信頼関係を深めるという副次的な効果もあります。

［江木　晋］

Q48 一般従業員に対し，とりあえず説明すべき内容，指示すべき事項にはどのようなことがありますか。

A

1 まずは，再生手続開始の申立てを行った事実と民事再生手続とは何かについての説明を行う必要があります。予め書面を用意し，配布するのが一般的です。

＊ なお，従業員とは，企業再建に不可欠な人的資源を意味し，法的には請負など雇用契約以外の者であっても，必要に応じて従業員と同等に扱うべき場合があります。

2 一般従業員に対しては，再建に向けての協力を呼び掛けると共に，情報管理をしっかりと行う必要があります。取引先は，疑いの目をもって再生債務者を見ており，従業員が，不用意な情報を流すことがないように注意しなければなりません。

3 給料の支払

優秀な従業員ほど，申立てとともに離職してしまう可能性が高いと言えます。しかし，従業員がいなければ事業継続が出来ないことを認識し，給料の支払は怠らないことが得策です。ただ，現実問題として雇用の継続，労

働条件の内容等の詳細について保証出来ない部分もあり，説明方法については工夫が必要です。又，従業員の信頼を得るには，百の言葉より，遅滞なき給料の全額支払であることを忘れてはなりません。

4 債権者及び債務者に対する具体的対応についての指示

詳しい対応方法については，業務毎，担当者毎に弁護士が指導する必要があります。ただ，申立直後においては，①再生手続開始申立ての事実及び具体的日時，②保全命令発令の事実，内容，③今後の営業について，④今後の支払方法について，⑤監督委員について，⑥債権者説明会の開催日時・場所などを書いた書面を手渡し，従業員が最低限の問い合わせに対応出来るようにすることが必要となります。斯様な内容で対応ができないと思われる債権者，取引先などについては，保全担当弁護士が対応するという方法をとると効率的です。なお，可能であれば再生実務室担当責任者を選定するのがよいでしょう。従業員は一般業務を行う必要がありますし，申立代理人も再生手続に関する全ての事務を行うには限界があります。両者の間に立って，再生手続事務全般を取り仕切ることができる実務担当者がいると再生手続の進行がスムーズになると思います。

5 仕入の履行

従業員を安心させるには，売るべき商品の仕入れがなされていることも大事となります。申立直後において仕入が履行されるかは不確定な要素が多々ありますが，その不安を取り除く説明と対応策を指示する必要があります。

〔江木　晋〕

Q49 従業員から受ける質問の内容はどのようなものがありますか。

A

① 従業員は解雇されるのか
② （解雇される場合は）退職後の諸手続，社会保険等の扱いはどうなるか？
③ 給料は支払ってもらえるのか
④ 退職金は払ってもらえるのか
⑤ 給与・ボーナス等がカットされるのか
⑥ 将来スポンサーが現れた場合雇用は確保されるのか
⑦ 今後は誰の指揮命令に従えばよいのか
⑧ 従前の役員が経営を継続するのか
⑨ この事態を家族にはどのように説明すればよいのか

以上の内容については，即答できるように回答を事前に用意しておく必要があるでしょう。

〔江木　晋〕

Q50 マスコミ・証券取引所等に対する説明の仕方にはどのような点に留意すればよいでしょうか。

A

1 証券取引所・幹事証券会社への連絡

上場会社においては，再生手続開始申立てに伴い，整理ポストに入るのが通例ですので，申立てと同時に証券取引所に申立ての事実を

連絡しなければなりません。インサイダー取引規制の関係から，申立て直後に連絡する必要がありますので，証券取引所に投げ込む文案については予め用意しておくことが要求されます。又，証券取引所への連絡と並行して幹事証券会社へ連絡することとも必要です。投資家に混乱を生じさせないような申立日の設定と連絡のタイミングに留意して下さい。

2 共同記者会見の時期・場所

再生債務者の規模により，マスコミに対し共同記者会見を行う場合が考えられます。東京証券取引所へ上場する会社であれば，証券取引所への連絡と共に，兜クラブを予約し，同所で会見を行うと，記者らが会社に立ち入ることを防止出来るため，申立直後の混乱を幾らかでも緩和できるというメリットがあります。

共同記者会見を開く時間的タイミングは，申立同日の保全命令発令後，従業員への説明がある程度終了した段階で行うことが望ましいと言えます。なお，共同記者会見を行うにあたっては下記の準備を行う必要があります。

① 声明文の用意
② 会社概要書（負債内容，申立てに至った経緯，監督委員の氏名など）
③ 予想される質問とその回答
④ 記者会見での役割分担

3 そ の 他

再生手続開始の申立てが，社会的に注目を受ける場合は，債権者説明会などにカメラが入ったり，個別に取材を受けることがあります。取材を受ける場合は，常にその影響を踏まえ発言には気をつける必要があります。殊に，再生債務者代表者が取材に応じる場合には，予想される質問とそれに対する回答を事前に把握しておく必要があります。

［江木　晋］

Q51 マスコミから受ける質問内容はどのようなものでしょうか。

A

マスコミから受ける質問内容は殆ど定型化しています。経済記者は，必ずしも，経済問題に精通している訳ではなく，倒産に至った背景事情や当該再生債務者の内情を把握していないケースが散見されます。債務者側で記事内容をリードするつもりで十分な準備をした上会見に臨むことが肝要です。なお，記者から質問が予測される内容は下記のような事実です。

① 負債総額
② 倒産原因
③ 経営責任（刑事責任の有無）
④ 関係者の協力体制
⑤ 従業員の動向
⑥ スポンサーの候補
⑦ 再建の見通し
⑧ 債権の切り捨ての幅はどの程度か
⑨ 今後のスケジュール

特に，経営責任とスポンサー候補に関する質問が多く予想されますので，この点に対する説得的な回答を用意しておく必要があるでしょう。

［江木　晋］

Q52 監督官庁等への説明方法について留意すべき点は何でしょうか。

A

監督官庁等への説明については、申立直後に代表者が電話でこれを行うのが一般的です。ただ、ゼネコン等官庁受注があるような業種等は、申立後出来るだけ早急に、自ら出向いて報告をする必要があります。又、極めて地域経済に影響を及ぼす性格の申立ての場合は、県庁等の役所に出向き、緊急融資をお願いするようなケースも考えられます。

なお、申立直前に監督官庁等へ連絡をする場合には、そのタイミングに十分配慮する必要があるでしょう。

[江木　晋]

Q53 仕入先に対する説明進行手順はどのようにすればよいでしょうか。

A

1　社内の担当者を選定する

　商品部長・業務部長・資材部長なりを社内責任者として、仕入担当部を社内に構築する必要があります。基本的には、これら担当部の責任者と会議を行い、その責任者を通じて社内的に指示を行うこととなります。なお、直ぐに連絡をとれるように、仕入担当部門専用の電話、FAX、Eメールアドレスなどを用意しておくことが望ましいと言えます。

2　情報の通知

　保全命令発令後、再生手続開始申立ての事実などを記した書面を仕入先に対しFAXで一斉に送信しますが、重要な仕入先等については、電話や訪問を怠らず、迅速に取引の再開をお願いするべきです。仕入先に発送する文書には、社長個人の謝罪文をつけることが必要な場合もありますので、その内容についても予め検討しておくことが望ましいと言えます。

3　債権者説明会の開催日時

　債権者説明会の開催により、仕入先の不安は相当程度払拭されるのが一般的です。逆に言えば、それまでの間で、どの程度仕入を復活させることができるかが保全のポイントとなります。なお、債権者説明会の開催日時は、業種毎の商品回転率、棚上債権額、手形決済予定時期等により多少前後しますが、概ね申立後数日乃至1週間程度が目安です。一般には債権者説明会の状況を踏まえて開始決定が出ることになります。又、仕入先の人数等によっては、時期的に、会場がとれない場合もあります。再生債務者の規模によっては、申立前に会場を押さえておく場合がありますが、そこから情報が漏れる可能性もあります。会場によっては、後日、債権者説明会会場として使用することが明らかになった段階でキャンセルを申し込んでくるところもありますので注意して下さい。

4　債権者説明会会場の設営について

①　規　模　　先ず、債権者一覧表から、開催場所、会場の規模を割り出します。

　債権者は、狭いところで密集すると興奮する傾向があるため、ある程度大きめの場所でゆったりと座れる場所を選定する必要

があります。再生債権者が法人の場合，1社当り2名で出席する場合が多いと言えます。つまり，出席予定再生債権者数の2倍程度の人員を収容できる規模が必要となります。

② 形　態　債権者説明会会場である以上，華美に流れることは戒めなければなりません。やや古いビルや公共的な建物などが相応しいと言えます。債権者の動向によっては，開催場所，開催日時を変更する場合もあり，その場合のキャンセル料が比較的低額であることも重要な選定要素です。又，壇上から説明することは債権者に対して礼儀を欠くため，できれば段差が無い会場が望ましいでしょう。出入り口については，債務者側と債権者がバッティングせず出入りが出来るような会場が望ましいと言えます。

③ 受　付　受付は広めにとり，会場入場に際して流れが滞留することは避けるべきです。会場入口から会場まで，会社従業員を配置し，債権者の入退場をスムーズに行う必要があります。受付の担当者は列毎に2名を配置します。1名が名刺を取得し，1名が書類を手渡すという流れになります。100名の出席者に受付1列というのが1つの目安です。

④ 壇　上　壇上に向かって，正面左から社長・役員・申立代理人を配し，後列には業務関連の担当部長を配置します。基本的に，申立代理人が説明を行うことになるため，申立代理人と経理担当部長との席は近くに配置する必要があります。なお，監督委員用として，壇上右側に座席を用意し，オブザーバーとして出席を要請することもあります。ただ，会場側からの傍聴を希望される監督委員もいますので事前の打ち合わせが必要です。

⑤ 会　場　会場の状況に応じ，数本のマイクを用意し，債権者が質問をする際は，マイクを使用させて下さい。会場内においては，質問だけでなく，時に債権者を煽るような発言が飛び交う場合がありますが，マイクを使用することで，多少なりとも発言の区別化，集約化を図ることが出来ます。又，会場の中に，従業員を数名配置し，警備と案内に当たらせることも重要です。通常は，壇上に1～2本程度のマイクを用意し，会場に2～3本程度のマイクを用意します。会場内では，壇上からの指示に従い，再生債務者従業員が，再生債権者にマイクを手渡し，発言してもらうようにします。

⑥ 服　装　債権者に迷惑をかけていることを十分認識し，白いワイシャツに地味なタイの着用が常識と言えます。又，再生債務者自身に認識がなくても，会場には多数の債権者がいることを踏まえ，入場から退場までの間，常に緊張し，不用意な発言を行わないよう注意する必要があるでしょう。債権者集会が終った瞬間は，気が緩み控え室・トイレなどで不用意な発言を行うケースがまま散見されますが，注意すべきです。

⑦ メ　モ　債権者説明会の状況を裁判所に報告する必要があるので，事前に議事録作成担当者を決め，メモを取ると共に，場合によっては録音をしておく必要があるでしょう。

［江木　晋］

Q54 具体的な仕入先に対する説明方法について教えて下さい。

A

1　申立直後に行う説明

申立直後においては，多数の仕入先に対し再生手続開始申立ての事実を通知する必要があるため，FAXや電話を活用する必要があ

ります。保全担当弁護士は，社内体制の確立と並行して，保全処分発令後直ちに，あらかじめ用意していた書面を各取引先に対し送信するのが現実的です。

2 申立当日，申立翌日に行う説明
① 社内での対応

通常，再生債務者からの再生手続開始申立ての一報を受け，同日ないし翌日以降，仕入先債権者からの問い合わせなり，訪問が相次ぐことが予想されます。この際，主として予想される仕入先の行動は，棚上債権の回収となりますので，保全命令が発令されていることを主張し，債権回収を防御する必要があります。もちろん，各仕入先に迷惑をかけていることを自覚し，誠実な対応を取る必要がありますが，仕入先の勢いに負けて，不公平な扱いを行うことは避けなければなりません。

② 仕入先での対応

事業継続にとって不可欠な主要仕入先には再生債務者自身が訪問して協力を求める必要があります。民事再生手続は，事業継続を目的としており，仕入先から仕入れができなければその目的を達することができません。訪問を行う各仕入先に対しては，今後の取引の継続を内容とする説明が主たるものとなります。

3 債権者説明会での対応

仕入先に対する債権者説明会までの間に，仕入先は当面の資金繰についてそれなりの手当てを行っているのが一般的です。しかし，資金繰りがつかない仕入先が多数存在する場合は債権者説明会が荒れることが予想されますので，その対策を練っておく必要があります。ただ，一般的には，保全の対象外となる少額債権の額の設定，申立日の調整等により，連鎖倒産の相当数を防止することが可能であり，申立代理人はそれらの点に配慮した申立てを行う必要があります。

又，債権者説明会では，仕入先の当面の資金手当てに配慮しながら，新規取引条件を提示し，今後の業務継続を実現していく必要があります。新規取引条件については，再生債務者の資金力，資金調達方法等を踏まえ，且つ仕入先の資金需要にも配慮した取引条件の設定が望まれます。殊に，仕入先は，今後の取引において支払がなされるか極めて不安視しています。資金繰りに問題がないこと，スポンサーや主要取引先の協力があることなどを訴えてその不安を取り除く必要があります。申立代理人としては，法律に沿った回答を行う必要がありますが，法律論のみに終始し，具体的な数字等の裏づけによる現実的な回答を用意しないと，かえって債権者の不安を増大させる結果となるので留意すべきです。

なお，債権者には迷惑をかけていること，今後協力を要請する立場であることを考慮し，出来る限り誠実且つ丁寧な説明を心がけるべきです。例えば債権者説明会会場において，申立代理人が，壇上で，座って説明することがまま見受けられますが，債権者にとっては著しく礼を欠く行為であることを自覚し，いらぬ反感を買うことを避けるべきです。

4 その後の対応
① 資金的救済先

再生手続の目的は，債務者の事業の再生を図る点にありますが，債務者の事業が，多数の仕入先を前提としてなり立っている事実は忘れがちです。特に，下請なり外注先が多数ある業種においては，これらのものの救済を行う必要があります。ただ，下請救済の名目の下，単なる資金のばらまきは再生債務者の事業の再生には繋がらないため，バランスに配慮した対応が求められます。具体的には，数ヵ月の日繰り表，1年程度の事業計画，再生債務者に対する債権の比率，下請・外注先の経営者の人柄，事業の内容などを精査した上，担当弁護士が，資金繰りに関する相談に個別に応対する必要があります。

② 仕入先との交渉

主要仕入先は，取引額が多い分棚上債権の額も多額です。そのような仕入先に対し，業務継続に関する協力を取り付けることは非常な困難を伴います。しかし，仕入が無くて業務継続は適わないのであり，乏しい資金を有効に活用して，より多くの価値がある仕入を心掛ける必要があります。

［江木　晋］

Q55 仕入先に対する説明の内容については，どのようなことが考えられますか。

A

1 仕入先からの質問に対する事前準備

質問が予想される事項としては，下記のような内容が考えられます。申立前に，予めマニュアルを作成しておき，申立直後に従業員に配布し，債権者からの質問にそれなりの回答ができるよう訓練しておく必要があります。
① 会社は潰れたのか
② 支払われていない債権はどうなるか
③ いくらぐらい返してもらえるのか
④ 何時どのような形で支払ってもらえるのか
⑤ 少額債権はすぐに支払ってもらえると聞いたが，何時払ってもらえるのか
⑥ 当社は零細で売掛が棚上げされると倒産してしまうがどうしたらよいか
⑦ 今後の納入につき支払がなされるか不安であるが，支払がなされることは確実なのか
⑧ 今後の取引に対する支払は具体的にはどのようになるのか
⑨ 新しい経営体制はどのようになるのか
⑩ 再生手続がうまくいかなくて破産した場合はどうなるか

2 申立直後に，仕入先等に書面等で具体的に説明する内容について
① 再生手続申立ての事実・日時・場所
② 再生手続申立てに至った経緯
③ 保全命令の発令とその内容
④ 監督委員の選任と住所，氏名，連絡先
⑤ 債権者説明会の場所，日時

3 債権者説明会において説明する主たる内容について
① 進行順序
② 役員謝罪，申立弁護士の紹介など
③ 事業概要（関係者の協力状況）
④ 直近の計算書類及びその内容
⑤ 今後の支払条件等について
⑥ 融資制度の案内
⑦ 少額債権の弁済の有無
⑧ 民事再生手続のスケジュールについて

［江木　晋］

Q56 金融機関に対する説明はどのようにすればよいでしょうか。

A

1 メイン銀行に対する説明と訪問

通常，民事再生手続開始の申立てに至るまでには，メイン銀行に資金繰りの対応を打診し，その協力を得られず破綻に追い込まれるケースが多いものと考えられます。メイン銀行との相談・協力を得ず，いきなり申立てに至ることは時として再生手続の進行を阻害する大きな要因となりますので，メイン銀行との相談を経ずして申立てに至った場合は，即座に訪問して協力を仰ぐ必要があります。

再生債務者は一般に資金繰りに苦慮する可能性が高く，資金繰りについても，先ずメイン銀行に相談するのが妥当と考えられます。新規借入ができないとしても，手形割引，給

与・振込，送金手続，入出金手続，両替等金融機関の協力は不可欠だからです。

又，メイン銀行は，大口債権者兼抵当権者でもあり，その意向が再建手続，特に再生計画案の可決に大きく寄与することも忘れてはなりません。近時の傾向として，銀行と企業との関係が希薄になっており，再生計画案の可否についてもドライに割り切るメイン銀行が増えています。別除権交渉先となっている銀行については，再生計画案の可決のために十分な配慮が必要でしょう。

2 金融機関に持参乃至送付する書類
① 弁済禁止後振出小切手決済についての連絡文書
　手形・小切手の支払場所となっている金融機関に対しては保全処分により，保全命令発令日までの原因に基づく手形・小切手の支払は出来ないこと，保全命令発令後の小切手については決済することを求める文書を，申立直後，FAXで送付すると共に持参する必要があります。
② 相殺禁止，引落禁止の連絡
　法93条に基づく相殺禁止及び保全処分の発令に基づく各種引落・送金手続の禁止につき，申立直後に速やかにFAX等で送付する必要もあります。
③ 債権者説明会開催の連絡

3 金融機関向説明会について
　金融機関は，一般に大口債権者である可能性が高く，仕入先等一般債権者と異なる質問や回答を要求される場合があるため，別個の債権者説明会の開催を検討すべき場合があります。

4 DIPローン
　再生手続中の事業資金融資については大分環境が整ってきているということが出来ます。融資を受けるためには，一般的に，申立後の事業計画・収支計画を元に返済可能性が認められる且つ，事業で生じる売掛金等を譲渡担保として差入れることなどを要求されます。その意味で，再生債務者の事業収益力・保有する流動資産の内容等が融資を受けられるか否かの重要な目安となります。

5 リース債権者
　広い意味ではリース債権者も金融機関と言えますが，説明会を開く場合は，金融機関向けの説明会とは別途リース債権者向けの説明会を行うことを検討しても良いでしょう。なお，リース債権者向けの説明会は，開始決定が出た後に，物件毎に，返却するのか，使用継続するのかの社内方針を決定した後に開催すると，混乱を比較的抑えることができると思われます。

［江木　晋］

Q57 金融機関に対する説明の内容は，どのようなものでしょうか。

A

1 申立てが金融機関にとって不意打ちでない場合の対応
　金融機関への説明は，主として，債権者説明会において行われるのが一般的です。金融機関が債権者説明会に出席する目的は，棚上債権の回収予測を算定する点にあるため，計算書類の内容・業務継続の可能性について，ある程度突っ込んだ説明・質問が予想されます。申立代理人は，会社の資産・負債・損益・資金繰りは勿論のこと，勘定科目明細の詳細や業務継続の見通しについて，事前に調査し，質問に的確に回答することが求められます。

具体的に質問が予想される内容として以下の内容が考えられます。
① 再生手続開始申立てに至った事情
② 現在の再生債務者の状況
③ 再生債務者の財務内容

④　清算配当率
⑤　再生の方針（事業計画，スポンサーの選定，役員の去就など）
⑥　役員の個人保証についての処理方針

2　申立てが金融機関にとって不意打ちとなる場合の対応

　民事再生の申立てが各金融機関にとって不意打ちになるときは，別の配慮をしておく必要があります。引当金を積んでいない貸出先が突然民事再生の申立てを行うと，時期・規模によっては，金融機関の利益計画に多大な影響を与える可能性が生じます。特に，決算期直前に，不意打ちとなる申立てを行う場合は注意が必要です。金融機関としては予算外の損失を急遽組み入れることになるため，各支店，あるいは担当者の責任問題に発展する場合があるからです。

　そのため，前記1の諸点について説明を行う以外に，再生債務者の申立てに至るまでの資金経過，帳簿や経理処理の問題点などについて把握し，再生債務者に対する誤解を解いておく必要があります。金融機関の理解が得られない再生計画案が可決，認可される可能性は無く，初期対応を誤ると，後日金融機関による会社更生手続の申立てという事態も予想されるため注意が必要です。

　近時，民事再生の申立てを債務カットの手段と捉える債務者が散見されますが，民事再生の申立てはあくまでも債務者の事業再生のための一手段であり，債務のカットは結果論に過ぎません。再生手続の終局的な実現を行うには，各債権者による納得が不可欠であることを考慮し，債権者の立場を踏まえた処理が要求されていることを自覚しておく必要があります。

〔江木　晋〕

Q58　株主に対する説明，株主総会の開催に関してはどのような点に留意したらよいのでしょうか。

A

1　説明会開催の要否

　株主は，再生手続に参加することが予定されておらず，また，再生手続開始申立てを行う企業は通常債務超過であって株式の経済的価値が殆ど現存していないため，株主に対する説明会を殊更開催する必要はありません。

2　減資，増資

　ただ，再生手続開始申立てによって株主の権利そのものが消滅する訳ではありません。即ち，株式消却のための自己株式の取得，株式の併合，資本金の額の減少ならびに発行可能株式総数の定款規定の変更については，いずれも株主の利害に直接影響を与える行為であることから原則として株主総会の特別決議を要することとなっています。しかし，再生手続開始の申立てをした会社においてこれらの株主に不利な議決を求めることは実際上困難であるため，裁判所の許可を得て，債務超過の再生債務者につき，再生計画案にこれら減少等の条項を盛り込むことが認められています（法166条1項）。同じく，譲渡制限株式たる募集株式を引き受ける者の募集事項の決定は，定款に別段の定めがあるとき，又は，公開会社が募集を行うとき以外は，株主総会の特別決議を要することとなっていますが，裁判所の許可を得て，一定要件のもと，債務超過の再生債務者が募集株式を引き受ける者の募集に関する条項を設けた再生計画案を提出することが認められています（法166条の2）。

3　事業譲渡を行う場合について

　法43条によれば，債務超過の株式会社であれば，株主総会の特別決議（会社法467条1項）に代わる代替許可をもって，事業の全部又は重要な一部の譲渡ができることとされています。ただ，債務超過とは，財産評定時に

おいて債務超過であれば足りるのかという点については微妙な問題があります。再生手続開始時の財産評定では債務超過であることが認められていても、事業を譲渡したところ財産評定額を上回る高値がつき、債務超過が解消される場合等が考えられるからです。殊に、ベンチャー企業の中には、借入債務が過少で、資本が過大という企業があり、かかる状況が意図的に作出される場合も有り得るため、このようなケースの処理をどのようにすべきか、株主への説明と絡んで問題となることが予想されます。この点、「財産評定においては債務超過とされたが、再生手続に至る経緯、再生計画案の内容等を踏まえると、一定の大株主を再生債務者の経営から排除する目的で特別損失を計上して債務超過状態を作出した上、再生手続下で事業譲渡をしようとするに至った疑いが極めて高く、かかる特別損失を計上しなければならない合理的目的を認めるに足りる疎明がない」と判示した東京高裁の決定があります（東京高決平成16年6月17日金法1719号51頁）。

［江木　晋］

Q59 取引先に対する説明方法及び内容について教えて下さい。

A

民事再生は事業の継続を目的としており、取引先からの協力は再生に不可欠な内容です。ただ、一般の保全期間においては、申立直後には、債権者の回収行為に対する静的保全措置を行い、その後債権者説明会を経て、仕入、製造、流通ラインの復活や資金的見通しを確立し、その上で取引先に対する取引再開のお願いに入るというのが通常であると思われます。

1　申立直後に行う説明

申立直後においては、多数の取引先に対し再生手続開始申立ての事実を通知する必要があるため、FAXや電話を活用する必要があります。特に、保全担当弁護士は、従業員体制の確立、債権回収措置への対応に負われているのが通常であり、書面による対応に頼らざるを得ないのが現状です。

2　現場での対応

再生債務者の業務には、流通業、量販店など一般の個人に対する店舗を有する業種があります。これらの取引先（お客）に対しては、従業員が団結して通常通り業務を継続していくことを訴える必要があります。実際の窓口になる従業員が、いたずらに不安をあおる発言をしないように、短時間の内に情報管理を徹底させる必要があります。

なお、流通業や量販店などにおいては、一般的な傾向として、申立直後においては、物珍しさも手伝い、逆に取引先の来訪が増加するといったことが起こり得ます。その際、店頭に商品が並んでない、あるいは包装紙が無いといった事態は厳に避けなければならず、保全担当弁護士は仕入担当者を適切に指示する必要があります。

3　取引先説明会

通常は、取引先説明会は開催されないのが一般ですが、受注が極端に落ち込んでいる様な場合には、仕入先説明会・金融機関向説明会終了後に開催することも検討すべきでしょう。この時点で行う説明会は、取引先に取引の継続を安心してもらうことを目的として行うものであり、主として説明すべき内容は下記のような内容となります。

①　申立てに至った事情
②　担当弁護士の経歴紹介
③　申立後の状況についての説明
④　仕入状況はどうなっているか
⑤　生産体制・設備体制は稼動しているか
⑥　アフターサービス・品質管理体制は整

っているか
⑦ 従業員の動向はどうなっているか
⑧ 経営体制はどうなっているか
⑨ 資金ポジションはどうなっているか
⑩ スポンサーの動向はどうなっているか
⑪ 金融機関の動向はどうなっているか
⑫ 再生手続の今後のスケジュール
⑬ 再生計画の見通し

特に，取引先にとっては，きちんと納品してもらえるのか，アフターサービス等はきちんとやってもらえるのかという点を注目しており，その点を客観的に証明するデータを示して説得する必要があります。

［江木　晋］

Q60 申立直後に行うべき事業継続（動的保全）にあたり考慮しなければならないことはどのようなことですか。

A

再生手続の困難な点は，事業を継続しながら再建を図る点にあります。再生手続は，担保権者の力が強く，且つ従前の経営陣が基本的に手続を進行する法的手続であることから，一般的には，資金繰りに追われる経営が予想されますので，資金確保については十分配慮する必要があります。

1　資金の確保

場合によっては，再生債務者が保有する資産を実地棚卸する必要が出て来ます。棚卸は，債権者説明会での説明資料，裁判所に提出する「業務及び財産状況の報告書」あるいは「財産評定書」作成に当たっても必要な行為です。特に，申立期日が給料支払等の関係で，月末近くになる例が多いこと，第1回目の「業務及び財産情況の報告書」の提出時期が毎月10日と設定されていることなどからも出来るだけ早く，実地棚卸を行うにこしたことはありません。

実地棚卸を行う際には，現預金，債権，手形などの換金性ある資産と，製品，半製品といった営業用資産を棚卸し，資金確保の目途をつける必要があります。又，リース契約，賃貸借契約，労働契約などを全て見直し，不要な資金流出を防ぐべきです。請負工事現場等においては，一時，工事を中断した上，資金終始がプラスになるか否かを精査する必要も出てくるでしょう。

再生債務者は，申立後においても，申立前と同様の感覚で資金を使用する傾向があります。しかし，過去の一般的例を見ると，売上が半分から3分の1程度まで減少し，仕入れは現金前払いが原則となるため，債務者の感覚により資金を使用し続けると，資金ショートを起こす可能性が出てきます。申立代理人が，率先して資金管理を指示する必要があります。

2　事業継続

資金確保と並行して，仕入先との交渉，営業活動，債権回収業務を行う必要があります。申立てにより保全命令が発令されることで，再生債務者に対する債権が一時棚上げされる一方，債権の回収は自由に行えるため，従前と同様な営業が継続される限り，債務者の資金は積み上がらなければなりません。しかし，現実には，仕入条件が厳しくなり，顧客先からの受注が落ち込み，債権の回収も停滞するため，資金を積み上げることは容易ではありません。

ただ，仕入先も，債務者との取引により利益を生むことが高度に見込めるのであれば，取引の継続を考慮するはずでしょうし，顧客先も確実な納品・保証が見込める以上，継続して受注をおこす可能性は残っています。再生債務者も，必要以上に卑屈になることなく，仕入先，顧客先を説得する材料を明示し，粘り強く交渉し，事業の継続に努めるべきです。申立代理人としては，従業員の士気を高めるとともに，如何に資金を食わずに仕入をする

か，どのようにすれば受注を維持出来るか，如何に債権を回収するか等を日々検討し，的確に債務者を指導していく必要があります。

なお，事業継続にあたっての資金を確保するため，仕入先による過酷な取引条件に応じたり，高利の借入，保有資産の積極的な売却・処分等が行われるケースが散見されます。ある程度の柔軟な対応は止むを得ないものの，これらの資産が債権者に対する大切な配当原資であることを自覚し，資金を運転資金で食う事態は避けるべきと言えます。

申立前に発生原因がある共益債権や一般優先債権の支払により申立時点の現預金が減少するのはある程度やむを得ないと言えますが，それ以外の理由で，申立時点における現預金が減少することは基本的に許容されるべきではありません。そのような場合には，事業継続を打ち切る勇気も求められると言えます。

［江木　晋］

Q61 民事再生の申立後は，如何なる債務について弁済が出来るのでしょうか。

A

1　申立前の原因によって生じた債務を支払う方法

民事再生手続において，再生債務者は業務遂行権限と財産の管理処分権を有しています（法38条1項参照）。しかし，再生手続開始申立てから開始決定までの間，再生債務者の財産の不当な減少と財務内容の悪化を防止する観点から利害関係人により弁済禁止の保全命令が出されることが通例となっています（法30条1項）。

ところで，弁済禁止の保全命令が出されると，再生債務者は，再生手続開始申立てから開始決定までの間，申立前の原因によって生じた債務の弁済ができなくなります。しかし，民事再生が事業継続を前提としている以上，申立前の原因によって生じた債務についても，時に，債務者の財産の不当な減少と財務内容の悪化を招かない範囲で，事業継続に必要不可欠な弁済を行う必要が生じます。

そこで，弁済を行う必要性と法的許容性及び資金繰りを検討しながら弁済の可否を個別に検討することが要求されます。

① 申立てから開始決定までの間に，申立前の原因によって生じた債務を支払うには，保全命令の例外事由に該当する場合か，保全命令の一部解除の許可を受ける必要があります。保全命令の一部解除の許可を受けるには，監督委員の相当意見を付した上で許可を受けるのが一般的です。

② 申立前の原因によって生じた財産上の請求権は，典型的な再生債権であるため，開始決定後には，再生手続によらなければ原則として支払うことができません（法85条1項）。しかし，中小企業者の再生債権（法85条2項）及び少額の再生債権（法85条5項）については，再生計画認可の決定が確定する前でも裁判所の許可を得て弁済することができます。なお，保全命令の例外としての少額債権の範囲と，法85条5項にいう少額債権の範囲は事実上一致しますが，法的には必ずしもパラレルではないことに留意して下さい。

2　申立後（開始決定前）の原因によって生じた債務を支払う方法

① 申立てから開始決定までの間に申立後の原因によって生じた債務については，債務者自身による債務負担行為が，監督員の同意事項（54条2項）あるいは否認対象行為（127条）に該当するかは別として，保全管理命令が出ていない場合，開始決定前までは，再生債務者が弁済することができます。

② しかし，開始決定後は，再生手続によら

なければ原則として支払うことができません（法85条1項）。開始決定後に，申立後の原因によって生じた債務を支払うためには，再生債務者の事業の継続に欠くことができない行為として，裁判所の許可あるいは監督員の承認（法120条）を得て共益債権化の手続をとる必要が生じます。この共益債権化の手続きは失念しがちなので，手続きを取ることを忘れないように，留意しておく必要があります。

［江木　晋］

Q62 民事再生手続申立てに対し，債権者としてどのように対応すればよいのでしょうか。

A

1　情報の収集

民事再生手続開始の申立てが債務者からなされたとき，債権者としてなすべきことは，債務者に再生の見込みがあるか否かを判断し，再生手続に協力するか否かを決断することです。もっとも，申立書の多くは再生計画案の内容につき殆ど明記しておらず，又，開始決定後に事業を全部譲渡し再生債務者自身は清算処理を行うといった清算的再生計画が提出される可能性もあり，開始決定前に再生の見込みを判断することは難しいと言えます。債権者は，再生手続に関する裁判所の閲覧謄写請求規定（法16条）の行使や，再生債務者による債権者説明会，取引先からの情報収集を積極的に行い，限られた情報の中から再生の見込みを判断することを要求されます。

なお，再生の見込みがあるか否かを判断する上で考慮すべきポイントとしては以下のようなものを上げることができます。

① 申立てが誠実になされているか
② 再生債務者の財産状態・収益力・資金・商権・人材及び技術・業種がきちんと確保されているか
③ 破綻原因の除去が可能であるか
④ 再生手続の遂行に当たって大口債権者・金融機関・スポンサーなどの支援が見込まれているか
⑤ 再建により清算の場合に比べ有利な弁済が見込める可能性があるか
⑥ 手続申立関係書類において，再生債務者の財産状態・経営状態が適切に反映され，再生計画案の作成の指針や，想定される再生債権者の権利変更内容が妥当かつ現実的な内容となっているか
⑦ 申立代理人による保全手続が万全であるか
⑧ 債権者説明会において，上記の項目に関する明快な回答があるか

2　申立代理人

民事再生手続は，再生債務者が再建の担い手となることを基本としており，利害関係人の協力を得ることが困難な再建手続と言えます。そのため，申立代理人は，自ら債務者の信用を補完し利害関係人からの協力を取り付ける一方，積極的に再生計画案の骨子を想定し，人・金・物の散逸を防止し，事業継続を志向していくことが求められています。ただ，その立場はあくまで債務者の代理人であるため，申立代理人の考えと債務者の意向が対立した場合は，解任される可能性も残しています。即ち，民事再生手続における申立代理人は，極めて不安定な立場にありながら，事業再建の主たる担い手たるべき責務を負っているということが出来ますので，逆に，再生債務者が真に事業再生を目指している限り，相対的に申立代理人の再生手続に関与する度合いが深くならざるを得ません。即ち，再生の見込みの有無も，申立代理人が如何に深く民事再生手続に関与しているか否かでおおよその検討をつけることが可能であるとも言えま

す。

3　方針

これらの検討をした上で，再生の見込みが無いと判断すれば，債権者としては，債権回収の方法を検討すべきでしょう。逆に，再生の見込みがあるとすれば，先ずは，再生債務者との取引に協力するか否かを判断し，次に再生計画案に賛成するかを判断することになります。ただ，結果として再生債務者との取引に協力する場合は再生計画案にも賛成するという流れになりやすいでしょう。

[江木　晋]

Q63　民事再生手続申立てに対抗して，債権者による会社更生の申立てを行うのが適切な場合はどのような場合でしょうか。

A

資本金の10分の1以上の額の債権を有する債権者は，再生手続開始決定如何にかかわらず，債務者会社に対して更生手続を開始するよう裁判所に申し立てることができます（会社更生法17条2項1号）。一方，更生手続開始決定があったときは，再生手続は中止され，更生手続開始決定後に新たな再生手続開始申立てを行うことはできません（会社更生法50条）。

なお，会社更生の申立てを行うか否かを判断するポイントとして，以下の3点を挙げることができます。

① 再生債務者の行動が不明朗または不公正と判断されること
② 再生債務者の財産状態・収益力・資金・商権・人材及び技術・スポンサーの有無などから判断して，今後再建の可能性が高く，清算手続によるより多額の配当が得られるものと見込まれること
③ 再生債務者の経営者及び株主を交代させることによって，再生手続による場合よりも債権者全般にとって多くの債権回収が期待出来ること

民事再生法も会社更生法も事業再建を目的とする法的手続である点では同一の理念によっています。両者の大きな違いは，従前の経営者を，事業再建の担い手や資本家の立場に留めるか，あるいは担保権の行使を再生手続とは別個に進めるかといった点にあります。即ち，先ずもって当該債務者の客観的状態からして再建が可能な企業である必要があり，且つ，経営者・資本家を交替して，担保権者の権利行使を制限した上，裁判所の管理の下，事業再建を目指すことが，申立人を含む全債権者の共同の利益に適うことが必要となります。単に，経営責任や資本責任を問うためだけの申立て，あるいは特定債権者の利益を図ることのみを目的とした更生手続開始申立ては，利害関係人全体の利益に適う事業再建という目的を達成し得ない可能性がありますので注意が必要です。

[江木　晋]

第6章 開始決定

Q64 再生手続開始決定はどのような場合に出されますか。

A

1 申立後，裁判所が再生手続開始原因（法21条）が存在し申立棄却事由（法25条）がないという心証を得た場合に開始決定（法33条1項）が発令されます。東京地方裁判所においては，申立後1～2週間程度後に発令されるのが通常の様です。

2 棄却事由その1として，再生手続の費用の予納が無いときが上げられます（法25条1号）。

3 棄却事由その2として，裁判所に破産手続又は特別清算手続が係属し，その手続によることが債権者一般の利益に適合するときが挙げられます（法25条2号）。

4 棄却事由その3として，再生計画案の作成もしくは可決の見込み又は再生計画の認可の見込みがないことが明らかであるときが挙げられます（法25条3号）。

再生手続の場合，開始決定前の段階では再生計画案の内容が必ずしも確定されている訳ではなく，開始決定までに清算手続による配当と再生計画による弁済の比較も厳密に成し得ないといった状況からして，開始決定の消極的要件である「再建の見込み」「再生計画認可の見込み」も必然的に緩やかに解されることとなります。東京地裁では，申立後に，監督委員が，債権者説明会に出席したり，個別に主要債権者に問い合わせを行うなどして，再生債権者の意向を聴取し，その監督委員の意見を聴いた上で，裁判所が開始決定を出すのが通例となっています。また，裁判所は，特段の問題が無い限り，取り敢えず開始決定を発令し，再生債務者に再生債権者に対する十分な情報開示を行わせる一方，再生計画案が可決されなければ速やかに破産などの清算手続に移行させるといった運用を行う傾向にあります。

5 棄却事由その4として，不当な目的による再生手続開始の申立てあるいはその他申立てが誠実になされたものでないときが上げられます（法25条4号）。

具体的には，債権者による優先的な債権回収を目的とした申立て，弁済禁止の保全命令を取得することのみを目的とした申立て等を挙げることができます。

［江木　晋］

第6章 開始決定

Q65

再生手続開始の申立てがされた後，開始決定が発令されない場合，再生手続はどうなるのでしょうか。

A

1 再生手続開始申立ての却下及び棄却がなされる場合

① 申立ての却下

裁判所は，法21条所定の手続開始原因及び申立資格の疎明（法23条）がないときは，決定により申立てを却下します。

② 申立ての棄却と牽連破産

又，法25条の申立棄却事由があると認めるときは，決定により申立てを棄却します。申立てが棄却され，その決定が確定した場合で，裁判所が当該債務者に破産原因があると判断するときは，職権で破産手続の開始（法250条1項）をすることになります。会社更生法においても，更生手続開始の申立棄却が確定した場合（会社更生法234条1号），裁判所は職権で破産手続の開始（会社更生法252条1項）をすることが出来るとされています。

なお，民事再生法は法252条6項で，再生手続が開始されていれば共益債権となる筈であった法50条2項（継続的給付を目的とする双務契約における相手方が，再生手続開始の申立後，再生手続開始前にした給付にかかる請求権）及び法120条1項及び4項（開始前の借入金等にかかる請求権）に規定する請求権が財団債権の対象となることを規定しています。会社更生法においても，会社更生法254条6項で，更生手続が開始されていれば共益債権となる筈であった会社更生法62条2項（継続的給付を目的とする双務契約における相手方が，更生手続開始の申立後，更生手続開始前にした給付にかかる請求権）及び会社更生法128条1項及び4項（開始前の借入金等にかかる請求権）に規定する請求権が財団債権の対象となることを規定しています。

2 手続開始申立ての決定に対する不服申立て

手続開始決定および棄却決定，却下決定いずれに対しても利害関係人は，抗告状を原裁判所に提出して即時抗告することが出来ます（法9条・36条）。

なお，開始決定については，法35条1項により公告することが義務づけられているため，即時抗告期間は，法35条1項の公告発効日から2週間ということになります。公告がなされない決定については，裁判の告知（送達）から1週間（初日不算入）以内に行う必要があります（民事訴訟法332条）。

3 棄却決定に対する即時抗告についての留意点

棄却決定があると，破産等の倒産手続や再生債権に基づく強制執行，訴訟手続等の中止命令等（法26条），再生債権に基づく強制執行等の包括的禁止命令（法27条），仮差押，仮処分その他の保全処分（法30条）は当然失効することになりますが，棄却決定に対して即時抗告がなされた場合，その裁判までに相当な時間がかかり，その間これらの手続が継続されることにより，再生債務者の財産の維持が図れなくなる可能性がありますので，その可能性を防止すべく，法36条2項では法26条から法30条までの規定を準用する旨が規定されています。

4 開始決定の取消について

再生手続開始決定後に，即時抗告があり，裁判所がこれを理由あるものと認め取消決定（原裁判所による自庁取消しまたは抗告審での取消し）を行い，その取消決定が確定したときは開始決定の効力は遡及的に消滅します。。これらの場合，再生手続の開始決定をした裁判所は，取消決定が確定した旨の主文を公告し，再生債務者，再生債権者等に通知する等の措置をとることになります（法37条）。取消決定の確定で，開始決定の効力は遡及的

に消滅しますが，再生手続は，開始決定の時から効力を生じますから（法33条2項），即時抗告がなされても開始決定以後，取消決定が確定する間になされた行為は影響を受けません。もっとも，開始決定による手続的効果として規定されている，破産手続や強制執行等の中止は（法39条1項）遡ってその効力を復活し，中断していた訴訟手続（法40条1項）についても，再生債務者が当然受継することになります。

[江木　晋]

Q66 再生手続開始決定の手続的効果とはどのようなものですか。

A

1　再生手続はその「決定の時」から効力を生じます（法33条2項）。そして，開始決定に伴い生ずる手続的効果としては，①新たな破産，再生手続開始，特別清算開始の申立ての不許，手続の中止及び失効（法39条1項），②強制執行等の申立ての不許，手続の中止及び失効（法39条1項），③訴訟手続の中断（法40条1項，40条の2）を上げることができます。

2　新たな破産，再生手続開始，特別清算開始の申立ての不許，手続の中止及び失効（法39条1項）について
　① 開始決定後の新たな申立てについて
　　再生手続開始決定が出た場合，これらの手続の申立ては許されなくなります。しかし，更生手続開始申立てに限り新たな申立てが許されています。
　② 再生手続開始申立てに先立つこれらの手続の効力について
　　i　これらの手続が既に進行していても，民事再生手続の開始申立てを行うことは出来ます。なお，更生手続開始決定が出る前であれば，民事再生手続の開始申立てを行うことは可能（会社更生法50条）です。
　　ii　又，民事再生手続開始申立て後において，必要があると認める時は，利害関係人の申立てあるいは職権で，再生手続開始決定が出るまでの間，破産手続，特別清算手続について手続の中止を命ずることが出来ます（法26条1項）。
　　iii　再生手続の開始決定がなされた場合，破産手続はその手続を中止し（法39条1項），その後再生計画認可決定確定（法184条）によりその効力は失効します。ただし，破産手続の失効後に再生手続が廃止されたり再生計画が取り消された場合には，職権で再度の破産手続が開始されます（法250条2項本文）又，特別清算手続については，再生手続の開始決定によりその効力が失効します（法39条1項）。

3　再生債権に基づく強制執行等の申立ての不許，手続の中止及び執行（法39条1項）について
　① 開始決定前において，再生債権に基づく強制執行等に対抗する手段としては，個別の中止命令（法26条）と，より広範に再生債権者全員に対する包括的な禁止命令（法27条）が規定されています。
　② 開始決定後には，再生債権に基づく強制執行，仮差押もしくは仮処分，又は再生債権を被担保債権とする民事留置権による競売の申立てはすることができず，また進行中であったこれらの手続は「中止」（法39条1項）し，その後再生計画認可確定によりその効力は「失効」（法184条）します。
　　なお，裁判所は事業再生に支障を来たさないと認める場合，再生債務者等の申立て又は職権により，中止した上記手続の「続

行」を命ずることができます（法39条2項）。ただし，続行が命じられても，強制執行等により得られた金銭を再生債権者が弁済に充当することはできません（法85条1項）。

又，再生のため必要があると認める場合は，再生債務者らの申立てまたは職権により，必要に応じて担保を立てさせ，中止した上記手続の「取消」を命ずることが出来ます（法39条2項）。この場合，担保を立てさせる趣旨は総財産の減少を防ぐ点にあるため，このようなおそれがない場合は一般に担保を立てさせず「取消」を命ずる運用がなされているようです。

4 訴訟手続の中断等

① 再生手続開始の決定があったときは，再生債務者に関する財産関係の訴訟手続のうち，再生債権に関するものは中断します（法40条1項）。これは，再生債権については再生手続において債務名義を得ることが出来るため，開始決定時に再生債権に関する訴訟が継続している場合は，これを中断して，債権の調査及び確定を待つことが合理的であるからです。そして，再生債権の調査において，再生債務者等が認めなかった再生債権又は他の届出再生債権者から異議が述べられた再生債権について，かかる異議等がある再生債権を有する再生債権者は，再生債権の内容を確定するために，再生債務者等と異議を述べた再生債権者の全員を相手にして，査定の申立てをすることができます（法105条1項）。もっとも，異議等がある再生債権について再生手続開始当時に訴訟が継続していた場合には，あらためて査定の申立てをして審理をするよりも，再生手続開始決定により中断した訴訟手続を続行させるほうが，訴訟経済に適うものと言えます。そこで，当該再生債権者がその内容を確定しようとするときは，異議者等の全員を当該訴訟の相手方として，訴訟手続の受継の申立てをしなければならないものとされています（法107条1項）。

② 再生債権者の提起した債権者代位訴訟が再生手続開始時に継続していたときは，再生手続の開始により中断し（法40条の2，1項），再生債務者等においてこれを受継することが出来ます（法40条の2，2項）。なお受継の申立ては，訴訟の相手方においてもすることができます（法40条の2，2項後段）。

③ 再生債権者の提起した詐害行為取消訴訟，あるいは破産管財人の提起した否認の訴えもしくは破産管財人の否認請求の認容決定に対する異議訴訟が再生手続開始時に継続していたときは，再生手続開始により中断し（法40条の2，1項），否認権限を有する監督委員又は管財人においてこれを受継することが出来ます（法140条1項前段）。なお，受継の申立ては，訴訟の相手方においてもすることができます（法140条1項後段）。

［江木　晋］

Q67 再生手続開始決定が債権者に与える具体的な影響としてはどのようなことが考えられますか。

A

1　開始前の原因に基づいて生じている債権あるいは担保債権の開始決定後の回収について考慮すべきこと

① 再生債権

開始決定後は，再生債権について，再生手続によらない一切の権利行使が禁止されます（法85条1項）。

ただ，例外事由として，1）連鎖倒産の危険性がある中小企業者の場合（法85条2項），及び，2）少額債権の場合（法85条5

項）に限り裁判所の許可を得て弁済することが可能です。又，再生手続開始当時に債権・債務の対立があり，かつ，再生債権の届出期間の満了前に相殺適状が生じた場合には，その期間内で，相殺禁止事由（法93条，93条の2）に該当しない限り，再生手続によらないで相殺することができます（法92条1項）。

② 別除権

別除権は原則として再生手続によらないで権利行使が可能とされています（法53条）。

ただ，担保権の消滅許可制度によって（法148条），再生債務者の事業の継続に欠くことのできない財産について，担保権の目的財産の価額に相当する金銭を裁判所に納付して，担保権のすべてを消滅させることの許可の申立てを行うことが可能です。

③ 一般優先債権

一般優先債権は，再生手続によらないで，再生債権に優先して随時弁済を受けることが可能です（法122条）。ただし，一般優先債権に基づく仮差押や強制執行が可能であっても，再生に著しい影響を及ぼし，かつ，再生債務者が他に換価容易な財産を十分に有するときは，中止命令・取消命令の対象となります（法122条4項，121条3項）。

④ 共益債権

共益債権も，再生手続によらないで，再生債権に優先して随時弁済を受けることが可能です（法121条）。ただし，共益債権に基づく仮差押や強制執行が可能であっても，再生に著しい影響を及ぼし，かつ，再生債務者が他に換価容易な財産を十分に有するときは，中止命令・取消命令の対象となります（法121条3項）。

なお，開始前の原因に基づく共益債権としては，1）再生手続開始の申立後再生手続開始前において，再生債務者等が再生債務者の事業の継続に欠くことができないとして裁判所から共益債権とする旨の許可を得た債権（法120条），2）双方未履行の双務契約の履行選択の場合の共益債権（法49条4項），3）双方未履行の双務契約の解除の場合の共益債権（法49条5項），4）継続的給付義務を負う双務契約の相手方が申立以後再生手続開始前になした給付にかかる請求権（法50条2項）等があります。債権者としては，自己の保有する債権が共益債権か再生債権であるかを確認しておく必要があります。

2 開始決定が債権者のその後の取引に与える影響について

① 開始決定後の取引によって発生する債権は，共益債権として再生手続によらないで随時弁済されます（法119条5号）。開始決定後に再生手続が破産へ移行した場合であっても，財団債権として保護されます（法252条6項）

② 同意事項及び許可事項の確認

再生債務者は，開始決定後も原則として会社の業務遂行権限・財産管理処分権限を有しています（法38条1項）。但し，開始決定前は保全命令が発令されるのが通例であり（法30条1項），又，開始決定後は一定の行為について，裁判所の許可が要求され（法41条），許可を得ないでなした行為が無効（41条2項）とされることで，裁判所の監督を受けることとなります。なお，裁判所の監督については，監督委員による監督命令（54条）が申立てと同時に発令されるケースが殆どであり，監督委員が同意権限によりチェックする扱い（申立直後から計画認可まで）になっているため，債権者としては，裁判所の許可事項だけではなく，監督委員の同意事項についても確認しておく必要があるといえます（監督委員の同意を得ないで行った行為も無効とされています。法54条4項）。

3 開始決定の同時処分事項について

開始決定と同時に，①再生債権の届出期間と，②届出債権・異議などに対する再生裁判所の調査期間が定められます（法34条1項）。再生債権者は，再生手続に参加するためには，裁判所の定める債権届出期間内に再生債権を届け出る必要（法94条1項）があります。又，別除権者も別除権予定不足額（法94条2項）を届け出ることにより，再生手続への参加が認められているため，債権者としては再生債権の届出を届出期間内に行わなければなりません。

なお，債権者が1,000人以上であるときには，裁判所は債権届出期間を変更した場合における当該変更の事実，再生手続開始決定を取り消す決定が確定した場合における当該取消決定の主文を，知れている債権者に通知せず，かつ，届出再生債権者を債権者集会期日に呼び出さない旨の決定をすることができます（ただし，再生計画案の決議をするための債権者集会の呼出しはこれを省略することができません）（法34条2項）。

[江木　晋]

Q68 再生手続開始決定による弁済禁止の内容について教えて下さい。

A

1　弁済禁止の対象
弁済禁止の対象となるのは，再生債権（再生手続開始前の原因に基づいて生じた財産上の請求権）です（法84条・85条1項）。

2　禁止行為
① 趣　旨
本条は，民事再生手続が，経済的に窮地に陥った債務者につき，債権者の多数の同意を得て，裁判所の認可を受けた再生計画により，債権者と債務者との権利関係を調節し，債務者の事業又は経済生活の再生を図ることを目的（法1条）とする手続であることを受け，債権者の個別的な権利行使を禁止し，債権者同士間の衡平を図ると共に，債務者の積極財産の散逸を防止する観点から定められた規定と言えます。

② そのため，本条で禁止される行為は，再生債務者又は管財人による弁済・代物弁済，更改，相殺，供託など再生債務者の経済的出捐を伴う行為を意味します。又，その効果は，第三者の行為にも及びますので，再生手続開始前に再生債務者の有する債権につき債権差押命令が出され，当該再生債務者において再生手続が開始された場合，第三債務者が債権者に弁済することも禁止されます。

③ 効　果
弁済禁止規定に違反して債権消滅行為を行った場合，その行為の効果は無効になるものと解されます。又，再生計画の不認可事由となり得る可能性（法174条2項1号）もあります。

3　例外的に再生債権の消滅行為が許容される場合

① 債権者による免除（法85条1項）
再生債権者による再生債権の免除は，再生債務者の経済的出捐を伴わないため，明文をもって本条の禁止対象行為から除外されています。

② 相　殺（法92条）
再生債権者が，再生手続開始当時，再生債務者に対して債務を負担している場合に，相殺することが認められています。なお，再生債務者財産に属する債権を自動債権として，再生債権と相殺することが再生債権者の一般の利益に適合するときは，再生債務者等が裁判所の許可を得て，相殺をすることができるとされています（法85条の2）

③ 中小企業債権者（法85条2項）
再生債務者について再生手続開始決定がなされることにより，弁済禁止を受け，当該再生債務者を主要な取引先としている中小企業者あるいは下請業者が，資金繰りに支障を来たして連鎖倒産することを防ぐ観点から，再生計画認可決定確定前に，裁判所の許可を得て，棚上げ債権の一部又は全部の支払ができることが規定されています。

もっとも，再生債務者の資金は有限であることから，本条を根拠に，無制限に支払を行うことはできません。即ち，再生債務

者の事業再生という観点から，救済することが相当な中小企業債権者であるか，及び，本条以外の方法によりその連鎖倒産を防止する手立てがないかを，再生債務者自身が客観的に判断し，その上で本条に基づく弁済を行う必要があります。

なお，本条に基づく弁済を行う必要がある中小企業であるか否かを判断するポイントとして以下のような点を上げることができます。

1) 2ないし3ヵ月分の日繰り表から算出される必要資金の金額
2) 6ヵ月ないし1年の事業計画
3) 棚上げ債権の金額と，年間売上額の割合
4) 倒産を防止することが相当と思われる何かを持っているか
5) 経営者の人柄は誠実であるか
6) 再生債務者への依存度
7) 連鎖倒産した場合の再生手続への影響
　即ち，再生債務者としては，対象先の中小企業の再建計画，資金計画まで，ある程度検討した上で，本条に基づく弁済を行う必要があると言えるでしょう。

④　少額債権（法85条5項）

法85条5項は「少額の再生債権を早期に弁済することにより再生手続を円滑に進行することが出来るとき」又は，「少額の再生債権を早期に弁済しなければ再生債務者の事業の継続が著しい支障を来たすとき」に，裁判所の許可を得て少額債権の弁済を行うことを認めています。

即ち，85条5項は，少額債権において，債権者数を減少させ再生手続にかかる煩雑さと費用削減を図るという観点に加え，業務に必要であるという観点からの支払を可能にしています。問題は何が業務に必要であるかという点ですが，これは，弁済の対象となる債権の額，再生債務者の資産総額，業務規模，弁済の必要性などを踏まえ相対的に判断されることになるでしょう。

なお，何をもって「少額」と判断するか否かは，再生債務者の規模，負債総額，弁済資力，債権者分布状況などを勘案して定めることとなりますが，公平の観点から，弁済禁止の保全処分の例外として規定される少額債権の金額と同額であるケースが多いと言えるでしょう。

［江木　晋］

Q69

民事再生の開始決定が出た後に，再生債権の給付を求めて，訴訟を提起するとどうなりますか。

A

1　開始決定と再生債権に関する訴訟

再生手続開始の決定があったときは，再生債権に関する訴訟手続は，中断します（法40条1項）。

再生債権は，再生手続の中で調査され，それが確定すれば，再生債権表に記載された債権額について確定判決と同一の効力を有することになるため（法104条3項・111条2項・185条1項），すでに係属している再生債権に関する訴訟手続をひとまず中断して，その確定を再生手続に委ねるわけです。

2　開始決定後の再生債権に関する訴訟提起

上記1と異なり，開始決定後に訴えが提起された場合，あるいは開始決定後に訴状が送達された場合は，開始決定時に訴訟係属が生じていないため，法40条の文言に直接該当しません。

他方で，開始決定後，再生債務者には再生債権に関する再生手続開始後の弁済その他債務消滅行為が認められていません（法85条1項）。

また，再生債権者としては，開始決定後再

第6章　開始決定
Q70

生手続において再生債権の届出，調査を経て，その債権を確定し債務名義を得れば良いですし，異議等があった場合，再生法では，再生債権の内容は査定の裁判で判断され（法105条），さらに査定の裁判に対しては異議の訴えを提起して再生裁判所による訴訟手続にて判断されることになっています。

　しかも，再生法が定める再生債権者の訴訟の受継は「再生手続開始当時訴訟が係属する場合において」できる関係にあり（法108条），再生手続開始後に訴えが提起された場合は受継を求めることができず，上記査定の裁判や異議の訴えによることが予定されているといえます。

　従って，再生手続開始後に再生債権に関する訴訟提起があった場合（開始後に訴状が送達された場合）は，特別の事情がない限り，訴えの利益を欠き不適法な訴えとして，その訴えは却下されることになると考えます（ 参考 会社更生に関連するものとして，『条解更生（上）』596頁，大阪地判昭和40年4月30日判タ185号171頁参照）。

　他方で，開始決定の取消があった場合（法37条）など，訴えの利益が認められるような場合は，訴訟は係属し債権の存否が審理されることになると考えられます。

［山本　正］

Q70　民事再生の開始決定が出た後に，再生債権の確認訴訟を提起することはできますか。

A

　開始決定後に訴えが提起された場合あるいは開始決定後に訴状が送達された場合は，開始決定時に訴訟係属が生じていないため，訴訟手続の中断を定める法40条の文言に直接該当しません。

　そのため，開始決定後の確認訴訟がどう扱われるかが問題となりますが，再生手続において，再生債権は，再生債権の届出，調査を経て，債権が確定すれば確定判決と同一の効果を生じ（法104条3項・111条2項・185条1項），また，再生債権届出などの再生手続参加によって時効中断効が認められる関係にあります（法98条）。

　そうだとすると，再生手続以外で債権を確認する必要性は何ら認められないのが通常であるといえます。

　従って，再生債権の給付を求める訴訟提起と同様，開始決定後に再生債権について提起され，あるいは開始決定後に訴状が送達された確認訴訟は，特別の事情がない限り，訴訟要件である確認の利益（訴えの利益）がないとして却下されることになると考えます（ 参考 会社更生に関連するものとして，『条解更生（上）』596頁，大阪地判昭和40年4月30日判タ185号171頁参照）。

　なお，再生債権について異議等があった場合は，再生債権の内容は査定の裁判で判断され（法105条），さらに査定の裁判に対しては異議の訴えを提起して再生裁判所による訴訟手続にて判断される関係にあり，再生債権の確認に関する訴訟手続としては，上記の異議の訴えを提起すれば足りることになります。

　他方で，開始決定の取消があった場合（法37条）など，確認の利益（訴えの利益）が認められる場合は，訴訟は係属し審理されることになると考えられます。

［山本　正］

Q71 民事再生の開始決定が出た場合，係属している倒産手続はどうなりますか。

A

1 民事再生申立てと破産等の手続

民事再生の申立てがあったとしても，すでに進んでいる破産手続などは中止されません。裁判所は，必要があると認めたときのみ，その手続を中止することができますが(法26条)，中止命令が出されない場合は，破産等の手続は係属していることになります。

2 民事再生開始決定と破産等の手続

民事再生開始決定が出た場合，すでに係属している破産手続は中止し，特別清算手続はその効力を失います（法39条第1項）。

法は，これらの清算型倒産手続よりも，再建型の再生手続を優先させ，まずは，再生を試みるという構造をとっているわけです。

なお，民事再生手続より厳格な手続とされる会社更生手続は，民事再生手続より優先されます。また，民事再生手続が頓挫した場合は，破産手続に移行します（法250条等）。

[山本　正]

Q72 民事再生の開始決定が出た場合，係属している執行手続はどうなりますか。

A

1 民事再生開始決定と執行手続

民事再生開始決定が出た場合，再生債務者の財産に対してすでに行われている再生債権に基づく強制執行，仮差押えもしくは仮処分または再生債権を被担保債権とする留置権（商事留置権を除く）による競売は，中止されます（法39条1項。なお，法26条1項2号）。

開始決定後，再生債務者には，再生債権について再生手続開始後の弁済その他債務消滅行為が認められておらず，その弁済は再生計画の定めるところによることになります（法85条1項）。

2 執行手続の続行

裁判所は，再生に支障がないと認めるときは，再生債務者等の申立て，または職権にて，中止された強制執行等の手続の続行を命じることができます（法39条2項）。

これは，手続を続行させて遊休資産などの財産を換価する途を認めるものです。なお，続行が命じられてもそれにより得られた財産を弁済充当されることはありませんが（法85条1項），再生計画認可確定前に引き渡しを求める場合，再生債務者は差押等の取消を求める必要があります。

3 執行手続取消し

裁判所は，再生に必要と認めるときは，再生債務者等の申立て，または職権で，担保を立てさせ（又は立てさせないで），強制執行等の手続の取り消しを命じることができます（法39条2項）。

再生債権に基づく強制執行等は，再生計画認可が確定した時点で失効し（法184条）取り消されますが，再生計画認可確定前においても，運転資金等を確保するため強制執行等を取り消す場合など，再生に必要な執行手続等の取り消しの可能性が認められているわけ

です。

なお，執行等の取消命令を求める前に，まずは（仮）差押権者等債権者と交渉して，執行手続等を取り下げてもらうことを試みるのが実際的であると思われます。

［山本　正］

Q73 民事再生開始決定を受けると，会社の商業登記簿謄本に記載されるのでしょうか。

A

1　開始決定と登記の嘱託

民事再生開始決定があった場合，裁判所書記官によって，再生手続開始の登記手続が嘱託され（法11条），再生手続が開始された旨が会社の商業登記簿謄本に記載されることになります。

2　その他登記の記載事項

商業登記簿謄本に記載される事項としては，①再生手続の開始決定のほか，②監督命令がある場合における，監督委員の氏名，住所，監督委員の同意を得なければ再生債務者がすることができない具体的行為，③管財人が選任された場合における，管財人の住所，氏名（役員欄に記載）などがあります。

［山本　正］

Q74 民事再生開始決定を受けると，官報に掲載されますか。

A

1　開始決定と官報掲載

民事再生開始決定があった場合，裁判所は，再生手続開始の決定の主文並びに再生債権の届出期間及び債権調査期間などを公告しますが（法35条），その方法は，官報に掲載する方法によります（法10条1項）。

2　日刊新聞掲載

民事再生法は，上記のとおり公告は官報に掲載することとしており（法10条1項），日刊新聞に掲載することは規定していません。

従って，事実上報道機関による報道はあり得たとしても，裁判所から日刊新聞に掲載するということは行われません。

3　なお，公告の効力は，官報に掲載された日の翌日に生じることとなります（法10条2項）。

［山本　正］

第6章 開始決定

Q75 民事再生開始決定が出ると，債権者に通知されますか。

A

1 開始決定と債権者通知

再生手続開始の決定があった場合，知れている再生債権者に対して，再生手続開始の決定の主文並びに再生債権の届出期間及び債権調査期間などを記載した書面が通知されることになります（法35条3項）。

2 送達との関係

民事再生法制定当時は，債権者に対して送達しなければならず，ただ通常の取扱いよる郵便に付すことができることとされていましたが（旧民事再生法10条4項），平成16年の破産法改正と同時に，送達でなく通知で足りることとされました。　　　　［山本　正］

Q76 民事再生開始決定に対し不服がある場合，どうすればよいでしょうか。

A

1 再生手続開始決定と不服申立

再生手続開始の決定に対しては，即時抗告をすることができます（法36条1項）。

再生手続開始の申立ての許否の裁判に対して，即時抗告により不服を申し立てることができ，開始決定に対しても即時抗告ができるわけです。

2 即時抗告

再生法の即時抗告は，裁判につき利害関係を有する者が申立権者となって，公告が効力を生じた日から起算して2週間以内に（法9条），抗告状を原裁判所に提出することによって行います（法19条，民事訴訟法331条・286条）。

なお，開始決定に対する利害関係を有する者としては，債務者申立ての場合は債権者，債権者申立ての場合は債務者又は申立債権者以外の債権者などが利害関係を有する者となります。　　　　　　　　　　　　［山本　正］

Q77 民事再生開始決定は，どのような場合に取り消されるのですか。

A

1 再生手続開始決定と取消

再生手続開始の決定があり，再生手続が開始された場合においても，再生手続開始決定が取り消されることがあります。

例えば，開始決定に対して即時抗告が出され（法36条）原裁判所が抗告を理由あるものと認めて自ら開始決定取消に更正する場合（民事訴訟法333条）や抗告裁判所が開始決定を取り消すときは，原裁判所は確定後，その主文を公告し，原則，再生債務者及び知れている債権者に対してその主文を通知しなければなりません（法37条）。

2 取り消される理由

取消事由としては，①再生手続開始原因事実など法23条の疎明が足りないことや②再生手続開始の申立て棄却事由に該当することがあり，②の事由としては，ⅰ再生手続の費用の予納がない場合，ⅱ裁判所に破産手続又は特別清算手続が係属し，その手続が債権者の一般の利益に適合する場合，ⅲ再生計画案の作成若しくは可決の見込み又は再生計画の認可の見込みがないことが明らかである場合，ⅳ不当な目的で再生手続開始の申立てがされ，その他申立てが誠実にされたものでない場合があります（法25条各号）。

［山本　正］

Q78 管理命令が発令された場合の民事再生手続は，通常の民事再生手続とどのような点が違うのですか。

A

1 業務遂行および財産の管理処分権

管理命令が発せられた場合，再生債務者の業務の遂行ならびに財産の管理および処分をする権限は管財人に専属します（法66条）。他方，従前の経営者は，その権限を剥奪されます（法38条3項）。したがって，管財人が会社法362条4項に定める重要な業務執行をなす場合であっても，取締役会の決議を経る必要はありません。

債権認否書の提出，再生計画案の作成・提出，再生計画の遂行，簡易再生・同意再生の申立て等の手続や財産関係の訴訟（法67条）も，管財人が行います。

2 裁判所による監督の期間

管財人が選任されている場合には，原則的に裁判所が再生計画の遂行まで監督をします。すなわち，裁判所は，再生計画が遂行されたとき，または再生計画が遂行されることが確実と認められるに至ったときは，再生債務者もしくは管財人の申立てによりまたは職権で再生手続終結の決定をすることとなっており（法188条3項），それまで裁判所が監督することになります。

監督委員のみが選任されている通常の手続では，再生計画認可後3年間しか裁判所の監督は行われません（法188条2項）。

3 再生手続失敗の場合の管財人の弁済義務

再生手続開始決定取消決定，再生手続廃止決定または再生計画不認可決定が確定した場合には，破産移行の場合（法252条6項）を除き，管財人は，共益債権および一般優先債権を弁済し，これらの債権のうち異議のあるものについては，その債権を有する者のために供託をしなければなりません（法77条4項）。管財人との取引の安全を裏付ける規定です。

［髙木裕康］

Q79

管財人は株主総会を招集したり，募集株式の発行をしたりすることはできますか。取締役を解任することはできますか。管財人が退任した後の会社の経営は誰が行うのですか。

A

　管財人は，再生債務者に関する業務遂行および財産の管理処分を行う権限は持ちますが，株式会社の組織上の権限を持つわけではありません。したがって，管財人が株主総会を招集することはできません。管財人が募集株式の発行を規定する再生計画案を提出することはできず（法166条の2第1項），これを発行をするには，会社法上の手続きを踏むことが必要です。取締役の解任は株主総会の専権に属しますので，これも株主総会の決議を経る必要があります。

　再生計画により発行済株式の取得を行うことは可能ですが，募集株式の発行は会社法の手続によらなければなりません。したがって，管財人が旧経営者らの同意なく株主を変更することはできません。また，取締役を変更することもできません。その結果，管財人が退任した場合には，業務遂行および財産の管理処分権限は，再生債務者に戻ることになります。このようなことが不適切である場合には，管財人は事業譲渡による処理を行うか，会社更生手続を申し立てるかする必要があります。

［髙木裕康］

Q80

管財人はどのように業務を執行するのですか。

A

1　管財人の基本的権限・義務

　管財人は，再生債務者の業務遂行および財産の管理処分を行う権限を有し，義務を負います（法66条）。管財人は，その職務遂行について善管注意義務を負っており，この義務を怠ったときは，利害関係人に対し，連帯して損害を賠償する義務を負います（法78条・60条）。

　業務遂行および財産の管理処分権は管財人に専属しますので，たとえば事業譲渡のような重要な行為であっても，取締役会の同意を得る必要はありません。ただし，募集株式の発行や取締役の選任・解任等組織上の行為を行うことはできません。また，株主総会の権限は失われないので，事業の譲渡（会社法467条）など株主総会の決議を要する行為については，民事再生法に特則がある場合（営業譲渡について法43条，発行済株式の取得について法154条3項）を除き，その決議を得る必要があります。

　再生債務者の財産関係の訴えについては，管財人が訴訟当事者となります（法67条1項）。管財人が選任された時点ですでに係属していた再生債務者の財産関係の訴訟手続で，再生債務者が当事者であるものは中断します（法67条2項）。

　管財人が複数あるときは，共同でその職務を行います。ただし，裁判所の許可を得て，それぞれ単独にその職務を行い，または職務を分掌することができます（法70条1項）。第三者からの意思表示は，その1人に対してすれば足ります（法70条2項）。

2　手続の遂行

　管財人は，債権認否書の提出，再生計画案

の作成・提出，再生計画の遂行，簡易再生・同意再生の申立て等の手続も行います。

　管財人が選任されている場合には，原則的に裁判所が再生計画の遂行まで監督をします。すなわち，裁判所は，再生計画が遂行されたとき，または再生計画が遂行されることが確実と認められるに至ったときに，再生債務者もしくは管財人の申立てによりまたは職権で再生手続終結の決定をします（法188条3項）。

3　管財人の行為の制限

(1) 裁判所による許可事項の設定

　裁判所は，必要があると認めるときは，管財人が次の行為をするには裁判所の許可を得なければならないものとすることができます（法41条・2条2号）。したがって，この場合には，管財人は次の行為を行うのに裁判所の許可を得る必要があります。

① 財産の処分
② 財産の譲受け
③ 借財
④ 双方未履行双務契約の解除
⑤ 訴えの提起
⑥ 和解または仲裁契約
⑦ 権利の放棄
⑧ 共益債権，一般優先債権または取戻権の承認
⑨ 別除権の目的の受戻し
⑩ その他裁判所の指定する行為

　管財人が必要な裁判所の許可を得ないでした行為は無効です。ただし，その無効を善意の第三者に対抗することはできません。（法41条2項）

(2) 内部者取引の制限

　管財人は，次の行為をなすには裁判所の許可を得なければなりません（法78条・61条2項）。

① 再生債務者にたいする債権の譲受けまたは譲渡し
② 再生債務者の株式その他の再生債務者に対する出資による持分の譲受けまたは譲渡し

　管財人は再生債務者の内部情報を容易に知りうる立場にありますから，管財人が上記のような取引をした場合には，公正さに疑いが生じる可能性があります。これを避けるための規定です。

4　否認権

　管財人には否認権（法127条〜）の行使が認められています（法135条）。監督委員が否認権を行使できるのは，裁判所から権限を付与された場合に限られますし（法56条1項），再生債務者にはその権限が与えられていませんが，管財人には当然に権限が与えられています。

5　調査の権限

　管財人は，調査のために，再生債務者の取締役等に対し，再生債務者の業務および財産の状況につき報告を求め，再生債務者の帳簿，書類その他の物件を検査することができます（法78条・59条）。

［髙木裕康］

第7章　決定後の対応

Q81 再生債権は、民事再生手続でどのように取り扱われますか。

A

1　民事再生手続における再生債権とは、再生債務者に対し、再生手続開始前の原因に基づいて生じた財産上の請求権です（法84条）。

再生債権は、原則として、再生手続、即ち再生計画によらなければ弁済を受けることができません（弁済禁止の原則　―法85条1項）。

債権者に、個別の権利行使を許してしまっては、再生債務者の事業、経済活動の再生を図ることができないからです。

これに対して、共益債権（共益債権化したものを含む）、一般優先債権は、再生手続によらないで随時弁済を受けることが出来（法121条1項2項・122条2項）、弁済禁止の原則の適用はありません。

2　また、再生債権であっても弁済禁止の例外として、①　中小企業連鎖倒産防止のための弁済許可（法85条2項）、②　手続の円滑な進行のための少額債権の弁済（法85条5項）、③事業の継続に著しい支障を来す場合の少額債権の弁済許可（法85条5項）の各制度があり、裁判所の許可に基づく、再生手続によらない弁済が認められています。

①は、弁済禁止効の結果、下請業者等が資金繰りに支障をきたし、連鎖倒産する可能性があるため、これを防止するために認められており、②は、債権額が少額な再生債権者が多数の事案では、その手続が非常に煩雑になり、また多額の費用を要するほか、債権者との折衝に膨大な時間がかかる等の、理由から認められています。③は、平成14年に成立した新会社更生法において、手続を円滑に進行させるための少額債権の弁済許可規定に加えて、事業の継続に不可欠な更生債権を少額債権として弁済する規定を会社更生法15条5項中に追加したことに伴い、民事再生法においても新たに追加された同趣旨の規定で、これにより事業継続に著しい支障を来すことを回避するための少額弁済も認められるようになりました。

[大城康史]

Q82 再生債権とはどのようなものですか。

A

民事再生手続法においては、以下の要件を満たす場合に、再生債権と取り扱われることになります。

①　再生債務者に対する請求権であること

当該債権が，再生債務者の一般財産を引当てとする債権であることが必要です。

従って，所有権に基づく妨害排除請求権等の物権的請求権や特許権，人格権に基づく差し止め請求権等は，再生債権とはなりません。

② 財産上の請求権であること

当該請求権が再生債務者の財産によりその目的が達成される請求権に限定されることが必要です。

従って，債務者の経済的な再生に無関係な権利，例えば，不作為請求権や株主の自益権，共益権などは，再生債権になりません。

③ 再生手続開始前の原因に基づく請求権であること

債権の発生原因事実が，再生手続開始前に存することが必要です。

従って，原因が手続開始前に発生している以上，確定期限未到来の債権，将来の定期金債権，不確定期限付債権，条件付債権，求償権の事前行使の将来の請求権もいずれも，再生債権となります。

④ 強制執行可能な請求権であること

再生手続は，裁判上の強制的な権利の実現のための手続的性格を持つものであることから，裁判上主張しえない請求権や強制執行によって満足を受けることのできない請求権は，再生債権となりません。

不法原因給付の返還請求権，利息制限法違反の利息債権などがこれにあたります。

⑤ 別除権で担保された範囲外の債権であること

①から④までの要件を満たしても，再生手続開始当時，再生債務者の財産のうえに存する特別の先取特権，質権，抵当権，商事留置権に担保された範囲内の債権は，別除権として再生債権とは区別して取り扱われるので（法53条），別除権行使によって弁済を受けられない債権の部分についてのみ，再生債権となります。　　　　　　　　　　　　［大城康史］

Q83 民事再生手続開始決定後に，弁済禁止の債権を弁済した場合の効果はどうなりますか。

A

再生手続によらない弁済を認めていない再生債権については，弁済行為は無効となります。

民事再生手続においては，多数決により再生計画を定め，再生債務者の事業や経済活動の再生を図ることを目的とするものであるから，債権者に個別的な権利行使を認めてはその目的を達することはできません。従って，再生債権については，再生債務者からの弁済はもとより，債権者側からの取立等を含めて，広く債権を消滅させることを一般に禁止しています。

そして，この原則に違反してなされた弁済等は，その効力を生じないと解されます。

この場合，当該債権は，弁済しなかったものと扱われ，また，再生債務者は，弁済した金額について，当該債権者の不当利得として返還請求をすることになります。　　　　　　　　　　　　［大城康史］

第7章　決定後の対応

Q84　弁済以外の，弁済禁止の原則の対象となる行為には何がありますか。

A

法85条1項によって禁止される行為とは，弁済，弁済の受領その他債権を消滅させる一切の行為です。

従って代物弁済，更改，相殺，供託等もこれらに含まれることになります。

もっとも相殺については，法92条1項により，再生債権者が再生手続開始当時，再生債務者に対して債務を負担する場合で，債権及び債務の双方が再生債権届出期間の満了前に弁済期が到来する場合には，再生債権者は，その届出期間内に限り，相殺することが認められています。

また，債務免除についても，債権を消滅させる行為ではありますが，再生債務者の経済的出損を伴うものではないため，明文で除外されています。

［大城康史］

Q85　弁済禁止の例外には，どのような場合がありますか。

A

1　弁済禁止の例外として，①中小企業連鎖倒産防止のための弁済許可（法85条2項），②手続の円滑な進行のための少額債権の弁済（法85条5項），③事業の継続に著しい支障を来す場合の少額債権の弁済許可（法85条5項）の場合には，再生手続によらない弁済が認められています。

2　①は，弁済禁止効の結果，下請業者等が資金繰りに支障をきたし，連鎖倒産する可能性があるため，これを防止するために認められております。

弁済許可の申立ての要件としては，①再生債務者を主要な取引先とする中小企業者が，ⅱ事業の継続に著しい支障をきたすおそれがあるときであることが要求されています。また，再生債務者の申立てあるいは職権によって，許可がなされます。

①の主要な取引先か否かの基準は，主に当該中小企業の取引中の再生債務者に対する依存度により決せられ，申立てにあたっても依存度を疎明する資料が要求されます。また，ⅱについては当該中小企業の取引状況，資金繰りの状況を疎明することになります。

弁済許可の申立てに対し，裁判所は，再生債務者と同項の中小企業者との取引状況，再生債務者の資産状態，利害関係人の利害その他一切の事情を考慮しなければならないとされています。

3　②は，債権額が少額な再生債権者が多数の事案では，その各債権者への通知等の手続が非常に煩雑になるうえ，また多額の費用を要するほか，債権者との折衝に膨大な時間がかかることが考えられ，再生手続の円滑な進行が妨げられるおそれがあります。

そこで，民再法では，再生債務者からの申立がある場合に限って，再生計画認可前の弁済の許可を認めています。

ここでいう，「少額」の基準については，再生債務者の総債権額，負債額，事業規模，資産状態を考慮し，個々の事案ごとに決せら

4 ③は，改正会社更生法において，手続を円滑に進行させるための少額債権の弁済許可規定に加えて，事業の継続に不可欠な更生債権を少額債権として弁済する規定を会社更生法15条5項中に追加したことに伴い，民事再生法においても新たに追加された同趣旨の規定です。

事業の継続に著しい支障を来す場合が具体的にいかなる場合を指すのかについては，今後の実務の運用に委ねられていますが，例えば特定の取引先から再生債権を支払わない限り，今後の仕入れを行わないといった申し入れがなされた場合，当然に弁済が認められるとすると，安易に再生債権の弁済禁止の原則に対する例外を認めることにもなり妥当ではありません。従って，当該の少額の再生債権者に弁済することで，事業再生に向けて重大な障害を回避でき，他方で別の業者に切り替えることができない特段の事情がある場合等に限定して解釈されるべきであると考えます。

また，少額の債権とは具体的にどの程度の額を意味するかについても，個々の事案ごとに異なってきますが，弁済の対象となる債権額及び再生債権中の割合，再債務者の規模，資産総額等を基準に，弁済により回避される障害の重要性等を考慮のうえ決せられるものと解されます。　　　　　　［大城康史］

Q86 連帯保証人や物上保証人が支払った場合にも，弁済禁止の原則に反するのですか。

A

連帯保証人や物上保証人が主債務者である再生債務者にかわって弁済しても，何ら再生債務者の財産の消滅をきたすものではないため，弁済禁止の原則に抵触せず，支払うことは可能です。

また，連帯保証人等が保証債務の一部乃至全部を支払った場合に，その後民事再生手続への参加手続については以下のようになります。

まず，連帯保証人ないし物上保証人が，全額を再生債務者にかわって支払った場合には，再生債権者に代位し，再生債権全額について，再生手続に参加することができます。

すでに，再生債権者が債権届出を提出している場合には，名義変更手続をとったうえで（法96条），再生手続に参加することになります。

また，未だ再生債権者が債権届出を提出していない場合には，代位弁済により再生債務者に対して取得した求償権に基づいて，債権届出をして再生手続に参加いたします。

他方，一部のみ弁済が行われた場合には，破産法104条3項が，民事再生法でも86条2項により準用されているため，再生債権者は全額の弁済を受けるまでは，債権額の全額について，再生債権者として再生手続に参加することになります。

従って，再生債権者が全額の返金を受けるまでは再生計画の履行を受け，全額の弁済を受けた時点で，同様に連帯保証人への名義変更手続をとることになると思われます。　　　　　　［大城康史］

Q87 民事再生法上，共益債権には，どのような債権がありますか。

A

1　共益債権とは，原則として，手続開始決定以後の原因に基づいて生じた請求権であって，手続を遂行するうえで要した費用，および再生債務者の事業の維持，継続のために要した費用等，手続上の利害関係人の共同の利益のためにされた行為により生じた請求権一般の総称をいいます。

　　ただ，申立後開始決定前に事業の継続に欠くことができない行為をする場合には，その行為によって生ずべき相手方の請求権を共益債権とする旨の許可を，裁判所あるいは監督委員に求め，共益債権化することが認められております（法120条1項2項）。

2　共益債権としては，法119条で，主なものが規定されているほか，各条項で個別規定されております。

　　主なものは，以下のとおりです。

① 再生債権者の共同の利益のためにする裁判上の費用の請求権（法119条1号）

　　例えば，再生手続開始申立のための費用等があります。

② 再生手続開始後の再生債務者の業務，生活ならびに財産の管理および処分に関する費用の請求権（同条2号）

　　業務の継続に必要な原材料等の仕入れにかかる費用，事務所の賃料，従業員の給料等があります。

③ 再生計画の遂行に関する費用の請求権

　　ただし，再生手続終了後に生じたものを除く（同条3号）。

　　例えば，再生計画の中で，営業譲渡がなされる場合に，これにかかる費用等が含まれます。

④ 監督委員，調査委員，保全管理人及び再生債権者もしくは代理委員等に対して支払うべき費用，報酬及び報償金の請求権（同条4号）

⑤ 再生債務者財産に関し再生債務者等が再生手続開始後にした資金の借入れその他の行為によって生じた請求権（同条5号）

　　再生債務者が行った再生のための事業資金の借入行為などが含まれます。

⑥ 事務管理，不当利得により再生手続開始後に再生債務者に対して生じた請求権（同条6号）

⑦ その他①ないし⑥以外の再生債務者のために支出すべきやむをえない費用の請求権で，再生手続開始後に生じたもの（同条7号）

　　例えば，株式会社である再生債務者の株主総会の招集・開催費用などがあります。

⑧ 再生手続開始申立後，開始決定前に，裁判所の許可または監督委員の同意を得て行った再生債務者の事業の継続に欠くことができない行為によって生ずる相手方の請求権（法120条1項2項）

　　従来和議の規定には，開始決定前についての規定がなく，原材料の購入や借入といった事業継続に不可欠な行為に支障をきたしていたことを考慮し，民再法では新たに規定が設けられました。

⑨ 社債管理者等が再生債権である社債債権の管理に関する事務を行う場合の裁判所の許可に基づいた費用請求権および報酬請求権（法120条の2）

⑩ 双方未履行の双務契約について，債務の履行が選択された場合の相手方の請求権及び解除が選択された場合の相手方の利益返還請求権（法49条4項）

⑪ 継続的給付を目的とする双務契約について，相手方が再生手続開始申立後開始決定前にした給付にかかる請求権（法50条2項）

⑫ 詐害行為による否認がされた場合の相手方の反対給付に関する請求権（法132条の

2第1項2号）

この規定は，平成16年改正に伴い新設されたもので，従来は反対給付にかかる請求権の現存利益が再生債務者財産に存しない場合は再生債権と扱われていましたが，受益者の利益が不当に害されるとの批判をふまえ共益債権とされました。

⑬　先行する倒産手続からの移行の場合の当該手続における財団債権・共益債権（法93条3項1号，会更法257条），強制執行等が効力を失ったことで再生債務者に対し生じる債権および手続に関する費用請求権（同項2号）裁判所により中止した強制執行等の続行が命ぜられた場合の費用請求権（同項3号）

［大城康史］

Q88　民事再生法の手続上，共益債権はどのように取り扱われますか。

A

共益債権は，再生手続によらずに随時に弁済され（法121条1項），また，再生債権に先立って弁済されます（同条2項）。また，共益債権に基づく強制執行や仮差押えも可能です。

しかしながら，再生手続開始後に生じた債務が原則として共益債権にあたる以上，再生債務者の経営上の判断で生じた債務を当然に共益債権を扱う場合には，再生債権者の利益を害する場合も生じ得ます。そこで，裁判所が再生手続開始後必要があると認めるときは，再生債務者の共益債権の承認について裁判所の許可を要する事項に指定することができるとしています（法41条1項8号）。また，同様の趣旨から共益債権の承認を監督委員の同意事項とすることができます（法54条2項）。なお東京地方裁判所破産再生部では，再生手続開始後の共益債権の承認を裁判所の許可事項や監督委員の同意事項とする運用はとっておらず，再生債務者の判断に委ねられています。更に，その強制執行等が再生に著しい影響を及ぼし，かつ再生債務者が他に換価の容易な財産を充分に有する時には，裁判所は，民事再生手続開始後において，強制執行等の中止または取消を命ずることができます（法121条3項）。

［大城康史］

Q89　民事再生手続における一般優先債権はどのようなものですか。

A

一般優先債権とは，一般の先取特権その他一般の優先権がある債権（共益債権を除く）をいいます（法122条1項）。

一般の先取特権のある債権とは，民法306条から310条に規定する①共益費用，②雇用関係，③葬式費用，④日用供給品があります。

また，これら以外にも，企業担保権で担保される債権，租税の一般優先性の働く租税債権（国税徴収法8条，地方税法14条・14条の2），国税徴収の例により徴収しうる請求権（健康保険法11条の3，国民健康保険法80条4項，厚生年金保険法88条，国民年金法98条）等があります。

会社更生法では，手続開始前の労働債権や租税債権は，更生法130条1項2項，同129条等により

共益債権と扱われておりますが，民事再生手続では共益債権ではなく一般優先債権と取り扱われています。

しかし，いずれの債権も随時弁済が認められているため，民事再生手続において，特に取扱において違いは生じません。　　　　［大城康史］

Q90 民事再生手続では，一般優先債権はどのように取り扱われますか。

A

一般優先債権者は，再生手続によらずに，再生債務者の財産から随時，優先的に弁済を受けることが出来ます（法122条2項）。

これは，一般優先債権は，実体法上の優先権を有しているため，債務者の一般財産から再生債権に先立って弁済を受ける権利があるのは当然だからです。

従って，再生債権において必要とされる債権届出，債権調査，確定の手続も必要ありませんし，再生計画において権利変更の対象となりません。

また，共益債権と同様に，強制執行や仮差押え，仮処分等の保全処分を開始することもできますが，共益債権と同様に，再生に著しい支障を及ぼす場合で，再生債務者が他に換価の容易な財産を充分に有するときには，裁判所は強制執行，仮差押えの中止，取消を発令できるとされています（法122条4項・121条3項）。　　　　［大城康史］

Q91 共益債権，一般優先債権に基づいて執行された場合，申立人としては，どのように対応すべきですか。

A

法121条3項・122条4項に基づいて，強制執行の取消を求めることができます。

1　民事再生手続においては，共益債権及び一般優先債権については，随時弁済を受けることが認められており，弁済が滞るようであれば，再生債務者の総財産に対して強制執行や仮差押え，仮処分の手続を開始し，債権の満足を得ることができます。

しかし，無制限にこれらの手続を認めることになれば，事業の再生に不可欠な財産に執行がなされると事業の執行ができなくなってしまいます。

そこで，共益債権に基づいて，①再生債務者の財産に対し強制執行又は仮差押えがされている場合に，②強制執行又は仮差押えが再生に著しい支障を及ぼし，③再生債務者が他に換価の容易な財産を充分に有するときは，裁判所は，仮差押えの中止又は取消を求めることが命ずることができるとされています（法121条3項・122条4項）。

従って，この制度により，執行や保全の申立の中止を求めることが可能です。

2　もっとも，中止及び取消の対象は，限定列挙と解されているため，仮処分や，租税債権の滞納処分といった手続は含まれません。

従って，実際の対応としては，債権者に対し，再生に向けての協力を求め，申立ての取り下げをしてもらったうえで，個別に返済等の対応を協議することになります。　　　　［大城康史］

Q92 共益債権と一般優先債権とで、民事再生法上の取扱に違いはありますか。

A

1　再生債権との関係では、いずれも優先した取扱をうけ、再生計画によらない随時の弁済を認めている点では同様です。

2　そこで次に、共益債権と再生債権とではいずれが優先するか、例えば、共益債権及び一般優先債権の全額を弁済できない場合に、どのような順位で弁済するかが問題となってきます。

　この点、再生法では、共益債権については、共益債権は再生債権に先立って弁済するとの規定がありますが（法122条2項）、これは一般優先債権との関係での優劣を規定したものではなく、むしろ再生法では、共益債権及び一般優先債権のいずれも何らの手続的な制約に服さない旨規定するにすぎず（法121条1項、同122条2項）、それ以外に、一般優先債権と共益債権とでいずれが優先するかについては、何ら規定がありません。

　従って、民法、商法その他の実体法のほか民事執行法の一般原則に定める優先関係に従った処理をすることになるといえます。

3　これに対して、破産手続に移行した場合には、両債権には差違が生じます。

　共益債権は、破産の場合には財団債権になり、破産手続によらずに全額の弁済を受けることができます。（法252条6項前）

　しかし、一般優先債権の場合は共益債権のような規定はありません。従って、例えば、租税債権等は財団債権（破148条1項3号）ないしは優先的破産債権（破98条）となり、同様に、給料債権も財団債権（破149条1項）ないしは優先的破産債権（破98条）となります。

　このように破産法の規定に従うため、一部の財団債権になる場合を除き、破算手続による配当の中で支払われることとなります。この点で、両者に違いが出てきます。

［大城康史］

Q93 租税債権は、民事再生手続法上、どのように取り扱われていますか。

A

　租税債権は、納税者の総財産について他の債権者に先だって、徴収されるので（国税徴収法8条）、手続開始前の租税債権は、民事再生法上は一般優先債権となり、再生手続によらずにいつでも弁済を受けられます。

　また、納付がされない場合は、再生手続開始後であっても、滞納処分を開始し、債務者の総財産に対する差押え、換価・配当手続による満足も得られます。

　しかしながら、債務者の再生のためには、これらの滞納処分により、総財産が減少することになれば、再生計画自体の影響を及ぼすことになります。

　そこで民事再生手続では、強制執行等や担保権の実行中止・取消命令の制度を設けているほか、共益債権や一般優先債権についても、強制執行や仮差押えが再生に著しい支障をきたす場合で、他に容易に換価できる財産がある場合には、裁判所

は，その中止または取消の命令を出すことができるとされています（法121条3項・122条4項）。

しかし，この中止命令の対象は，税金の滞納処分は含まれないとされているため，結局民事再生手続法上は，法的に滞納処分を回避する制度はありません。

従って，税法上の救済措置によって，租税の支払いの猶予を求めることになります。

［大城康史］

Q94 租税債権に基づいて差押えがなされた場合，申立人としてはどのように対応すべきですか。

A

民事再生手続法上，滞納処分を中止する等の制度はありませんが，滞納処分によって，民事再生が困難となる事態は，申立代理人としてはできる限り回避する必要があります。

そこで，具体的には，①納税の猶予（国税通則法46条），②換価の猶予，差押えの猶予または解除（国税徴収法151条），③延滞税の一部免除（国税通則法63条1項・3項）といった規定を根拠に，税務署と交渉し，滞納処分を回避させることが必要になります。

その際には，債務者の財産状況を説明したうえで，差押え等が債務者の再生計画の多大な支障をきたすことを理解してもらったうえで，差押えの解除を求めることになると考えられます。

いずれにしても，債務者によっては多大な租税債権をかかえており，これにより再生が妨げられるケースもあるため，粘り強く交渉することが肝要であると言えます。

［大城康史］

Q95 民事再生手続において，労働債権はどのように取り扱われていますか。

A

1 民事再生手続開始決定前の未払賃金，開始決定前に解雇により発生した退職金債権は，一般優先債権として，開始決定後に発生した未払賃金，退職金債権は，共益債権として扱われ，いずれも民事再生手続によらずに，いつでも弁済を受けることができます。

(1) 民事再生手続において問題となる労働債権は，被用者の解雇の時期に応じて，①手続開始後に解雇された場合の，手続開始前の未払い賃金，②手続開始前に解雇された場合の退職金債権，③手続開始後の未払い賃金，④手続開始後の退職金債権があります。

(2) まず，手続開始前の未払い賃金及び退職金債権は，民法上の優先債権であり，一般優先債権となります。

これに対し，開始後に生じた労働債権即ち，手続開始後の退職金債権は，共益債権と扱われます。

手続開始後の労働債権は，いずれも再生計画を立案し実行するうえで必要不可欠のものであるといえるからです。

(3) 従って，いずれにしても，労働債権については，再生計画の変更等を受けずに，いつでも弁済を受けることができ，また，再生債務者に対し強制執行や，仮差押・仮処

分，一般の先取特権の実行の手続を開始し，再生債権に優先して弁済を受けることも認められます。
(4) なお，会社更生法においては，未払いの賃金については，更生手続開始決定前の6ヵ月間の範囲でのみ共益債権と扱われ，退職手当債権についても退職前6ヵ月間の給料税額または退職手当金の3分の1のいずれか多い額までしか共益債権と扱われません。
2 これに関連して，社員の社内預金がどのように取り扱われるか，社内預金返還請求権が雇用関係に基づいて生じた債権か否かが問題となりますが，社員が任意に預け入れているものである限りこれに該当しないと解されます。なお，会社更生法では，使用人の預り金に関して，同法130条5項で更生手続開始前6ヵ月間の給料の総額に担当する額又は当該預り金額の3分の1に相当する額のいずれかが多い額を上限として，共益債権と扱われるとされています。

［大城康史］

Q96 派遣業者や，業務請負業者に対する支払は，どのように扱うべきですか。

A

1 民事再生法では，未払賃金等の労働債権は一般優先債権として，再生手続によらない随時の弁済が認められております（法122条1項2項）。このように，労働債権が一般優先債権と扱われる根拠は，民法306条，同法308条で雇用関係により生じた債権に対して，先取特権が認められていることに基づきます。そこで，再生債務者が人材派遣業者との間での派遣契約や業務請負契約に基づいて，従業員を採用していた場合に，人材派遣業者からの派遣の対価の請求に対しても労働債権と取り扱われるかが問題となります。

2 この点，改正前の民法306条2号で，一般先取特権の対象となる債権が「雇人の給料」とされ，また，旧商法295条で，株式会社における会社と使用人との間の雇用契約に基づいて生じた債権に先取特権が認められていたことから，少なくとも雇用契約に基づいて労務を供給した者に対して支払われる費用であることが労働債権の前提となると解され，派遣契約や業務請負契約に基づく場合のように，労働者との間の雇用契約が派遣元との間でなされている場合には，一般先取特権の対象とならず，労働債権と取り扱われないとの解釈の余地がありました。

しかしながら，雇用関係が多様化し，派遣契約や業務請負契約の必要性が生じる中で，労働債権の範囲を実質的に解釈すべきとの要請があり，平成15年の民法の改正で，一般先取特権の対象となる債権が，「雇用関係に基づいて生じた債権」と規定され（民法306条2号・同308条），また旧商法295条が削除されました。

この結果，法形式上は，請負契約や委託契約であったとしても，実質的に雇用契約に基づくものと同様に労務を提供する場合には，一般優先債権の対象となると解されます。

従って，派遣業者や請負業者からの労務の対価に対する請求も，民事再生手続においても広く労働債権と取り扱われるものと解されます。

［大城康史］

Q97 開始後債権とは，どのような請求権ですか。

A

　開始後債権とは，再生手続開始後の原因に基づいて生じた財産上の請求権であって，共益債権，一般優先債権または再生債権に該当しないものをいいます。

　具体的には，①管財人が選任された場合において，法人の理事等が組織法上の行為を行うこと等によって生じる請求権で共益債権に該当しないもの，②手続開始後の手形引受けに基づいて生じる請求権であって，支払人等が悪意であるために再生債権者として権利行使を認められないもの（法46条参照）③再生計画遂行に関する費用で再生手続終了後に生じたもの（法119条3号但書）等が考えられます。開始後債権が設けられた趣旨は，開始決定後の原因に基づいて発生した財産上の債権であっても，取引先を保護するなど企業の再生に必要な性質を有するわけではなく，また，実体法上の優先権も認められていない請求権については，再生債権に先立って支払う必要性が認められていないため，再生債権に劣後した取扱をするのが相当と考えられるからです。　　　［大城康史］

Q98 開始後債権は，民事再生手続では，どのように取り扱われるのですか。

A

　開始後債権は，再生手続が開始された時から再生計画で定められた弁済期間が満了するまでの間，その弁済を受けることはできません。

　また，開始後債権に基づく強制執行もできません（法123条2項3項）。

　しかしながら，この制限は，開始後債権の弁済によって再生に支障をきたさないこととするのが目的であるので，①再生計画の認可の決定が確定する前に再生手続が終了した場合，②再生計画で定められた弁済期間満了前でも，事後的に繰り上げ弁済が行われて再生計画に基づく弁済が完了した場合，及び③再生計画が取り消された場合には，それぞれ，再生手続が終了したとき，弁済が完了した時または計画が取り消された時から開始後債権に基づく権利行使ができるとされています（法123条2項）。　　　　　　　　　　　［大城康史］

Q99 約定劣後再生債権は，再生手続の中でどのような扱いを受けますか。

A

　1　約定劣後再生債権とは，再生債権者と再生債務者との間において，再生手続開始前に，

当該再生債務者について破産手続が開始されたとすれば当該破産手続におけるその配当の順位が破産法（平成16年法律第75号）第99条第1項に規定する劣後的破産債権に後れる合意がされた債権をいいます（再生法35条4項）。

2　約定劣後再生債権のようないわゆる劣後特約が付された借入金については，国際業務に携わる銀行に関する自己資本規制（BIS規制）の中で，一定の要件の下で自己資本に組み込まれることが認められているため，金融機関側の自己資本の増強のための手段として約定劣後債権を用いています。実質は株式に近い性質を有し，債務者の資金調達の都合と債権者の融資の都合によって，このような形式がとられることがあります（伊藤眞『破産法・民事再生法［第4版補訂版］』）。

3　約定劣後再生債権は，民事再生手続の中で再生債権と以下に述べる点で異なる取り扱いをされます。

まず，再生債権と異なり，弁済禁止の原則の例外の適用がありませんので（再生法85条6項），再生契約によらない弁済は一切認められません。

4　債権届出の際には，約定劣後再生債権である旨の届出が必要となり（再生法94条），債権者一覧表や認否書にも同様に約定劣後再生債権であることが記載されます（再生法99条2項，同法101条）。

5　再生計画を策定するにあたっては，約定劣後再生債権者とそれ以外の再生債権者との間で，配当順位についての劣後特約の内容を考慮して，再生計画の内容に公正且つ衡平な差を設けることが必要となります（再生法155条2項）。

この「公正且つ衡平な差」の意味については，絶対的な優先・劣後性（上位の権利者が完全な満足を受けない限り，下位の権利者について利益を受けられないこととすること）までは要求されないとされていますが，BIS規制の適用を受ける金融機関においては絶対的な劣後性が必要と考えられています（『Q&A民事再生法［第2版］』389頁）。

6　議決権の有無については，再生債務者が手続開始時の財産をもって約定劣後姿再生債権に優先する債権を完済できない状態にある場合には，約定劣後再生債権者に議決は認められませんが（再生法87条3項），そうでない場合には議決権が認められ，その場合は原則として約定劣後再生債権者とそれ以外の再生債権者とに分かれて再生計画案の決議がなされます（再生法172条の3第2項）。

［大城康史］

Q100　別除権付債権の弁済は，禁止されていますか。

A

民事再生法は，別除権を再生手続によらず行使できる権利として構成したので，その面では再生手続に拘束されずに弁済を受けられるかのように思えますが，別除権の被担保債権が再生債権の場合には，再生債権の面では再生手続に拘束され，再生債権として届出をし認否などの手続きを経て，不足額については再生計画により弁済を受けることになります。

別除権は，再生手続上，①再生債権届出の際，その別除権の目的である財産及び別除権の行使によって弁済を受けることができないと見込まれる債権の額（不足額）を届け出なければならず（法94条2項），②その別除権の行使によって弁済を受けることができない債権の部分についてのみ，再生債権者としてその権利を行うことができ（法88条），③再生計画には，別除権の行使によって弁済を受けることができない債権の部分が確定していない再生債権を有する者があるときは，その債権の部分が確定した場合における再生債権者としての権利の行使に関する適確な措置を定めなけ

第7章　決定後の対応
Q101

ればならず（法160条1項），④別除権者が再生計画により権利行使を行うためには，別除権の行使によって弁済を受けることができない債権の部分が確定した場合に限り，その債権の部分について，認可された再生計画の定めによって認められた権利を行使することができる（法182条），のが原則です。したがって，「別除権を有する」ということだけで弁済を禁止されるわけではありません。再生計画が認可される前であっても，別除権の対象物件である，例えば，不動産，株式などが売却され，あるいは保証金が返還される等その別除権の価値の実現ともいうべき出来事が再生手続中にあった場合には，その売却代金などから別除権の弁済を受けることはできます。また，再生債務者がスポンサーより資金の拠出をうけ，裁判所の許可または監督委員の同意を得て，別除権の目的である財産を受戻すことも考えられます（法41条1項9号・法54条2項）。別除権協定による受戻しも同様です。これら受戻しによる弁済もありえます。なお，担保権消滅請求制度による場合，結果として別除権付債権の弁済がなされることとなります。

［長沢美智子］

Q101　別除権付債権の弁済は，担保割れ部分については，可能ですか。

A

別除権者の担保割れ部分すなわち別除権の行使によって弁済を受けることができない債権の部分については，再生債権として，権利行使が可能です（法88条）。

別除権の担保割れ部分すなわち不足額部分は担保の目的となっている物件の価値が下落するなどして生じます。別除権が担保割れ部分を生じているかどうかは，別除権としての競売の実行はじめ以下のような方法により，別除権の価値の評価又は実現をすることにより顕在化します。別除権附再生債権は，不足額を確定させなければ，再生債権としての権利行使ができません。

① 担保権実行としての競売により競売代金として回収する
② 別除権協定により，別除権の対象となっている目的物を評価する
③ 別除権の目的の受戻しにより任意売却をする

などの方法により不足額を確定させます。

一方，再生計画には，別除権の行使によって弁済を受けることができない債権の部分が確定していない再生債権を有する者があるときは，その債権の部分が確定した場合における再生債権者としての権利行使に関する適確な措置を定めなければならないことになっています（法160条1項）。別除権の不足額が確定した段階で，再生計画の不足額部分が確定した場合における措置に関する条項にしたがって担保割れ部分については，無担保の再生債権と同様の弁済を受けることになります。その場合には，免除率は同一，返済時期は不足額が確定した時期に直近の弁済期に合わせて支払うなどの条件がつけられることが多いでしょう。

なお，再生債務者が任意売却をするには，担保抹消など別除権者の協力を得る必要がありますが，別除権の受戻しは，法41条1項9号により裁判所の要許可事項となっており，監督委員が選任されていれば，同意事項とされます（法54条2項）。

［長沢美智子］

Q102 根抵当権付債権の弁済は，どのように行いますか。

A

別除権として権利行使をする他，元本が確定している場合に再生計画に仮払いに関する定めが設けられていれば，極度額を超える部分について再生債権として仮払いを受けることができますが，後日精算の必要がある場合があります。

1 根抵当権は，民事再生法上，別除権として扱われますので（法53条1項），別除権に関する規定が適用され，その規定にしたがって処理されます。すなわち根抵当権者が再生手続に参加するには，再生債権の届出を行い，その際，根抵当権者は別除権の目的である財産及び別除権の行使によって弁済を受けることができないと見込まれる債権の額（不足額）を届け出なければなりませんし（法94条2項），その根抵当権の行使によって弁済を受けられない債権の部分についてのみ再生債権者として権利行使ができます（法88条本文）。また，不足額が未確定の根抵当権者に対しては，再生計画において不足額が確定した場合における再生債権者としての権利の行使に関する適確な措置を定めなければなりません（法160条1項）。

2 ところで，不足額が未確定であっても根抵当権の元本が確定している場合には，その根抵当権の被担保債権のうち極度額を超える部分については，根抵当権者の同意があれば，仮払いの定めを設けることができます（法160条2項）。根抵当権の被担保債権の元本が確定している場合にはそのうち極度額を超える部分は再生債権となりますので，再生計画における一般的基準に従い仮払いを行うものです。この場合には，根抵当権の行使により弁済を受けることができない債権の部分が確定した場合における精算に関する措置についても定めておく必要があります（法160条2項）。そしてこの仮払いの定め及び精算に関する定めを再生計画に置くかどうかは，将来精算をすることを嫌う根抵当権者の意思を無視してはできないので，再生債務者はあらかじめ根抵当権者の同意を得ておく必要があります（法165条2項）。　　　　　　[長沢美智子]

Q103 物上保証人がいる場合，別除権付債権として，再生債務者が弁済してよいですか。

A

物上保証人に対する担保権は，再生手続上別除権ではないので，別除権付債権として弁済することはできません。

物上保証人が再生債務者のために再生手続申立前から担保を提供している場合には，この物上保証人に対する担保は，民事再生法上は別除権としては扱われません。法53条1項は，再生手続開始の時において，「再生債務者の財産につき存する」担保権（特別の先取特権，質権，抵当権又は商法若しくは会社法の規定による留置権）を有する者が，別除権を有するとしています。物上保証人がいても，再生債務者の財産の上に担保を有しているのでなければ，再生手続上は単なる再生債権では扱われません。

したがって再生債権者は再生債務者に対する債権を届出しなければ再生手続上は，権利行使ができませんし，届出をしても再生計画の定めにしたがって弁済を受けることになりますので，別除権の受戻しとして，返済を受けられるわけではありません。再生手続きとは別に物上保証の対象となっているその物上保証人の物件に対する担保実行は，もちろん可能です。

一方，再生債務者は再生債権者が有する再生債権に物上保証人がいても物上保証人の存在を考慮せずに届出られた債権の認否を行い（法101条1項），再生計画における一般的基準に基づいて変更した後の権利の内容を個別的に定めることになります（法157条1項）。なお，再生計画は，再生債務者以外の者が再生債権者のために提供した担保に影響を及ぼしませんから（法177条2項），物上保証人から，担保権行使をしないことの見返りに，第三者弁済を受けることが考えられます。ただし，会社を再生債務者とする事案における物上保証人が同社の代表取締役であるような場合には，その資金の原資について，他の債権者から疑念を指摘されないか検討のうえ行う必要があるでしょう。　　　　　　　　　　　　　　　　［長沢美智子］

Q104 共同抵当の一部が，第三者所有の場合，被担保債権を弁済してよいでしょうか。

A

被担保債権が再生債権であって，再生債務者所有物件と第三者所有物件とに共同抵当権が設定されている場合，その第三者が，債権者に被担保債権の弁済を行う場合には再生手続の制約をうけませんが，再生債務者が債権者に弁済するには別除権者に対する弁済として再生手続の制約を受けます。

被担保債権が再生債権であることを前提とします。再生債務者所有物件と第三者所有物件とに共同抵当権が設定されている場合，対再生債務者の関係と対物上保証人との関係とに場合を分けて考えます。再生債務者との関係においては，被担保債権は再生債権ですから，再生債権者として再生手続において権利行使を行うことになります。すなわち，再生手続開始後は，再生計画の定めるところにしたがって弁済を受けることになります（法85条1項）が，抵当権は再生手続上別除権として扱われますので（法53条1項），別除権者としての手続参加を行います。すなわち，再生債権の届出の際，その別除権の目的である財産及び別除権の行使によって弁済を受けることができないと見込まれる債権の額（不足額）を届出て（法94条2項），別除権の行使等により不足額を確定させて，再生計画にしたがった弁済を受けることになります（法182条）。別除権の受戻しがあれば，これによる弁済を受けることも考えられます。一方，物上保証人である第三者との関係においては，その第三者について再生手続が開始されている場合は別として，その抵当権は別除権ではありませんので，別除権の受戻しによる返済を，再生債務者が行うことはできません。再生債権者は再生債務者について開始されている再生手続の制約をうけることなく通常の権利行使を行うことができます。すなわち第三者である物上保証人から任意に弁済を受けることができますし，競売の申立てや，その第三者の協力を得て任意売却を行うこともできます。第三者である物上保証人が被担保債権の一部でも弁済したときには，再生債権者に代位するのかどうかは，再生債権者と物上保証人間の合意内容にもよりますが，銀行取引約定書などでは一部の弁済では代位しないことを約束（代位権不行使特約）していることが多いでしょう。共同抵当の場合，どの程度の債権額を再生債務者が別除権の受戻として弁済しうるかについては，共同抵当中の再生債務者所有物件の価値を限度とすることが合理的ではないかと考えられます。なお，民法392条の規定に注意して下さい。　［長沢美智子］

第7章 決定後の対応

Q105 手形を商事留置されている場合、別除権として処理してよいですか。

A

商事留置権は、民事再生法上、別除権として扱われます（法53条1項）。商事留置権の成立要件を備え、手形に商事留置権が有効に成立している場合には、別除権として扱うことになります。また、担保消滅請求の対象になります。

1　民事再生法は、商事留置権を特別の先取特権、質権、抵当権などと同列に別除権として扱っています（法53条1項）。したがって、別除権としては、再生手続によらないで権利を行使することができ、その不足額についてのみ再生債権者として権利行使を行います（法88条）。民事再生法上は、商事留置権を特別の先取特権と認めた破産法66条1項のような規定はありません。清算を目的とする破産手続では特別の先取特権とみなして担保実行を容易にさせることに合理性がありますが、再建型である民事再生手続では権利保護を厚くして別除権の行使を促す必要性は乏しいと考えられたためといわれています（『条解民事再生法［第2版］』236頁）。また、別除権というだけで商事留置権の実体法としての本来的な担保権の性質が変容するものでないので、優先弁済権は認められません（『民事再生の実務』295頁）。しかし、留置的効力はありますので、これにより再生債務者からの引渡請求に対しては債権の弁済を求めてこれを拒み、他の債権者の担保権実行に対しては、留置物を提供しなければこれを行えないので、事実上の優先弁済を受けることができるという関係にあります（金融法務事情1760号22～23頁）。

留置権者が、商事留置権を実際に再生手続によらずに権利行使をさせる方法としては、留置権者の保管の負担軽減のために認められた換価のための競売の申立てが行えます（民事執行法195条）しかし、留置権には優先弁済権はありませんから、換価をしても優先弁済が受けられるものではなく、換価して代金の上に留置権を存続させるにすぎません（『民事執行・保全法［第2版補訂］』249頁）換価が再生手続き開始後の場合は、再生手続では、相殺禁止に触れないかどうかを検討しなければなりません。また、再生債務者との間で別除権協定を締結することも可能です。さらに、商事留置権は、民事再生法上、担保権消滅請求の対象となりますので（法148条）、商事留置権者の有する債権額に比し手形金額が大きいような場合には、これを利用することも考えられます。なお、会社更生法では開始決定後の担保消滅請求はもとより、開始決定前の保全段階においても当該財産が開始前会社の事業継続に欠くことができないものであるときは商事留置権の消滅を請求することができます（会社更生法29条、開始決定後について、同104条）。再生手続では、申立後速やかに開始決定が出る運用がされており（東京地裁では申立てから1週間程度）、開始決定前に消滅請求を認めなければならない会社更生手続のような切実な事態は多くないでしょう。

2　手形の商事留置権については、破産法において従来から、①留置的効力、及び②任意処分権をめぐり議論があるところです。破産法66条1項は、破産法における商事留置権を特別の先取特権とみなしています。平成16年の改正により、破産法192条の商事留置権の消滅の制度が設けられたことから、留置的効力存続説に根拠を与えたといわれています（『大コンメンタール破産法』288頁）。

3　金融機関が取引先から代金回収のため手形を預かっていたところその取引先が破産した場合に、破産管財人からの返還請求に対し、金融機関が、商事留置権を主張して手形を留置できるかどうかをめぐっては、議論されて

きたところです。

① 最判平成10年7月14日（民集52巻5号126頁，金法1527号6頁）は，破産手続に関する判例で他の争点もありますが，最高裁は，銀行や信用金庫などの金融機関が，取引先の受取手形を取立委任の趣旨で預かっていたところ，その取引先が破産した場合に，破産管財人からの手形の返還請求に対し，銀行が商事留置権を主張し返還を拒んだ事案につき，銀行の主張を認め，期日に取り立てた取立金をもって自己の債権の弁済に充当することを認めました。

この判例については事例判断をしたにすぎず，一般的に銀行に商事留置権の成立を認めることまで踏み込んだものではないとの見解もあります（金判増刊号1060号29頁）。

② 最判昭和63年10月18日（民集42巻8号575頁）は，信用金庫の場合については，信用金庫が行う業務は営利を目的とするものではないので商法上の商人には当たらないという理由で，商事留置権の成立を拒んだ事案です。

信用金庫は民事留置権の要件が備われば，民事留置権で手形を留置することになりますが，信用金庫の保有する手形金額がかなり高額なものでも，この民事留置権は担保消滅請求の対象にはなりません（**参考**『逐条研究』133頁）。

4 それでは，取引先が民事再生開始決定を受けた場合に，上記のとおり，民事再生は破産法と異なり特別の先取特権とみなした規定がありませんので，再生債務者からの手形の返還請求に対し，銀行は商事留置権を主張し返還を拒むことはできますが，期日に取り立てた取立金をもって自己の債権の弁済に充当することは優先弁済権がないので認められないとの結論になりそうです。また，取立行為が，再生手続開始後の場合には相殺禁止にも触れるので，商事留置権を有する銀行の場合には，担保消滅請求権が行使されるまで待つのが有利ということになりそうですが，実務的には和解などで解決されることになるでしょう。

［長沢美智子］

Q106 再生債務者との取引に依存している業者について，支払をすることは可能ですか。

A

その業者が再生債務者を主要な取引先とする中小企業者であって，その有する再生債権の弁済を受けなければ「事業の継続に著しい支障を来すおそれがある」場合に，裁判所の許可をうけるなど，一定の要件のもとに支払は可能です（法85条2項）。

1 再生債務者が再生手続の申立てをすると，通常は弁済禁止保全処分により再生債権者への支払が禁止され，また再生手続開始後は，再生債権の個別的権利行使は原則として許されません。すなわち，再生債権は，再生計画の定めるところによらなければ，弁済をし，弁済を受け，その他これを消滅させる行為をすることができません（法85条1項）。

2 ところが，再生債務者と取引をし再生債務者からの支払を予定していた再生債権者は，この保全処分としての突然の弁済禁止や開始決定後の個別的権利行使の禁止により，資金繰りが狂うなど多大な影響を受けます。したがって，この原則を貫いたのでは，特に再生債務者からの支払いを予定し，資金繰りを考えていた経済基盤の強くない再生債権者に，連鎖倒産などを引き起こすおそれなしとしません。そこで，これらの者を保護する趣旨で，法85条2項は，再生債権者のうち，再生債務者を主要な取引先とする中小企業者を救済する規定を設けました。すなわち，再生債権の個別的権利行使の禁止に対する例外として，中小企業者の有する再生債権

第 7 章　決定後の対応
Q107

については，弁済を受けなければ事業の継続に著しい支障を来すおそれがあるときは，裁判所は再生計画の認可決定が確定する前であっても，再生債務者等の申立てにより又は職権で，その全部又は一部の弁済を許可することができます（法85条 2 項）。ここでいう「中小企業者」については定義がありませんので中小企業基本法 2 条 1 項，中小企業信用保険法 2 条 1 項，中小企業倒産防止共済法 2 条 1 項などの定義規定などが参考になりますが，それに拘束されるものではなく，依存度が20％をこえれば主要な取引先と認めてよいとされています。(参考 『条解民事再生法［第 2 版］』359頁〜360頁）。

会社更生法47条 2 項・ 3 項にも同趣旨の規定が設けられています。

東京地裁の実務では，裁判所の許可を出すには，監督委員の意見を求める運用となっています。この規定は，再生債務者等からの申立てまたは職権によるものですので，中小企業者が自ら申立てをすることはできませんが，「要望書」や「上申書」などを提出して，裁判所の職権発動を促すことはできるでしょう。

3　裁判所が，この許可をするには，①再生債務者とその中小企業者との取引の状況，②再生債務者の資産状態，③利害関係人の利害，④その他一切の事情を考慮することになっています（法85条 3 項）。　　　　　　［長沢美智子］

Q107　中小企業者が再生債権の支払を直接裁判所に許可申請することは可能ですか。

A

法85条 2 項により，中小企業者が再生債権の支払いを直接裁判所に許可申請することはできません。しかし，再生債務者に許可を求めるよう要望することや，裁判所に上申書を提出したりして，職権発動を行うことはできるでしょう。

1　法85条 2 項は，再生債権の個別的権利行使の禁止に対する例外として，再生債務者を主要な取引先とする中小企業者が，弁済を受けなければ，事業継続に著しい支障を来すおそれのある場合に，再生計画の認可決定が確定する前でも裁判所の許可を受けて弁済を受けることを認めました。しかし，条文上裁判所の許可を求めることができるのは，再生債務者等となっており，中小企業者自身が申立てることは認められていません。しかし，再生債務者等に対し「要望書」を提出したり，裁判所に対し，「上申書」などを提出するなどして，再生債務者等の申立てを促したり裁判所の職権発動を促すことはできるでしょう。

2　また，再生債務者等は，中小企業者から申立てをすべきことを求められたときは，直ちにその旨を裁判所に報告しなければならないことになっています。また，その場合に再生債務者等が申立てをしないことにしたときは，遅滞なくその事情も裁判所に報告しなければなりません（法85条 4 項）。　　　　　　［長沢美智子］

Q108 少額債権について，支払をすることはどのような場合に可能ですか。

A

法85条5項の要件を満たせば可能です。

1　法85条5項は，少額債権を早期に弁済することにより再生手続を円滑に進行することができるときは，再生計画の認可決定が確定する前でも，再生債務者等の申立てにより，裁判所の許可を得て，支払をすることを認めています。また，85条5項は，会社更生法の施行に伴う関係法律の整備法により改正され，上記の手続の円滑な進行を図る場合に加え，「少額の再生債権を早期に弁済しなければ再生債務者の事業の継続に著しい支障を来たすとき」にも裁判所の許可を得て弁済ができるようになりました。

2　再生手続を進めていく際には，手続進行上再生債権者に対し，諸々の通知等を行わなければなりません。例えば，再生手続開始決定の通知（法35条2項），債権者集会期日の通知（法115条1項）などです。

　そのため少額の再生債権者が多数の事案では，通知に要する費用も嵩み，また手続も煩雑になります。再生計画の可決に必要な議決権の確保やそのための債権者との交渉などにも膨大な手間と時間がかかることになります。その結果，手続の円滑な進行が阻害されます。ところが，このような，少額の再生債権者に弁済をしても，負債額が大きな事案の場合には他の再生債権者の権利にほとんど影響を及ぼしません。このような配慮から，85条5項前段は，手続を円滑かつ迅速に進行させるため，裁判所の許可のもとに，少額の再生債権に対し弁済を行い，手続から除外し債権者数の整理をすることを認めたものといえます。いくら程度のものが少額となるかは事案により一概には言えませんが，実務的には，保全段階で弁済禁止の例外となっている金額（東京地裁では10万円）等とのバランスも考え許可されています。債権者数1万名もの大型事案においては，500万円以下の再生債権者を少額債権で支払い，約7,000人分の再生債権者整理し，再生手続としては，残り3,000人を再生債権者として残したというケースもあるようです（NBL749号16頁）。

3　少額債権の弁済をするには再生債務者等の申立てが必要で，再生債権者からの申立てはできません。また，円滑進行を図るための少額弁済の申立てを行うかどうかは弁済資金との関係で再生債務者の事業継続を損なわないようにすることが必要ですから，資金ぐりをみながら具体的に何時弁済するか，いくらの債権までを少額と認めるか，など再生手続を進める上での種々の政策的判断を必要とします。

4　平成15年4月1日施行の改正法により上記1のとおり，「事業継続に著しい支障を来たすとき」にも弁済ができるようになりました。「事業継続に著しい支障を来たすとき」に該当するのはどのような場合かですが，「単に再生債権者が，『弁済しなければ取引を継続しない』と主張しているだけでは足りず，その取引先が，事業の再生のために不可欠であって，当該弁済をすればその取引先の協力が得られる見込みがあり，その弁済をすることが，債権への寄与，手続の平等性，公正等の観点から，合理性があることといった要件が必要」（『倒産法概説』381～382頁）と言われています。これにより，必ずしも共益債権として支払ができないものであっても再生債権者の事業継続上必要があれば支払いが可能となり，実務的には，手続の平等性，公正等，合理性等が認められるのであれば，「少額」とは必ずしもいえない金額であっても弾力的に運用されています。

［長沢美智子］

Q109 何円程度であれば，少額債権といえるでしょうか。

A

具体的にいくらであれば少額であるかは，一概にはいえません。具体的な事案において，再生債務者の総債権額はいくらか，事業規模はどの程度か，再生債務者の弁済能力や弁済資金はあるか等，また一方では再生手続の円滑な進行がはかれるか等を，総合的に勘案し判断されることです。具体的な事案によっては，50万円が少額になる場合もあれば，500万円を少額とした事案もあります。

1　東京地裁の運用では，多くの事業では保全処分の際，10万円以下の金額の弁済をみとめることが多いようですので，開始決定後の基準としても，同様の金額がひとつの目安になると思われます。
2　放棄による少額債権化が認められるかは問題です。例えば，少額債権の基準を10万円以下としているような再生事件において，100万円の債権を有する債権者が90万円分の債権部分を放棄して，10万円の弁済を受けるような場合です。放棄による少額債権化を認めるかは，再生債務者の資金繰りとの関係からも左右されるところです。法85条5項は，弁済の許可を定めたものであり，債権者に少額債権の強制取立権を付与したものではありませんから，再生債務者の内諾を得ずに，債権者の意思で債権の一部を放棄し少額債権化を実行したとしても，当然に，少額債権部分について再生債務者に弁済を強制することができるものではないことには，注意をする必要があるでしょう。
3　また，平成14年の会社更生法の改正に伴う改正として，法85条5項に従前の少額再生債権の弁済に加え，「少額の再生債権を早期に弁済しなければ再生債務者の事業の継続に著しい支障を来たす」場合にも弁済が許されることになりました。

これにより少額債権の弁済は，85条5項前段に規定する債権者数の整理を行い手続の円滑化を図るという観点から行われるものに加え，同項後段に規定する事業継続に著しい支障を来すという事業継続の観点から必要なものについてもできることになりました。再生債務者の事業継続に必要な費用は共益債権として弁済できますが，必ずしも共益債権としては理解できないものであっても，必要な支払いがあります。例えば，大規模な会社が海外拠点を有している場合に，その海外での税金であるとか，その海外における支払いをしないと，海外における拠点の事業継続が困難になるような場合です。これらは，従前の再生法が予定する共益債権や一般優先債権などの規定では対応できませんでしたが，この85条5項後段により，支払いが可能となりました。　　　　　［長沢美智子］

Q110 毎月のリース料債権は，弁済してよいでしょうか。

A

リース物件が再生債務者の事業継続に必要なものであれば，リース料債権について，別除権付債権と考えるにせよ，また共益債権と考えるにせよ，支払をしなければリース契約の債務不履行となり

リース物件が引き上げられることになりますので，支払を継続せざるを得ません。東京地裁の運用では，「再生債務者の事業所の備品のリース料」については弁済禁止の保全命令の除外とされていますので随時支払うことができます。

リース契約の法的性質を金融とみるのか賃貸借とみるのかに関連し，リース料債権を担保付債権ととらえるか共益債権ととらえるか解釈が分かれます。最高裁は，会社更生手続の事件において，リース債権につき争われた事案で，フルペイアウトのファイナンスリース料債権は更生債権であり，リース料債権は共益債権であるとすることはできない旨を判断しました（最判平成7年4月14日民集49巻4号1063頁，金判973号3頁）。この判例以後，会社更生事案では，リース料は共益債権と主張しても認められず，交渉の過程で，やむを得ず未経過残リース料を予備的に（または条件付き）更生担保権として届け出る事例が多くなっているとの報告もあります（参考『銀行法務21』581号82頁）。

民事再生法上，リース料債権が別除権付債権か，または共益債権かいずれの構成もあり得ます。再生手続開始後にリース物件を使用する必要がある場合に，リース会社との合意が必要であり，実質的に共益債権的な取扱いをする事例もみられます。東京地裁はファイナンス・リースの取扱いにつき一律の基準を設けず，事案に応じて柔軟な対応ができるようにしています。（参考『破産・民事再生の実務［新版］（下）』147頁）。リース料債権を支払うことが可能で，かつ，再生債務者の事業継続上必要なリース物件である場合には，別除権の受戻しとしての構成，共益債権としての構成，いずれの構成の場合でも，支払いをすることとなります。これに対して，リース債権の全額を支払うことが困難な場合には，リース契約の延長や減額などを再生債務者がリース業者と協議により合意し直すことも必要ですし，必要性の高くないリース物件は解約などの必要も生じるでしょう（なお，リース取引をめぐる問題について，金法1680号8〜42頁）。

［長沢美智子］

Q111 未払いで滞納分のリース債権は，弁済してよいでしょうか。

A

リース物件が，再生債務者の事業継続に必要かどうかにより，判断すべきです。

再生債務者は，再生手続申立とともに，将来の事業継続をどのようにするか，事業の整理・再編などに対する態度決定をせまられます。また，すでに機能・効率等の点から劣化しており，新製品に乗り替えることが必要となるなどの結果，従前は必要でも今後は不要となるリース物件が生じます。その際リース債権を別除権付債権と構成するか，共益債権と構成するかにより，法律上の構成は異なります。

未払いで滞納分のリース債権がある場合に，これを別除権付再生債権として扱うと，現実にはリース物件を評価し，この評価を越える未払いの債権部分は再生債権として扱うことになりますので，リース債権者としては，その回収は再生計画によらなければ支払を受けられないことになります。したがって，リース業者の方ではリース債権の支払が再生計画まで延ばされると，物件を引き上げてしまう可能性が出てきます。リース物件を引き上げられると再生債務者の事業の継続に必要なリース物件の場合には，事業継続に支障を来すことになります。

一方，リース物件が再生債務者にとって既に不要となっている場合には，リース物件を引き上げられても事業継続に支障を生じることはないので，再生債権として扱う方が再生債務者にとって負担は少ないでしょう。この場合には，リース物件を資産評価し，残リース料のうち，その資産評価分

を別除権として，またその評価を越える分を別除権予定不足額として考慮することになります。

[長沢美智子]

Q112 不要リース物件の解約はどのような手順で行いますか。

A

業務縮小などにより，当該リース物件が再生債務者にとって継続使用の必要性がない場合には，第1にはリース業者との合意により解約する，第2に業者が話し合いに応じてくれない場合には，双方未履行双務契約と構成して法49条により契約解除を選択し，リース物件をリース業者に引き上げてもらう，あるいは，第3に別除権と構成して別除権の行使をしてもらう，等が考えられます。

1　通常，リース契約は中途解約を禁止する条項が含まれています。しかし，再生債務者には，再生債務者の事業継続にとって不要なリース物件を未処理のまま，いたずらにリース料を支払うゆとりはありませんから，リース業者と交渉し引き上げてもらうしかありません。交渉し，解約の合意に応じてもらうことが一番ですが，リース業者が強硬な場合には，解約するには，再生債務者の方でも何らかの根拠が必要です。この場合，リース契約に双方未履行双務契約について解除を認めた法49条の適用があるかについては，物件がユーザーに引き渡された後はリース料の支払だけが残っているので，双方未履行双務契約にはならないとして法49条の適用を否定する反対説が有力といわれています。しかし，リース契約を双方未履行双務契約（リース業者にも，リース物件をユーザーに使用させる義務をはじめ諸々の義務が残っていると説明することになります。）と見る説もありますので，それを根拠に，解除を主張することが考えられます。

2　リース料債権を共益債権と構成すれば，リース物件の返却により残リース料の支払は必要がなくなりますが，それではリース業者が納得しないでしょう。リース料債権を別除権付債権と構成した場合には，別除権行使の一環として権利を行使してもらうことになるでしょう。この場合，残額については，再生債権として処理をする，すなわち，リース物件の評価を行い評価額相当については別除権として，評価を越える部分については再生債権として，処理をすることになります。東京地裁の運用では，リース料債権については，一律の基準を設けず，事案により柔軟な対応をしているとされています（参考『破産・民事再生の実務［新版］（下）』147頁）。

[長沢美智子]

Q113 リース継続希望物件は，どのように扱いますか。

A

残リース料とリース物件の処分価格の双方を考慮し，その中間の価格で再契約を締結することで

対処し，期間延長等を協定している事案が多いと思われます。

事業の継続に必要となる物件がリース物件の場合には，これを確保する必要があります。具体的な方法としては，リース債権を別除権付債権として構成したうえで，リース業者と別除権協定を締結してリース物件について別除権の目的物の受戻し（法41条1項9号）を行うことが考えられます。また，競売手続の中止命令の申立て（法31条），担保権消滅許可の申立て（法148条）を行うことも考えられます。また，リース債権を共益債権として構成した上で，従前の月額リース料を支払い続けることも考えられます。もっとも，再生債務者の中には，月額リース料の支払すら困難な場合もありますから，そのような場合には，別除権の受戻しや担保権消滅許可に必要な資金の手当てはなおさら困難でしょう。このように資金繰りが苦しく月額リース料の支払を継続することも，また別除権受戻しも難しいような場合には，一旦，リース契約を合意解約し，残リース料とリース物件の処分価格を考慮し，その中間の価格等を基準として，再リース契約をして，月額リース料の支払額を減額することをリース業者に交渉することも合理的です。リース業者としても，引き上げたリース物件を具体的に再利用する目処がないような場合には，月額リース料の減額に応じた方が経済的に意味があるとして，これに応じる場合もあります。

なお，リース債権を別除権付債権と構成すると，前述のとおり，担保消滅請求（法148条1項）の対象となりえます。

この点に関し，大阪地判平成13年7月19日（判時1762号148頁）は，結論として担保消滅請求の対象になることを否定しています。しかしこの判例の事案は，民事再生開始決定前にリース契約自体が解除されていたため，一般的にリース契約が担保消滅請求の対象になるかどうかを判断したものではありません。　　　　　　　　　　［長沢美智子］

Q114 民事再生開始決定を理由として，リース契約を解除されることがあるでしょうか。

A

リース契約書には，民事再生法施行後，再生手続申立を解除事由として定めているのが通常ですので，リース会社から解除理由の発生を理由として解除されることはあり得ます。この場合には再生債務者の事業継続におけるリース物件の必要性に応じて対応を考えなければなりません。場合によっては再契約を結ぶ必要があるでしょう。

再建型倒産手続において，契約書中に，破産・民事再生・会社更生等の申立てや開始決定を理由とする当然解除の特約条項（倒産解除特約）が見られます。各々の法律の中には，その効力に関する規定はありません。当然解除特約は，双方未履行の双務契約に関する選択権を再生債務者に与えた法の趣旨からして，その特約の有効性を常に是認することができるわけではありません（最判昭和57年3月30日民集36巻3号484頁は，会社更生の申立原因となる事実が生じたことを理由とする解除の特約条項の効力を否定）。ただし，和議法の事例では，和議申立を理由とする解除特約が有効とされた裁判例もあるため（名古屋地判平成2年2月28日金判840号30頁），注意が必要です。

なお，リース料の支払をしないことを理由とする債務不履行解除の問題については別途考える必要があります。すなわち，弁済禁止の保全命令が発令されている場合には，弁済を行わないことは違法性がありませんので債務不履行解除は理由がありません（会社更生に関する事案として，東京地判平成10年4月14日判時1662号115頁）。東京地裁の運用においては，保全処分の段階では備品などのリース料債権については弁済禁止保全処分の除外債権として，弁済禁止保全処分の対象から外す取り扱いが行われて，再生債務者の事業継続に支障のないような取り扱いがなされています。したがって，備品などのリース料の支払いは弁済禁

止の対象とならないため，その不払いは，違法性を阻却されず，債務不履行を構成し，リース債権者に契約の解除権を与えることになります。また，開始決定後においても，リース料の性格について一義的な解釈をせず，事案に応じ，継続使用の必要性があってもリース料債権の全額を共益債権として支払うことが困難な場合には，再契約によりリース期間の延長やリース料債権の減額を協定し，再生手続開始後は共益債権として支払っていく方法がとられたりしています。大阪地裁において，民事再生手続における事案の解決として，リース料債権を別除権とし，再生債務者が支払をしなかった事案につき，リース業者に取戻権を認めた判例がありますが（大阪地判平成13年7月19日判時1762号148頁），同裁判例は，開始決定当時にはリース料不払いによる解除により，リース物件の所有権がリース会社に帰属していたとして，担保権消滅請求を否定したという事案です。

[長沢美智子]

Q115 開始後債権は弁済してよいでしょうか。

A

再生計画で定められた弁済期間が満了するなど再生債権の支払が終了した後，または再生計画が取り消されたときでなければ支払ができません（法123条2項）。

1　再生手続開始決定後の原因に基づいて生じた債権を開始後債権といいます。再生手続開始決定後の原因に基づいて生じた債権であっても，再生債務者の事業継続に不可欠の取引によって生じたものは，共益債権となりますので除かれます。また，租税や給料債権のような一般優先債権も除かれます（法123条1項）。法文上，46条1項の場合に引受人が善意でなかった場合は開始後債権と解されています。

2　開始後債権は，再生計画で定められた弁済期間が満了する時までの間は，弁済をし，弁済を受け，その他これを消滅させる行為をすることができません。具体的には，①再生計画認可の決定が確定する前に再生手続が終了した場合にあっては再生手続が終了したとき，②その期間の満了前に，再生計画に基づく弁済が完了した場合又は再生計画が取り消された場合にあっては弁済が完了した時又は再生計画が取り消された時です。免除は除かれますので，免除をうけることは妨げられません。

3　また，開始後債権の不履行があっても　開始後債権に基づく強制執行，仮差押，仮処分並びに財産開示手続の申立ては，開始後債権の支払が可能となるまで行うことができません（法123条3項）。

[長沢美智子]

Q116 財産の処分は自由に行ってよいのでしょうか。商品の処分は如何でしょうか。

A

民事再生手続の申立ての際に発せられる監督命令において，財産の処分には監督委員の同意を得

なければならないとされていることが一般です。もっとも，商品の処分など企業の常務に属する財産の処分は，通常，監督委員の同意を得ずに自由に行うことが可能です。

1　再生手続開始の効果

民事再生手続においては，再生手続開始後も再生債務者は業務遂行権と財産の管理処分権を有しています（法38条1項）。

しかしながら，再生債務者が財産の処分，借財など一定の重要な行為を行う場合には，裁判所の許可を要するとすることにより再生債務者を適切に監督する必要があります。そこで，裁判所が必要と認めるときは，再生債務者が一定の行為を行うについて裁判所の許可を得なければならないものとすることができることとされました（法41条）。

もっとも，監督委員が選任されたときは，裁判所は監督委員の同意を得なければ再生債務者ができない行為を指定することができ（法54条2項），この場合には，裁判所の許可を通した監督に代わり，監督委員の同意を通した監督が行われることとなります。実務上，東京地方裁判所において原則として監督命令により監督委員が選任されるという運用が為されているため，裁判所の許可を要する行為が指定されることはほとんどありません。

2　東京地方裁判所の運用

東京地方裁判所の運用においては，民事再生手続の申立を受けて発せられる監督命令において，再生計画の認可決定があるまでの間，財産を処分（詳しくは，再生債務者が所有又は占有する財産にかかる権利の譲渡，担保権の設定，賃貸その他一切の処分）するには監督委員の同意を得なければならないとされており，再生手続の開始決定にあたり改めて，裁判所の許可または監督委員の同意を得なければならない行為を指定することはありません。

また，東京地方裁判所の監督命令では，通常，商品の処分等の常務に属する財産の処分には監督委員の同意を要しないとされておりますので，通常の商品の販売などについては監督委員の同意を得ずに自由に行うことができます。

3　同意を得ないでなされた行為の効果

監督委員の同意を得る必要があるにもかかわらず同意を得ずに行った行為は無効となります（法54条4項本文）。ただし，行為の相手方が善意の第三者の場合には，無効であることを主張することはできません（法54条4項但書）。

［三森　仁］

Q117　共有物件はどのように扱うことになるのでしょうか。

A

再生債務者が共有持分を有する場合，持分自体を処分することがまず考えられますが，共有物件の分割を請求する方が経済的に有利な場合もあります。

分割の請求をする場合，共有者間に一定期間（5年をこえない期間に限られる）分割をしない旨の合意がある場合においても（民法256条1項但書），再生手続の開始決定がなされたときには，再生債務者は分割の請求をすることができます（法48条1項）。

1　再生債務者が共有持分を有する場合，持分自体を処分することがまず考えられます。

2　次に，共有持分の処分ではなく，共有物件の分割を請求する方が経済的に有利な場合もあります。

共有物の分割請求は，原則として共有者がいつでも行うことができますが（民法256条1項本文），5年を超えない期間であれば，共有者間で分割をしない旨の合意をすることができるとされています（同項但書）。しかし，再生手続開始決定がなされたときには，

第7章　決定後の対応
Q118

不分割の合意がある場合にも，再生債務者は分割を請求することができます（法48条1項）。なお，実際の分割の方法は民法の規定（民法258条）に従うこととなります。

3　不分割の定めがあるにもかかわらず再生債務者から分割の請求をされた他の共有者は，再生債務者の共有持分を相当の償金で取得することができます（法48条2項）。なお，相当な償金の額について当事者間で協議ができない場合には，最終的には訴訟で解決することとなります。

4　ところで，民事再生法48条は，上記のとおり，民法256条1項但書の特則であり，再生債務者に特別の分割請求権を認めたものではありません。従って，法律上又は性質上分割が禁止される場合（区分所有法15条・22条，民法257条，676条2項等），についてまで，分割の請求を認めるものではありません。

［三森　仁］

Q118　賃料，電気・ガス・水道・電話料金は支払ってよいのでしょうか。

A

再生手続の開始決定がなされても，開始決定後の使用に対応する賃料，電気・ガス・水道・電話料金は，共益債権（法119条2号）として支払うことができます。また開始決定前の使用に対応する賃料，電気・ガス・水道・電話料金についても，実務上すべて支払うという処理がなされることが少なくありません。

1　再生手続の開始決定がなされると，開始前の原因に基づく請求権（再生債権）は原則として弁済が禁止されます（法85条）。

これに対し，開始決定後の使用に対応する賃料，電気・ガス・水道・電話料金は，通常，共益債権となりますので（法119条2号），随時弁済することができます。なお，ある債権を共益債権と承認する（すなわち弁済する）ことについて監督委員の同意を得なければならないとされることがありますが（法54条2項），東京地方裁判所の運用では，共益債権の承認に監督委員の同意は通常必要とされていません。

2　再生手続開始前の原因に基づく，賃料，電気・ガス・水道・電話料金は，再生債権となりますので，特別の規定（継続的給付を目的とする双務契約に係る法50条2項等）により共益債権とならない限り，原則として弁済が禁止されます。

もっとも，実務の運用では，民事再生手続の申立に際して発せられる弁済禁止の保全処分においては，通常，再生債務者の事務所・店舗等の賃料，水道光熱費，通信に係る債務は弁済禁止の対象とされませんので，開始決定までは随時支払うことができます。また，開始決定にあたって，共益債権化することがありますので，再生債務者の業務に必要な賃料，電気・ガス・水道・電話料金についてはすべて支払うという処理がなされることが少なくありません。

［三森　仁］

Q119 預り品は返品してもよいですか。預り金はどうでしょうか。

A

　預り品については，返品することはできますが，返品にあたり監督委員の同意を得なければならないとされる場合があります。

　預り金については，原則として返金は許されません。従業員からの預り金についてはQ95を参照して下さい。

1　預り品については預託者に所有権があります（なお，再生債務者が注文を受けて製造した金型など所有権の帰属が明確でないものもありますので，ご留意下さい）。この場合，預託者の権利は，取戻権といって，再生手続の開始によっても影響を受けません（法52条）。

　従って，預り品については再生手続開始前に預かったものであっても，返品することが許されます。もっとも，監督命令において，取戻権を承認するためには監督委員の同意を得なければならないと命じられる場合があり（法54条2項），この場合には，預り品を返品するにあたり，監督委員の同意を得なければなりません。

2　これに対し，預り金については，特段の事情のない限り，その所有権は占有者に帰属するものと考えられておりますから，取戻権の対象と考えることは困難です。

　従って，再生手続開始前に預かった預り金については，その返還を請求する権利は再生債権となりますので，再生手続の開始決定により原則として弁済することは禁止されます。

　もっとも，預り金を返金しなければ再生債務者の事業の継続に著しい支障をきたすような特殊な場合においては，全再生債権者の利益のため異なった取扱い（和解を前提として預り金の返還を認める等）がなされることもありますのでご留意下さい（Q473参照）。

　なお，従業員からの預り金については，民法308条，306条2号で先取特権が認められる場合には，一般優先債権（法122条）となって随時返済できます（Q95参照）。

［三森　仁］

Q120 新規に仕入れをおこしてもよいでしょうか。

A

　新規に仕入れをおこすことは再生手続の開始決定後においても許されます。もっとも，二次破綻とならないように資金繰りには十分注意する必要があります。

1　民事再生手続においては，再生手続開始後も再生債務者は，業務遂行権と財産の管理処分権を有します（法38条1項）。もっとも，再生債務者が一定の重要な行為を行うについては裁判所ないし監督委員の監督を受ける場合がありますが（東京地方裁判所の運用では，通常，再生計画認可の決定がなされるまでは財産の譲受けには監督委員の同意を得なければならないとされています），商品や原材料の仕入れについてはこのような監督は及ばない扱いがなされることが一般です（東京地方

第7章 決定後の対応

裁判所の運用では，商品の仕入れその他常務に属する財産の譲受けには監督委員の同意を得なくてもよいとされています）。

2　このように，再生手続の開始後においても新規に仕入れをおこすことは許されます。もっとも，二次破綻を招いて，仕入先に再び迷惑をかけることがないように資金繰りには十分に注意する必要があります。

なお，再生手続開始後の仕入れに係る仕入れ債務は，共益債権となります（法119条2号，5号）。東京地方裁判所の運用では，通常，共益債権の承認に監督委員の同意は必要とされていませんので，仕入れにあたって監督委員の同意を得なくても，仕入れ債務を共益債権と承認して弁済をなすことができます。

[三森　仁]

Q121　新たに借入をしてもよいでしょうか。

A

再生手続の開始決定後において新たに借入をすることはできますが，通常，監督委員の同意を得る必要があります。

1　民事再生手続においては，再生手続の開始後も，再生債務者は，業務遂行権と財産の管理処分権を有します（法38条1項）。

もっとも，再生債務者が一定の重要な行為を行うについては，裁判所ないし監督委員の監督を受ける場合があります（法41条1項・54条2項）。

東京地方裁判所の運用では，再生計画認可の決定がなされるまでは金銭の借入については監督委員の同意を得なければならないとされています。当該借入が事業の継続に欠くことができないものと認められ，かつ，返済可能性が認められる場合には，原則として監督委員の同意は受けられるものと思われます（法120条参照）。

2　上記手続に従って，再生手続開始後に行った資金の借入れによって生じた債務については，共益債権となります（法119条5号）。そして，東京地方裁判所の運用では，通常，共益債権の承認に監督委員の同意は必要とされていません。

[三森　仁]

Q122　受取手形を割り引いてもらってもよいですか。また，受取手形について支払にあてるため裏書きをしてもよいでしょうか。

A

受取手形の割引は可能です。ただし，受取手形を割り引くについては一般に，監督委員の同意を得なければならないとされています。監督委員は，割引率等の条件を勘案して同意するか否か決めることとなります。

なお，支払いにあてるため受取手形に裏書をすること（回し手形）については，原則として，監督委員の同意を得る必要はないと解する見解が有力です。

1　民事再生手続においては，再生手続の開始後も再生債務者は業務遂行権と財産の管理処

分権を有します（法38条1項）。

もっとも，再生債務者が一定の重要な行為を行うについては，裁判所ないし監督委員の監督を受ける場合があります（法41条1項・54条2項）。

東京地方裁判所の運用では，再生計画認可の決定がなされるまでは，金銭の借入れ（手形割引を含むとされています）や保証（手形の裏書はこれに含まれないと解する見解が有力です）を行うには監督委員の同意を得なければならないとされています。従って，監督委員の同意を得れば受取手形の割引を行うことは可能です。

2　なお，受取手形の割引については，再生手続の申立後においても受取手形を割り引いてくれる協力的な金融機関又は，手形の割引に協力してくれる取引先があればよいのですが，そうでなく，いわゆる街金などに受取手形の割引を依頼する場合には，極めて高い割引率によることとなり，再生債務者の資金繰り上必ずしも望ましいとはいえません。監督委員は，割引率等の条件を勘案して，他方で，事業の継続のため他に代替手段があるか否か等を考慮して同意をするか否か判断することとなります。　　　　　　　　　　［三森　仁］

Q123

再生手続が開始されましたが，税金を支払ってもよいですか。給与・ボーナスについてはどうでしょうか。役員に報酬を支払ってもよいでしょうか。

A

再生手続の開始後であっても，税金を支払うことは許されます。給与・ボーナスについても同様です。

役員の報酬については別途考慮が必要です。

1　税金その他国税徴収法の例により徴収される債務や給与・ボーナス・退職金等の再生債務者と従業員との間の雇用関係に基づく債務（なお，労働者派遣事業者の派遣先企業に対する債権は，通常，雇用関係に基づく債務とは認められません）は，再生手続開始前の原因に基づくものであっても，再生債権とはならず，民事再生手続において一般優先債権とされ（法122条1項），再生手続によらないで随時弁済することができます（法122条2項）。なお，従業員の預り金については，民法308条，306条2号で先取特権が認められず，一般優先債権とならない場合がありますので留意が必要です。

従って，税金や給与・ボーナスについては，再生手続開始前の原因に基づくものであっても再生手続開始後において弁済することは許されます（再生手続開始前は，弁済禁止の保全処分により債務の弁済が規律されていますが，東京地方裁判所の運用では，税金その他国税徴収法の例により徴収される債務や再生債務者とその従業員との間の雇用関係により生じた債務については弁済禁止の対象外とされています）。

また，再生手続開始後の原因に基づく税金や給与・ボーナスについても随時弁済することが認められます。この場合，再生手続開始後の原因に基づく給与・ボーナスについては民事再生法119条2号により共益債権になるものと解されます（法122条1項括弧書参照）。

2　なお，従業員へのボーナスの取扱い（なお，既に発生しているボーナスについては一般優先債権として支払わざるを得ないものと思われます）ですが，ボーナスの支払いについて再生債権者の反発が極めて強く再生手続開始後も従前のようなボーナスの支給を継続したときには再生債務者の再生に著しい支障となりかねない場合には留意が必要です。再生会社においては，再生手続認可決定確定までは従業員に対するボーナス支給を見合わせるケースも少なくありません。従業員の生活保障

を重視すべきことはもちろんですが，再生債務者の再生自体が頓挫した場合には従業員の雇用の確保自体ができなくなるからです。

3　以上に対し，役員の報酬については異なる取扱いがなされます。

　　すなわち，再生手続開始前の原因に基づく役員報酬は，通常再生債権となりますので，再生手続開始決定により弁済が禁止されます。また，再生手続開始後の期間に対応する役員報酬については共益債権として弁済を行うことも可能ですが（法119条2号），上記2で述べたとおり再生債権者の反応には十分に留意する必要があります。

4　なお，裁判所によっては，再生債務者が下記行為を行うについて裁判所や監督委員への報告を義務づける場合があります（東京地方裁判所の運用ではこのような報告は必要とされていません）。

記

①　従業員の給与改定及び賞与等の一時金の支給
②　従業員の解雇並びに退職金及び解雇予告手当等の一時金の支給
③　再生債務者の会社組織変更に関する行為

［三森　仁］

Q124

監督委員の同意事項とされている行為について同意を得ないで行った場合，どのような効果が生じるのでしょうか。

A

原則として無効となります（法54条4項本文）。ただし，善意の第三者には対抗できません（法54条4項但書）。

1　裁判所が，監督委員の同意を得なければ再生債務者においてすることができないものと指定した要同意行為（法54条2項）について，再生債務者が監督委員の同意を得ずに行ったときは，その行為は無効となります（法54条4項本文）。例えば，遊休不動産の売却について監督委員の同意が必要であるにもかかわらず，同意を得なかった場合には，当該売買契約は無効となります。なお，行為後の許可については，監督命令違反の許可であり，追認は認められないとの見解もありますが，形式的な理由で一律に追認を認めないとするのは相当ではないと思われます。監督命令の趣旨が行為後の追認の可否についても監督委員の判断に委ねる趣旨と評価できる場合には，例外的に追認を認めるべきではないでしょう

か。

2　しかし，この無効は，善意の第三者に対し主張することができません（法54条4項但書）。善意とは，要同意行為と指定されていることや同意がなかったことを知らなかったことをいい，過失の有無は問わないとされています。なお，善意の立証責任は善意である旨を主張する者が負担します。

　　また，第三者とは，再生債務者以外の者をいい，行為の相手方も含まれます。行為の相手方が悪意でもこの相手方からさらに目的物を取得した転得者が善意であれば，再生債務者は転得者に無効を主張することができません。先の例では，遊休不動産の買主が要同意行為と指定され，同意を得ていないことを知っていたものの，この買主からさらに遊休不動産を買い受けた転得者が善意である場合には，再生債務者は，この転得者に売買契約の無効を主張して遊休不動産の返還を求めることはできないということとなります。

［三森　仁］

Q125 仕入先に支払ってよい債権と支払ってはいけない債権とは，どこで区別したらよいでしょうか。

A

基本的には，再生手続開始前の原因に基づく仕入債務か開始後の原因に基づく仕入債務かにより区別することになります。

しかし，実務上は，再生手続開始の申立前の原因に基づく仕入債務は支払うことができず，他方，申立後の仕入債務については弁済をするという処理をすることが少なくありません。

1 再生手続開始前の原因に基づく仕入債権は，再生債権となり（法84条），再生手続開始後においては原則として弁済が禁止されます。他方，再生手続開始後の原因に基づく仕入債務については通常は共益債権（法119条5号）として随時弁済することが認められます（法121条1項）。従って，基本的には仕入債務の支払の可否については，再生手続の開始前の原因に基づく仕入債務か開始後の原因に基づく仕入債務かにより区別することとなります。
2 もっとも，実務上は，再生手続の申立後の仕入債務については，弁済をするという処理をするのが一般です。
　すなわち，再生手続開始の申立にあたり発令される弁済禁止の保全処分においては，再生手続の申立日の前日（東京地方裁判所の場合）までの原因の基づいて生じた債務についてのみ弁済が禁止されるため，再生手続申立後の仕入れ債務については弁済禁止の保全処分によっては弁済は禁止されません。また，再生手続の開始にあたっては，再生手続開始の申立後においても取引を継続してくれた仕入先の信頼を裏切らないために，申立後開始前の仕入債務について監督委員の承認を得て共益債権化しておくのが一般です。
　以上から，再生手続の申立後の仕入債務については，弁済をするという処理をするのが一般と考えられます。
3 なお，再生手続開始前の原因に基づく債権か否か（実務上は，再生手続の申立日の前日までの原因に基づいて生じた債務か否か）を区別する基準については，実務上は多くの場合，納品基準（仕入れた商品，原材料が再生債務者の管理する場所に納品された時点を基準とする考え方）が採られているようです。
　その他には，検品基準（再生債務者による検品を終わった時点を基準とする考え方）や発注基準（再生債務者による発注時点を基準とする考え方），契約成立基準（契約が成立した時点を基準とする考え方）等があります。

［三森　仁］

Q126 得意先に開始決定書の写しを送付しても差しつかえないでしょうか。

A

開始決定書を開示することにより得意先が安心して取引を継続してくれるなどメリットがある場合には，得意先にも開始決定書の写し先を送付することは差しつかえありません。

1 東京地方裁判所の運用では，通常，開始決

定には，①再生手続を開始する旨と，②再生債権の届出期間，認否書の提出期限，再生債権の一般調査期間，報告書等の提出期限，再生計画案の提出期限が定められます。

従って，通常は，得意先に開示することにより再生債務者に不利益となる情報はありませんので，開始決定書を開示することにより得意先が安心して取引を継続してくれるなどメリットがある場合には，得意先にも開始決定書の写し先を送付することは差しつかえないと考えます。　　　　　　　　　〔三森　仁〕

Q127

再生手続の開始決定がなされましたが，売買契約や請負契約のような双務契約を解消することができるでしょうか。

A

双務契約の両当事者が双方とも履行を完了していない間に再生手続が開始された場合には，再生債務者は契約を解除することができます（法49条1項）。

1　双務契約とは，当事者が互いに対価といえる債務を負担する契約ですが，売買，交換，賃貸借，請負などがこれにあたります。
2　再生手続の開始の時に，双務契約の両当事者が双方とも履行を完了していない場合（双方未履行の場合）には，再生債務者は契約を解除することができます。

なお，東京地方裁判所の運用は，双方未履行双務契約の解除については，監督委員の同意は必要とされていません。
3　両当事者が全く履行をしていない場合だけでなく，一部履行済でもいずれも履行を完了していない限り，双方未履行の場合にあたります。

また，当事者の一方が既に一度履行の提供をしており，他方が履行遅滞に陥っている場合にも，現実に両当事者の債務の履行が完了していなければ，双方未履行の場合にあたります。
4　売買契約で一応履行がなされたが，引き渡されたものに権利の瑕疵（民法561条ないし567条）または隠れたる物の瑕疵（民法570条）がある場合には，売主として債務の履行を完了したことにならないので，未履行といえます。

また，売買代金の支払のために手形が振り出されているとしても，手形が決済されていなければ，代金債務は履行を完了していないので未履行と考えられているようです。
5　再生債務者が民事再生法49条1項に基づいて双方未履行の双務契約を解除した場合，契約解除により相手方に損害が生じたとしても，相手方は，その損害賠償請求権について再生債権として行使しうるにすぎません（法49条5項，破産法54条1項）。

また，再生債務者が反対給付を受けているときは（例えば，売買契約において受領した手付金，交換契約で受領した給付物等），その反対給付が再生債務者財産に現存するときは相手方はその返還を請求でき，滅失や他に譲渡するなどして現存しないときは，解除当時における価額相当額の支払いを共益債権者として請求できるとされています（法49条5項，破産法54条2項）。なお，再生債務者が受けた給付が金銭の場合には，相手方は同額の金銭の返還を請求でき，かつ，受領の時以後の利息も請求できると解する見解があります（民法545条2項）。　　　〔三森　仁〕

Q128 再生債権の支払をしないと新規供給をしないとの申し入れがあった場合，どのように対処したらいいでしょうか。

A

法律上の理由がなければ，再生債権を弁済するようなことは決してしてはいけません。

1 再生債権は，再生手続の開始後は，原則として弁済が禁止されます（法85条1項）。

従って，理由なく再生債権の弁済をすることは，明白に法律に違反することであり，再生手続への信頼を損ない再生手続を進行する上でも著しい支障となるおそれがありますから，厳に慎まなければなりません。

2 もっとも，再生債権の弁済禁止の原則には以下のような例外があります。

(1) 中小企業者の再生債権

① 再生債務者を主要な取引先とする中小企業者が，その有する再生債権の弁済を受けなければ事業の継続に著しい支障をきたすおそれがあるときには，裁判所は，再生債務者と当該中小企業者との取引状況や再生債務者の資産状態，利害関係人の利害その他一切の事情を考慮して（法85条3項），再生債務者の申立てによりまたは職権で，全部または一部の弁済を許可することができます（法85条2項）。これは，下請業者などの中小企業者を保護する趣旨に出たものであり，会社更生法47条2ないし4項にならった制度です。

② なお，当該中小企業者には申立権はありません。再生債務者の申立権を代位行使することも認められません。ただし，再生債務者は，当該中小企業者から弁済許可の申立をするよう求められたときは，その旨を直ちに裁判所に報告し，もし申立てをしないこととしたときにはその事情を遅滞なく裁判所に報告しなければなりません（法85条4項）。

(2) 少額の再生債権

少額の再生債権（手続の規模によりますが一般的には10万～50万円程度と思われます）についても，裁判所は，早期弁済により再生手続を円滑に進行することができるときには，再生債務者の申立てによりまたは職権で，その弁済を許可することができるとされています（法85条5項）。

再生手続の円滑な進行を確保することを目的としたものであり，会社更生法47条5項にならった規定です。

(3) 事業の継続のためにする少額債権の弁済

また，少額の再生債権を早期に弁済しなければ再生債務者の事業の継続に著しい支障を来すときは，裁判所は，再生債務者の申立てまたは職権で，その弁済を許可することができます（法85条5項）。

これは，平成14年12月の会社更生法改正に伴い新たに取り入れられた制度（会社更生法47条5項参照）です。上記(2)の少額債権の弁済制度とは制度趣旨が異なるため，同じ「少額」でも対象とする範囲は異なってくるものと考えられます。

以上の例外にあたるときには，再生債権の弁済をすることが認められます。

3 また，相手方が商事留置権を有するような場合には，監督委員の同意を得て別除権（法53条）の目的を受け戻すことにより，留置物件相当額を支払うことが認められます。

すなわち，例えば，再生債務者の所有に係る木型・金型を下請業者に預託し，再生債務者が必要とする部品の製造・供給を受けていたところ，民事再生手続申立前の下請代金が再生債権として弁済できない状況になった場合に，下請業者は当該木型・金型について商事留置権（商法521条）を有します。この場合，再生債務者は，この商事留置権の目的（木型・金型）を受け戻すにあたり，留置物件相当額を下請業者に支払うことが許されます。

第7章　決定後の対応
Q129

なぜなら，商事留置権は，別除権として再生手続によらないで行使できる権利だからです。なお，東京地方裁判所の運用では，監督命令によって，再生計画の認可決定までは別除権の目的を受け戻すについては監督委員の同意を得なければならないとされています。

4　以上によって解決できない場合であっても，新規供給を受けられなければ再生債務者の事業の継続に著しい支障をきたすような特殊な場合においては，全再生債権者の利益のため，和解に基づく支払を行うなどの取扱いが認められることもありますので，ご留意下さい。また，再生債権を直接支払うのではなく，今後の取引のために保証金を差し入れたり，前渡金を交付することにより新規供給を要請することもあるでしょう。

5　なお，再生債権者による新規供給拒絶が民事再生法50条1項（電気，ガス，水道などの継続的給付を目的とする双務契約に関する規定）に違反するような場合には，その旨を説明して再生債権者に新規給付を要請することが考えられます。また，このように，再生債務者に対して継続的給付の義務を負う双務契約の相手方が再生手続開始の申立後再生手続開始前にした給付に係る請求権（一定期間ごとに債権額を算定すべき継続的給付については，申立ての日の属する期間内の給付に係る請求権を全て含みます）は共益債権とされ，随時支払うことができますので，留意して下さい。

［三森　仁］

Q129　民事再生法上，別除権とされるものの種類は何か。

A

民事再生法上明文で別除権とされているものは，再生手続開始の時において再生債務者の財産につき存する①特別の先取特権，②質権，③抵当権，④商法もしくは会社法の規定による留置権などがあります（法53条1項）。

1　明文で認められたもの以外，再生債務者の土地等についてされている担保仮登記の権利者については，民事再生法中の抵当権を有する者に関する規定が適用されますので，別除権として扱われます（仮登記担保法19条3項）。また，抵当権には，根抵当権も当然含まれます。各種財団抵当法による抵当権（工場財団，鉄道財団，交通事業財団など）等も別除権です。

2　このほか，譲渡担保権，所有権留保などの非典型担保は，明文がないため，どの範囲で，別除権となるかは解釈に委ねられています。

3　実務上特に問題となるのは，リース料債権の扱いです。再生債務者が物件のリースを受けていた場合にリース業者の有する権利が別除権となるかという問題ですが，会社更生法上フルペイアウトのファイナンスリース契約について，未払のリース料債権はその全額が更生債権となり，リース業者はこれを更生手続によらないで請求することはできないとした最高裁判例があります（最判平成7年4月14日民集49巻4号1063頁）。民事再生手続上，リース料債権の取扱いは明らかではありません。しかし，東京地裁における実務の運用としては，一律の基準を設けず，事案に応じて柔軟な対応ができるようにしているとのことです。したがって，（参考）『破産・民事再生の実務［新版］（下）』147頁以下）。再生債務者にとって当該リース物件の事業継続上の必要性の程度や再生債務者の支払能力，支払財源などを個別事案毎に勘案しながら解決を図ることになるでしょう。実際上は，事業継続に必要性の高いリース物件の場合には，別除権扱いをすると，リース業者に物件を引きあげられ支障をきたしますので，リース業者にリース料を共益債権として支払い，継続的にリースを受ける対応をとることが多いと思われます。

4　別除権は条文上も，「再生債務者」の財産に対するものですから，再生債務者以外の第三者

が物上保証人として担保の設定を行っている場合などは、その担保権は別除権ではありません。また反対に再生債務者が、第三者に物上保証人として担保提供している場合、その第三者が再生債務者に対し有する担保権は別除権です。ただ、この場合には、この被担保債権は、再生債権ではありません。

また、再生債務者が、別除権付のまま当該物件を第三者に譲渡したときでも、なお、別除権は存続するものとして扱われることになりました。平成16年破産法改正に伴い、「担保権の目的である財産が再生債務者等による任意売却その他の事由により再生債務者財産に属しないこととなった場合において当該担保権がなお存続するときにおける当該担保権を有する者も、その目的である財産について別除権を有する。」規定が設けられました（53条3項）

5　一般の先取特権その他一般の優先権がある債権（共益債権であるものは除かれます）は別除権ではなく、一般優先債権となります（法122条1項）。なお、Q378参照。

［長沢美智子］

Q130 土地を担保に入れていたが、登記がされていなかった場合、どうなりますか。

A

土地を担保に入れ登記が未了のうちに再生手続が開始されると、法45条1項により、その後になされた登記または不動産登記法105条1号の仮登記は、再生手続の関係においてはその効力を主張することができなくなります。

1　法45条1項前段は、「不動産又は船舶に関し再生手続開始前に生じた登記原因に基づき再生手続開始後にされた登記又は不動産登記法第105条第1号の規定による仮登記は、再生手続の関係においては、その効力を主張することができない」と規定し、再生手続開始後なされた登記の効力を認めていません。破産法49条、会社更生法56条にも同様の規定があります。

抵当権設定の合意をしていても登記を留保したまま再生手続が開始してしまうと、再生手続開始後は登記を行っても法45条1項により効力を主張することができなくなり、その結果、対抗要件を欠く担保権となります。

再生手続上別除権として扱われるためには、他の債権者に対する関係で対抗要件を備えること、すなわち登記が必要です。再生債務者は、開始決定後は第三者性を有することになりますので、登記など対抗要件を有しないと再生債務者に対する関係でも別除権として行使することができなくなります。一方、再生手続開始前に登記をしたときは45条1項にはあたりませんが、登記をした時期などによっては、否認の対象ともなりえますので、注意が必要です。

担保の対象となる物件数が多く、対抗要件を具備するため登記しようにも、登録免許税が高額となる場合など、ときにコスト削減の趣旨で登記が留保されている事例が見受けられますが、ひとたび債務者が倒産となったときは、対抗要件を欠くことになり担保権の行使が阻害されますので、注意が必要です。

2　開始決定前にすでに不動産登記法105条1号の仮登記がある場合には、開始決定後それを本登記にするために再生債務者に本登記請求を行い協力を求めることはできます。実務上は、仮登記を本登記にするためには、再生債務者にとっても費用負担となるため、仮登記のままでも別除権と同様の扱いをしている事例が散見されます。この場合に、その開始決定前の仮登記が、否認権の対象となるかどうかは上記本登記と同様別個の問題です。

破産法における裁判例としては、所有権移転請求権保全の仮登記に基づき破産管財人に対する本登記請求を認めた事例（最判昭和42年8月25日判時503号33頁）、支払停止の後にこれを知

った担保権者が旧不動産登記法33条による仮登記仮処分命令を得て根抵当権設定仮登記をした場合に破産管財人が旧破産法74条1項（現破産法164条1項）によって同行為を否認することができるとされた事例（最判平成8年10月17日民集50巻9号2454頁）等があります。

［長沢美智子］

Q131 主力工場が競売されようとしているが，対処方法はありますか。

A

まず第一には，債権者と交渉し，競売対象物件が主力工場で事業継続に欠かせないことを理解してもらい，競売の申立てをあきらめてもらうことです。それでも債権者が強硬なときには，第二には，法31条1項により，担保権実行としての競売手続の中止の申立てを行うことです。第三には，法148条1項により担保権消滅の許可を求めることです。

1　債権者との円満な関係を築いていくためには，まず話し合いを求め交渉をすることが必要です。しかし，従前の経過などに照らし，債権者が強硬で，既に話し合いの可能性がないような場合には，第二の方法を検討することになります。
2　民事再生法は，担保権の実行としての競売手続の中止命令の制度を設けましたので，当該競売の対象が主力工場で，そこが競売されてしまえば事業そのものがたちゆかないような場合は，民事再生を申立て，再生手続上，裁判所に中止命令を求めることができます。担保権実行としての競売手続の中止（法31条1項）を求めるためには，再生債権者の一般の利益に適合し，かつ，競売申立人に不当な損害を及ぼすおそれのないものと認められることが必要です。この申立ては，競売を申し立てた債権者の債権が共益債権や一般優先債権でないことが必要です（法31条1項但書）。そして，この申立てにより行えるのは競売手続を相当期間中止することだけです。したがって，担保権実行としての競売手続の中止の裁判により定められた相当な期間を経過すると，再び競売手続が進められる心配があるときは，更に担保権の消滅請求を視野に入れなければなりません。
3　民事再生法は従来になかった制度として，担保権の消滅請求の制度を設けました。法148条1項は，再生手続開始の時において，再生債務者の財産につき法53条1項に規定する担保権が存する場合において，当該財産が再生債務者の事業の継続に欠くことができないものであるときは，再生債務者等が，裁判所に対し，当該財産の価額に相当する金銭を裁判所に納付して当該財産につき存するすべての担保を消滅させることについての許可の申立てをすることができることを認めました。したがって，当該担保の対象物件が，再生債務者にとって，主力工場であり，事業を継続するうえで欠くことができないものであれば，この担保権の消滅許可の制度を利用できます。

この消滅請求許可制度は濫用されないよう許可を行う場合の要件は厳格に解されなければいけません。

［長沢美智子］

第7章　決定後の対応
Q132

Q132 執行停止の上申書はどのようなものでしょうか。

A

「執行停止の上申書」は，強制執行等を行っている執行裁判所に対し，法26条1項による中止命令や法39条1項による執行手続中止の効果を執行裁判所に知らせるためのものです。再生手続の申立てにより強制執行の中止命令が出され（法26条1項），また再生手続開始決定があると，既に行なわれている再生債権に基づく強制執行等の手続は当然に中止することになりますが（法39条1項），再生手続を扱う裁判体（再生裁判所）と，強制執行手続きを扱う裁判体（執行裁判所）とは，通常は，同一ではありませんから，後者の裁判体に対して，手続の中止を知らせることが事実上は必要となります。そこで，中止命令の正本や再生手続開始決定の正本を添付した上申書を提出することが，実務上行われています。（参考『再生書式』書式58）。

1　民事執行と民事再生との関係は，抵当権に基づく競売と通常の強制執行とで分けて整理することが必要です。

抵当権に基づく競売手続は，再生手続の申立てがあっても，再生手続では別除権の行使は妨げられないので，原則は影響を受けずそのまま進行します。再生手続上，再生債権者の一般の利益に適合し，かつ，競売申立人に不当な損害を及ぼすおそれがないものと認められるときに，中止命令が認められるにすぎません（法31条1項）。

2　一方，再生債権に基づく個別の強制執行手続の場合は，再生手続の申立てがあると，原則，中止命令が出されます（法26条1項2号）。再生手続における中止命令は，強制執行手続を一時的に停止する文書といえますから，民事執行法39条1項7号の「強制執行の一時停止を命ずる旨を記載した裁判の正本」となります。

特別事情のあるときは，包括的に禁止命令が出されることもあります（法27条1項）

3　また，再生手続開始決定があると再生債権に基づく強制執行は，中止します（法39条1項）。再生に支障がないと認められるときには，続行されることもありますが，逆に，再生のため必要であれば，取り消されることもあります（法39条2項）。

4　中止した強制執行手続は，再生計画が認可決定により確定すれば，再生計画の中で再生債権は変更されますので，中止していた強制執行手続は，効力を失います（法184条）。

5　しかし，上記のような中止命令や開始決定は，直ちには，執行手続きに反映しません。反映させるためには，次のような処理が必要です。

再生手続申立て又は開始決定があり，中止命令や再生手続開始決定が出されても，執行裁判所は，それを直ちには知り得ませんので，再生債務者は，執行裁判所に対し，この中止命令の正本や，開始決定の正本を添付して，「強制執行停止上申書」を停止することになります。しかし，強制執行手続の進行如何では，中止命令や開始決定が出されても，強制執行手続を停止できない場合がありますので，注意が必要です。
（参考『民事執行の実務・不動産執行編（下）［新版］』321頁以下）

［長沢美智子］

第7章　決定後の対応

Q133　執行取消申立てはどのような場合に，認められるでしょうか。

A

　執行取消申立ては，再生手続開始決定により中止された再生債権に基づく強制執行の手続（法39条1項）を，39条2項に基づき「再生のため必要があると認めるとき」に申し立てる場合と再生手続開始の申立てがあった場合に必要があると認められるときに行われる中止命令（法26条1項）に引き続いて法26条1項により「再生債務者の事業継続のために特に必要があると認められるとき」に申し立てる場合とがあります。

　再生手続開始決定があると，再生債務者の財産に対し行われている再生債権に基づく強制執行などの手続は中止されます（法39条1項）。しかし，裁判所は，再生に支障を来さないと認めるときは，再生債務者の申立てまたは職権で中止した再生債権に基づく強制執行などの手続の続行を命ずることができます（法39条2項）。また，中止した強制執行に対し，さらにすすんで再生のため必要があると認めるときは，再生債務者等の申立てにより又は職権で，担保を立てさせて，又は立てさせないで，中止した再生債権に基づく強制執行などの手続の取消を命ずることもできます（法39条2項）。法39条2項により続行されたものを除き，再生債権に基づく強制執行は，再生計画が認可決定により確定すれば，失効するものであり（法184条1項），中止した強制執行が取り消されても損害が発生することは考えにくいことから認められたものです（参考『再生書式』書式59）。また，強制執行の取消命令は，①上記のとおり，再生手続開始後，再生債務者の事業継続のために特に必要があると認めるとき（法39条2項），また，②再生手続の開始を申し立てた後，強制執行手続の中止命令が出され，再生のため必要があると認めるとき（法26条3項）に，再生裁判所に対し申し立てることにより，出されるものですが，再生裁判所により取消命令が出されても，直ちには，執行手続に反映しません。反映させるためには，次のような処理が必要です。

　再生手続申立てがされ，又は，開始決定があり，再生裁判所により取消命令が出されても，執行裁判所は，それを直ちには知り得ませんので，再生債務者は，執行裁判所に対し，この取消命令の正本を添付して，「強制執行取消上申書」を提出することになります。しかし，強制執行手続が進行し，買受人が代金納付まで行っていると代金納付により，所有権移転の効果が生じますので，取消命令が出されても，強制執行手続を取り消すことができませんので，強制執行の進行には注意が必要です。（参考『民事執行の実務・不動産執行編（下）［新版］』323頁以下）（参考『再生書式』書式60）。

［長沢美智子］

Q134　訴訟の中断の処理は，どうしますか。

A

　再生債権に関する訴訟は，民事再生手続の開始決定があれば，法律上当然に中断します（法40条1項）。そして，受継の手続は，当該訴訟と再生手続のそれぞれの進行程度により，①異議を出さ

れた再生債権者が（法105条1項，107条1項），②（異議等のある再生債権のうち執行力ある債務名義又は終局判決のあるものについては，）再生債権を認めなかった再生債務者または異議を述べた再生債権者が（法109条2項），③再生手続が終了した後は再生債務者が（法40条2項），④簡易再生決定が確定した場合には再生債務者等が（法213条5項），⑤同意再生の決定が確定した場合も同様に再生債務者等が（法219条2項），行うことになっています。なお，当該訴訟手続を行っている裁判所は，民事再生手続の開始決定があった事実を直ちには知り得ませんので，情報提供として，正式な受継の手続とは異なり，再生債務者の方から開始決定の写しを，当該訴訟手続を行っている裁判所に提出するのがよいでしょう。

1 法40条1項は，再生手続の開始決定があったときは，再生債務者の財産関係の訴訟手続のうち再生債権に関するものは中断する旨を規定しています。
　しかし，①再生債務者の財産関係以外の訴訟や②再生債務者の財産関係の訴訟であっても再生債権に関するもの以外の訴訟は中断しません。したがって，開始決定に関係なく，再生債務者を相手に引き続き訴訟を行うことになります。
2 法40条1項により，中断した再生債権に関する訴訟は，その後債権調査を経て，異議手続として発展します。そして，再生債権の調査を経て異議なく確定すれば（法104条1項），再生債権として再生債権者表に記載されることにより，再生債権者全員に対して確定判決と同一の効力を有することになるので（法104条3項），中断していた訴訟は受継されることなく当然終了します。なお，再生債務者との関係では法180条1項，2項により，再生債権者表の記載が確定判決と同一の効力を有することになります。
3 再生債権についての調査の結果，再生債務者等が認めず，または他の届出再生債権者から異議が述べられた場合には，当該異議を述べられた再生債権者は査定の申立を行うのが原則ですが，異議などのある再生債権に関し再生手続開始当時訴訟が係属する場合には，再生債権者がその内容の確定を求めようとするときは，異議者等の全員を相手方として，その訴訟手続の受継の申立をしなければなりません（法107条1項）。この受継の申立ては，調査期間の末日から1ヵ月の不変期間内にします（法107条2項による法105条2項の準用）。既に開始されている訴訟手続を利用する方が訴訟経済にかなうからです。
4 執行力ある債務名義（例えば，公正証書を有するとき等），または終局判決（第一審判決があるとき等）のある再生債権について異議が出された場合には，異議者の方で再生債務者がすることのできる訴訟手続によってのみ，異議を主張することができ（法109条1項），再生手続開始当時に訴訟が係属する場合には異議者などが当該再生債権者を相手方として訴訟手続を受継します。この受継の申立ては，調査期間の末日から1ヵ月の不変期間内にしなければなりません（法109条3項による法105条2項の準用）。
5 上記3，4の受継が行われるまでの間に再生手続が終了したときは，再生債務者が当然受継することになります（法40条2項）。
6 上記再生債権についての訴訟手続の進行の程度と再生手続開始の関係を整理すると，
① 第一審の口頭弁論終結前に開始決定がある場合は，上記3，4記載のとおりです。
② 口頭弁論終結後，判決言渡前に開始決定がある場合は，開始決定により訴訟手続は中断しますが，判決は中断中でも言渡ができますから（民事訴訟法132項1項），これにより終局判決のある場合になります。判決の送達は，受継の申立てがあってから行われることになります。
③ 判決言渡後，送達があり，上訴期間の進行中に，再生手続の開始決定があったときは，その時点で中断しますので，上訴期間はその進行を停止します（民事訴訟法132条2項）。受継により，残りの上訴期間ではなく，新たに全期間が再び進行を開始します。したがって，このような場合には受継と同時に上訴の準備が必要です。
7 法40条3項により，同1項，同2項の規定は，再生手続開始当時，行政庁に係属するものについて準用があります。
8 また，再生債権の調査や確定の手続のない簡易再生や同意再生では，再生手続開始により，一度中断した訴訟手続を再生債務者が受継しなければなりません（法213条5項・法219条2項）。受継の申立は相手方もできます。

　　　　　　　　　　　　　　　［長沢美智子］

Q135 開始決定後に再生債務者の財産に関して権利を取得した者の地位はどう扱われるでしょうか。

A

権利を取得した者が再生債権者の場合には，開始決定後に再生債権につき再生債務者の財産に関して再生債務者の行為によらないで権利を取得しても，再生債権者は，再生手続の関係においてはその効力を主張することができません（法44条1項）。再生債権でない場合には，各々の法律の規定により規制をうけます。

1 破産法48条には，破産手続開始後に破産財団に属する財産に関して，破産者の行為によらないで権利を取得しても，その権利取得は，破産手続の関係においては，その効力を主張することができない旨を規定し，また，会社更生法55条には，更生会社財産に関して，更生手続の関係において効力を主張することができない旨の同様の規定があります。
2 再生手続開始決定により，再生債権は弁済を禁止され，個別的権利行使を行うことができなくなります（法85条1項）。また，再生債務者は，開始決定により第三者性を獲得し，総債権者のために手続を遂行する地位に立つとされますが，再生債権者の地位を手続開始の時点で固定し，その後の事情により再生債権者間の平等・衡平を害することを防ぐことが必要となります。法44条は，このような趣旨から設けられたものです（**参考**『条解民事再生法［第2版］』198頁）。再生債権者が開始決定後に，再生債務者の行為ではなく第三者の行為により偶然再生債務者の財産に関して権利を取得しても，再生債務者の財産はいわば総再生債権者の責任財産を構成するものですから，その再生債権者の権利は保護されないことを規定したものです。
3 よく例としてあげられるのは，代理商がその取引先の民事再生開始決定を受けた後，その取引先である再生債務者に帰属すべき手形などを受け取った場合に，その手形を再生債権の担保として商事留置権を主張することができるかどうかですが，法44条により，主張できません。

［長沢美智子］

Q136 開始決定後に登記や仮登記手続をした者の地位はどう扱われるのでしょうか。

A

再生手続の関係においては，その効力を主張することができないのが原則です。

1 法45条1項本文により，不動産又は船舶に関し再生手続開始決定前に生じた登記原因に基づき再生手続開始後にされた登記または不動産登記法第105条第1号の規定による仮登記は，再生手続の関係においては，その効力を主張することができません。

しかし，登記権利者が再生手続開始の事実を知らないで上記登記又は仮登記を行っていたときには，効力を主張することができます（法45条1項但書）。この善意悪意については，開始決定の公告により公告前は善意が，また公告後は悪意が推定されます（法47条）。

2 法45条2項により，権利の設定，移転もしく

は変更に関する登録もしくは仮登録又は企業担保権の設定，移転もしくは変更に関する登記についても準用があります。例えば，特許権，実用新案権等です。

なお，開始決定前に再生債務者が行った行為に基づき開始決定後登記を行うことを法45条1項及び2項を理由として拒絶することは，再生債務者が自己の行った行為を否定するような結果となるので，不合理な印象をうけますが，この点は，再生債務者が開始決定により第三者性を獲得するといわれる所以です。

3　法45条1項本文により，開始決定前に登記原因となる行為があっても不動産登記法105条1号仮登記が未了のまま，債務者について再生手続が開始されると，開始決定後に同1号仮登記は行えませんが，開始決定前にすでに同1号仮登記がある場合には，開始決定後に再生債務者に対し本登記を請求することができます。この場合には45条1項本文により効力を否定されることはありません。しかし，開始決定前に2号仮登記を有するにすぎないときは，同様の規定のある会社更生法56条，破産法49条において解釈が分れています。開始決定後2号仮登記に基づいて本登記を請求することはできないとする説は，開始決定前に実体変動があり登記原因があっても開始決定後の1号仮登記が許されない以上，そのこととのバランスからしても実体変動もない2号仮登記が開始決定前にあるだけでは開始決定後本登記の請求は許されないということを根拠としています。

4　以上にしたがって登記が行われたとしても，その登記原因そのものが否認の対象となるかどうかは別問題です。法45条1項により，その効力を否定されることなく登記を行ったとしても，その登記の原因となった行為そのものが否認される場合には，そのことにより登記が再生手続上無効となることがありえます。なお，再生手続きにおいては，否認権を行使できるのは，監督委員のみであり，監督委員の権限であるとされています（法56条1項）。　　［長沢美智子］

	開始決定前の実体的権利変動	開始決定前	開始決定後	再生手続における効力
1	有り	登記なし	本登記又は1号仮登記	45①本文により主張できない
2	有り	登記なし	善意による本登記又は1号仮登記	45①但書により有効
3	有り	1号仮登記	本登記	有効
4	無し	2号仮登記	1号仮登記	バランスから主張できない

Q137　開始決定後に手形の引受をした場合，どう扱われるでしょうか。

A

為替手形の引受人が開始決定の事実を知らなかったときは，再生債権者として権利行使ができますが，開始決定の事実を知っていたときはその引受が共益債権として認められない限り開始後債権となります。

1　法46条1項は，手形の取引安全を確保するための善意者保護の趣旨から，再生手続開始決定の事実を知らないで開始決定後手形の引受をした引受人などを救うため，支払人または予備支払人が開始決定の事実を知らないで，引受け又は支払をしたときは，「その支払人または予備支払人は，これによって生じた債権につき，再生債権者としてその権利を行うことができる」と規定しています。本来は開始後負担する債務ですが，再生債権として保護するわけです。

2　この場合の引受人の善意悪意は，再生手続開始の公告前であれば善意が，公告後であれば悪

第7章　決定後の対応
Q138

意が推定されます（法47条）。しかし，この善意・悪意はあくまでも推定規定ですので，再生手続開始の公告前であっても悪意であったことの，また公告後であっても善意であったことの立証を妨げるものではありません。しかし，公告後であっても善意であったことの立証は実際問題大変難しいと思われます。

3　法46条2項により，46条1項の規定が，小切手及び金銭その他の物又は有価証券の給付を目的とする有価証券について準用されています。

[長沢美智子]

Q138 賃借人が民事再生手続開始決定を受けたとき，賃借人は賃貸借契約を解除することができますか。賃貸借契約書に，賃借人が契約を解約するには6ヵ月間の予告期間を置くか，6ヵ月分の賃料を支払わなければならないと規定されている場合にも，賃借人は直ちに賃貸借契約を解除することができますか。

A

再生債務者が事業の縮小・経費削減のためにこれまで賃借していた事務所・営業所などの賃貸借契約を終了させる必要が生じることがあります。そのような場合，賃借人である再生債務者が賃貸借契約を解除する方法は，以下のとおりです。

賃貸借契約は双務契約であり，契約期間中であれば常に当事者双方が残存期間中の契約上の義務を双方履行していない状態にありますので，双方未履行の双務契約に関する一般規定である法49条が適用されます。従って，賃借人が民事再生手続開始決定を受けたときは，賃借人には契約を解除するか履行を請求するかの選択権が与えられて，賃借人は賃貸借契約を解除することができます。

なお，賃借人が賃貸借契約を解除する場合，予告期間をおく必要はありません。これは，賃貸借契約中に賃借人が契約を解約するには予告期間を置くか，予告期間分の賃料を支払わなければならないと規定されている場合にも同様です。

もっとも，賃借人が法49条によって賃貸借契約を解除したことによって賃貸人が賃借人に対して取得する損害賠償請求権は再生債権となります（法49条5項，破産法54条1項）。従って，賃貸借契約中に賃借人が契約を解約するには予告期間を置くか，予告期間分の賃料を支払わなければならないと規定されている場合には，賃貸人は，賃借人が予告期間を置かずに契約を解除したことによって予告期間分の賃料相当額の損害（逸失利益）を蒙ったとして，予告期間分の賃料相当の損害賠償請求権を再生債権として届け出ることができます。

賃借人が契約を解除した場合，明渡までの間の賃料または賃料相当損害金は共益債権となります（法119条2号及び6号）。

また，原状回復義務を賃借人が履行しない場合に賃貸人が取得する原状回復費用請求権または損害賠償請求権は，再生債権か，共益債権か，が問題となります。賃貸目的物の原状回復義務は，契約が解除によって終了した場合だけでなく期間満了によって終了した場合にも発生しますので，賃借人が原状回復義務を履行しない場合の原状回復費用請求権または損害賠償請求権は解除によって発生した損害賠償請求権ではないと解されます。従って，法49条5項，破産法54条1項によって再生債権となるのではなく，開始決定後の再生債務者の業務，生活並びに財産の管理及び処分に関する費用の請求権（法119条2号）として共益債権になるものと解されます（参考 須藤英章「各種の契約の整理（Ⅱ）──賃貸借契約②」『新実務大系・破産法』132～134頁参照）。

[上床竜司]

Q139

賃借人が再生手続開始決定を受けたとき，賃貸人は賃貸借契約を解除することができますか。賃貸借契約に，賃借人が民事再生を申し立てた場合には賃貸人は何らの催告を要しないで賃貸借契約を解除することができるという条項が定められているときはどうですか。

A

賃借人が民事再生手続開始決定を受けた場合に賃貸人が契約を解約（解除）することができるという規定は，民法にも民事再生法にもありません。従って，賃借人が民事再生手続開始決定を受けたからといって賃貸人は賃貸借契約を解除することはできません。

また，賃貸借契約中に，賃借人が民事再生の申立てをしたときは，賃貸人は何らの催告を要しないで直ちに賃貸借契約を解除できるという条項が定められることがあります。しかし，土地・建物の賃貸借では，このような特約は借地人・借家人に不利な特約なので無効と解される可能性があります（借地借家法9条・30条）。従って，このような特約がある場合でも賃貸人は賃借人の民事再生申立てを理由に賃貸借契約を解除することはできません。

［上床竜司］

Q140

賃貸人が再生手続開始決定を受けたとき，賃貸人は賃貸借契約を解除することができますか。

A

賃貸借契約は双方未履行の双務契約にあたります。そこで，賃貸人が民事再生手続開始決定を受けたとき，賃貸人が法49条1項に基づいて賃貸借契約を解除することができるかが問題となります。この場合に賃貸人による解除を認めると賃借人は賃貸人の民事再生という自分と関係のない理由により賃借権を奪われることとなりますが，特に不動産の賃貸借の場合には借地借家法などによって賃借人の権利が保護されているにもかかわらず不当にその地位が弱められてしまいます。

この点は破産の場合にも同様に問題となり，平成16年に破産法・民事再生法が改正される前の通説は，賃貸人の破産の場合には民事再生法49条と同趣旨の規定である旧破産法59条の適用を否定していました。これに対して，借地借家法などによって保護される対抗要件を備えた不動産の賃貸借には旧破産法59条の適用を排除して管財人による解除を認めず，対抗要件を備えない不動産の賃貸借及び動産の賃貸借には旧破産法59条の適用を肯定する説も有力でした。

この点，平成16年の破産法・民事再生法改正によって，賃借権その他の使用及び収益を目的とする権利を設定する契約については，相手方が当該権利について登記，登録その他の第三者対抗要件を備えている場合には，法49条は適用されないこととなりました（法51条，破産法56条）。従って，賃借人が対抗要件を備えている場合，すなわち，賃貸借を登記した場合（民法605条）や，借地人が借地上に登記された建物を所有している場合（借地借家法10条1項）あるいは借家人が建物の引渡を受けている場合（借地借家法31条）には，賃貸人は賃貸借契約を解除することができません。

［上床竜司］

Q141

賃貸人が再生手続開始決定を受けたとき、賃借人は賃貸借契約を解除することができますか。

A

賃貸人が民事再生手続開始決定を受けたとき、賃借人が賃貸借契約を解除することができるという規定は民事再生法や民法にはありません。また、再生手続開始決定を受けたからといってただちに信頼関係が破壊されたということもできません。従って、賃貸人が民事再生手続開始決定を受けたことを理由に賃借人は賃貸借契約を解除することはできません。

［上床竜司］

Q142

賃借人が賃料の前払いをしていたところ、賃貸人が再生手続開始決定を受けました。この場合、賃借人は賃料の前払いを主張して開始決定後の賃料の支払を拒むことができますか。

A

賃借人が賃料を前払いしていたところ、賃貸人が民事再生手続開始決定を受けた場合について、平成16年に破産法・民事再生法が改正される前は、賃借人は賃料の前払いを再生手続開始決定を基準とする当期及び次期以外のものは再生債権者に対抗することができないとされていました（旧法51条、旧破産法63条1項）。例えば、賃借人が賃料を3年分前払いしていても、賃貸人が民事再生手続に入ると、賃料が月毎の支払の場合には再生手続開始決定日の属する月とその翌月分の賃料の前払いしか主張することができず、翌々月分以降の賃料を賃貸人に支払わなければなりません。その結果、賃借人は再生手続開始決定の翌々月分以降の賃料の二重払いを強いられることとなっていました。

再生手続開始決定の当期及び翌期以外の賃料前払いを再生債権者に対抗できないと定めた理由は、長期の賃料前払いを認めると賃貸人が賃借人と通謀して、実際には賃料の前払いをしていないのに賃料を前払いしたかのような虚偽の外観を作り出して債権者を害することを防止するためでした。しかし、この規定によって、実際に賃料を前払いした賃借人まで賃料の二重払いを強いられることになります。また、賃料の前払いを仮装して債権者を害することは民事再生や破産手続に入る場合以外にも問題となります（将来の賃料の差押えなど）が、その場合には賃料の前払いの効力を当期・翌期のみに制限されていないこととバランスを失しており、旧法51条、旧破産法63条1項の妥当性には批判がありました。

そこで、平成16年の破産法・民事再生法改正により、旧破産法63条1項（旧法51条で準用）に相当する規定が削除されて、賃借人は賃料の前払いを全額再生債権者に対抗することができるようになりました。

［上床竜司］

第7章　決定後の対応

Q143

賃貸人が将来にわたる賃料債権を譲渡していたところ，賃貸人が再生手続開始決定を受けました。この場合，賃料債権の譲受人は賃借人に賃料を請求することができますか。

A

平成16年に破産法・民事再生法が改正される前は，賃貸人が将来にわたる賃料債権を譲渡していた場合に賃貸人が民事再生手続開始決定を受けたときは，賃料債権を譲り受けた第三者は，再生手続開始決定を基準とする当期及び次期以外の賃料の譲渡を再生債権者に対抗することができないとされていました（旧法51条，旧破産法63条1項）。その理由は，長期の将来にわたる賃料債権の譲渡を認めると賃貸人が第三者と通謀して長期間の賃料債権譲渡を仮装して債権者を害するおそれがあるためでした。

もっとも，詐害的な賃料債権の譲渡を是正する手段としては否認権の行使が認められており，なぜ賃料債権の譲渡に限って債務者の詐害意思や対価の不均衡などを問題としないで次々期以降の賃料債権譲渡を当然に無効とすることができるのか，合理的な説明ができないと批判されていました。特に，最近は将来にわたる賃料債権を譲渡したり，担保として提供して資金調達を図ることも増えており，そのような資金調達のために賃料債権を流動化（譲渡）した場合にも次々期以降の賃料債権が無効とされると資金を提供した投資家の利益を著しく害し，ひいては企業の資金調達手段を不当に狭めることとなります。

そこで，平成16年の破産法・民事再生法改正により，旧破産法63条1項（旧法51条で準用）に相当する規定が削除されて，賃貸人は将来の賃料債権の譲渡を全て再生債権者に対抗することができるようになりました。

[上床竜司]

Q144

賃借人が賃貸人に対して貸金債権を持っていたところ，賃貸人が再生手続開始決定を受けました。この場合，賃借人は，貸金債権と賃料支払債務との相殺を主張して，開始決定後の賃料支払を拒むことができますか。

A

賃借人が賃貸人に対して貸金債権を持っていた場合に，賃貸人が民事再生手続開始決定を受けると賃貸人の貸金債権は再生債権となり，通常はその一部しか弁済を受けることができなくなります。そこで，賃借人としては，貸金債権の金額に達するまで賃料の支払を拒み，開始決定後の賃料支払債務と貸金債権との相殺を主張することがあります。

民事再生法92条は，再生債権者が再生手続開始決定後に負担した債務を受働債権として再生債権と相殺することを禁止しています。しかし，開始決定後の将来にわたる賃料債権は開始決定後に発生する債権ではなく，賃貸借契約により既に発生している期限付債権です。従って，賃借人は，将来の賃料支払債務について期限の利益を放棄して，賃貸人に対する貸金債権との相殺を主張することができるかどうかが問題となります。この点民事再生法92条2項は，再生手続開始決定時の賃料額の6ヵ月分相当額を限度として，再生債権と賃料債務との相殺を認めました。相殺対象の賃料債務

には，債権届出期間満了後に弁済期が到来するものを含めることができます。

もっとも，相殺の意思表示は，債権届出期間満了までに行う必要があります（法92条2項）。

［上床竜司］

Q145

賃借人が賃貸人に対して敷金，または保証金を差し入れていたところ，賃貸人が再生手続開始決定を受けました。この場合，賃借人は，敷金・保証金返還請求権と賃料支払債務との相殺を主張して開始決定後の賃料支払を拒むことができますか。

A

賃借人が賃貸人に対して敷金または保証金を差し入れていた場合，平成16年改正前は，再生手続開始決定の当期及び次期以降の賃料債務についても相殺することができるとされていました（旧法92条2項，旧破産法103条1項後段）。もっとも，その趣旨については争いがあり，賃貸借契約の終了・目的不動産の明渡によって敷金返還請求権が具体的に発生する前に敷金返還請求権と賃料債務との相殺が可能かどうか，賃借人がする相殺の自動債権となるのは敷金返還請求権に限るのか，それとも敷金返還請求権以外の債権を自動債権として敷金の額の限度まで相殺することを認めたものなのか，などの点が明らかでありませんでした。

この点，平成16年改正後は，敷金返還請求権についても他の債権と同様に，再生手続開始決定時の賃料の6ヵ月分相当額に限り賃料債務との相殺が可能となりました。

また，債権届出期間満了までに敷金返還請求権が具体化しなかった場合，賃借人が開始決定後に賃料を現に弁済したときは，開始決定時の賃料の6ヵ月分相当額の範囲内で敷金返還請求権が共益債権として保護されることとなりました（法92条3項）。もっとも，賃料債務と敷金返還請求権とを相殺した場合には，相殺によって免れた賃料債務を控除した額のみが共益債権として保護されます（92条3項括弧但書）。つまり，相殺と共益債権化という二重の保護を受けることはできないとされています。

ところで，敷金返還請求権は，賃貸借契約終了後・目的物の返還時において，それまでに発生した敷金が担保する債務を控除してなお残額があることを条件として残額について発生する停止条件付債権であり，目的物の返還時に残存する未払賃料等は敷金の充当により当然に消滅すると解されています（最高裁昭和48年2月2日判決民集27巻1号80頁，最高裁平成14年3月28日判決金融商事判例1144号3頁）。この判例の考え方に従えば，例えば，賃借人が10ヵ月分の敷金を再生債務者に差し入れて，再生手続開始後に6ヵ月分の賃料を支払って4ヵ月分の賃料を滞納した後に目的物を返還した場合，滞納した4ヵ月分の未払賃料は敷金の充当によって消滅し，残りの6ヵ月分の賃料相当額の敷金返還請求権は共益債権として保護されることになり，実質的には，賃料10ヵ月分の敷金を回収できたのと同じ結果となります。このような結論に対しては，敷金の充当を相殺と同視すれば民事再生法92条3項括弧但書の趣旨に反するという批判があり，敷金と賃料の充当の場合にも民事再生法92条2項が類推適用されると解する説があります（山本和彦「倒産手続における敷金の取扱い（2・完）」NBL832号64頁以下）。しかし，民事再生法92条3項は賃料債務と敷金返還請求権の相殺について定めた規定であること，上記最高裁平成14年3月28日判決（賃料債権に対する物上代位による差押によって未払賃料への敷金の充当が妨げられるか否かが争われた）が相殺と当然充当とを区別していることから，解釈論としては，敷金と賃料の充当の場合に民事再生法92条2項を類推適用することは難しいと思われます。

［上床竜司］

第8章　営業譲渡

Q146　開始決定後に営業等の譲渡をする場合の手順はどのようなものですか。

A

　金融機関の不良債権処理とともに，事業再生がさかんにとりあげられ，M&A，会社分割をはじめ様々な手法がとり入れられてきました。営業等の譲渡もその1つです。特に，民事再生法施行後，多くの事案で再生会社の事業が劣化する前に早い段階で営業等を譲渡し，譲渡代金を弁済原資として弁済を行い，再生会社そのものはその後清算するといったスキームを用いている例が多数見られます。

　法42条は，開始決定後，裁判所の許可を得て早期に営業等の譲渡を行うことを可能にしています。再生債務者が，株式会社の場合には，会社法により「営業譲渡」ではなく「事業譲渡」となりましたが実態が変わったものではありません。商人は，商号一個ごとに一つの「営業」を営むものとされていることとの関係から，一個の商号しか持ちえない会社が行うものの総体は「営業」と区別して「事業」と呼ぶことにしたという用語の整理に過ぎない（江頭憲治郎『株式会社法[第2版]』有斐閣859頁）といわれています。民事再生法が対象とする再生債務者は，株式会社に限られませんので，民事再生法上は「営業等の譲渡」とされています。

　譲受会社との間の事業譲渡契約締結，実行に至るまで，様々な段階がありますが，再生債務者が株式会社で債務超過会社の場合，開始決定後，再生計画によらず事業を譲渡して，その後清算型の再生計画を出す場合について，概括的一般的な手順は以下のとおりです（参考『再生書式』書式116）。

① 再生手続の申立（法21条）
② 買収監査の実施
③ 再生手続開始決定
④ 事業譲渡覚書合意又は基本合意
⑤ 取締役会決議（事業譲渡の承認）（会社362条4項1号）
⑥ 事業譲渡契約の締結
⑦ 事業譲渡許可申立（法42条1項）
⑧ 知れている再生債権者（債権者委員会がある場合は同委員会）の意見聴取（法42条2項），労働組合等の意見聴取（同条3項）
⑨ 裁判所の事業譲渡許可（法42条1項）
　　裁判所の株主総会代替許可（法43条1項）
　　譲受会社による公正取引委員会への届出（独占禁止法16条）
⑩ 担保権消滅許可申立（法148条1項）
⑪ 担保権消滅許可決定（法148条1項）
⑫ 事業譲渡期日（代金納付による担保権の消滅）
⑬ 清算型再生計画案の作成・提出（法163条）
⑭ 再生計画の決議・認可（法170条，171条，172条の2，174条）
⑮ 弁済その他の残存資産の処分（法186条）
⑯ 再生手続の終結（法188条）
⑰ 通常の事業
⑱ ⑰以外の場合には，
　　清算事務の終了（会社法507条）
　　清算結了登記（会社法929条）

以上の経過の他，再生手続申立後開始決定前の事業譲渡の場合や再生計画による事業譲渡も考えられます。なお，プレパッケージ型民事再生も様々なところでとりあげられています（参考『銀行法務21』619号4頁）

[長沢美智子]

Q147 再生計画によらない営業等の譲渡も可能でしょうか。

A

可能です。再生計画に営業等の譲渡を定めて債権者集会等での決議を待っていたのでは財産の劣化が著しいような場合に、再生手続開始後であれば、裁判所の許可を得て、営業等の全部または重要な一部の譲渡を行うことができることが認められています（法42条1項）。

1　営業等の全部または重要な一部の譲渡は、再生債務者だけでなく、再生債権者にとっても従業員にとっても利害を生じることです。したがって、本来は、再生計画に定めて再生債権者の意見や決議および裁判所の認可決定を得るべきものですが、それらを待っていたのでは資産の価値が劣化してしまうような営業または事業の場合には、再生そのものがおぼつかなくなります。このような場合に法42条1項は、再生計画認可前でも、裁判所の許可を得て、営業又は事業の全部又は重要な一部の譲渡を可能としたものです。

2　再生債務者が株式会社の場合には、法42条の裁判所の許可の他、債務超過会社の場合には、法43条により株主総会の特別決議に代わる裁判所の代替許可を得て、また債務超過でない株式会社の場合には　会社法467条、309条により株主総会の特別決議を得て行うことが必要です。しかし、再生手続に入っている会社で債務超過でない場合は考えにくいと思われます。また、譲受会社においても、独占禁止法16条の制限をうけることがあります。

3　東京地裁の運用においては、平成12年の民事再生法施行後平成17年9月末時点までの申立件数合計1623件に対して、再生計画による営業譲渡を含め営業譲渡を行った件数は合計して171件という統計が出されていますが（事業再生と債権管理2006年1月5日号13～14頁）、1割強の事件で、営業等の譲渡が扱われていることになりますので、比較的よく活用されています。また、法42条による営業等の譲渡の場合、「債権者に対して事業譲渡の内容を検討するための猶予期間を与える必要性や、債権者に対する通知等の関係から、事業譲渡許可の申立てから約2週間後に意見聴取期日を開催するのが通例である。」（『破産・民事再生の実務［新版］（下）』13頁）とされています。

4　営業等の譲渡が行われると、再生債務者のもとには、事業が全く残らないか、残ってもさしたる事業ではありませんので、その後は営業等の譲渡の代価を弁済原資とする清算型の再生計画案が提出されることがほとんどです。

5　営業等を譲渡する再生債務者は、赤字会社であることが多いので、繰越欠損金などを抱えていることが多いと思われますが、営業等の譲渡の場合にはこの譲渡会社の繰越欠損金を利用することはできません。また会社組織上の行為である会社分割や合併などと違い、あくまで譲渡すなわち取引行為ですので、営業等を構成する個々的な財産について各々移転の対抗要件を備える必要があることなどは、再生債務者から営業等の譲渡をうける場合であっても、通常の営業等の譲渡と異なりません。しかし、営業等譲渡の手法によると、譲渡会社の多額の再生債権や簿外債務、あるいは、従業員との労働契約などを当然には引き継ぐことはありませんので、簿外債務が不透明であったり、労働関係が難しいときなどは、手間はかかっても、この営業等の譲渡の手法を選ぶことになります。　　　［長沢美智子］

Q148 裁判所の営業等の譲渡の許可の要件は何ですか。

A

　法42条1項後段は，裁判所は「当該再生債務者の事業の再生のために必要であると認める場合に限り，許可をすることができる」と定めています。

1　再生手続上再生債務者の行っている営業等を譲渡するには，それが再生に資するものであることは民事再生法の目的（法1条）からしても当然なことであり，法42条1項後段は，国会で修正追加されたものです（参考『新注釈（上）』203頁）。

2　営業又は事業の全部の譲渡を行うと，再生債務者のもとには営業又は事業は残りませんが，営業又は事業そのものは譲受人のもとで再生される可能性があります。したがって営業等全部の譲渡であっても再生債務者のもとで営業等をさせるよりも譲渡した方が譲受先で再生されるという合理性が認められれば裁判所の許可を得ることができます。営業等の全部を譲渡した後は，再生債務者の方では，残務を処理しその後清算することになります。この場合の再生計画は，譲渡代金から，一般優先債権などを支払った残金を再生債権者に対する弁済資金とし，弁済案は一括返済，その余の債務は免除，という再生計画案が多く見られます。

3　営業等の一部の譲渡は，例えば多角化経営に失敗した再生債務者が，事業規模を縮小化し，特定の事業に特化するような場合にも行われます。

4　営業等の全部又は重要な一部の譲渡を裁判所が許可するためには，再生債権者の意見及び労働組合等（再生債務者の使用人その他の従業者の過半数で組織する労働組合があるときはその労働組合，再生債務者の使用人その他の従業者の過半数で組織する労働組合がないときは再生債務者の使用人その他の従業者の過半数を代表する者をいう。）（法24条の2）の意見を聞かなければなりません（法42条2項・3項）。利害関係人に重大な影響を及ぼすことが明らかですから，第三者に営業などを譲渡したほうが，再生がより確実であり，かつ再生債権者や従業員のためにもより利益があることが明らかな場合に，再生債権者や労働組合等の意見も踏まえて，裁判所も許可することになります。自力再建で収益弁済を行うとすれば長期にわたるような事案では，経済合理性から再生債権者の賛成は得やすいものと思われます。また雇用が確保されるような事案の場合には，労働組合等の賛成も得やすいと思われます。　　　　［長沢美智子］

Q149 営業等の譲渡はいつまで可能ですか。

A

　①再生手続開始決定後，再生計画案の提出までは法42条による裁判所の許可を得て，または②再生計画案に営業等譲渡を盛り込んだものであれば，通常の再生計画案の再生債権者の決議により，可能と考えられます。③再生計画が認可された後は，法42条による裁判所の許可あるいは再生計画の変

更を行って営業等譲渡が可能です。

1 法42条は，再生手続開始後において，再生債務者が裁判所の許可を得て営業等の全部または重要な一部の譲渡を行うことができることを認めました。
2 その趣旨は，営業等の全部または重要な一部の譲渡は，本来は，再生計画に定めて再生債権者の意見を聞き決議を求め裁判所の認可決定を得るべきものですが，それを待っていては資産の価値が劣化してしまうような場合には，再生そのものがおぼつかなくなりますので，そのために，裁判所の許可を得て，営業等の譲渡を可能としたものです。したがって，この趣旨から，法42条1項の裁判所の許可による営業等の譲渡は再生計画案提出（法163条）までと考えられています。再生計画案が提出されれば，債権者集会の可決，裁判所の認可を得て譲渡するのが，適当だからです。
3 会社更生法46条は，事業譲渡は更生計画によることを原則とし，更生計画案を決議に付する旨の決定がされるまでの間においては，一定の要件のもとに，管財人が裁判所の許可をえて事業譲渡ができることが認められ，規定ぶりは異なるものの，実際上はほぼ同様の運用となりました。また，旧会社更生法では，更生計画の条項として，営業譲渡を設ける場合については営業譲渡の目的物，対価，相手方その他の事項及び，その対価を更生債権者，更生担保権者等に分配するときはその分配の方法を定めることとなっていました。民事再生においても再生計画中において，営業等の譲渡を行う条項を設けるときは同様の規定を盛り込むべきでしょう。再生計画案提出前に法42条により裁判所の許可を求めて営業を譲渡する場合には，譲渡対価の分配は，その後の再生計画中において，弁済原資及び弁済方法として提示されることとなります。なお，再生計画認可決定後，再生手続終結前に事情が変更して，営業等の譲渡をすることとなった場合には，法42条を適用して裁判所の許可を得て行うとする考え方（参考『条解民事再生法［第2版］』191頁）と，再生計画の変更（法187条）によって行うべきとする考え方（参考『注釈（上）』139頁）があります。

[長沢美智子]

Q150 営業等の譲渡について，株主総会の決議は必要ですか。

A

再生債務者が株式会社の場合，債務超過の株式会社でない場合には，株主総会の特別決議が必要です（法43条1項，会社法467条1項2号，同法309条2項11号）。再生手続申立を行っている会社の場合には，債務超過の場合が多いと思われます。株式会社以外の再生債務者が営業等の譲渡を行う場合には，代替許可の制度は使えず，当該再生債務者の譲渡を律する法律の規定に従うことになります。

1 再生債務者が株式会社の場合，再生手続開始後事業譲渡を行うには，法42条による裁判所の許可の他，①債務超過の株式会社の場合には，株主総会の特別決議に代わる裁判所の代替許可を得て（法43条1項），②債務超過の株式会社でない場合には，株主総会の特別決議を得て（会社法467条1項2号，同法309条2項11号）事業譲渡を行います。
2 株式会社が事業の全部または重要な一部を譲渡する場合は，会社法上，株主総会の特別決議が必要とされています（会社309条2項11号）。しかし，債務超過会社の場合には，仮に株式会社が解散・清算しても，株主は何らの財産分配請求権に預かることができませ

ん。そこで，このような場合，法43条は，株主総会の特別決議に代えて株主の意向は考慮せずに裁判所の許可（代替許可）のみで，事業の全部または重要な一部の譲渡ができることを認めました。株主の利益よりも，再生債権者や従業員等の利益を優先したものといえます。

3 法43条により裁判所の代替許可を受けるためには，①債務超過の株式会社であること，②譲渡が事業の継続のために必要であること，の要件が必要です。

4 営業等の譲渡について，法43条1項による株主総会の特別決議に代わる裁判所の代替許可を得た場合，反対株主の株式買取請求の規定（会社法469条）及び株式の価格決定の規定（会社法470条）は適用がありません（法43条8項）。

5 また，①会社法467条1項2号の括弧書きにより除外された「譲渡資産の帳簿価額が当該株式会社の総資産額として法務省令で定める方法により算定される額の5分の1（これを下回る割合を定款で定めた場合にあっては，その割合）を超えないもの」の場合，②会社法468条により，事業譲渡等の承認を要しないとされる譲受会社が特別支配会社である場合の事業の全部又は重要な一部の譲渡の場合，については株主総会決議がそもそも不要なので，代替許可も問題となりません（『新注釈民事再生法（上）』218頁）。

6 再生債務者が株式会社の場合には，法43条の代替許可がありますが，再生債務者が株式会社以外の場合には規定がないので，当該再生債務者を律する法律の規定に従うことになります（参考 『詳解民事再生』405頁）。

[長沢美智子]

Q151 株式会社において，事業譲渡の許可と株主総会代替許可とは，両者とも必要ですか。

A

株式会社である再生債務者が再生手続申立後事業譲渡を行う場合，債務超過の株式会社の場合には，裁判所の事業（営業等）譲渡許可（法42条1項）と株主総会代替許可（法43条1項）の両者が必要です。

1 再生手続開始決定後，再生債務者が営業等の譲渡を行うについては，法42条1項により，事業再生のために必要であると認められることが必要です。この要件は，民事再生法の目的（法1条）から導かれるものですが，営業等の譲渡が事業の解体清算や雇用の場の消滅のために用いられるべきではないとの趣旨を明らかにするために，国会審議の過程で設けられたものです（『条解民事再生法［第2版］』191頁，『一問一答』22～23頁）。株式会社である再生債務者が再生手続開始後，事業譲渡を行う場合，債務超過であれば株主総会の特別決議に代わる裁判所の代替許可を得て，事業譲渡ができます（法43条1項）。（株式会社でも，そもそも代替許可が問題とならない場合について Q150参照）この43条1項の代替許可は，株式会社にあって本来は株主総会の特別決議を要すべき事業譲渡について，債務超過という事態において株主も経営に関心が薄くなっている一方で，特別決議を常に要求するとすれば時間がかかりその間に事業自体が劣化してしまうことから，裁判所の代替許可により迅速な事業譲渡を行うことがその趣旨であると言えます（『条解民事再生法［第2版］』194～195頁）。

このように，法42条1項の裁判所の許可と法43条1項の代替許可はその趣旨が異なりますので，両者の許可が必要です。再生手続の申立を行う再生債務者は，債務超過であることが多いと考えられますので，通常は，法42

条1項による営業等の譲渡自体の許可と同時に，法43条1項による代替許可を求めることになります。

2　また，裁判所も，営業等の譲渡自体の許可と代替許可を行う場合には両方の許可を同時に行います。

　法43条1項但書では，「当該営業の全部又は重要な一部の譲渡が事業継続のために必要である場合に限る」となっており，一方，法42条1項では「当該再生債務者の事業の再生のために必要であると認める場合に限り」と規定されているところから，法43条1項の代替許可の要件は法42条1項の営業等の譲渡許可よりも要件が厳しいとの解釈もあります（参考『注釈（上）』144頁）。両者の許可は必要ですが，実際上は両者が同時に行なわれ，法42条の許可が出たのにかかわらず，法43条の許可が出ないことは心配しなくてよさそうです（参照 Q150）。

[長沢美智子]

Q152　営業等の譲渡について，取締役会の決議は必要ですか。

A

取締役会のある株式会社などでは必要です。

　取締役会設置の株式会社にあっては重要な財産の処分は取締役会決議を経て（会社法362条4項1号），株主総会にかけられるものであり（会社法467条1項），事業の全部又は重要な一部の譲渡は重要な財産の処分にあたりますから取締役会の決議が必要です。

　再生手続は，管財人の選任される破産や会社更生と異なり，再生債務者自身が自ら手続の主体となって事業再生を図ることを原則とする手続ですが，会社の内部や組織法上の問題にまで踏み込むものではありません。事業譲渡など重要な財産の処分は，株式会社においては，株主総会の決議にはかる前に，取締役会が設置されていれば，まず取締役会で決する事項であり，取締役会決議など通常の会社法上の内部手続は必要です。再生債務者が再生手続を申立て，開始決定が出て再生手続が進められた場合，代表者や各取締役などが経営責任を問われ，個人としては退任又は辞任する場合はありますが，再生債務者の会社としての組織体は維持されていますから，組織体としての代表取締役や取締役会自体は当然残存しています。従って，会社法の規定により，取締役会の決議を経る必要があります。

[長沢美智子]

Q153　営業等の譲渡について，債権者の同意は必要ですか。

A

同意までは不要ですが，知れている再生債権者の意見聴取はしなければなりません（法42条2項）。

　再生債務者が，再生手続開始決定後営業等の譲渡を行う場合に，法42条2項は裁判所が譲渡の許可をするには，知れている再生債権者（債権者委員会がある場合は同委員会）の意見を聞くことを要求していますが，再生債権者の同意までは必要

としていません。しかし，実際には，知れている債権者の大半が反対している等のことがあれば，その反対を押し切って営業等の譲渡をするのは適切とはいえず，その後の再生計画が否決されるなどの事態を生じます。したがって，再生手続の円滑な進行を図る趣旨で，再生債権者の理解をえておく必要があります。東京地裁では，債権者の意見聴取期日の開催は，営業等の譲渡の許可申立てから約2週間後に行われるのが通例とされています（『破産・民事再生の実務〔新版〕（下）』13頁）。

[長沢美智子]

Q154 営業等の譲渡について，労働組合の同意は必要ですか。

A

同意までは必要ありませんが，労働組合等の意見を聴かなければなりません（法42条3項）。

再生債務者が，再生手続開始決定後営業等の譲渡を行う場合には，その再生債務者のもとで働いていた労働者の権利に重大な利害を生じますから，営業等の譲渡について，労働組合等の意見を聞くことになっていますが（法42条3項），労働組合等の同意までは必要としていません。この「労働組合等」の意味については，旧法は，再生債務者の使用人その他の従業員の過半数で組織する労働組合があるときはその労働組合，又は労働組合がないときは再生債務者の使用人その他の従業員の過半数を代表する者と規定されていましたが，破産法改正に伴う整備法により，再生手続開始決定に関する意見聴取（法24条の2）が設けられた際，そこに同様な定義規定が盛り込まれたところから，法42条3項は単に「労働組合等」とされました。

営業等の譲渡とともに従前の従業員が譲受会社でも働くことができれば，雇用の確保ともなり，労働者の賛成を得やすいと思われます。また，譲受会社にとっても従前その営業や事業に習熟した従業員を再雇用すれば，支障なく営業や事業を展開できます。しかし，①どの範囲で再雇用するか，②どのような雇用条件にするかなどは基本的には譲受会社の自由ですので，従業員が再雇用されない形態での営業等の譲渡の場合には，従業員対策が充分に必要となります。

[長沢美智子]

Q155 裁判所の許可を得ないでした営業等の譲渡は有効ですか。

A

裁判所の許可を得ないでした営業等の譲渡は，無効です。しかし，この無効は，これをもって善意の第三者に対抗することができません（法42条4項による法41条2項の準用）。したがって，営業等の譲渡が有効であると思って譲受人と取引した善意の第三者がいる場合には（例えば，譲受人から譲受財産の一部を買い取ったなど），その第三者には無効を主張できません。

[長沢美智子]

第9章　債権届出・相殺

Q156
民事再生手続における債権届出の意義は何ですか。また，債権届出がなされると手続の中でどう扱われますか。

A

債権届出がないと，原則として，再生手続に参加し，議決権の行使ができなくなったり再生計画による配当を受けられなくなったりします。

1　再生債権届出の意義

再生手続においては，まず，裁判所が，再生手続開始決定と同時に，再生債権届出期間を定め，これを公告するとともに（法35条1項），再生債務者および知れている再生債権者に対して，これらの事項を記載した書面を通知しなければなりません（同条3項）。

そして，手続に参加しようとする再生債権者は，裁判所の定めた届出期間内に裁判所に対して，その債権の届出をしなければなりません。

再生債権届出期間内に，再生債権の届出をしなかった再生債権者は，原則として再生手続に参加することはできません。

もっとも，一定の場合には届出の追完が認められ，また，再生債務者等が，届出されていない債権があることを知っている場合には，再生債権の当該自認する内容等を認否書に記載しなければならないので（法101条3項），この場合には，議決権の行使は認められませんが，再生債権の調査及び確定の手続の対象となり，再生計画の定めによる弁済を受けることができます。

2　再生債権届出をした場合の効果

(1)　再生手続への参加

再生債権の届出により，再生債権者は，債権者集会の期日の呼出を受け（法115条），債権者集会に出席して議決権を行使することができます。

また，他の再生債権について異議を述べることができるほか（法102条1項・103条4項），再生計画案の提案権（法163条2項），再生計画の変更の申立権（法187条1項），再生手続廃止の申立権（法192条1項），簡易再生の申立への同意権（法211条1項）等を有します。

(2)　再生債権の確定等

届出のあった再生債権は，再生債務者等により認否書に記載され（法101条1項），債権調査において再生債務者等が認め，かつ，他の債権者から異議が出なかった場合には，その債権の内容及び議決権の額は確定し（法104条1項），届出の内容に基づいた債権者表が作成されれば，その記載は再生債権者の全員に対して確定判決と同一の効力を有します（法104条3項）。

また，再生債務者が自認せず，または，他の債権者から異議を出された届出債権についても，確定のための査定や，確定訴訟等の手続を行って確定したときは，これに基づく債権者表が作成されれば，再生債権者の全員に対して確定判決と同一の効力を有します（法111条）。

(3)　時効の中断

債権届出がなされると，届出時より実体法上時効中断の効果が発生します（民法第152条）。

［大城康史］

Q157 債権届出書はどのように記載するのですか。

A

1 再生手続に参加しようとする再生債権者は、裁判所に債権届出書を提出しなくてはなりませんが（法94条1項）、届出書には、以下のとおり法定の事項を記載する必要があります。

2 ① 再生債権の内容及び原因（法94条1項）
② 議決権の額（法94条1項）
③ 再生債権者を特定する事項と連絡先（規則31条1項1号）
④ 劣後的再生債権を含むときはその旨（規則31条1項3号）
⑤ 執行力ある債務名義または終局判決のある債権であるときはその旨（規則31条1項4号）
⑥ 再生債権に関し再生手続開始当時訴訟が係属するときは、その訴訟が係属する裁判所、当事者の氏名または名称及び事件の表示（規則31条1項5号）
⑦ 別除権を有する場合は別除権の目的およびその行使によって弁済を受けることができないと見込まれる債権の額（予定不足額）（法94条2項）

3 上記のうち、①再生債権の内容及び原因に記載すべき事項については、まず、「内容」としては、債権の法律上の性格（貸金、売掛金、請負代金等）のほか、具体的中身として、金銭債権の場合は、債権の額、弁済期、利率等を記載し、また非金銭債権においては、その目的、履行期、条件、違約条項等を明らかにすることになります。

「原因」については、その債権が発生した日と、債権発生の根拠となる事実（金銭消費貸借契約等）を記載します。

利息金及び遅延損害金が発生している場合は、開始決定日前日までの確定金額と、開始決定後の金員とにわけて記載します。

②議決権の額については、金銭債権については原則として債権額ですが、一部の債権については、議決権の額の算定方法に関し民再法87条に規定があるので注意が必要です。

③の記載は、規則に以下のものが規定されています。

再生債権者の氏名または名称および住所（規31条1項1号）、再生債権者が法人である場合は代表者の氏名、住所（規13条1項1号・規18条）、代理人がある場合は、その氏名、住所（規31条1項1号）、再生債権者または代理人の郵便番号及び電話番号（FAXを含む）（規31条2項）送達場所及び送達受取人（規31条2項）。

これらは、いずれも債権届書に記入欄があるので、記載例等に従い記入することになります。

④、⑤、⑥については、これらの事情がある場合には、記入例に従い記載し、場合によっては、別紙を添付して記載することになります。

［大城康史］

Q158 再生債務者の所有する不動産のうえに担保権を取得している場合の債権届出の方法はどのように行うのですか。

A

1 再生債務者の財産の上に存する特別の先取特権、質権、抵当権または商事留置権は別除権と

され，再生手続によらないで行使することができます（法53条）が，別除権の行使によって弁済を受けることができない債権の部分については，再生債権者として，再生手続において権利を行うことができます（法88条本文）。

2　別除権者が再生手続に参加する場合には，別除権の目的及び別除権の行使によって弁済を受けることができないと見込まれる債権の額（弁済不足見込額）を届け出る必要があります（法94条2項）。

ただし，民事再生法の場合，弁済不足見込額を届けても，これに基づいて弁済額が定まるのではなく，具体的には再生計画において，不足額が確定した場合における再生債権者としての権利の行使に関する適確な措置を定めることになります（法160条1項）。

従って，弁済不足見込額の届出は，債権者集会における議決権の行使のためのものにすぎないので，通常は，債権者の内部評価に基づいて行われております。

また，再生債務者や再生債権者が，債権者の担保目的物の評価について異議がある場合には，あくまで議決権行使にかかわるにすぎないことから，再生債務者等又は再生債権者が，債権者集会の期日に届出再生債権者の議決権について異議を述べることになります（法170条2項3号）。

この場合には，裁判所が議決権を行使するかどうか及びいかなる額につき議決権を行使させるかを定めることとなります。　　　　　　　[大城康史]

Q159

債権届出期間を経過した後に，債権届出をすることは認められますか。また，債権届出期間経過後に生じた再生債権はどうやって届出をするのですか。

A

1　再生債権者の債権届出書が，債権届出期間内に提出されなかった場合でも，一定の場合には債権届出書の追完が認められております。

2　まず，届出期間内に届出書が到達しなかった場合でも，その責に帰することが出来ない事由により，債権届出期間内に届出をすることが出来なかった場合には，その事由が消滅した後1ヵ月以内に限り，届出の追完が認められています（法95条）。

「責めに帰することができない事由」は，届出債権者が疎明することになりますが，実務では比較的広く解釈されております。

しかし，この追完の期間を伸長または短縮することは認められませんし（法95条2項），再生計画案を決議に付する旨の決定がなされた後は，届出の追完は認められません。（法95条4項）。

なお，再生債権の届出の追完を行う場合には，再生債権の届出書に，債権届出期間内に届出をすることが出来なかった事由及びその事由が消滅した時期を記載する必要があります（規則34条1項）。

3　債権届出期間経過後に生じた再生債権（例えば，双方未履行双務契約が，届出期間後に解除された場合の相手方が有する請求権，法49条5項，破産法54条1項参照）についても，その権利が発生してから1ヵ月以内に届出をすれば再生債権と扱われます（法95条3項）。

しかし，この場合でも，再生計画案を決議に付する旨の決定がなされた後は，届出の追完は，認められません。（法95条4項）。

なお，債権届出書には，当該届出をする再生債権が生じた時期を記載する必要があります（規則34条2項）。　　　　　　　　　　[大城康史]

Q160 再生債権の届出がなされなかった場合，どのように取り扱われるのですか。

A

原則として失権し，再生債務者は免責の扱いとされますが，会社更生法の場合と異なり，一定の場合に免責されない場合を認めています。

1 民事再生法では，以下の場合には届出がない場合でも，届出のあった場合と同様に，再生債権と取り扱われます。
2(1) 再生債務者等が自認して認否書に記載した場合

届出をしない再生債権であっても，再生債務者が自認債権として認否書に記載したものは，調査・確定手続の対象となり，また，計画どおりの権利変更の対象となります（法101条3項）。

ただし，この場合には当該債権者は議決権利を行使することができません（法102条1項）。

(2) 認否表に記載されない未届債権（再生計画に定めのない再生債権）債権届出がなく，再生債務者が自認していないため再生計画に定めのない債権でも認否表に記載されない未届債権でも，①再生債務者がその責に帰することができない事由により債権届出期間内に，届出をすることができなかった再生債権で，その事由が法95条4項に規定する再生計画案を決議に付する旨の決定前に消滅しなかったものは，失権せずに非免責債権となります。また②再生計画案を決議に付する旨の決定後に生じた再生債権（例えば，双方未履行の双務契約について，再生債務者が相手方に解除した場合の相手方の損害賠償請求権など）は，債権届出の追完期間内に届出することが困難なため非免責債権となります。これらの債権は，再生計画の権利変更の一般的基準に従い権利変更がなされます。

しかし，債権者表には記載されないため，確定判決と同一の効力は生じません。

また，③再生債権の調査手続において，再生債務者等が知りながら認否書に記載しなかった未届再生債権も，同じく失権せずに，再生計画の内容に従い権利は変更しますが（法181条1項3号），債権者表に記載された債権及び上記①，②の債権には劣後したものと扱われます（法181条2項）。

3 以上のいずれにもあてはまらない未届債権は原則どおり失権し，再生債務者は免責されたものと扱われます（法178条）。

［大城康史］

Q161 再生債権者からの相殺は，いかなる場合に認められますか。

A

1 再生債権者は，再生手続開始当時に，再生債務者に対し，債務を負担しており，かつ，債権及び債務の双方が再生債権届出期間満了前に相殺適状になるときに限り，相殺することができます（法92条1項）。

そして，相殺の意思表示も，再生債権届出期間

満了前になされる必要があります。

　従って，自働債権について未だ弁済期が到来せず，届出期間満了後に期限が到来する場合には，破産法103条3項と同様の規定が存しない以上，当事者間の約定で，民事再生の申立等が期限の利益の喪失事由であることが掲げられていないと，相殺は許されないことになります。

　他方，自働債権はすでに弁済期が到来しており，受働債権が未だ弁済期未到来の場合には，再生債権者がその期限の利益を放棄して，相殺適状にしたうえで相殺することになります。

　2　また，再生債権者からの相殺は，民事再生手続に参加することに関わらず認められる制度であるので，自働債権の届出は，相殺の要件ではなく，債権届出をしなくとも，相殺することは出来ます。実務では，相殺したうえで，自働債権の残額について届出するのが一般です。

[大城康史]

Q162

自働債権および受働債権が，条件付債権（停止条件および解除条件），将来債権，期限付債権である場合にも，相殺することはできますか。

A

　1　再生債権を自働債権とする相殺が認められるためには，開始決定時に債権債務がそれぞれ成立し，届出期間満了時までに相殺適状にあること，即ち自働債権，受働債権ともに弁済期にあることが必要になります（法92条1項）。

　2　自働債権が，停止条件付債権や将来債権の場合，従来は開始決定時に債権債務が成立していないとして，相殺は認められないと解されていました。

　しかし，法84条1項で，停止条件付債権や将来債権も再生債権と扱われる以上，相殺に際しても，開始決定時に請求権が現在化していることまでは要求されていないと解されます。

　従って，開始決定時に停止条件付債権や将来債権が存在していれば，債権届出期間満了前までに条件が成就するなど，現実化しかつ弁済期が到来した場合には，相殺することが出来ると解されます。

　3　受働債権が，停止条件付債権や将来債権の場合，開始決定後に自働債権と相殺できるか否かについては見解が分かれます（Q166参照）。

　再生法には破産法67条2項のような受働債権の停止条件等を現実化させる規定がないことを理由に，相殺を否定する見解が有力ですが，自働債権から見て相殺することの合理的期待に伴う担保的機能を根拠に相殺を認める見解もあります。

　4　自働債権が期限付債権の場合，債権届出期間満了前までに期限が到来した場合には相殺できますが，期限が到来しない場合は相殺は認められません。

　これに対し受働債権が期限付債権の場合は，債権届出期間内に期限が到来した場合には明文で相殺することが認められ（法92条1項後段），更には民法上の期限の利益を放棄することで相殺することができます。

　5　自働債権および受働債権が，解除条件付債権である場合，開始決定時および相殺時に条件未成就であれば，債権は存在しているので，相殺適状にあれば相殺することができます。

[大城康史]

Q163 受働債権が賃料債権である場合の相殺は、どのように取り扱われますか。

A

1　民再法改正前は、旧民再法92条2項で、旧破産法103条1項を準用し、「当期及び次期」の賃料についてのみ受働債権とする相殺を認めていましたが、破産法改正により同条項は削除されました。

これは、もともと同条同項が賃料債権を受働債権とする相殺を無制限に許したのでは賃貸人の破産財団の形成に困難が生じることを考慮し規定されていましたが、賃料債権を受働債権とする場合に特別に相殺を制約する合理的理由はなく、また、賃料の前払の効力についても同様の制約を課していた旧破産法63条が削除されたことも併せ、平成16年の改正で削除されることとなりました。

従って、破産法では、賃料債権を受働債権とする相殺も、一般的な相殺権行使の枠組みの中で判断されます。

2　これに対し、改正民再法では、第92条2項により、再生手続開始後にその弁済期が到来すべき賃料債務（債権届出期間の満了後にその弁済期が到来するものも含みます）については、手続開始時における賃料6ヵ月分に相当する額に限って、賃料債権を受働債権として再生債権との相殺が認められました。これは、再生手続が再建型手続であることから、事業の継続とそのためのキャッシュフローの確保という政策的な観点に基づき、破産法と異なり一定の制限が設けられています。

この制約は、敷金が差し入れられている場合でも同様です。

3　そして、敷金が差し入れられている場合に、賃借人である再生債権者が再生手続開始後に弁済期が到来した賃料を弁済した場合は、賃借人が有する敷金返還請求権を、再生手続開始時の賃料6ヵ月分に相当する額の範囲内における弁済額を限度として共益債権化することとし、再生債権者の保護とともに事業継続のためのキャッシュフローの確保を図っています（民再法92条3項）。なお、再生法92条2項の規定により相殺する場合、相殺により免れる賃料債務の額を控除した金額を限度として共益債権化が認められます。

［大城康史］

Q164 自働債権につき契約書上に再生手続開始申立てを原因とする期限の利益喪失条項がある場合には相殺は可能ですか。

A

銀行取引約定書等でも規定されているように、再生手続開始申立てを期限の利益喪失事由とする場合には、申立てがなされると再生債権者は当然に期限の利益を喪失するため、自働債権の弁済期が到来することから、受働債権が弁済期にある限り、再生債権と受働債権とを相殺することが可能となります。

この点、再生手続申立てを当然の期限の利益喪失事由とする条項については、相殺の意思表示が債権届出期間満了時までに制限されていることを考慮して、制限的に解釈する考え方もありますが、通常は、当然に期限の利益が喪失するものと解されています。

他方で、再生手続申立を期限の利益喪失事由とする約定がない場合には、自働債権の弁済期が債権届出期間満了までに到来しない限り、相殺は認

められません。　　　　　　　［大城康史］

Q165 債権者は，相殺の意思表示をいつまでにする必要がありますか。

A

1　①再生債権者が再生手続開始当時，債務者に対して債務を負担する場合に，②債権債務の双方が再生債権の届出期間の満了前に相殺適状になるときには，債権者は届出期間内に限り相殺の意思表示をすることができます。

従って，再生債権届出期間満了前までに，相殺の意思表示をしなければ，相殺の効力は生じないことになります。

また，相殺の意思表示の相手方は，管財人が選任されていない場合には，再生債務者，管財人が選任されている場合には管財人がなります。

従って，再生債権者としては，債権届出期間満了前までに，これらの相手方に対し，書面等により，相殺の意思表示を到達させることが必要となります。

債権届出期間満了後になされた相殺の意思表示は，効力を生じません。

なお，再生計画が認可され，再生債権の権利変更が認められた後に，権利変更後の自働債権と受働債権とを改めて相殺することは認められます。

2　その後，民事再生手続が，破産手続に移行した場合には，相殺権の行使を債権届出期間満了前に制限し，再生債務者の再建をはかる必要性がなくなるため，破産債権との相殺は認められます。

［大城康史］

Q166 民事再生手続上，再生債権者が受働債権を負担する時期により相殺が禁止される場合とはいかなる場合ですか。また，その相殺禁止の例外はありますか。

A

1　民事再生手続では，破産法や会社更生法と同様に，一定の場合に再生債権者からの相殺が禁止されています。

2　再生債権者が再生債務者に対して債務を負担した場合の相殺禁止を規定するものとしては以下の場合があります。

(1)　再生手続開始後に再生債務者に対して債務を負担したとき（法93条1項1号）

再生手続開始の時点では，再生債権者と再生債務者との間には相対立する債権債務はなく，相殺への合理的な期待がないため認められません。

ここでいう「債務負担」とは，債務が現実に発生することと解されています。

この点に関連し，再生債権者が停止条件付債務や期限付債務を負担している場合で，開始決定の時点では条件が未成就または期限未到来で，開始決定後に条件が成就し期限が到来した場合に，相殺が認められるかについて議論があります。停止条件が成就し，あるいは期限が到来したことで初めて債務を負担したことになるため，93条1項に抵触するからです。

まず，期限付債務を負担している場合は法92条1項で，再生債権者からの相殺が認められています。問題となるのが停止条件

付債務を負担していて，手続開始後に条件が成就した場合です。

この問題について，破産法の場合は，相殺禁止に関し同様の規定である破産法71条1項1号のほかに，破産法67条2項で，破産債権者の負担する債務が停止条件付の場合や将来の請求権の場合にも，破産債権者からの相殺が認められているため，いずれの規定を優先して考えるかが問題となります。判例（最高裁平成17年1月17日第二小法廷判決・民集59巻1巻1号）によれば，破産手続開始後に破産債権者の負担する債務に付された停止条件が成就したときにも，特段の事情がない限り，同法67条2項後段によって相殺をすることができる旨を判示し，債権者の相殺の期待を保護しています。

これに対し，民事再生法の場合には，破産法67条2項に該当する規定は存在しません。そこで，破産法の規定との違い及び再生債務者のキャッシュフローを確保する趣旨に照らすと，再生手続開始後に受働債権の条件が成就し，期限が到来しても，再生債権との相殺は認められないと解するのが，相当です。（条解第2版404頁）他方，相殺に対する合理的な期待に伴う担保的機能を維持することを根拠に相殺を認めるとの立場も有力に主張されています。

(2) 支払不能になった後に，契約によって負担する債務を専ら再生債権をもってする相殺に供する目的で再生債務者の財産の処分を内容とする契約を再生債務者との間で締結し，又は再生債務者に対して債務を負担する者の引き受けることを内容とする契約を締結することにより再生債務者に対して債務を負担した場合であって，当該契約の締結の当時，支払不能であったことを知っていたとき（法93条1項2号）

まず，前段の「財産の処分を内容とする契約」とは，再生債務者の有する不動産を再生債権者に売却し，再生債権者が代金債務を負担する場合や再生債務者が再生債権者である金融機関に預金を設定する場合などがあります。

この前段の規定に該当するには，①債務負担の原因たる契約が支払不能状態になってから締結されていること，②債務負担の目的が，もっぱら再生債権をもってする相殺にあることが必要です。

後段の規定は，①支払不能であることを知って，②他人が再生債務者に対して負担する債務を引き受けたうえで，これを受働債権とする相殺を禁止するものです。

ここで用いられる「支払不能」とは，再生債務者が支払能力を欠くために，その債務のうち弁済期にあるものにつき，一般的かつ継続的に弁済することができない状態をいいます。

ただ，「支払不能」を相殺禁止の基準とすると，支払不能の現実の判断時期が困難であるため，金融実務の中で取引に対する萎縮効果が生じ，結果として早期の倒産を招くという問題点が指摘されていました。そこで，基準として機能する場面を限定し，本条項の場合にのみ導入された経緯があります。

(3) 支払の停止があった後に再生債務者に対して債務を負担した場合であって，その負担の当時，支払の停止があったことを知っていたとき（法93条1項3号）。

この規定は，①支払停止があることを知って，②再生債務者に対して債務を負担したうえで，これを受働債権とする相殺を禁止するものです。

「支払停止」とは，債務者が資力欠乏のため債務の支払をすることができないと考えてその旨を明示的又は黙示的に外部に表示する行為であり，再生債権者が債権の実質的な価値が下落しを知ったうえで，新たに負担した債務をもっての相殺を認めることは，債権者平等の原則の理念に反します。

ただし，当該支払の停止があった時において支払不能でなかったときは，この限りではありません。

支払停止は支払不能を推定させるものですが，実際に支払不能でなければ，相殺を禁止するまでの理由は乏しいことが根拠とされています。

(4) 再生手続開始，破産手続開始又は特別清算開始の申立てがあった後に再生債務者に対して債務を負担した場合であって，その

負担の当時，再生手続開始の申立て等があったことを知っていたとき（法93条1項4号）。

この規定は，法93条1項3号と同じく，再生債務者が危機状態にあることを知って債務を負担した場合の再生債権者からの相殺を禁止するものです。，

3　上記のうち，(2)から(4)に該当する場合であっても，再生債権者の債務負担が以下の原因に基づく場合には，相殺禁止の規定は適用されません。

(1)　法定の原因（法93条2項1号）

この例としては，たとえば，相続，合併，事務管理，不当利得による債務の負担があげられています。

これは相殺を禁止すべき再生債務者の危機状態を知ったうえであえて債権を負担したとの事情がないことから認められている例外です。

もっとも，法定の原因による場合でも，たとえば合併などの場合は再生債権側で作為が介入する余地があるとの理由から，立法的妥当性に疑問も出されています（山本克己・条解民再350頁以下）。

(2)　支払不能であったこと又は支払の停止若しくは再生手続開始の申立て等があったことを再生債権者が知った時より前に生じた原因（法93条2項2号）

これは，債務負担の原因が生じた時点で，再生債権者の相殺に対する合理的な期待を保護するのが妥当であるとの理由から認められている例外です。従って，相殺に対する合理的な期待があるか否かが判断の基準となります。破産法での判例によると破産債権者である銀行が，破産者との間の手形の取立委任契約に基づき，破産申立後に手形を取り立て，取立金の引渡義務を破産者に対し負担した場合は相殺に対する合理的な期待があるとして，相殺を認めています。（最判昭和63年10月18日民集42巻8号575頁）。

これに対し，同様に破産法による場合で破産債権者である銀行の破産者名義の口座に，破産手続開始申し立て後に第三者が振り込みをなし，銀行が預金返還債務を負担した場合で，その原因が破産者と銀行との間の当座預金契約や普通預金契約にすぎない場合は，相殺を認めていません。（最判昭和60年2月26日金法1094号38頁）

これは，破産債権者が相殺処理できるとの期待を保護するだけの具体的は事情がないことが理由とされています。従って，例えば第三者からの口座への入金が破産債権者と破産者および第三者との合意に基づく振込指定があった場合には相殺に対する合理的な期待が認められます。（名古屋高判昭和58年3月31日条解民再366頁）

(3)　再生手続開始の申立て等があった時より1年以上前に生じた原因（法93条2項3号）

これは，相殺できるか否かについて長期間債務者を不安定な状態に置くことは法的安定性を害することに配慮された例外です。

［大城康史］

Q167　相殺禁止規定に新たに導入された基準である支払不能とはいかなる概念ですか。

A

1　「支払不能」とは，再生債務者が，支払能力を欠くために，その債務のうち弁済期にあるものにつき，一般的かつ継続的に弁済することができない状態と定義されています。

2　「支払能力を欠くために」とは，財産，信用または労務による収入いずれをとっても，債務を支払う能力がないことを意味します。「その債務の弁済期にあるものにつき」と

は，実際に弁済期が到来した債務を対象として判断されることを示します。

「一般的かつ継続的に」の「一般的」とは，弁済することができない債務が債務者の債務の全部または大部分を占めていることを意味し，「継続的」とは，一時的な手元不如意の事情で弁済できない場合でないことを示します。（破産法第4版補訂版「伊藤真」72頁）

3 第1回目の手形不渡が支払不能に該当するかについては，この時点で弁済期にある債務の大部分が弁済できない状態にあるかどうか等を判断したうえで支払不能か否かが決定されることとなります。一時的な資金ショートであれば支払不能ではないと考えられます。（全銀協通達「新破産法において否認権および相殺禁止規定に導入された「支払不能」基準の検証事項」の概要，金法1728号）

〔大城康史〕

Q168

民事再生手続上，再生債権者が自働債権を取得する時期により，相殺が禁止される場合とはいかなる場合ですか。
また，相殺禁止の例外はありますか。

A

1 再生債務者に対して債務を負担する者が再生債権を取得した場合の相殺が禁止される場合としては，以下のものがあります。

(1) 再生手続開始後に他人の再生債権を取得したとき（法93条の2，1項1号）
　再生手続開始後に特定の債権者が通常の返済を受けたのと同様の結果となることから禁止されています。
　この点に関連し，将来の請求権や停止条件付債権の条件が手続開始後に成就した場合にこれを自働債権とする相殺が認められるかについては議論があります。
　従来は，開始決定時に債権が成立していないとして，相殺は認められないと解するのが有力でした。
　しかし法84条1項で，将来債権や停止条件付債権も，再生債権と扱われる以上，相殺の場面で開始決定時に請求権が現在化していることまでは要求されていません。従って，将来の請求権や停止条件付債権の条件が手続開始後に成就したような場合これを自働債権とする相殺は許されると解されます。

(2) 支払不能になった後に再生債権を取得した場合であって，その取得の当時，支払不能で支払ったことを知っていたとき（法93条の2，1項2号）
　「支払不能」の定義は，法93条1項2号と同義であって，再生債務者が支払不能という危機状態にあることを知って，再生債権を取得した場合の，再生債権者からの相殺を禁止する趣旨です。

(3) 支払の停止があった後に再生債権を取得した場合であって，その取得の当時，支払の停止があったことを知っていたとき（法93条の2，1項3号）
　この規定の趣旨は，法第93条1項3号と同様に危機状態であることを知って，再生債権を取得した場合の，再生債権者からの相殺を禁止する趣旨です。
　ただし，当該支払の停止があった時において支払不能でなかったときは，この限りではありません。
　これも，法93条1項3号但書の趣旨と同様に，支払停止があっても支払不能でない場合には，相殺を禁止するまでの必要はないからです。

(4) 再生手続開始の申立て等があった後に再生債権を取得した場合であって，その取得の当時，再生手続開始の申立等があったことを知っていたとき（法93条の2，1項4号）　この規定の趣旨は，(2)(3)と同じく倒産処理手続の開始申立てがなされ債務者が危機状態にあることを知って再生債権を取得

した場合の相殺を禁止する趣旨です。
2　上記のうち、(2)から(4)に該当する場合で、再生債権の取得が以下の原因に基づく場合には、相殺禁止の規定は適用されません。
(1)　法定の原因（法93条の2，2項1号）

相続，合併，事務管理，不当利得，不法行為などがこれにあたります。

これらは、危機時期にあることを知ってことさらに債権を取得した場合でないことが例外とされる根拠です。

この点に関しては、法定の原因にもとづく場合でも、危機時期にあることを知りながらことさらに債権取得がなされる場合にも、相殺禁止の例外としてよいかが問題となります。例えば、再生債務者が負う債務を、再生債務者と委託関係のない第三者が弁済をして求償権を取得した場合には、再生債権者は事務管理により債権を取得することになります。しかし、この場合、再生債権者の作為が介在しており、危機時期にあることを知ってことさらに債権を取得した場合といえ、相殺は認められないと解されています。（大阪高判昭和60年3月15日判時1165号118頁）

(2)　支払不能があったこと又は支払の停止もしくは再生手続開始の申立て等があったことを再生債務者に対して債務を負担する者が知っていたときより前に生じた原因（法93条の2，2項2号）

この場合は、債権取得の原因が生じた時点での再生債権者の相殺に対する合理的期待を保護するのが相当であることが例外とされる根拠です。例えば、再生債務者が危機時期にあることを知る前に締結した保証契約に基づき、再生債務者が危機時期にあることを知った後再生手続開始前に債権者に対して弁済した保証人が、弁済により取得した求償権を自働債権とする相殺は、相殺についての合理的期待があるとして相殺できると解されています。（条解更生（中）914頁）

(3)　再生手続開始の申立て等があった時より1年以上前に生じた原因（法93条の2，2項3号）

この場合は、債権取得の原因発生時から1年以上倒産処理手続が開始しないと、相殺できるかどうかにつき長期間債権者を不安定な状態に置くこととなり、法的安定性を害することが例外の根拠です。

(4)　再生債務者に対して債務を負担する者との間の契約（法93条の2，2項4号）

本号の趣旨は、危機に陥った債務者の信用供与を得るための再建策を講ずる点にあります。

銀行が預金者の支払不能後に預金債権を引当に支援融資をした場合などが典型例としてあげられています。（伊藤眞『破産法・民事再生法』補訂版）

相殺禁止の例外とされる根拠は、再生債務者に対して負う債務という再生債務者の財産上に、相殺権という担保権が設定されることと引き換えに、再生債務者に債務を負う者が再生債務者に対して信用を供与する場合は、それが同時交換的行為であることから、他の再生債権者を害することなく偏頗行為の禁止原則にあたらない点にあると説明されています。　　　　［大城康史］

Q169 賃料債権が物上代位により差し押さえられている場合，敷金返還請求権を有する賃借人が差し押さえ債権者に支払った賃料は，共益債権化の対象となるのですか。

A

1　民再法では，再生債権者である賃借人が敷金を差し入れている場合，再生手続開始後に弁済期が到来した賃料を弁済した場合には，賃借人が有する敷金返還請求権を，再生手続開始時の賃料の6ヵ月分に相当する額の範囲における弁済額を限度として共益債権化することを認めています（法92条3項）。

2　そこで，賃料債権が，民事再生手続開始当時，物上代位により差し押さえられている場合に，賃借人が物上代位権者に弁済した額についても，本条項が適用され賃料6ヶ月分に相当する額が共益債権化されるかについては考え方が分かれます。

3　この点，本条項が規定された趣旨のひとつである再生債務者のキャッシュフローの確保という利益を強調するならば，現実に再生債務者への弁済のない物上代位による差し押さえの場合には適用がないこととなります。

これに対し，物上代位による差し押さえの場合も，再生債権者である賃借人が弁済期に賃料債務を弁済していることにはかわりがなく，本条項の要件を満たしていると考えれば，当然に適用されると解されます。

未だ，多数説が形成されるまでには至っていませんが，民事再生手続の場合は，再生債務者としては，中止命令の申立て（法31条）や，担保権消滅請求（法149条）により，物上代位手続を排除することが可能であること，また，再生債務者側の債務不履行という事態により生じた問題であり賃借人には何らの落ち度はないことを考慮して，物上代位による差し押さえの場合に本条項の規定の適用を認める立場が有力に主張されています（事業再生と債権管理 No.111 山本克己教授の発言）。

［大城康史］

第10章　財産評定

Q170　財産評定とは何ですか。

A

　再生債務者・管財人は再生手続開始後（管財人の場合は就任後）遅滞なく，再生債務者に属する一切の財産について再生手続開始のときにおける価額を評定しなければなりません（法124条1項）。これを財産評定といいます。

　倒産に至った債務者においては，資産の劣化や陳腐化がみられるなど従前の帳簿類が財産状態を正確に反映していないことが少なくありません。そこで，適正な再生計画案を作成するため，また，再生債権者に再生計画について適正な判断資料を開示するために，再生債務者の財産状況を正しく調査・評定する必要があります。そこで，民事再生法は，再生債務者・管財人に財産評定を行うことを義務付けているものと考えられます。

［三森　仁］

Q171　財産評定の結果についてはどのように裁判所に報告するのですか。債権者への開示はどうするのでしょうか。

A

　再生債務者・管財人は，財産評定が完了したときには直ちに再生手続開始時における財産目録及び貸借対照表を作成して裁判所に提出しなければなりません（法124条2項）。この場合，裁判所へは，財産目録・貸借対照表の正本の他，閲覧・謄写用（規則62条）の副本も提出します。また，監督委員が選任されている場合には，監督委員用の副本（実務上は監督委員に直接提出します）も提出する必要があります。

　再生債務者・管財人が作成し，裁判所へ提出した財産目録・貸借対照表については，再生債権者は利害関係人として閲覧・謄写することができます（法16条）。また，再生債務者・管財人は，裁判所に提出した財産目録・貸借対照表について再生債権者の閲覧に供するため，再生計画認可または不認可の決定等が確定するまで，その写しを主たる営業所，事務所に備え置かなければならないとされています（規則64条）。

［三森　仁］

Q172

財産評定における財産の評価は処分価額によるものと聞きました。再建型手続であるのに何故処分価額によるのでしょうか。

A

財産評定における財産の評価の基準は，原則として，財産を処分するものとして行う（事業を清算することを想定して早期に処分できる価額を求めるということ）こととされています（規則56条1項本文）。

このように処分価格により財産評定を行う趣旨は，再生債務者の全ての財産について清算価値を明確にすることにより，再生債務者が破産したときに受けるべき配当と比較して，再生計画に基づき受ける配当が再生債権者にとって不利益とならないこと（清算価値保障原則）を担保するためと考えられます。なお，再生計画による配当が清算価値保障原則に反する場合には，再生計画の決議が再生債権者の一般の利益に反するものとして，再生計画について不認可の決定がなされる場合があります（法174条2項4号）。　［三森　仁］

Q173

処分価額により財産評定を行う趣旨は，再生債務者が破産したときの配当以上の利益を再生債権者に与えるべきという清算価値保障原則を担保するためとききましたが，実際に破産配当率はどのように算出すればよいのでしょうか。

A

再生債務者が破産した場合の配当率は，基本的に，財産評定の結果求められる再生債務者財産の処分価格から優先的に弁済される債権（財団債権，別除権，労働債権等の優先的破産債権等）の相当額を控除したものを，想定される破産債権（負債合計から優先的に弁済される債権を控除したもの）で割ることにより算出できます。

ただ，実際に破産した場合には，破産管財人報酬や固定資産税，資産処分費用などの破産財団費用がかかるため，これら費用を見込む必要があります。もっとも，財産評定の時点では正確な費用の算出は困難ですから，ある程度概算による見積額にとどまらざるを得ません。

破産配当率の試算表の例を以下に紹介します。

（破産配当率の試算）　単位円

①資産合計	100,000,000
②別除権対象資産	▲75,000,000
③優先的破産債権弁済額	▲5,000,000
④財団債権弁済額	▲5,000,000
⑤破産財団費用	▲10,000,000
⑥一般債権引当財産	5,000,000
⑦負債合計	210,000,000
⑧別除権	▲75,000,000
⑨優先的破産債権	▲5,000,000
⑩財団債権	▲5,000,000
⑪一般破産債権	125,000,0000

予想破産配当率（⑥÷⑪）＝ 4％

［三森　仁］

Q174 財産評定を継続企業価値基準で行う場合はどのような場合でしょうか。

A

　財産評定における財産の評価の基準は，原則として処分価額によるものとされていますが，必要がある場合には，全部又は一部の財産について事業を継続するものとした評価（いわゆる，継続企業価値，ゴーイング・コンサーン・バリュー）を併記することが認められています（規則56条1項但書）。

　これは，例えば，再生債務者・管財人が再生債務者の営業・事業の全部又は一部の譲渡を検討しているような場合に，当該譲渡の対価の適正を検証する際の参考とするため継続企業価値による財産評定を行うことが有益と考えられるため，清算価値による評定に加え，継続企業価値による財産評定もできることとしたものです。

〔三森　仁〕

Q175 財産評定と別除権行使不足額との関係はどのように考えたらよいですか。

A

　再生手続における財産評定は，再生債務者の有する一切の財産について処分価値に基づいて行うことが原則とされています（規則56条1項）。従って，別除権の対象となっている担保差入資産についても原則として処分価額により評定することとなります。

　他方，別除権を有する債権者にとっては，別除権の行使によって弁済を受けることができない一般債権部分は再生計画によりカットの対象となるため，担保差入資産の評価額は重大な関心事となります。しかるに，再生手続における財産評定は主に清算価値保障原則を担保するために処分価値の評定を行うにすぎませんから，再生手続に服さない別除権の行使額がこの処分価値評定額に拘束されるものではありません。例えば，再生債務者が有する工場などは事業を継続する上では一定の価値が認められますが，事業を廃止して処分することを前提とする処分価額は大幅に減額されることも少なくないでしょう（近時において関心が高まっている土壌・地下水汚染対策を見込む場合にはこのことは一層顕著となり得ます）。結局，別除権の行使額については，処分価値に基づく財産評定額と切り離して，再生債務者と別除権者とが協議して決定するほかありません。

　このように，別除権の行使額は，実際問題として処分価値に基づく財産評定額と異なる場合が少なくありません。そこで，下記の場面においては，処分価値に基づく財産評定額とは別に，実際に想定される別除権行使額を前提とした処理を行うことを検討する必要があると思われます。

記
① 債権者集会における別除権者の議決権額を算出する際の別除権評価額
② 再生計画の履行可能性を検討する際の要弁済総額算出にあたっての別除権評価額

〔三森　仁〕

Q176

財産評定に関し作成した財産目録・貸借対照表には、作成に関して用いた財産の評価方法その他の会計方針を注記しなければならないと聞きました（規則56条2項）。財産の評価方法その他の会計方針にはどのようなものがあるのでしょうか。

A

財産評定を受けて作成される財産目録・貸借対照表は、再生債権者等の利害関係人に再生手続開始時における再生債務者の財産の状態（清算価値）を明らかにするためのものです。そこで、利害関係人が財産目録・貸借対照表を検討する際に、再生債務者の財産の状態を正しく判断することができるように、その作成に関して用いた財産の評価方法等を明らかにすることが必要と考えられます。

財産の評価方法その他の会計方針については、基本的には、財産目録については会計の理論及び慣行に基づき、貸借対照表については計算書類規則及び財務諸表等の用語、様式及び作成方法に関する規則（昭和38年大蔵省令第59号）に準じて作成されるものとされています。しかし、再生債務者はそれぞれ事業の種類も事業規模も異なりますので、再生債務者の事業規模等に応じて、どの程度の内容のものを作成するのが妥当か異なってくるものと考えられます。具体的な会計方針の例については、『民事再生法書式集［新版］』（書式番号127）の書式や下記の例をご参照下さい。

開始日仮決算の主要資産の評価基準（例）

資産区分	状態区分	評価基準
製品		販売可能見込額
原材料・貯蔵品・半製品	正常	簿価の50%
	1年以上2年未満過剰	簿価の25%
	その他（滞留、過剰2年分以上）	0評価
仕掛品	使用見込みあり	簿価の50%
	その他	0評価
債権	同時申立の子会社向け	0評価
	非申立子会社向け（相殺適状相殺後残について）	実質債務超過会社分0評価その他50%評価
	外部向け（相殺適状相殺後残について）	正常70%評価
		その他0評価
土地		相続税評価額の60%
建物・構築物		固定資産税評価額の60%
その他有形固定資産		簿価の10%

［三森　仁］

Q177 財産評定における資産項目の評価基準についてどのような点に留意したらよいでしょうか。

A

1 現金預金

現金預金については，通常帳簿価額がそのまま評価額とされます。ただし，民事再生の申立により，通常，借入金のある金融機関から預金について相殺処理を受けることになりますので，留意する必要があります。

2 売掛金，受取手形

売掛金，受取手形については回収可能性の観点に基づき価額を算定することとなります。架空の売掛金や破綻先への債権は評価額をゼロとすることとなるでしょう。また，グループ内の債権についても，多くの場合，評価額を著しく減額する処理を行うことが必要となります。

破綻先に対する債権でなくても，相当程度の回収率低下を見込む必要があります。例えば，再生債務者が建設会社や部品加工業などの請負業の場合には，完成品引渡しや検収の未了あるいは納品の瑕疵等を理由として相手方から支払いを拒絶され，債権回収が難航するケースが見受けられます。さらには，法律上の根拠がなくても，再生債務者の窮状につけ込んで債権の支払に応じようとしない者もあり得ます。一般に破産手続においては破産管財人は迅速な手続処理の要請から円滑に売掛金の回収ができないケースにおいてはある程度ディスカウントすることにより相手方と和解をして早期回収を目指したり，いわゆるバルクセールにより早期処分してしまうことも少なくありません。このような点に鑑みれば，売掛金についてはある程度思い切った減額評価を見込む必要があるでしょう。

3 棚卸資産

棚卸資産については一般にスクラップ価値を見積り算出することとなります。完成品に至らない仕掛品などはゼロ評価となることが多いでしょう。また，完成品であっても客先の要求する仕様に従い製作する個別受注品である場合には，一般的に換価価値は極めて乏しいものとなるでしょう。

4 不動産

不動産については，できれば不動産鑑定評価を実施することが望ましいと考えますが，時間の制約や費用の点から困難な場合も少なくありません。なお，(社)日本不動産鑑定士協会「民事再生法に係る不動産の鑑定評価上の留意事項について」（判タ1043号82頁以下）をご参照下さい。

不動産鑑定評価によることができない場合には，まず正常取引価格に関する情報を集めて正常取引価格を求めた上で，これを参考に破産において想定される早期処分価額を算定する方法が多くとられるようです。

正常取引価格に関する情報としては，過去に正常取引価格を算出するために行った不動産鑑定価格，近隣の公示価格，相続税に係る路線価，固定資産評価額，近隣の取引事例等があります。担保権が設定されている物件では，別除権者の保有している不動産評価資料も参考となり得ます。

処分価額を求める場合には，正常取引価格を参考としながら，使用状況に基づく修正，時点の違いによる修正等を行った上，使用目的の転用可能性など当該不動産の個性を斟酌して，破産の場合の早期処分価額を算定することとなります。処分価額を求める上で最近よく問題となるのが土壌汚染の問題です（国土交通省は，土壌汚染を調査して鑑定価格に反映させるなど，新たな鑑定評価基準を導入しました）。平成14年5月29日に土壌汚染対策法が公布されましたが，今後，土壌汚染の可能性のある土地を購入しようという買主は土壌汚染の浄化の実施を売主に求め，あるいは，土壌汚染を考慮した減価を要求してくる

ことが多くなるでしょう。従って，土壌汚染の可能性のある工場などの処分価額を求める場合には土壌汚染による減価を行う必要があります。しかし，土壌汚染の対策費用は，ケースにより数千万円程度ですむ場合もあれば10億円を超えるような場合もあり，土壌汚染を考慮して不動産鑑定評価を行うことは容易ではありません。土壌汚染の存在あるいはその可能性の存在が不安感や嫌悪感として市場性を損ない市場価値の減価要因となること自体否定できないことに鑑みれば，時間の制約や費用の関係から土壌汚染の浄化費用を正確に見積もることができないようなケースでも，例えば，土壌汚染による減価として50％前後の減価を行うなどの処理もやむを得ないと思われます。

5 不動産以外の有形固定資産

器具備品，機械装置等については，これらを自ら使用するために買い受ける者が存在するような例外的な場合を除き，一般に，スクラップ価値を見積もることとなります。

建物に附合された設備造作や構築物は一般に建物と切り離して処分することは困難ですから，建物と一体で評価することとし，ゼロ評価とすることが多いでしょう。

車両運搬具は中古市場価値があるときには，これによることになります。

6 無形固定資産

電話加入権については，回線販売業者による買入価額を参考にして処分価額を付することとなります。平成18年11月現在の相場は一回線数千円程度であるようです。

ソフトウエアについては，他に転売可能性があるものを除き，処分価値はゼロとなります。独自仕様のソフトウエアについては通常換価価値は認められないでしょう。

営業権が計上されていたとしても，通常換価価値は認められないので，処分価額はゼロとなります。

7 有価証券・投資勘定

① 有価証券について

上場株式などの時価のある有価証券については，開始決定日時点の時価により評価することとなります。

他方，時価のない有価証券については，決算書等に基づき発行会社の財政状態を考慮して処分価値を決定する必要があります。例えば，ⓐ財政状態が良好で投資額の回収が見込まれるものについては簿価により評価し，ⓑそうでないものについては，売却見込み額（財政状態が悪い発行会社についてはゼロ評価）において評価するなどです。とりわけ，再生債務者の子会社株式や関連会社株式については再生債務者と同様に財政的に破綻状態に陥っている場合が多く，このような場合には評価額はゼロとする必要があります。

② ゴルフ会員権

ゴルフ会員権については，取引相場のある銘柄については買取相場価格により評価します。他方，取引相場のない銘柄に関しては，預託金方式である場合には，発行会社の財政状態を検討し，回収見込額に基づき評価することとなります（ゴルフ場の経営破綻が相次ぐ昨今の経済情勢からすれば，ゼロ評価をすべき場合も少なくないでしょう）。これに対し株式方式のものは，上記の有価証券の評価方式に準じて評価することとなります。

③ 敷金・保証金

敷金・保証金については，返還のときの償却金額，原状回復費用，未払賃料控除額等を考慮した上，相手方の財政状況に鑑み回収見積額を算定することとなります。

8 その他の資産

① 繰延資産

試験研究費，開業費等の繰延資産は，商法上資産計上が認められていたものですが（商法施行規則35条～41条），会社法施行後は，公正な会計慣行に従い適当であると認められるものを繰延資産として計上することとされています（会社計算規則106条3項5号）。繰延資産は，換価価値は認められませんので，処分価額はゼロとすることとなります。

② 前払費用

前払費用も，通常換価価値は認められませんので，処分価額はゼロとすることとなります。

③ 求償権

再生債務者が子会社等の金融機関からの借入金を連帯保証している場合には，再生債務者の負債勘定に保証債務を計上する必要がありますが，これと見合いで，資産勘定に主債務者たる子会社等に対する保証債務見返り求償権を計上することとなります。

この求償権については，主債務者たる子会社等の財政状態を検討し回収可能性（ゼロ評価となることが少なくないでしょう）を見積もることとなります。

［三森　仁］

Q178　財産評定において，負債の会計処理にはどのような点に留意する必要がありますか。

A

1　負債の区分整理

負債は，再生手続における弁済方法等の観点より，共益債権，一般優先債権，再生債権，別除権付債権，開始後債権に大別されます。これらの債務の内容についてはQ80以下をご参照下さい。

財産評定の結果に基づく破産配当率の試算においては，以上の負債区分を前提として再生債権に対する弁済原資となるべき額を算定することとなるため，財産評定における負債の会計処理においても仮決算による各勘定科目別の負債をこれらの負債区分に整理する必要があります。

2　債権認否との関係

東京地裁の標準スケジュールでは，財産評定書の提出期限の約1週間後に再生債権の認否書の提出期限が設定されており，財産評定書の提出時点では未だ再生債権の認否が完了していない場合が少なくありません。

しかし，財産評定で計上した負債が後に大きく変動することは，財産評定の結果に基づく破産配当率の試算に対する信用を損なうことにもなりますので，できる限り財産評定の結果と債権認否の結果は整合することが望ましいと思われます。そこで，再生債務者としては，把握している債務額と届出債権額との間に多額の差異があるものについては優先的に調査を行い，仮決算において必要な修正を行うなどにより，負債額が後に大きく変動しないように対処する必要があります。

3　保証債務

再生債務者が子会社等の金融機関からの借入金について連帯保証や物上保証（資産を担保提供すること）している場合には，保証債務や物上保証債務を負債計上（物上保証債務については保証差入資産の評価額相当額を負債として計上します）する必要があります。なお，資産には保証債務見返り求償権を計上することとなります。

中には経営指導念書を差し入れているケースなど保証債務性の有無を判断する必要がある場合があり，こういった場合には債権認否の方針と整合を図るため，申立代理人や再生債務者の会計士は，監督委員・補助公認会計士とも事前に協議して取扱いを明確にしておく必要があります。

4　相殺処理について

民事再生法によれば，再生債権者は，再生手続開始当時，再生債務者に対して債務を負担している場合で，再生債権の届出期間満了前に債権・債務の双方が相殺適状（債権・債務ともに履行期が到来していること）になったときに，当該届出期間満了前に限り相殺を行うことができるとされています（法92条1項）。

しかしながら，東京地裁での標準スケジュールによれば，再生債権の届出期間は財産評定書提出期限の約3週間前に設定されているため，財産評定書提出期限までに，相殺通知の有無・内容について調査を完了することは

困難な場合が少なくありません。また，相手方が再生債権届出期間までに相殺処理を行うことを失念していたようなときや再生債権届出期間までに相殺適状にならないときであっても，相手方が極めて重要な取引先であるなどの場合にあっては再生債務者の事業の継続の観点から和解により相殺を認めることもあり得ます。その意味で，財産評定においては，相殺通知の有無や相殺適状の時期にかかわらず相殺を前提とした処理を行うという取扱いによった方が望ましい場合もありますのでご留意下さい。

また，相殺適状額を算定する上で，再生債権者は，弁済禁止の保全処分発令日後に新たに発生した買掛金や預金などの債務と再生債権とを相殺することはできないという点に留意する必要があります。

5 リース契約

会社更生手続においては，リース契約のうちいわゆるファイナンスリース契約（とりわけ，フルペイアウトのファイナンスリース契約）については，更生担保権付の金融債務と扱うのが一般です（最判平成7年4月14日民集49巻4号1063頁参照）。この場合，会計処理においては，リース債務を金融債務として捉え，リース物件を更生会社の資産として計上することが考えられます。

民事再生手続においては，会社更生手続における処理との整合性からリース契約を別除権付金融債務として捉える場合が多いと思われますが，共益債権として扱う場合もあります。

財産評定においては，前者の場合（別除権的処理），リース物件を資産計上するとともに，リース債務相当額を負債計上し，後者の場合（共益債権的処理）には，特段の会計処理はしないということが考えられます。

〔三森　仁〕

Q179

監督委員も財産調査を行うと聞きましたが，再生債務者の行う財産評定とはどのような関係にあるのでしょうか。

A

監督委員は，裁判所の定めるところにより，再生債務者の業務及び財産の管理状況その他裁判所の命ずる事項を裁判所に報告することとされます（法125条3項）。具体的には，監督委員は，再生債務者の業務及び財産について調査した結果及び再生計画案について，裁判所に意見書を提出し，裁判所が再生債権者に対し債権者集会招集通知を行う際に，この報告書（要旨の場合もあります）を同封し，債権者が債権者集会における再生計画案への賛否を判断する上での参考とすることとなります。

このような監督委員の財産調査は，再生債務者による財産評定をチェックするという監督的立場から行うこととなります。

この点，再生債務者による財産評定について，監督委員が事前に不備を指摘することなく再生債権者に送付する意見書において不備を指摘した場合，その後の再生手続に支障をきたすおそれが否定できません。そこで，監督委員としては，できるだけドラフト段階で事前チェックを行い，再生債務者が必要な修正を行うことができるように適宜意見を述べるなど工夫が必要となると思われます。

〔三森　仁〕

第10章 財産評定

Q180 財産評定のスケジュールを教えて下さい。

A

東京地方裁判所民事20部（破産・再生部）における標準スケジュールは次のとおりです。

民事再生手続標準スケジュール（平成13・1・9改訂）
東京地方裁判所民事第20部

手続	申立日からの日数
申立・予納金納付	0日
保全処分発令・監督委員選任	0〜2日
第1回打ち合わせ期日	2週間
開始決定	2週間+1日
債権届出期限	6週間
財産評定書・報告書提出期限	2月
計画案（草案）提出期限	2月
第2回打ち合わせ期日	2月
認否書提出期限	9週間
一般調査期間	10週間〜11週間
計画案提出期限	3月
第3回打ち合わせ期日	3月
監督委員意見書提出期限	3月+1週間
債権者集会招集決定	3月1週間+2日
債権者集会・認否決定	5月

平成12年4月1日施行。6月15日，7月10日，7月31日，13年1月9日改訂

この標準スケジュールでは財産評定に基づく財産目録・貸借対照表の提出期限は申立日から2カ月後とされています。開始決定後から計算すると約5週間ということとなり，かなりタイトなスケジュールといえます。　　　　　　　　　［三森　仁］

Q181 財産評定の作業手順を教えて下さい。

A

財産評定は，東京地方裁判所の標準スケジュールによれば，申立日から2ヵ月間で行う必要があります。従って実際の作業にあたっては，申立代理人と経理責任者・顧問公認会計士・税理士との間で，会計方針や作業手順について十分に事前打ち合わせをして効率的にのぞむ必要があります。また，財産評定については裁判所に提出する前に監督委員・補助公認会計士による検証を受ける必要があるため，監督委員・補助公認会計士との事前打ち合わせ，調整も必要となります。

作業手順の概略は以下のとおりです。
① 事前打ち合わせ
　↓
② 仮決算における実地棚卸等の決算事務
　↓
③ 財産評定作業
　↓
④ 補助公認会計士による検討作業
　↓
⑤ 監督委員・補助公認会計士との調整
　↓
⑥ 財産評定書の完成　　　　［三森　仁］

Q182 財産評定における仮決算はどのようなことに留意して行う必要がありますか。

A

1 財産評定における仮決算と会社帳簿・事業年度との関係について

① 会社更生法においては，財産評定額を会計帳簿上の取得価額とみなす旨の規定（会社更生法施行規則1条2項）に基づき，会計帳簿上財産評定に従って評定益・評定損を計上し資産の取得価額を評価換えすることが会計上・税務上認められています。

これに対して，民事再生法においては，会社更生法のように財産評定額を会計帳簿上の取得価額とみなす旨の規定がないため，会計上評定益・評定損を計上することは他の根拠規定がない限り原則として認められていません（注1）。従って，財産評定のための仮決算は相殺取引などの実際の取引を除き，原則として会計帳簿に織り込む必要はありません。

② また，民事再生法においては，会社更生法のように事業年度を変更する規定（会社更生法232条2項）がないため，再生債務者の事業年度は再生手続により変更されることはありません。

③ 以上より，再生手続における財産評定は，単に期中の一時点において清算価値を把握するため会社の一切の財産の処分価額を試算するという位置付けにあり，財産評定に基づく評定額と会計帳簿との関係は切り離されているものと考えられます。

民事再生法と会社更生法の主な違いを図示すると次の図表のとおりです。

図 表

項 目	民事再生法	会社更生法
評価基準	原則処分価額（規則56）	時価（会更83条2項）
会計帳簿の評価換	民事再生法上規定なし	財産評定額を取得価額とみなす（会社更生法施行規則1条2項）
事業年度	変更なし	開始決定日で変更（会更232Ⅱ）

（注1） 財産評定に基づく評定益・評定損の計上は原則として認められませんが，Q183に述べるとおり一定の場合には税務上評価損・評価益の計上が認められます。

2 取引高及び債権債務の締切

開始決定日は月末日とは限らないので，月の途中で売上高・仕入高等の取引高及び売掛金・買掛金等の債権債務を締め切る処理が必要となります。

コンピュータシステムを利用している場合には，月末日や締切日以外の時点のデータを随時算出できるようには設計されていないことも多く，前もって対策を検討する必要も生じます。これに対し，コンピュータシステムによらず，納品書・請求書に基づく会計処理を行っているような場合には，これら伝票類の集計により処理することとなります。

3 実地棚卸等手続について

年度末決算においては，預金・借入金の残高証明書の確認，売掛金等債権債務の残高確認，棚卸資産の実地棚卸，固定資産の実査等の手続が行われます。仮決算においてもこうした手続を履践することが望ましいことは言うまでもありませんが，時間的制約があるので，申立代理人や再生債務者の会計士・税理士は，監督委員・補助公認会計士と事前に協議して，手続の省略の可否や手続を実施できない場合の対処方法等について対策を検討しておく必要があります。

［三森 仁］

第10章 財産評定

Q183 再生債務者の財産評定と税務上の評価損益との関係について教えて下さい。

A

1　会社更生法では、財産評定により財産目録、貸借対照表に記載された評定価額が新たな取得価額とみなされるためにその時点で評価損益が生じます。これを受けて法人税法では評価益については25条第2項で益金算入する旨を規定し、評価損（ただし、貸付金、売掛金等の債権に係るものを除きます〔法人税法33条2項〕）については法人税法33条2項、同法施行令68条で損金算入を認めています。

2　これに対し、民事再生法の場合に関しては平成17年税制改正以前は法人税法・同法施行令上特に明記されておらず、商法上の整理に準ずるものとして、法人税法施行令68条の適用が可能と扱われていました。すなわち、再生手続の開始決定がなされた場合、下記の4種類の資産（貸付金・売掛金等の債権は対象外です。）については、評価損の損金算入が認められました（法税33条2項、法税令68条、法基通9－1－5、同9－1－16,）（注1）（注2）。

記
　　a　棚卸資産
　　b　有価証券
　　c　固定資産
　　d　一定の繰延資産

3　平成17年度税制改正により、民事再生の場合にも会社更生と同様に税務上評価損益の計上が可能となりました（法税25条3項・法税令24条の2，33条3項・法税令68条の2）。経理処理は申告加算・減算方式により、計上時期は再生計画認可決定時とされています（評価損だけでなく評価益の計上も必要ですので、ご留意下さい。）。また平成17年度税制改正では、期限切れ欠損金から優先的に控除することが認められることとなっています（法税59条2項、法税令117条）。

なお、平成17年度税制改正前から認められていた評価損の計上（法税令68条）については、法人税基本通達9－1－5，9－1－16が残っていることを根拠に、平成17年度税制改正後も適用可能と考える見解が有力のようです。

（注1）　税務上の時価は清算を予定している場合には処分価額を、事業継続を予定している場合には再調達価額を意味するため、再生債務者において試算される処分価額をもって直ちに税務上の時価とみなすことは困難とされています。そこで税務上、処分予定の資産の評価をする場合を除いては、原則として再調達価額によって評価し、再調達価額と帳簿価額との差額を評価損として計上するべきとされる場合がありますので注意を要します。

（注2）　減価償却費の計上が税務上任意であることから、再生債務者の中には減価償却を適切に実施してこなかった結果、帳簿価額が過大となっている場合があります。税務上は、本来、減価償却不足額があったとしても不足額を一度に損金とする処理は認められていませんが、再生手続の開始決定があった場合には、減価償却資産について理論上の帳簿価額まで評価減をすることが多いものと思われます（法基通9－1－19参照）。

4　なお、詳しくは、公認会計士又は税理士に確認して下さい。また、民事再生手続におけるその他の税務上の留意点については、「民事再生事件の監督事務における公認会計士調査要領（下）」NBL708号16頁以下を参照下さい。

〔三森　仁〕

第10章 財産評定

Q184 事業継続を前提とした評価にはどのような手法がありますか。

A

事業継続を前提とした評価手法には，主なものとしては収益還元法とDCF（Discounted Cash Flow）法があります。

1 収益還元法

収益還元法は，将来の予想利益（単年度の税引後利益）を一定の資本還元率により現在価値に還元するもので，算式で表すと，例えば，次のとおりです。

事業価値＝将来の予想利益÷資本還元率

2 DCF（Discounted Cash Flow）法

DCF法は，将来のキャッシュフローを予測して，これを投資家が期待する投資利益率で現在価値に割引計算して事業価値を算出する方法であり，例えば，次の算式で表すことができます。概説すれば，予測期間のキャッシュフローを各年度ごとに割引率により現在価値に割引計算し，さらに予測期間最終年度以降の価値を割引率により現在価値に割引計算し，両者の合計から事業価値を算出するというものです。なお，事業によっては，予測期間最終年度以降の価値を含めないことが適当な場合もありますので留意して下さい。

$$現在価値(PV) = \sum_{i=1}^{n} \frac{C_i}{(1+r)^i} + \frac{RV}{(1+r)^n}$$

i＝予測期間
n＝予測期間の最終年度
C_i＝各年度のキャッシュフロー
r＝割引率
RV＝残存価値＝予測期間最終年度以降の価値

［三森 仁］

Q185 土壌汚染等，土地の評価にかかわる環境関連法規制にはどのようなものがありますか。

A

1 土壌汚染については，基本法として，土壌汚染対策法が平成14年5月29日に公布され，平成15年2月15日に施行されました。

2 また，環境全般については，環境基本法が定められており，環境基本法第三節（環境基準）16条の規定その他の関連法規に基づき，政府は，①「土壌汚染に係る環境基準について」（平成3年8月23日環境庁告示第46号），②「水質汚濁に係る環境基準について」（昭和46年12月28日環境庁告示第59号），③「地下水の水質汚濁に係る環境基準について」（平成9年3月13日環境庁告示第10号），④「ダイオキシン類による大気の汚染，水質の汚濁（水底の底質の汚染を含む。）及び土壌の汚染に係る環境基準」（平成14年7月22日環境庁告示第46号）等を定めています。なお，これらの環境基準については，環境省のホームページで閲覧できます。

http://www.env.go.jp/kijun/

3 環境関連法規制には様々なものがあり，主なものでも以下のような法律及びこれに基づく施行規則，施行令があります。

第10章　財産評定
Q185

① 環境基本法
② 土壌汚染対策法
③ 水質汚濁防止法
④ ダイオキシン類対策特別措置法
⑤ ポリ塩化ビフェニル廃棄物の適正な処理の推進に関する特別措置法（PCB廃棄物処理法）
⑥ 廃棄物の処理及び清掃に関する法律
⑦ 工場立地法
⑧ 特定工場における公害防止組織の整備に関する法律
⑨ 下水道法
⑩ 浄化槽法
⑪ 大気汚染防止法
⑫ 消防法
⑬ 悪臭防止法
⑭ 騒音規制法
⑮ 振動規制法
⑯ 高圧ガス保安法
⑰ 工業用水法
⑱ 循環型社会形成推進基本法
⑲ 特定化学物質の環境への排出量の把握等及び管理の改善の促進に関する法律（PRTR法）
⑳ 化学物質の審査及び製造等の規制に関する法律
㉑ 毒物及び劇物取締法
㉒ 労働安全衛生法
㉓ 人の健康に係る公害犯罪の処罰に関する法律
㉔ 農地用の土壌の汚染防止等に関する法律

　また，環境関連法規制を検討するにあたっては，都道府県等各地方自治体の定める条例及び施行規則等にも注意をする必要があります。

　なお，適切な土壌・地下水汚染の調査，対策の実施における指針として，「土壌・地下水汚染に係る調査，対策指針及び同運用基準の策定」（平成11年9月29日環境庁）があります。　　　　　　　　　　　〔三森　仁〕

第11章　法125条書面

Q186　法125条に規定される報告書とは何ですか。

A

再生債務者が，開始決定後に裁判所に提出する，再生手続に至った経緯や，開始決定時における再生債務者の業況や資産状態に関する報告書です。

これは，主に，債権者に対し再生計画案の当否等を判断する資料として，また，再生手続を監督する立場にある裁判所，監督委員に対する必要な情報の提供をするために，提出が要求されています。

［大城康史］

Q187　法第125条1項の報告書にはいかなる事項を記載するのですか。

A

1　再生債務者は，再生手続開始後遅滞なく，管財人が選任される場合はその就職後遅滞なく，民再法125条1項に挙げる事項を記載した報告書を提出しなければなりません。そして，この報告書は，同じく再生債務者に対して，提出が義務づけられている財産目録及び貸借対照表とともに，再生債務者の現状が示され，再生債権者が再生可能性を判断する材料となります。

2　報告書に記載する内容は以下のとおりです。
① 　1項1号「再生手続開始に至った事情」
　業績が悪化した原因，再生手続申立前にとった対策，その対策が不奏功となった理由，再生手続申立に至った直接の原因等を記載することになります。
② 　1項2号「再生債務者の業務及び財産に関する経過及び現状」
　「業務の経過及び現状」とは，事業内容の過去から現在に至るまでの変動，事業人的物的な規模，売上高，損益及び利益率のこの間の変動，資金繰りの経過及び現状，取引先の状況，経営陣や社内組織の変遷と現状といった事項が主な記載事項です。
　「財産の経過及び現状」とは，過去から現在に至るまでの財産状況，主たる財産の利用又は処分の経緯と将来的な財産状況の見通し等が主な記載事項です。
③ 　1項3号「法人である債務者がその役員に対して損害賠償請求をすべき事実が認められる場合の当該損害賠償査定の裁判及び役員らの資産に対する保全処分を必要とする各事情
　これらの事情から，裁判所は，再生手続を進める際にこれらの裁判の審理が必要かについてその見込みを把握することができ，利害関係人も再生債務者が破綻するに至った過程で役員の損害賠償義務があるか否かといった事情を知る機会が得られることになります。

④　1項4号「その他再生手続に関し必要な事項」

　再生手続開始後の主要債権者及び主要取引先の動向や協力の程度及び取引継続の有無，別除権者との別除権協定の現状や見通し，金融機関やスポンサーからの支援の有無，内容等がここでの記載事項です。

[大城康史]

Q188　125条の報告書は，いつまでに提出するのですか。

A

　法文には，「遅滞なく」提出せよと，書かれていますが，126条の財産状況報告集会が開催されたか否かで違いがありますが，東京地方裁判所での運用では，計画案決議のための債権者集会を開始決定後4ヵ月程度で開催している関係で，財産状況報告集会はほとんど開催されていないので，通常は規則57条に基づき，開始決定後2ヵ月以内に提出することになります。

　特に，東京地裁では，ケースによりますが，申立後2ヵ月程度で提出を行っていますので，申立書提出後，すぐに報告書作成を意識した準備が必要となります。

　また，同時に財産評定と貸借対照表もともに同時期に提出を要求している運用なので，提出時期に関しては，充分に注意する必要があります

[大城康史]

Q189　125条の報告書の要旨については，各債権者に報告する必要があるのですか。

A

　民事再生法では，報告書を各債権者に周知させるために，報告書の要旨を記載した書面の送付，債権者説明会の開催，その他適当な措置をとることが要求されます（規則63条）。

　実際の運用としては，報告書を送付するか，あるいは債権者が多い場合は，再生計画案提出後，債権者集会開催前に，債権者説明会を開く例も多くあります。

[大城康史]

第12章　計画草案，事業計画等

Q190　再生計画案の素案とは何ですか。再生計画案とどの点が異なるのですか。

A

　再生計画案の概要を記した書面で，あらかじめ裁判所に提出しておくものです。

　東京地裁では，財産評定書及び報告書の提出と同時に，「再生計画案の素案」（草案）の提出を求めています。これは，正式な再生計画案の提出に先立って事実上作成される文案です（西謙二・中山孝雄編『破産・民事再生の実務〔新版〕下』きんざい255頁）。その内容は，提出時期が，債権届出期限後・債権調査未了の段階であるため，各債権者毎の個別弁済予定表は添付せず，再生計画案の概略を記載したものとなります。具体的には，今後の営業計画の概要，弁済率，売却予定物件の指摘，営業譲渡や減資をする場合にはその旨等の再生計画の骨子を記載し，弁済額概算合計の表を添付するに留めることになります。

　なお，これとは別に，再生計画案の事前提出の制度も存在します。すなわち，再生計画案の提出は，原則として債権届出期間満了後とされていますが，申立後，債権届出期間満了前にも再生計画案を提出することができます（法164条1項）。再生計画案の事前提出の場合には，債権届出と債権調査が未了のため，届出再生債権者等の権利に関する事項（法157条），未確定の再生債権に関する事項（法159条）を確定的に定めることを要しないという点が異なります。これらの不足事項については，債権届出期間満了後，裁判所の定める期間内に補充します（法164条2項，民事再生規則86条2項）。

［松村昌人］

Q191　再生計画案の素案の提出時期は，いつですか。

A

　申立後から2～3ヵ月後程度のことが多いようです。

　再生計画案の素案の提出時期は，東京地裁では，申立時に裁判所と協議して決定されるスケジュール案に記載されています。通常は，財産評定書及び報告書の提出と同時に，再生計画案の素案の提出を求めており，具体的には，申立日から2～3ヵ月後とされることが多いようです（参考『破産・民事再生の実務（下）』237頁）。その提出をまって，裁判所，監督委員，申立代理人の間で進行協議がおこなわれます。この前後のスケジュール例は，以下のとおりです（参考『破産・民事再生の実務〔新版〕（下）』7頁）。

第12章　計画草案，事業計画等
Q192

- 第1回打合わせ期日　　申立日から1週間
- 開始決定　　　　　　　申立日から1週間
- 債権届出期限　　　　　申立日から1月＋1週間
- 財産評定書提出期限　　申立日から2ヵ月
- 報告書提出期限　　　　申立日から2ヵ月
- 計画案（素案）提出期限　申立日から2ヵ月
- 第2回打合わせ期日　　申立日から2ヵ月
- 認否書提出期限　　　　申立日から2月＋1週間
- 一般調査期間　　　　　申立日から10週間～11週間
- 計画案提出期限　　　　申立日から3ヵ月
- 第3回打合せ期日　　　申立日から3ヵ月
- 監督委員意見書提出期限　申立日から3ヵ月＋1週間
- 債権者集会招集決定　　申立日から3ヵ月＋1週間
- 債権者集会・認可決定　申立日から5ヵ月

なお，再生計画案の事前提出（法164条）の場合には，再生手続開始の申立後から債権届出期間の満了前と法定されています（法164条1項）。再生手続開始前に，再生計画の事前提出がなされた場合には，裁判所は，開始決定の公告事項を記載した書面（法35条3項）と併せて，再生債権者に当該再生計画案の内容を通知することができます（規則86条）（参考 全国の裁判所の再生手続標準スケジュールにつき，「事業再生と債権管理」115号47頁参照，『再生書式』書式5）。

［松村昌人］

Q192　事業計画とは何ですか。内容はどのようなものですか。

A

今後の売上等予測やその根拠等です。

民事再生においては，再生計画において，弁済計画が明示されます。そして，その弁済をおこなうための弁済原資をどのように調達するかを決めておく必要があります。そのために作成しておくのが，事業計画です。すなわち，事業計画は，再生計画が実行可能か，弁済率が適当かを債権者等の利害関係人が判断するための基礎資料となります。記載内容は法定されていません。したがって，文章で説明したり，数字が関係してくるものについては，数表やグラフ等を用いて予想損益計算書や予想資金繰表を作成するなどして，適宜わかりやすいものを作成すればよいと思われます。記載する内容として以下の項目が考えられます。

- 再建方法の概要
　　（自力再建型，清算型，スポンサーを付する型，M&A型等）
- 営業部門の動向
　　（閉鎖するもの，維持するもの，他社に売却するもの）
- 保有不動産の処理
　　（売却するもの，維持するもの）
- 今後の人員体制
　　（リストラの規模，対象部門）
- 今後の財務予測
　　（売上予測，原価などの費用予測，獲得利益予測）
- 弁済用資金の予測と弁済計画
　　（納税計画，担保権対象資産の処分計画）

事業計画においては，経営方針が，財務数値の将来予測数値に，どのように影響するのかを明らかにすることが重要です。例えば，ある事業部門を廃止する場合には，当該事業部門に関係する従業員のうち退職することとなる者についての退職金の支払，閉鎖事業所の原状復帰費用の支払が必

要となる反面，当該営業所の売却等により資金が獲得される場合があります。そして，長期的には，同事業部門の廃止により，予想売上高や予想原価等の費用も変動することになります。事業部門を他社に売却する場合も，同様です。日本公認会計士協会近畿会・法務会計委員会民事再生法分科会「民事再生法における事業計画案の参考書式（平成14年7月）」NBL744号29頁以下では，数表を主体としながらも，注記において，その根拠を示す方式を採用しており，参考となるでしょう（同協会のweb上に，参考書式として，資金繰表，財産評定，事業計画案が公開されています）。

このような予測をするためには，部門別計算がなされていると作業が容易になります。特定部門の廃止や売却に伴う将来損益予測の変動が把握しやすいからです。このような部門別の管理会計がなされていない場合には，事業部門の売却について，その効果を個別に計算しなおす必要があるでしょう（**参考** 新川大祐「再建型倒産手続における事業計画作成上の留意点について」事業再生と債権管理114号61頁，『再生書式』書式14，前掲・NBL744号29頁以下，「利益計画の作成」『再生の法律・会計』198頁以下等）。　　　　　［松村昌人］

Q193 事業全体が不採算ですが，事業計画はたてられますか。

A

清算型，営業譲渡型等の事業計画をたてることができます。

会社の営業全体が不採算部門の場合，どのように事業計画を立てるかは難問です。単一の営業部門しかない場合や，複数の営業部門を有していても，そのすべてが不採算部門である場合，一般的な意味での再生は困難でしょう。この場合，会社を清算する前提で，再生計画を作成するか，破産手続に移行することも検討することになります（**参考**「赤字会社の再建可能性」『会社更生，再生，清算の法律と会計，税務』清文社，245頁）。

もっとも，営業部門がすべて赤字であっても，第三者（スポンサー候補者）が有する資本力や提携手法次第では，黒字部門と転換できる場合も考えられます。投資会社や同業他社等が，適切な資金投下と人員派遣スキームを実行して，当該営業の再起をはかる場合です。この場合，再生債務者の有する営業について，営業譲渡をおこなって，再生債務者自体は清算するというM&A型の再生計画を立てることになります。また，営業部門としては，赤字であっても，当該営業部門の拠点である不動産が高価で売却できる場合には，当該不動産を売却してその売却金をもって一定率の弁済をおこない（収益による長期弁済はしない），営業拠点を移設のうえ，再起に備えるという計画も考えられます。この点，名古屋高決平成16年8月10日判例時報1884号49頁も，担保権消滅許可決定について，当該財産を売却することが，事業の継続のため必要不可欠であり，かつ，その再生のため最も有効な最後の手段であると考えられるようなときは，処分される当該財産も再生債務者の事業の継続に欠くことができないものに該当するとして，同制度の利用を肯定しています。

なお，以上の清算型や営業譲渡型によらずに，あくまで自力再建型による再建を検討せざるを得ない場合もあります。すなわち，原価や費用を節約して黒字に転換することを前提とした再生計画を作成する場合です。もっとも，民事再生手続の申立後は，一般に売上が減少することが多いため，このような方法での再建は，必ずしも容易ではないことを留意すべきです。また，従前と同様の原価構造では，赤字体質は変わらず，再建は不能ですから，これを改善することが必要となりますが，これまでと異なり，何故，一転して費用削減が可能となるのかについて合理的な根拠が必要となるでしょう。すなわち，原価の削減をするにしても，通常，再生債務者の仕入業者は同時に債権者であ

第12章　計画草案，事業計画等

ることが多いため，原価を切りつめるといっても，具体的には，どのようにするのか（例：他の仕入業者に切り替えたり，これまでの仕入業者からの仕入価格を抑える）を検討せざるを得ません。したがって，そのような再生方針が，再生債権者たる仕入業者の理解を得られるのか十分に検討する必要があるでしょう。　　　　　　　　［松村昌人］

Q194　事業計画の作成時期はいつですか。

A

申立時，債権者説明会時あるいは再生計画案提出時等です。

事業計画の作成時期は法定されていませんが，事業計画は，弁済のための資金をどのように調達するのかを示す資料ですから，適宜必要な時期に関係者に内容を開示して，納得を受けるために作成します。具体的には，申立時（申立資料として），債権者説明会時（説明会の資料として），再生計画案提出時（再生計画案の一部として）などが考えられます。第1の例としては，民事再生手続開始の申立ての際に，裁判所に提出する疎明資料として提出する場合です。この場合の得失としては，次のようなものが考えられます。

（利　点）
・再生計画案の作成の方針についての申立人の意見（規則12条）として活用できる。
・従業員や関係者への説明の際に配布することで，混乱の早期収拾のために活用できる。
・早期の段階で，債権者からの意見を受けることができ，後日の，再生計画案作成に際して，債権者の意見を踏まえたものの作成が可能となる。

（留意点）
・その後の事情変動のため修正を余儀なくされることがある。

第2の例としては，申立後，債務者主導で開催される任意の債権者説明会の際の説明資料として作成して配布する場合です。この場合の得失は以下のとおりです。

（利　点）
・債権者に集まってもらったのに，何も説明資料がないという事態を防止できる。
・倒産の事実に感情的になっている債権者に対して，具体的な検討項目を呈示できる。

（留意点）
・単純なミスがあった場合には，信頼を喪失することがある。
・会社の経費細目について逐一説明を求められ，集会が紛糾することがある。

第3の例としては，再生計画案の中で，具体的な利益計画の根拠説明として作成する場合です。この場合の得失は以下のとおりです。

（利　点）
・債権者の影響を受けずに，自由に事業計画を作成して，再生計画案を提出できる。
・途中で誤りがないか時間をかけて確認できる。

（留意点）
・大口債権者の意見を全く参酌しないで作成した場合，再生計画が否決される可能性がある。
・監督委員等との間で意見調整をおこなっていない場合，違法な内容となっていることに気づかなかったり，実現可能性が低いと指摘される場合がある。　　　　　　　　［松村昌人］

Q195 予想損益計算書はどのように作成しますか。

A

これまでの実績値を踏まえて，事業計画に沿った変更点を考慮して作成します。

予想損益計算書は，将来の売上予測，原価予測，販売費及び一般管理費予測，税引後利益予測等を記載するものです。その目的は，弁済資金を毎年どのように確保するかについての見通しを得るためです。もっとも，申立時に疎明資料として，裁判所に提出する場合がありますし，その後も，適宜，監督委員，裁判所，主要債権者に説明のため提出する場合があります。

第1の留意点としては，これまでの実績値を踏まえる必要があるという点です。例えば，これまで売上高が毎年10億円程度の企業が，破綻後に，売上を急に伸ばして，10年後に何十億円もの売上を獲得できる等ということは，通常は期待できません。むしろ，業種によっては，民事再生の申立後は，売上高の落ち込みが激しい場合もあります。また，同種営業の場合，原価率は，ほぼ同じですから，民事再生の申立後に，これが大きく減少することも考えにくいことです。したがって，予想損益計算書を作成するにあたっては，実績損益計算書の過去数年分に続けて，予想損益計算書を並べる形式で，一体化した表を作成し，一覧比較ができるようにするのが便利でしょう。

第2の留意点としては，事業計画に沿った変更点を反映させる必要があるという点です。例えば，ある事業部門を閉鎖する場合には，閉鎖時以降については，当該事業部門に関係する収益と費用は，予測数値から控除する必要があります。この場合，各部門にて共通で発生する費用については，部門別の売上高等の按分比率で減少するとは限りませんので（例えば，部門共通費の配賦基準を床面積としている場合，同じビルで営業をしているときには，同ビルの賃貸面積を減らさない限り，賃料負担額は減少しません），費用の細目に立ち入って，控除額を見積もる必要があります。

第3の留意点としては，科目毎の数値と，その根拠が連動するようにしておくことです。民事再生法における再生計画の作成過程においては，草案を作成した後も，関係者との調整の結果，売却予定部門を変更したり，基礎数値に変更を加える必要がある場合もあります。その際，毎年の獲得利益にどのような変化が生じるかを即時に検証するためには，(1)各勘定科目の内訳（商品別の売上単価，数量，原価，原価構成要素毎の明細等）が，いつでも引き出せ，かつ，(2)その内訳項目の数値を変更することで，全体の変更結果を得られるようにしておく必要があります。例えば，ある地区のある営業所を廃止した場合に，(1)変更すべき点が，該当地域の売上個数の減少，毎月の家賃減少，一時支出としての引越費用や退職給与等であることが，予想でき，かつ，(2)それらの項目に関する数値を改訂することで，即時に，その地区を含む支店の予想損益計算書，会社全体の予想損益計算書，資金繰表等が改訂表示されるという仕組みを表計算ソフトで用意しておくことが考えられます。もっとも，現実には，売上管理は営業部門，仕入費用管理は購買部門，一般経費は経理部門，銀行の債権管理は財務部門というように，各部門が独立し，しかも異なるフォーマットやシステムを用いて管理を行い，集計に多大の時間を要するという企業も多いため，可能な範囲で対処せざるを得ないでしょう（参考 『再生書式』書式36，「事業計画案の参考書式」NBL744号29頁以下，「利益計画の作成」『再生の法律・会計』198頁以下，田中亀雄『再建計画の作成マニュアル』商事法務研究会等）。

［松村昌人］

Q196 予想損益計算書における費用の記載について，留意すべき点は何ですか。

A

実績値との連続性，変更の根拠，明細の程度，費用の表示方法等に留意すべきです。

予想損益計算書には，費用項目も記載します。その際，第1に，実績値との連続性を考慮すべきです。再生債務者において，費用を節減すべきことは言うまでもありませんが，実現不能な費用削減案を記載しても説得力がありません。地代家賃を前月よりも減少させると予想損益計算書に記載する以上は，その根拠（例：近隣賃料よりも高額であるため賃料減額請求が認められる。より安い賃料のビルに移転する目処がある）が必要となるでしょう。

第2に，費用項目の明細の程度について考える必要があります。詳細な情報を求める債権者の中には，費用項目の明細について開示を求める者がいます。例えば，「取締役Aさんの役員報酬は，いくらか」，「大阪支店の家賃はいくらか」，「商品Aの原価構成を明らかにせよ」等です。しかし，予想損益計算書は再生計画に基づく弁済の実行可能性を判断するための資料として用いられるので，それを超えて過度に詳細な情報を提供すべき必要性はありません。特に原価構成については，顧客との値段交渉や同業他社に対する競争力維持等の観点からも営業上の秘密として開示をしないことも重要となります。したがって，他の費用項目に比べて突出して多額である等の特殊な費用状況でないかぎりは，財務諸表に記載する項目毎に総額を記載することで足りると思われます。

第3に，費用の表示方法を検討する必要があります。会計上の規則に従うのが適当で，その企業独自の勘定科目の設定は，慎むべきでしょう。例えば，建設業法では，施行規則において財務諸表の様式を指定しています。また，損益分岐点を意識して固定費と変動費とを区分して表示する管理会計も存在しますので，債権者の理解を促進するため，かかる表示方法によることも考えられます。もっとも，年度によって売上高が大きく変動するような特殊な業種でない限り，通常の損益計算書の表示でも足りるでしょう（**参考**『再生書式』書式36，「事業計画案の参考書式」NBL744号29頁以下，「利益計画の作成」『再生の法律・会計』198頁以下，田中亀雄『再建計画の作成マニュアル』商事法務研究会等）。　　　　　　　　［松村昌人］

Q197 予想損益計算書において認められる費用の額に制約はありますか。

A

会社の規模・業種，費用支出の必要性，再生計画の実現可能性等の事情を総合考慮します。

企業の維持のためには，一定の費用支出が必要となります。会社の規模が大きくなれば，それだけ必要とされる費用も多額になります。もっとも，破綻に至った経緯にかんがみれば，再生債務者としては，不要な費用は削減することを前提に予想損益計算書を作成する必要があります。また，債権者の中には，同業他社が含まれていることもあり，この場合，当該業種の平均的な原価から明らかに離隔した金額の費用については，理解が得ら

れないこともあり得ます。この点，中小企業庁編『中小企業の財務指標』等を参照して，自己の会社の原価等指標が平均的企業から大きく逸脱していないか，チェックをしてみることも，有益でしょう。結局，認められる費用の額を一律に決定する基準はありませんが，再生計画を実現するために必要な費用支出等については，債権者の理解を求めることが必要となるでしょう。

実際に問題となりうるものとしては，第1に，役員報酬があります。企業の破綻前までは，比較的高額の役員報酬を受領している会社がありますが，これについては，経営責任を明らかにする観点から，一定程度減少させる場合が多いようです。通常は，役員数を少なくして，総額を減少させるとともに，役員個人の報酬も減額することが多いようです。もっとも，取締役会設置会社においては，取締役は，3人以上でなければなりません（会社法331条4項）。また，役員個人の報酬を減額する場合でも，住民税が前年度の所得を基準に課税される関係上，あまりにも少額の役員報酬へと変更する場合，租税支出との関係で，生活が成り立たなくなることに留意すべきでしょう。

第2に，従業員の減少を実行する際に必要となる費用があります。会社の再建のために従業員の解雇等を行う場合，解雇予告手当として30日分以上の平均賃金を支払う必要がある場合があるほか（労働基準法20条），就業規則ないしは退職金規程に基づいて算出した退職金を支払う必要があります。その総額は，貸借対照表上の退職引当金表示を超過する場合もあるでしょう。

第3に，不要となった事業所を閉鎖する場合でも，約定期間内の賃料負担を求められることがあります。この場合，契約書の内容にもよりますが，新しいテナントを見つけるなりして，早期に撤退をおこなわないと無駄な賃料発生をとめることができません。また，不要となったリース物件を返却する場合にも，リース料違約金を請求される場合があります。

第4に，費用ではありませんが，事業継続にあたって必要不可欠な資産が担保に供せられている場合，これを維持するために，資産の評価額を基準として，担保権者に支払いをせざるをえないことも考えられます（参考『再生書式』書式36，中小企業庁編『中小企業の財務指標』）。

[松村昌人]

Q198 弁済計画表はどのように作成しますか。

A

獲得できる弁済原資，再生計画等に基づく支出を考慮して，作成します。

弁済計画表は，再生計画の検討資料や監督委員・主要債権者等への説明資料とするために作成し，再生計画等に基づく支出予定を記載するものです。再生計画においては，個別の債権者毎の弁済計画表を作成する場合が実務上多いため（法157条参照），各債権者への弁済額を合算した数表として再生計画の末尾に添付して正式文書とすることも考えられます。もっとも，弁済原資をいかにして捻出するかは，再生債務者のみならず利害関係人の関心事ですから，実際には，弁済原資をどのようにして獲得するかについても，一緒に記載することになるでしょう。弁済原資については，資金繰予測表やキャッシュフロー計算予測書を基に，導出します。具体的な記載方法としては，事業収支，投資収支，財務収支に区分して記載する例が多いようです。債務弁済の面では，債権者の種類毎に，別除権者に対する弁済，一般優先債権者に対する弁済，再生計画に基づく弁済等として，区分表示するのが，わかりやすいと思われます。なお，再生計画には，債権者毎に，弁済予定を表示する必要がありますが（法157条），債権認否を行う前の段階で作成する弁済計画表は，検討のための資料ですから，種類別に総額を記載する程度で

第12章　計画草案，事業計画等
Q199

良いと思われます。
　期末現金預金（次期繰越金額）の欄では，上記の収支を集計して，マイナスとならないか確認をします。なお，債権者の立場からすると，次期繰越金額を0にする程度までに，弁済を行うべきであるとの主張も考えられます。しかし，企業活動をとりまく環境は多種多様であり，予測外の変動が発生する可能性もあります。したがって，安定的な弁済を長期間にわたって続けていくためには，一定規模の金額を余裕資金として確保することが合理的であり，この点は，債権者の理解を得る必要があるでしょう（参考『再生書式』書式37，「キャッシュ・フロー計算書」（財務諸表等の用語，様式及び作成方法に関する規則110条以下），「弁済資金収支計画」『再生の法律・会計』221頁以下，田中亀雄『再建計画の作成マニュアル』商事法務研究会等）。　　　　　　　　　　［松村昌人］

Q199　弁済計画表の弁済原資の数字は，予想損益計算書から導いても構いませんか。

A

　キャッシュ・フロー計算書によるのが原則ですが，便宜的に，予想損益計算書の税引後利益を用いる場合もあります。

　予想損益計算書は，会計上の利益と損失の予測に依拠して作成されるもので，資金の収支を直接示すものではありません。すなわち，損益計算書は，通常の企業会計の場合には企業会計原則に，証券取引法に基づく開示のための場合には同法に，法人税の申告の関係では法人税に，それぞれ依拠して作成されます。他方で，弁済計画表は，最終的に現金で弁済をおこなうことを前提に作成される表ですので，キャッシュ・フローを示すものですから，弁済原資の数字は，現実に弁済可能な資金を表示する必要があります。したがって，理論的には，キャッシュ・フロー計算書によるのが原則です。

　予想損益計算書の税引後利益と，弁済計画表の弁済原資とは必ずしも一致するとは限りません。例えば，会計期間が2007年4月初から2008年3月末の企業が，2008年2月に，3ヵ月後（即ち2008年5月）に入金との約定で商品を100万円で売り掛けた場合，期末段階での経営成績を見ると，会計上は，100万円の売上という収益が計上されますが（同時に対応する売上原価も計上される），キャッシュ・フロー上は，100万円の増加はありません。また，例えば，固定資産の減価償却費の場合においても，会計上は，一定のルールに基づいて，一定期間にわたり毎年費用が計上されます。しかし，費用計上をしたからといって，それに伴って毎年，当該金額の現金流出があることにはなりませんので，この場合，費用は計上されるのに，現金残高は減少しないことになります。このように，予想損益計算書の税引後利益と弁済計画表における配当可能原資とは，必ずしも一致しませんので，予想損益計算書を利用して，弁済可能残高を表示するには，一定の調整が必要です。したがって，キャッシュ・フロー計算書を別途作成している企業の場合には，キャッシュフロー計算書から導出した当期増加現金等を，繰越現金等に加算する等して，弁済計画表上の弁済原資として表示するのが，良いと思われます。

　もっとも，季節変動がそれほど大きくない企業の場合，年間を通してみれば平均的に売上がなされているということができますから，1年という比較的長期の期間で観察した場合，損益計算書における税引後利益は，今期の現金増加分とほぼ一致する場合もあるでしょう。したがって，税引後利益に，減価償却費等を割り戻して加算する等して調整した数値をもちいて，弁済原資を表示することも便宜的な手法として是認されると思われます（参考『再生書式』書式37）。　　［松村昌人］

Q200

固定資産の売却処理等をする場合，損益計算書や弁済計画には，どのような影響を与えることになりますか。

A

損益上は固定資産の売却損益，弁済計画上は資金の収支が発生します。

不要な事業資産や担保割れしている物件を任意売却により処理する等，固定資産を売却することを将来予定している場合，予想損益や弁済原資等に与える影響を考慮する必要があります。また，競売手続により強制的に売却処理される場合にも，同様のことを検討する必要があります。

第1に，固定資産売却益・固定資産売却損との関係を検討する必要があります。例えば，(1)売却価額が簿価以上となる場合です（例：会社設立以来の保有していた取得価額の低い本社ビルを売却）。この場合は，売却価額から取得価額を控除した残額が固定資産売却益となります。したがって，売却益を予想損益計算書に反映させる必要がありますし，どの物件を売却するのかについて注記をしたり，事業計画書に明記することが考えられます。また，固定資産売却益に対応する課税負担額の上昇は，税金支出の増額分としてキャッシュ・フロー計算書に反映させることになりますから，これにより弁済原資が枯渇しないか弁済計画をチェックする必要があります。これとは，逆に，(2)売却価額が簿価を下回る場合もあります（例：バブル期等に投資した物件を売却）。この場合は，売却価額から取得価額を控除するとマイナスとなり，固定資産売却損を認識できる可能性があります。したがって，売却損を予想損益計算書に反映させるとともに，税金支出額が減少し，弁済原資を潤沢にできないか検討をする必要があります。

第2に，売却代金の処理を反映させる必要があります。すなわち，固定資産を売却した場合には，通常，売却代金が入金されますので，これを，キャッシュ・フロー上の収入として反映させます。もっとも，売却された固定資産が担保に入っている場合には，買主の買受け条件として，担保権登記の抹消をすることが要求されるでしょうから，そのためには，売却代金から担保相当額の金員を，担保権者に渡して担保登記の抹消に同意してもらう必要があります。したがって，入担保された固定資産の売却の場合，売却代金のうち担保権者への支払分がキャッシュ・フロー上の支出として計上されることになります。なお，担保割れ物件の場合には，売買代金の全額が，キャッシュ・フロー上の支出となり，収入と支出とを考慮すると，手残り現金がないという事態もあり得るところです（参考 『再生書式』書式36，37）。

［松村昌人］

Q201

担保物件となっている事業資産を維持するために支払う弁済金は，損益計算書や弁済計画には，どのように記載しますか。

A

弁済計画上は資金の収支が発生します。

工場等のように事業用設備として用いている固定資産が，担保に供されている場合があります。このような場合，事業を継続するためには，担保権者に担保権実行を猶予してもらう必要があります。再生債務者の財産に対し抵当権を有する者は，別除権を有するとされており（法53条1項），本

来，再生手続によらないで，行使することができるため（法53条2項），担保権者が抵当権の実行のため，競売を裁判所に申し立てることも可能となっています。この点，担保権の実行としての競売手続の中止命令（法31条）という制度がありますが，同制度によっても，「相当の期間」の中止がなされるに過ぎません。結局，必要な事業用資産を確保していくためには，(1)担保権者と担保権不行使に関する協定を締結するか，(2)担保権消滅請求制度（法148条ないし153条）を利用する必要があります。

第1に，別除権者との協定を締結した場合，通常，「再生債務者は，担保物の評価額金……円を，分割して，……年間で担保権者に分割返済する。同弁済がなされる限り，担保権者は，担保権の実行をしない。」との内容が盛り込まれることが多いでしょう。この場合，別除権者との協定に基づく弁済金の支払は，予想損益計算書においては特に表示されませんが，弁済計画表やキャッシュ・フロー計算書においては，別除権者への支払のための現金支出として表示されることになります。なお，再生計画を作成した段階では，別除権者との協定がまとまっていない場合もあります。この場合，暫定的に，当該固定資産を時価見積して，当該見積額を分割支払をする予定で，弁済計画表上の別除権分割支払欄に割り当てることが考えられます。

第2に，担保権消滅請求制度を利用する場合，再生債務者等は，当該財産の価額に相当する金銭を裁判所に納付する必要があります（法152条）。この納付金銭は，弁済計画表やキャッシュ・フロー計算書における支出となりますので，それを反映させることになります。また，納付金銭の原資について，スポンサーから資金供与を受ける場合には，弁済計画表やキャッシュ・フロー計算書における収入欄に記載することになるでしょう。なお，価額決定請求がされた担保権消滅請求許可申立事件において，同手続費用が再生債務者の負担とされる場合があります。この場合，担保権消滅許可申立事件の配当をする際には，再生債務者が納付した財産の価額を原資とするが，同手続費用から優先的に弁済がなされる関係上，担保権者の被担保債権に対する配当が，同手続費用分だけ目減りすることとなります。同差額分について，共益債権にならないとした裁判例があります（東京地判平成16年2月27日判時1855号121頁）。(参考『再生書式』書式36，37，倒産法制研究会『民事再生法と税理士の実務』税務研究会出版局)。

〔松村昌人〕

Q202 税金等の支払は，予想損益計算書や弁済計画表には，どのように記載しますか。

A

通常の税金の支払は会計原則に従って記載し，滞納分については弁済計画表に記載するのがわかりやすいと思われます。

税金の種別は多種存在しますが，租税の一般優先性（税徴8条，地方税法14条・14条の2）がある租税債権や国税徴収法の例により徴収しうる請求権（健康保険法183条，国民健康保険法80条4項，労働保険の保険料の徴収等に関する法律29条，厚生年金保険法89条，国民年金法95条等）は，一般の優先権ある債権として（法122条1項），再生手続によらないで，随時弁済されます（法122条2項）。（なお，金融機関が保証債務の履行として租税を弁済したとしても，代位債権は一般債権となることにつき，東京高判平成17年6月30日金融法務事情1752号54頁，金融商事判例1220号2頁，東京地判平成17年4月15日判例時報1912号70頁参照。）また，税金等の支払いについては，その弁済に関する条項を定めなければならないとされていますが（法154条1項），これは，再生計画において，将来弁済すべきものを明示することで足り，通常，「随時弁済する」等と簡略に記載される例

が多いようです。したがって，税金等の支払いについては，再生計画において，具体的な記載がなされる場合は多くはないようです。

　もっとも，再生計画の実現可能性の観点からは，キャッシュ・フロー上，税金による現金支出についても，その時期及び金額を，把握しておく必要があります。特に，滞納租税債権が存在する場合には，所轄税務署長との間で，その支払条件について協議をおこない，その内諾を得ておくことが肝要です。売掛債権に対して，滞納処分としての差押えなどがされた場合，資金繰り上も，取引先に対する信用維持の観点からも，深刻な事態を招来することになりかねないからです。そこで，具体的には，租税の種別に応じて，通常の税金の支払いは会計原則に従って記載し，滞納分については弁済計画表に記載しておくことが良いと思われます。具体的には，固定資産税，法人住民税（均等割），事業所税等の所得との関連性の低い租税債権については，予想損益計算書内の費用項目の該当箇所に記載します。法人税や法人住民税（所得割）等の所得との関連性の高い租税債権については，税引前利益と税引後利益との間に記載します。これまでの滞納租税債権については，再生債権に準じて，弁済計画表に一般優先債権の支払として記載することになります（参考『再生書式』書式36，中小企業庁編『中小企業の財務指標』）。

[松村昌人]

Q203 再生債権への弁済率には，下限がありますか。

A

清算配当率が下限となります。

　再生債権への弁済率を含めた再生債権の弁済の方法については，再生計画案において正式に示されますが，再生計画の素案の段階でも，配当率の概要を提示しておくことが，手続を円滑に進めるうえで，実務上有益です。その際，下限と上限について検討をしておく必要があります。

　弁済率の下限としては，清算配当率があります。これは，清算配当率を下回る場合には，法174条2項4号における「再生計画の決議が再生債権者の一般の利益に反するとき」に該当し，再生計画不認可事由となるからです（清算価値保障原則）。破産手続による清算配当の方が，民事再生手続による配当よりも，高率である場合には，債権者の犠牲において，再生債務者の営業を継続する実益が乏しいことが実質的な理由です。したがって，再生債権への弁済率を決定するためには，清算配当率を試算する必要があります。具体的には，

・清算配当率
　＝一般債権への配当原資÷一般債権の総額

にて，計算しますが，ここで，一般債権への配当原資，一般債権の総額は，次のように優先回収額を控除した残額により把握します（中務裕之「再建型倒産手続における財産評定と担保評価について」事業再生と債権管理113号85・87頁）。

・一般債権への配当原資
　　＝総資産の処分価額－優先回収額（＊）
・一般債権の総額
　　＝総負債額－優先回収額（＊）
（＊　優先回収額＝
　　相殺額＋担保による回収額＋
　　　　共益債権額＋一般優先債権額）

　例えば，総資産の処分価額が12億円で，総負債額30億円という会社の場合でも，清算配当率が，12億円÷30億円＝40％になるとは限りません。この会社の資産のうち，相殺対象預金が1億円で，担保に供せられているものが7億円で，共益債権や一般優先債権の合計が2億円という構成の場合，

- 清算配当率
　＝（12億円－1億円－7億円－2億円）
　　÷（30億円－1億円－7億円－2億円）
　＝2億円÷20億円
　＝10％

となります。この会社の場合は，清算配当率10％よりも有利な弁済率を再生計画においては提示する必要があることになります。なお，清算価値保障原則を充たしているかどうかの判断は，再生計画弁済額と破産配当額のみならず，手続時間，費用，財産換価性，履行の確実性などが総合考慮されます。裁判例としては，弁済原資となる可能性のあるものの回収を怠ったまま再生計画を成立させた点で，再生債権者の利益に反すると判断したものとして，東京高決平成15年7月25日金融法務事情1688号37頁があるほか，再生と破産との相殺処理の差や，担保権消滅を前提とする再生計画よりも破産管財人と協力のうえ担保物を時価で任意売却した方が根抵当権者に有利であることという特殊事情にかんがみると，清算配当率（マイナス）よりも有利な弁済率（1％）を定めた再生計画案であっても，法174条2項4号に違反するとした裁判例として，東京高決平成19年4月11日判例時報1969号59頁があります。（参考『再生書式』書式34,「破産配当率の算定」『再生の法律・会計』175頁等）。

［松村昌人］

Q204 再生債権への弁済率には，上限がありますか。

A

弁済原資が上限となります。

弁済率の上限としては，弁済原資による制限があります。債権者の立場からは，弁済率が高い方が良いのですが，弁済原資を超える金額を配当することを内容とする弁済率の場合には，実現可能性がありませんので，意味がありません。法174条2項2号においても，「再生計画が遂行される見込みがないとき」に該当し，再生計画不認可事由となります。

再生債務者が支払をするべき債権としては，旧来の一般再生債権，別除権付債権，一般優先債権，共益債権だけではありません。営業を継続する以上，新たに発生する日々の取引債務，給与，税金等があります。これらの新たに発生する日々の取引債務等を支払った後に，なお残る資金から優先回収額を控除した額が，一般再生債権の弁済に充てられる資金となります（「再生債権の弁済率の算定方法」『会社更生，再生，清算の法律と会計・税務』清文社，253頁）。すなわち，再生弁済率上限は，

- 再生配当率上限
　＝再生債権への配当原資÷再生債権の総額

によって，計算しますが，ここで，再生債権への弁済原資，再生債権の総額は，次のように控除項目がありますので，それを考慮します。

- 再生債権への弁済原資＝当初資金＋計画弁済期間における税引後獲得資金－優先回収額
- 再生債権の総額＝総負債額－優先回収額

例えば，再生債務者が当初有している資金が1億円で，計画弁済期間（例えば10年間）における税引後獲得資金が14億円（担保売却による資金を含む）と予想される場合で，資産のうち担保に供せられているものが8億円，総負債額30億円のうち共益債権や一般優先債権の合計が2億円という会社の場合，再生弁済率上限は，

- 再生配当率上限＝（1億円＋14億円－8億円－2億円）÷（30億円－8億円－2億円）
　　　　　　　＝5億円÷20億円
　　　　　　　＝25％

となります。この会社の場合は、再生配当率の上限25％を超える配当は不可能ということになり、再生計画において提示すべき再生弁済率は、これを下回るものである必要があります。計画弁済期間における収入は、その期間をどれだけと設定するかによっても左右されるところです。中務裕之「再建型倒産手続における財産評価と担保評価について」事業再生と債権管理113号85・90頁では、「条件の上限の1つの考え方としては、10年間の税引後の資金のすべてを再生債権の弁済に充てる」と指摘しています。

担保物件処理に伴う資金収支について補足すると、担保物件は、売却処理をするか、担保価値相当額を支払って担保実行を免れるかのいずれかの処理となることが多いでしょう（事案によっては、計画弁済期間中は担保価値相当額の一部弁済のみで担保実行をしない旨の協定締結をすることもあります）。したがって、例えば、担保物件の評価額8億円のうち売却処理物件分が5億円、維持物件分が3億円という内訳の場合、売却処理による売得金5億円は担保権者に弁済のため交付し、維持物件3億円は収益による獲得資金の中から弁済することになるのが通常です。したがって、再生債権への弁済原資の計算においては、税引後獲得資金（担保物件売得金を含む）からは、結局、担保価値相当額8億円全額が控除されることになります。

なお、税引後利益に関しては、再生計画に伴う免除益に対する課税額を考慮に入れておくことが重要です。免除益に対する課税額は、概略、次のように計算されます。

・免除益課税額＝法人税等率×再生債権の額×（100％－再生債権への配当率）

例えば、上記設例の会社の場合で、法人税等率を40％、再生債権額を20億円、配当率を20％とすると、免除益課税額は、

・免除益課税額＝40％×20億円×（100％－20％）

　　　　　　　＝6億4000万円

と概算されます。したがって、税引後獲得利益には、この6億4000万円の税金支出額を織り込んでおくことが必要となります。もっとも、より正確には、

① これまでの繰越損失
② 住民税
③ 同族会社の留保金課税（法税67条）
④ 仮装経理に基づく過大申告の更正による還付（法税70条・134条の2）

その他の諸要素を考慮する必要がありますので、いずれにせよ、税理士や会計士等による試算を受けておくべきでしょう（参考『再生書式』書式34、弁済計画の実行可能性について判断した例として、東京高決平成14年9月6日判例時報1826号72頁）。

[松村昌人]

Q205 毎年の再生債権への弁済率は、どの程度で決定すればよいでしょうか。

A

上限値と下限値との間で、資金繰りその他の事情を総合勘案のうえ、決定します。

民事再生における弁済率の決定においては、上限と下限とが存在します（→Q203及びQ204参照）。したがって、配当率は、この上限と下限との間で、適切な値を設定することになります。一般的には、債権者の立場では弁済率が高ければ高いほど良いことになりますが、あまりに高い弁済率を求めると、再生計画の円滑な実現や将来の事業継続の阻害要因となることを考慮すべきです。反面、再生債務者の観点からは、将来の経営環境の変動や予想違い等による影響を考慮して弁済率を低めに設定することが必要となります。実務上問題となる

第12章　計画草案，事業計画等

のは，資金繰りとの関係です。すなわち，計画弁済期間（例えば，10年間）の合計額ベースで計算した場合には，

・期首残高＋収入額＞支出額

の関係が成立している場合であっても，特定日時で観察すると，現金残高がマイナスとなっているようなときには，そのような弁済計画は実行できないことになります（例：来週1億円の入金があっても，今週100万の決済ができなければ無意味）。したがって，資金繰りが回るためには，常に一定金額の金銭を余裕資金として残すよう配慮しておく必要があります。このためには，配当率についても，理論上限値よりは低めに設定したり，特定年度の弁済率のみを低く設定する等の調整をおこなう必要があります。具体的には，資金繰予定表に，暫定弁済率による弁済計画額を入力して，資金ショートが発生する時期がないかチェックを行う必要があります。月単位よりは，週単位や日単位の方が精度は高まります。（**参考**『再生書式』書式34，単純に資産負債見合方式で弁済率が決まるものではないと指摘するものとして，「再建型倒産手続における計数管理」事業再生と債権管理114号76・97頁）。

［松村昌人］

Q206　債務免除益に対する課税には，どのように対処しますか。

A

免除時期の分割，損失の計上等を検討し，弁済率や資金繰りとの関係を調整します。

債権者から債務の免除を受けた場合，免除額が益金となり，課税の対象となります。例えば，50億円の債権について，再生債権の弁済率を20％とし，残余の80％の免除を受けた場合，40億円が益金となり，仮に法人税率を40％とした場合，16億円の税額負担が発生します。

・免除益課税額＝40％×50億円×（100％－20％）

　　　　　　　　＝16億円

その結果，免除後債権10億円（＝50億円×20％）と法人税16億円の合計26億円について，再生会社は，支払をする必要があることになります。これは，旧債権の52％（＝26億円÷50億円）の支払となり，実効免除率では，48％に留まってしまい，債務免除の実があがりません。しかも，再生計画認可時に，80％全額の免除がなされた場合，再生の初年度から，16億円を支払う必要が出てきますが，このような資金源は通常，破綻した再生債務者には存在しません。これでは，再生計画の実行ができない場合が出てきますので，このような免除益課税を軽減ないし繰り延べる必要があります。

第1の方法として，損金と益金とを相殺し，課税額を抑える方法が考えられます。例えば，資産の損失を計上したり，期限切れ欠損金や青色欠損金を使用したりします。第2の方法として，計画弁済が終了する段階で免除を受けることで，課税を繰り延べることが考えられます。また，毎年度弁済の都度，一部免除を受ける計画案として課税負担を均一化する方法も考えられます。第3の方法として，徴収権者との交渉により，単純に法人税額を分割払いにしてもらう方法が考えられます。なお，これらの方法を用いても，税金の支払いが困難と判断される場合には，再生債務者における営業継続を断念して，当該営業を譲渡して，営業体自体の再生を図る等の発想の転換をおこなわざるをえないでしょう（**参考**「債務免除益課税への対応」『再生事例』15頁，藤原総一郎『倒産法全書（下）』商事法務377～343頁，大林敏彦「再建型倒産手続の税務～民事再生法を中心とした税務の基礎～」事業再生と債権管理114号69頁）。

［松村昌人］

Q207 民事再生に伴う資産の損失は、どの程度計上することができますか。

A

　法人税法33条2項及び3項等により、一定範囲の資産について、評価損計上が認められています。

1，再生手続開始決定時

　法人の有する資産については、原則として、評価替えによる評価損は損金の額に算入されませんが（法税33条1項）、例外的に損失計上が認められる場合があります。すなわち、法人税法33条2項、法人税法施行令68条1項、法人税基本通達9－1－5及び9－1－16によると、民事再生法の規定による再生手続開始の決定があったことにより、棚卸資産や固定資産につき評価換えをする必要が生じた場合において、その法人が当該資産の評価換えをして損金経理によりその帳簿価額を減額したときは、その減額した部分の金額の一定部分は、これらの評価換えをした日の属する事業年度の所得の金額の計算上、損金の額に算入することとされています。よって、同規定による再生手続開始決定による評価損計上が可能です。

2，再生計画認可決定時

　また、法人税法33条3項は、法人について民事再生法　の規定による再生計画認可の決定があった場合において、その法人がその有する資産の価額につき政令で定める評定（＊下記A参照）を行っているときは、その資産（預金等その他政令で定める資産を除く。（＊下記B参照））の評価損の額として政令で定める金額（＊下記C参照）は、これらの事実が生じた日の属する事業年度の所得の金額の計算上、損金の額に算入するとしています。そして、これを受けて、法人税法施行令68条の2は、以下のように規定をしています。

A，政令で定める評定
　→資産の価額につき当該再生計画認可の決定があった時の価額により行う評定

B，政令で定める資産
　→法人税法施行令第24条の2第4項各号の資産（例：減価償却資産、売買目的有価証券、償還有価証券、差額が小さいもの〈資本金等の額の2分の1または1千万円のいずれか少ない金額に満たない場合〉）

C，政令で定める金額
　→資産の当該再生計画認可の決定があった時の直前の帳簿価額が当該再生計画認可の決定があった時の価額を超える場合のその超える部分の金額（なお、時価は、法人税基本通達9－1－3で、当該資産が使用収益されるものとしてその時において譲渡される場合に通常付される価額によるとされている。）

　よって、預金等、減価償却資産、売買目的有価証券、償還有価証券以外の資産については、その評価差額が一定規模以上の場合には、損失計上が可能です。

3，備考

　再生計画認可決定時の評価替えをおこなう場合には、同一事業年度における当該資産については、再生手続開始決定時の評価替えの規定は、適用されません（法人税法施行令68条2項）。

　なお、民事再生とは無関係の理由により、すなわち、例えば、貸倒その他の事由により、一定の資産について、損金の額に算入できる場合には、当該措置を利用することになります。例えば、再生会社は、不要不動産の売却等をする機会が多いため、売却による譲渡損失を発生させることも検討されるべきでしょう。

（参考 永石一郎編『倒産処理実務ハンドブック』中央経済社716頁、事業再生研究機構財務問題委員会編『事業再生における税務・会計Q&A』商事法務274頁、「債務免除益課税への対応」『再生事例』15頁。）　　　　　　［松村昌人］

Q208 民事再生に伴う資産の損失は，いつ計上しますか。

A

再生計画認可の決定があった日の属する事業年度において参入することになります。

1，再生手続開始決定に伴う評価替えによる場合
 法人税法33条2項，法人税法施行令68条1項，法人税基本通達9－1－5及び9－1－16による評価替えについては，法人税法33条2項は，これらの評価換えをした日の属する事業年度の所得の金額の計算上，損金の額に算入することとされています。

2，再生計画認可決定に伴う評価替えによる場合
 法人税法33条3項は，内国法人について民事再生法の規定による再生計画認可の決定があつた場合において，その内国法人がその有する資産の価額につき政令で定める評定を行つているときは，その資産の評価損の額として政令で定める金額は，これらの事実が生じた日の属する事業年度の所得の金額の計算上，損金の額に算入すると規定しています。したがって，同規定による資産の損失計上は，再生計画認可の決定があった日の属する事業年度において参入することになります。

3，債務免除益が認識される事業年度
 なお，再生債権のカットに伴う債務免除益は，再生計画認可の決定確定日の属する事業年度であると解されます（法178条，法税22条2項）。したがって，再生手続開始決定に伴う評価替えによる場合，債務免除益が問題となる事業年度と一致しない場合もあります。東京地裁の場合，民事再生は，申立から認可決定まで約半年で進行するスケジュールとなっていますが，申立時期によっては，再生手続開始決定の日の属する事業年度の翌年に認可決定となる場合もあるからです。

（参考 事業再生研究機構財務問題委員会編『事業再生における税務・会計Q&A』商事法務274頁）

［松村昌人］

Q209 民事再生の場合，繰越欠損金はどの程度使用できますか。

A

過去の繰越欠損金を一定の限度額内で使用することができます。

再生債務者においては，事業不振等のため，多額の繰越損失を有している場合が多いようです。再生計画の認可決定が確定すると，再生債権の免除益に対して課税がなされるため，この益金と相殺するため，当期損失のほか，繰越欠損金を用いることが考えられます。

繰越欠損金については，法人税法57条が，要旨，「確定申告書を提出する内国法人の各事業年度開始の日前7年以内に開始した事業年度において生じた欠損金額がある場合には，当該欠損金額に相当する金額は，当該各事業年度の所得の金額の計算上，損金の額に算入する。」
と規定し，過去7年以内の欠損についてのみ損金の額への算入を認めています（青色欠損金）。この青色欠損金に加えて，民事再生の場合，一定の

要件のもと，繰越欠損金の緩和がなされ，過去7年よりも古い部分の欠損金（期限切れ欠損金）についても，その使用が認められています。すなわち，法人税法59条2項は，要旨，以下のように規定しています。

「再生手続開始の決定があった場合において，その法人が次の各号に掲げる場合に該当するときは，その該当することとなった日の属する事業年度（適用年度）前の各事業年度において生じた欠損金額で，政令で定めるものに相当する金額のうち，当該各号に定める金額の合計額に達するまでの金額は，当該適用年度の所得の金額の計算上，損金の額に算入する。

① その内国法人に対し政令で定める債権を有する者から当該債権につき債務の免除を受けた場合…その債務の免除を受けた金額
② その内国法人の役員等から金銭その他の資産の贈与を受けた場合…その贈与を受けた金銭の額及び金銭以外の資産の価額
③ 第25条3項（資産評価替えによる益金算入）又は第33条3項（同損金算入）の規定の適用を受ける場合…益金算入額から損金算入額を減算した金額」

これを受けて，法人税法施行令は，以下のように規定をしています。

・政令で定める債権
　民事再生法84条（再生債権となる請求権）に規定する再生債権（共益債権及び一般優先債権で，その再生手続開始前の原因に基づいて生じたものを含む。）（法人税法施行令117条1号）

すなわち，再生会社は，債務免除益，贈与益，評価損益差額を消去する範囲内では，過去の繰越欠損金を，過去7年以内に限らず，使用することができます。なお，いわゆる旧法取扱による場合は（法人税法33条2項），評価損益差額は消去対象となっておらず，繰越欠損金についても，青色欠損金を期限切れ欠損金に優先して使用する必要があるので（法人税法59条2項，法人税法施行令118条），次年度以降の益金が多いことが予想される場合には注意を要します。

(参考 事業再生研究機構財務問題委員会編『事業再生における税務・会計Q&A』商事法務281頁以下)　　　　　　　　　　　　　　[松村昌人]

Q210 免除益の発生時期を，支払が可能な時期に設定することはできますか。

A

再生計画の定めによって設定することができます。

再生計画の認可決定が確定すると，再生債権の免除益に対して課税がなされます（法税22条2項）。繰越損失が全く存在しない場合には，この税額の支払いの時期について手当をしておく必要があります。

第1に，再生計画による弁済を完了した段階で債務免除を受ける方法が考えられます。裁判上の和解等においては，

「金1億円の債務を認める。うち金6,000万円を，2008年10月末日までに支払う。6,000万円の支払いがなされた場合には，残額を免除する。」等とする和解内容が散見されますが，再生計画においても，同様に，免除の発生時点を弁済完了時点とするわけです。例えば，

「元本および開始決定日の前日までの利息・損害金の合計額の90％に相当する額については，上記①の分割弁済を完了した時に免除を受ける。」等と記載することが考えられます（『再生事例』52頁）。この方法によると，再生手続直後の企業再建時期において，多額の納税をおこなうことが避けられ，無事，再建を果たした何年か後になっ

第12章　計画草案，事業計画等
Q211

て，免除益が発生し，それに相当する課税額について納税をおこなうことになります。もっとも，計画弁済が完了した段階で，一度に多額の債務免除益が発生しますから，納税計画（固定資産売却損計画や納税貯蓄計画等）をあらかじめ立てておく必要があります。

　第2に，分割弁済の都度，一定割合の債務免除を受ける方法（例：毎年2％の支払がなされる都度8％を免除し，10年間で20％を支払うとともに，80％の免除を受ける。）が考えられます。債務免除益を毎年発生させて，毎年少額の納税をおこなうというものです。例えば，
「元本および開始決定日の前日までの利息・損害金の合計額の80％に相当する額については，上記①の分割弁済の都度，各回8％宛につき免除を受ける。」

等と記載することが考えられます。この場合，債務免除益の発生は，毎年8％となりますので，例えば合計で1億6000万円の法人税額を支払う必要がある場合でも，これを10年間で分割弁済することが可能となるほか，累進税率の適用下では，税額全体の圧縮にも寄与する場合があります。なお，森倫洋・富山聡子「EXITファイナンスによる早期一括弁済の民事再生手続上の留意点」事業再生と債権管理113号，113・119頁注20では，平成17年度税制改正において，資産の評価損益計上及び期限切れ欠損金の優先利用が可能となったため，債務免除益が生じても，このような再生計画の条項を定める必要性は相対的に低くなったとの指摘もなされています。（**参考** 本間伸也「債務免除益課税への対応」『再生事例』15頁）。

［松村昌人］

Q211　免除益に対する課税額を分割払してもらうことは，可能ですか。

A

　税務署と交渉して，分納誓約書などを提出したり，手形を交付したりすることが考えられます。

　再生計画の認可決定が確定すると，再生債権の免除益に対して課税がなされます（法税22条2項）。しかし，分割返済が困難であった再生債権の数十％に上る税額を，再生債務者が一時期に支払うことは困難です。そこで，租税債権自体について，分割の支払いを申し入れることが必要な場合があります。例えば，10億円の未払法人税を，税務署と交渉のうえ，実際の支払時期を，分割払とすること等です。しかし，これは，あくまで任意の交渉によるものであり，常に奏功するとは限りません。

　なお，制度上は，法人税の延納制度は，わが国の財政状況が赤字状態で推移していたこと等のため，廃止されています。すなわち，確定申告書を提出した法人は，その申告書に記載した法人税額を申告書の提出期限までに納付しなければならず（法税77条），会計監査・災害等による確定申告書の提出期限の延長の場合を除いて，納期限に一時に納付しなければなりません。また，国税の納税の猶予は，要件が限定されているほか，納期限から1年の猶予にとどまります（国税通則法46条）。換価の猶予（国税徴収法151条）も同様です。

［松村昌人］

Q212

再生計画の素案段階で，検討しておくべき特別な条項にはどのようなものがありますか。

A

減資，第三者の保証等さまざまなものが考えられます。

再生計画において，再生債権・共益債権・一般優先債権・未確定債権・別除権不足額債権の弁済に関する条項は絶対的記載事項ですが（法154条1項・159条・160条），そのほかの特別な条項を再生計画において定めることがあります。この場合は，あらかじめその適否や関係者との調整を見越して，再生計画の素案段階で，特別条項等の検討をしておくべきです。具体的には，

- 債権者委員会による履行監督等の費用負担（法154条2項）
- 不平等弁済（法155条1項）
- 少額債権の弁済（法155条1項）
- 担保物件の処理（法160条）
- 自己株式取得（法161条1項）
- 株式併合（法161条2項）
- 減資（法161条3項）
- 発行可能株式総数の変更（法161条4項）
- 第三者による債務負担や担保提供（法158条）
- 特別利益の供与の禁止（法162条）
- 募集株式引受者の募集（法162条）
- 事業の譲渡，会社分割，合併等
- 法人清算

等が考えられます。このうち，不平等弁済条項や少額債権の弁済条項は，再生債権の弁済に関する条項中で記載することとなるでしょう。担保物件の処理に関する条項は，不足額債権や仮払いに関する事項以外は，必ずしも再生計画には記載せず，別除権協定にて別途取り決めることが多いと思われます。もっとも担保権消滅制度による手続がおこなわれている際には，その旨を記載した方が良いでしょう。自己株式取得，株式併合，減資，発行可能株式総数変更に関する条項は，これを実施する際には，再生計画に記載する必要があるほか，裁判所の許可（法166条1項）を得る必要があります（法154条3項）。第三者による債務負担や担保提供に関する条項も，これを実施する際には，再生計画に記載する必要があるほか（法158条），当該第三者から同意を得る必要があります（法165条1項）。増資条項（法162条）は，100％減資と組み合わせて記載することが多いようです。その場合，債務超過の会社については，裁判所の許可により増資条項を設けることができますが（法166条の2第3項），同項の要件を充足しない会社の場合には，再生計画で当然に増資手続はできませんので，別途会社法上の手続を準備しておく必要があります。事業の譲渡，会社分割，合併，法人清算等については，再生計画で当然にこれらの組織再編行為をおこなうことはできませんので，別途会社法上の手続を準備しておく必要があります。なお，再生計画案提出前に事業の譲渡を裁判所の許可で実施する場合も考えられ（法43条。譲渡禁止特約があるときでも，裁判所の許可により営業譲渡をすることができるとした事例として，東京地判平成15年12月5日金融法務事情1711号43頁），この場合は，既に実施済みである旨を再生計画中において報告することになるでしょう。

［松村昌人］

Q213 再生債務者の債務について保証をつける場合，保証人の同意が必要ですか。

A

書面による同意が必要です（法165条，規則87条）。

再生債務者による再生手続の履行に不安がある場合に第三者が債務を保証したり，代表者個人が再生のために担保を提供したり，スポンサー企業が債務を引き受けたりすることがあります。一般に保証人をつけるには，保証人の意思に基づくことが必要ですが，これは，民事再生においてもかわりはありません。

民事再生手続においては，再生債務者以外の者が債務を引き受け，又は保証人となる等再生のために債務を負担するときは，再生計画において，その者を明示し，かつ，その債務の内容を定めなければならないとされており（法158条1項），再生債務者又は再生債務者以外の者が，再生のために担保を提供するときも，再生計画において，担保を提供する者を明示し，かつ，担保権の内容を定めなければなりません（法158条2項）。そして，再生計画が認可された場合には，保証人や物上保証人にも対しても，再生計画の効力が及び（法177条），確定判決と同一の効力を有します（法180条2項・3項）。

したがって，かかる重大な効果を有する保証については，当然，保証人等となる者の意思に基づいていることを確認しておく必要があります。このような観点から，民事再生法165条1項は，「第158条に規定する債務の負担又は担保の提供についての定めをした再生計画案を提出しようとする者は，あらかじめ，当該債務を負担し，又は当該担保を提供する者の同意を得なければならない。」と規定しています。この同意は，書面でおこない（規則87条1項），これを再生計画案と一緒に裁判所に提出する必要があります（規則87条2項）。これらの制度により，自己が知らないうちに再生債務者の債務の保証人等にされることを防止しています。

なお，再生債務者の債務について保証をつけるには再生計画の定めによることが必要です。第三者が再生計画の定めによらないで，特定の再生債権者に特別の利益を与える不平等な行為は，無効と解され，場合によっては，再生計画の決議が不正の方法によって成立したものとして再生計画不認可事由にも該当することとなります（法174条）。また，再生債権者等が議決権の行使に関し，不正の請託を受けて，賄賂を収受，要求，約束した場合には，民事再生法261条5項の収賄罪（5年以下の懲役又は500万円以下の罰金）に該当しますので，債権者としても，再生計画によらない不正な利益を要求等することは控えるのが賢明です。

［松村昌人］

Q214 弁済率を債権者によって異ならせる場合，債権者の同意が必要ですか。

A

原則として不利益を受ける再生債権者の同意が必要です（法155条）。

再生計画による権利の変更の内容は，再生債権

者の間では平等でなければなりません（法155条1項）。弁済率は，権利の変更の内容の重要な要素ですから，これを債権者によって異ならせることは，原則としてできません。ただし，以下の場合には，この限りではありません（法155条1項但書）。
・不利益を受ける再生債権者の同意がある場合
・少額の再生債権
・再生手続開始後の利息の請求権
・再生手続開始後の不履行による損害賠償及び違約金の請求権
・再生手続参加の費用の請求権
・再生債権者に差等を設けても衡平を害しないとき

上記のうち「少額の再生債権」については，再生計画によらない早期弁済も認められています（法85条5項）。また，「再生債権者に差等を設けても衡平を害しないとき」の例としては，以下のものが考えられます。
（有利取扱）
・人身事故や公害等による損害賠償請求権
・実質上は労働債権である下請業者の債権
（不利取扱）
・再生債務者の関連会社が有する債権
・再生債務者の役員の有する債権
・再生債務者の支配株主の有する債権
・大口債権者（弁済率のスライド方式）

ここで，弁済率のスライド方式というのは，再生債権の額に応じて何段階かに区分をして，その段階ごとに弁済率の差を設けるという形式です（例：1千万円以下の債権者は10％，1千万円以上～1億円未満の債権者は9％，1億円以上の債権者は8％等）。この方式を採用する場合，境界付近の債権額によっては，実際の受領弁済額に逆転現象が発生する場合があり，衡平の点で問題が発生します（上記の例では，9千万債権者は810万円，1億円債権者は800万円）。このため，実務においては，調整条項として，債権放棄方式，債権額区分方式等が併用されている旨が報告されています（参考 本間伸也「一般再生債権の弁済方法」『再生事例』12頁）。

なお，再生手続開始前の罰金，科料，刑事訴訟費用，追徴金または過料（法97条）については，再生計画において減免その他権利に影響を及ぼす定めをすることができないと規定されていますので（法155条4項），これら債権と他の一般の再生債権との間に弁済率に差が生じることは許容されています。

[松村昌人]

Q215 減資や増資をおこなう場合，事前手続が必要となりますか。

A

減資の場合，裁判所の許可が必要となります。増資の場合は，一定のもののみ，許可が必要です。

再生計画によって株式会社である再生債務者の資本金の額の減少をするときは，以下の事項を定めなければなりません（法161条3項）。
・減少する資本金の額（会社法447条1項1号）
・減少する資本金の額の全部又は一部を準備金とするときは，その旨及び準備金とする額（会社法447条1項2号）
・資本金の額の減少がその効力を生ずる日（会社法447条1項3号）
・株式併合をする場合→株式併合の方法（法161条2項）
・発行する株式の総数についての定款の変更をするとき→定款変更の内容（法161条4項）

しかし，これには事前手続が必要です。すなわち，資本金の額の減少に関する条項を再生計画に定めるためには，あらかじめ裁判所の許可を得なければなりません（法166条1項・154条3項）。裁判所は株式会社である再生債務者が，その財産をもって債務を完済することができない場合（債務超過の場合）に限り，これを許可することができます（法166条2項。資本減少に関する条項を

第12章　計画草案，事業計画等
Q215

定める再生計画案について，債務超過についての疎明が不十分とされた例として，東京高判平成16年6月17日金融法務事情1719号58頁）。裁判所の許可後，再生計画の定めによる資本金の額の減少に関する条項を定めることができます（法154条3項）。会社法上は，資本金の額の減少に関する定款変更は，株主総会の決議によるものとされていますが（会社法447条・309条2項9号），再生計画によって資本金の額の減少をする場合は，裁判所の許可を得れば再生計画において実行することができますので（法183条・154条），これらの会社法上の手続は不要です。

増資（募集株式を引き受ける者の募集）を行う場合には，原則として，会社法所定の手続が必要となります。例えば，公開会社において払込金額が有利発行となる場合には，株主総会の特別決議が必要となります（会社法201条1項，199条2項・3項，309条2項5号）。ただし，株式譲渡制限のある債務超過の会社については，新株発行が再生債務者の事業の継続に欠くことのできないものである場合には裁判所の許可により増資条項を設けることができます（法166条の2第3項，154条4項）。

なお，株主責任を明確にするため，100％減資・既存株式の消却（取得と自己株式消却）をおこなうと同時に，新スポンサーへ新株を割り当てる増資を行うこともあります。なお東京地裁の統計では，266件の減資(株式取得)計画案のうち，220件が100％減資とされています（中井康之「主要裁判所における運用状況」事業再生と債権管理115号37頁・57頁）。(参考 「減資」・「増資」『再生事例』24，29頁，『再生書式』書式96～105，藤原総一郎監『倒産法全書（下）』商事法務71～89頁）。

　　　　　　　　　　　　　　　［松村昌人］

第13章　認否書作成

Q216　認否書の書式は、どのようなものですか。

A

　民事再生法101条1項（届出債権）に関する書式と、民事再生法101条3項（自認債権）に関する書式があります。

　認否書の書式例としては、才口・田原・林『補訂版民事再生手続の運用モデル』（法曹会，109～114頁），第二東京弁護士会倒産法制検討委員会『民事再生法書式集第3版』（信山社，264～272頁）に記載のものがあります。

　受付番号は、債権者毎に付します。同一銀行の複数の支店から届出があった場合には、法人は1つですので、受付番号も1つで整理します。これは、再生計画の成立要件の1つである債権者の頭数要件について、後にチェックする際に便利だからです。債権者名は、正式名称を記入します。株式会社、有限会社等の区別も表示し、株式会社○○商事か、○○商事株式会社かも正確に記載します。個人商店の場合には、屋号と個人名を並列して、「○○商店こと甲野太郎」等と記載します。これは、債権認否表を電子データにしておいた際に、後に、特定の債権者をパソコンで手早く検索できるようにするため、裁判所に議決票データを提出する際に、打ち直す必要がないようにするためです。届出債権の種類は、債権届出書に記載のものを転記すれば足りますが、特殊な記載がなされている場合には、「売掛金」等の通常の用語に引き直して記載してもかまわないと思われます。

　届出債権額については、債権届出書に記載のものを転記します。別除権がある場合には、上記標準書式では、債権額欄に、別除権の表記をしています（もっとも、数字欄を後で合計しやすくするためには、別途、別除権の有無欄を設けた方がよいでしょう）。また、遅延損害金のうち開始決定日から完済までのものについては、「額未定」となりますが、これは、上記標準書式では、債権額欄に表記をしています（数字欄を後で合計しやすくするためには、これについても、別途、欄を設けた方がよいでしょう）。

　届出議決権額については、債権届出書に記載のものを転記します。もっとも、債権届出書の様式によっては、どの箇所の数字が、届出議決権額なのか迷う場合もありますが、裁判所や提出した債権者に確認する等して、誤りなく転記します。届出議決権額を記載していない届出書の場合には、問題です。届出がないものとして、「0円」と記載することも考えられますが、そのような処理では、債権者から後日クレームが寄せられる可能性があります。担保がない場合には、単純な記載もれとみなして、届出債権額と同額を認否書の届出議決権額欄に記載することが考えられます。担保がある場合には、担保不足見込額をもって、認否書の届出議決権額欄に記載することが考えられます。これらの場合でも、債権者に連絡して、その趣旨を確認することが手続を円滑に進めるうえでは、重要です。

　「認否の結果」欄には、再生債務者の帳簿をもとに、「認める債権額」、「認める議決権額」を記入していきます。認めない債権額や議決権額については、届出額と認める額との差額になる筈ですから、パソコンの表で、自動的に計算するようにしておくと便利です。認めない理由の要旨は、債権不存在、手形要件不備等の事由を記載しますが、

第13章　認否書作成
Q217

再生債務者の業種によって頻繁に出てくる事由は，適宜追加してもよいと思われます。「その他」欄については，認めない理由のうち特殊なもの，二重届出となっている債権，敷金債権その他特殊事情がある債権について，付記しておくと便利です。

［古里健治］

Q217 債権届出期間経過後に提出された債権届出についても，認否しますか。

A

認否が可能です。

債権届出期間経過後に提出された債権届出についても，実務上，認否をおこなっています。すなわち，民事再生法101条1項は，「再生債務者等は，債権届出期間内に届出があった再生債権について，その内容及び議決権についての認否を記載した認否書を作成しなければならない」と定めているので，原則として，認否をおこなう対象は，債権届出期間内に届出のあった再生債権についてであり，債権届出期間経過後に提出された債権届出については，一般調査期間における調査のために提出する認否書には記載されず，調査の対象とならないことになります。

ただし，債権届出期間経過後に提出された債権届出であっても，再生債権者がその責めに帰することができない事由によって債権届出期間内に届出をすることができなかった場合には，その事由が消滅した後1月以内に限り，その届出の追完をすることができるとされており（法95条1項），債権届出期間経過後に生じた再生債権については，その権利の発生した後1月の不変期間内に届出をするとされており（法95条3項），また，再生債権者がその責めに帰することができない事由によって，届け出た事項について他の再生債権者の利益を害すべき変更を加える場合も，1月以内に限り，その届出事項の変更をすることができるとされています（法95条5項・1項）。これらの期限後届出等の再生債権については，特別調査期間における調査が行われる（法103条1項）ところ，再生債務者等は，特別調査期間に係る再生債権についての認否を記載した認否書を作成することになります（法103条3項）。したがって，一定の要件を充たした期限後届出については，結局，認否をすることとなります。

そこで，これらの期限後届出等についても，その内容及び議決権についての認否を，一般調査期間における調査のための認否書に記載することができるものとされています（法101条2項）。これは，特別調査期間を定めなければならない場合を，できるだけ減らすことで，手続を迅速にすすめる趣旨です。実務上も，一般調査期間における調査で一括して処理する取扱が多いようです。もっとも，届出の追完等が認否書の提出期限に切迫している場合には，認否のために届出事項の確認をすることが時間的に困難であるから，法も，「記載することができる」と規定するにとどめています。このような場合は，特別調査期間による調査をおこなうことになります。

なお，民事再生法95条所定の要件を充たさない期限後届出は，することができません。したがって，これに対する認否は不要です。しかし，再生債務者等が，届出がされていない再生債権があることを知っている場合には，当該再生債権について，再生債権者の氏名等，住所，自認する内容等を認否書に記載しなければならないので（法101条3項，規則38条2項），再生債務者としては，いずれにせよ認否書に記載する必要があり，事務作業上の負荷は，大差はありません。そこで，実務上は，民事再生法95条の要件を弾力的に解釈し，期限後届出全般についても，一般調査期間のための認否をおこない，債権調査をおこなっている事例が見受けられます。

［古里健治］

Q218 届出額よりも実際の額が大きい場合，超過額についてどうしますか。

A

修正を促すか，自認債権として別途記載する等します。

届出額よりも実際の額が大きい場合，債権者に問い合わせて，確認を行い，債権届出書について修正をしてもらうのが事務上円滑です。なお，債権者と連絡がつかない場合や修正がなされない場合は，届出債権額の範囲内で全額認め，その余の超過額については手当てしないとの見解，超過額については自認債権として別途記載するとの見解が考えられます。　　　　　　　　　［古里健治］

Q219 債権の認否は，どのような資料に基づいて行いますか。

A

原則として，自らの手持ち資料に基づいて行います。

破産手続における債権届出は，破産債権に関する証拠書類の写しを添付することが求められていますが（破産規則32条4項1号），民事再生手続においては，債権届出の際，証拠書類の提出は必須とされていません。したがって，再生債務者等は，原則として手持ち資料に基づいて認否を行うことになります。　　　　　　　　　［古里健治］

Q220 債権者に債権の存否に関する資料の提出を求めることができますか。

A

できます。

前問で述べたとおり，民事再生法における債権届出においては，証拠書類の提出が必須とされていません。ただ，再生債務者は，認否のために必要があるときは，届出債権者に対して，当該届出債権に関する証拠書類の送付を求めることができます（規則37条）。　　　　　　　［古里健治］

第13章　認否書作成

Q221　債務者の帳簿と債権者提出の資料とで数値が異なる場合，どうしますか。

A

債務者と債権者から聴き取りをしたうえ，対応を決めます。

届出債権について，再生債務者の帳簿額とは異なる数値の届出がなされ，その届出額についての証拠書類が提出された場合，再生債務者にその証拠書類を確認してもらい，届出額のほうが正しいことを認めた場合には認める旨の認否をしてよいでしょう。再生債務者が，帳簿の数値のほうが正しいと主張した場合には，認否としては認めないとして，その旨の認否をしたことを当該届出債権者に通知し，必要があれば，その後の債権確定手続のなかでいずれが正しいかを明らかにしていくべきでしょう。

〔古里健治〕

Q222　債権の認否にあたって，監督委員の意見は聞くべきでしょうか。

A

原則として，自らの判断で認否すべきです。

監督委員の基本的職務は，裁判所が指定した一定の事項について再生債務者に同意を与えるか否かを判断することです。この点，認否書の作成，提出は，再生債務者等が自ら行うべきことですので，まずは自らの判断で認否すべきです。

ただ，東京地裁の運用において，監督委員は，認否書を点検し，議決権の認否に特に重要な問題があると判断した場合には，議決権に関する意見書の提出を求められていますので，再生債務者として判断に迷うような場合には，監督委員の意見を聞くことも1つの方法として良いと思います。

その場合でも，最初から監督委員任せのような対応をするのではなく，まずは認否について自ら見解を確立させたうえで，その適否について，監督委員に尋ねるという姿勢で臨むべきでしょう。

〔古里健治〕

Q223　債権の一部のみを否定する場合，どのように認否しますか。

A

認否書の「認める額」の部分に認める額を，「認めない額」の部分に認めない額を記載します。

既に内金について弁済をしているにもかかわらず，融資額全額を債権者が届け出てきたような場合，「認める額」の部分に残元金額を記載し，「認

めない額」の部分に既払額を記載します。　　　　　　　　　　　　　　　　　　　　　　　　［古里健治］

Q224　元本と遅延損害金は，区別して認否すべきですか。

A

区別して認否すべきです。

再生債権は，再生手続開始前の原因に基づいて生じたもののことを言い（法84条1項）元本債権も，再生手続開始前に生じた遅延損害金請求権も「再生債権」です。また，再生手続開始後の遅延損害金も，同じく再生債権です（同条2項2号）。

しかし，再生手続開始後の遅延損害金は，議決権がない点（法87条2項）で他の再生債権と区別する必要がありますし，再生手続開始前に生じた遅延損害金については，一律免除を受ける旨の再生計画案を策定することもありますので，元本部分と遅延損害金部分は区別して認否する必要があり，またそのほうが後の手続の処理において区分して処理すべきものについての一覧性が確保でき，便利です。

［古里健治］

Q225　同一債権者が，異なる債権を，別用紙で届出をした場合，どのように認否しますか。

A

同一再生債権者の届出であることが分かるよう，認否書に記載します。

再生計画案を可決するには，議決権を行使できる再生債権者の過半数であって，議決権額の総額の2分の1以上の議決権を有する者の賛成が必要ですが（法173条の3第1項），この可決要件との関係で，再生債権者の数及び議決権額を把握しておく必要があります。

この点，再生債務者が同一の金融機関の複数の支店と取引がある場合，各支店が個別に債権届出をしてくる場合がありますが，複数支店と取引がなされていても，同一の金融機関である以上，再生債権者の数は1人であり，議決権額はその合計額です。

したがって，債権者数及び議決権額を把握する基礎資料となる認否書においては，同一金融機関の複数の届出が複数の再生債権者の届出として誤って扱われないよう，1つの欄に合計額を記載するか（その場合も，認否が異議等の手続の前提であることを考慮すれば，各支店ごとの債権額の内訳は分かるようにしておくことが望ましいでしょう），または連続した欄に記載するか（その場合は，同一債権者の債権であること及び合計額が分かるように表示すべき）いずれかの方法で認否をしておくことが便宜でしょう。　［古里健治］

Q226 別除権付債権については、どのように認否しますか。

A

再生債権に対する認否のほか、予定不足額に対する認否を行います。

別除権者は、債権届出の際、通常の再生債権者の届出事項に加え、別除権の目的及び別除権の行使によって弁済を受けることができないと見込まれる債権の額（以下「予定不足額」と言います）等の事項を届ける必要があります（法94条2項）。

そして、再生債務者等は、別除権付債権については、再生債権に対する認否だけではなく、予定不足額に対する認否についても、それぞれ行う必要があります。

例えば、再生債権額1,000万円、予定不足額400万円と見込まれる別除権付債権について、再生債権者が再生債権額1,000万円、予定不足額1,000万円、議決権額1,000万円で債権届出をしてきた場合、債権額「1,000万円（別除権）」、議決権額400万円を認め、議決権額600万円分の届出については認めない旨の認否をすることになります。

〔古里健治〕

Q227 リース業者が、届出をしてこないのですが、どうしますか。

A

共益費として処理するか、自認債権とします。

リース業者の中には、リース債権は共益債権であると主張して、再生債権の届出すらおこなわない者がいます。リース債権の法的性質には争いがあり、別除権付再生債権であれば届出を要し、賃料債権等の共益債権であれば届出を要しないこととなります。もっとも、実務上は、再生債権であっても、開始決定前の段階では、弁済禁止の除外事由に挙げられていますし、継続使用が必要となる物件については、リース料を従前どおり支払い、契約を継続するのが通常ですから（リース契約を再度締結する場合もあります）、未届出であることの不利益がないことが多いようです。

〔古里健治〕

Q228 敷引き特約のある敷金債権は、どう認否しますか。

A

敷引き後の金額で認否することも考えられます。

敷金返還請求権は、賃貸借存続中の賃料債権・賃貸借終了後家屋明渡し義務履行までに生ずる賃料相当損害金の債権その他賃貸借契約により賃貸人が賃借人に対して取得することのあるべき一切の債権を担保し、賃貸借終了後、家屋明渡しがなされた時において、それまでに生じた上記の一切の被担保債権を控除しなお残額があることを条件として、その残額につき発生するものです。したがって、再生開始時において、明け渡しが完了していない場合には未発生の債権となりますが、かかる将来の請求権についても、賃貸借契約という再生手続開始前の原因に基づいて生じる以上は、再生債権となります（法84条）。もっとも、敷金債権は、一切の被担保債権を控除しなお残額があることを条件として、その残額につき発生するものなので、その再生債権額も、当該残高の範囲に限って認められると考えられるので、敷引特約がある場合は、それが合理的な範囲内のものであるかぎり、それを控除した残額についてのみ認める旨の認否をすることが考えられます。もう1つの考えとして、敷金債権は条件付き債権であるとして、開始決定時の評価額について認める旨の認否をすることも考えられます。　　　[古里健治]

Q229 譲渡担保に入っている債権について、二重届出があるとどう認否しますか。

A

真正な権利者のみを認める認否をします。

債権が譲渡担保に供されている場合、原債権者と担保権者とが二重に債権の届出をしてくる場合があります。この場合、双方を認めることはできないので、真正な権利者のみを認める旨の認否をすることになりますが、手形債権と異なり、譲渡担保の場合は、証書原本の所持は真正な権利者であることを裏付ける証拠方法に過ぎないので、実体面に立ち入って、判断を行う必要が出てきます。実務上は、原債権者と担保権者との間で調整をおこなわせるのが再生債務者にとって負担が少ないといえます。そして、調整がつかない場合は、いずれに対しても認めない旨の認否をしておくことが考えられます。なお、譲渡担保の場合でも、形式上は債権譲渡の構成をとるので、債権譲渡通知が開始決定前の段階で到達していない場合には、再生債務者に対して対抗できないものとして、担保権者からの届出債権に対して、認めない旨の認否をすることになるでしょう。　　　[古里健治]

Q230

手形債権者の有する手形の満期が債権届出期間経過後に到来する場合，手形債権者から相殺の意思表示がある場合，どのように認否しますか。

A

相殺は不可であるとして，届出債権額については，全額について認めます。

手形の場合，満期が数ヵ月後であることも多いようですが，他方で，民事再生の現在の運用では，申立後開始決定まで半月程度であり，債権届出期間も比較的短期に設定されるため，手形の満期が到来しないことがあります。この場合，債権者の有する手形の満期が債権届出期間経過後に到来する場合，届出期間の満了前に相殺適状とならないので，相殺はできません（法92条）。したがって，相殺については無効と取扱い，手形債権について届出のある場合には，それを認める旨の認否を行い，反対債権については再生債務者において取り立てを行うことになります。　　　　［古里健治］

Q231

債権を認めない場合の理由は，どのように記載しますか。

A

予め定めた符号を使用して，簡略に記載します。

債権を認めない場合，認めない旨を認否書に記載し，その理由の要旨を記載することができます（規則38条１項）。理由の要旨はいくつかに類型化できますので，欄外に各理由に番号を付け（例：１債権不存在　２手形要件不備，３法84条２項に規定する債権　４その他記載のとおり），各認否欄にはその番号を記載する方式をとるのが簡便で良いでしょう。　　　　　　　　　　　　［古里健治］

Q232

債権が存在するにもかかわらず，届出がなされない場合，どうしますか。

A

自認債権として認否書に記載します。

再生債務者等が，届出がされていない再生債権があることを知っている場合には，当該再生債権について，再生債権者の氏名等，住所，自認する内容等を認否書に記載しなければならない（法101条３項，規則38条２項）と規定されています。これは，再生債権者が，その再生債権を届け出ないことによる失権をできるだけ避けるとの趣旨です。すなわち，再生債務者が，届出のなされていない再生債権があることを知りながら，認否書に記載をしなかった場合でも，当該再生債権は免責され

ないこととされていますが（法181条1項3号），再生債務者以外の再生債務者等（すなわち，管財人。法2条2号）が，届出のなされていない再生債権があることを知りながら，認否書に記載をしなかった場合には，当該再生債権は失権するため，かかる事態を回避するとの趣旨です。

もっとも，実務上は，再生債務者の帳簿上，債権が存在するにもかかわらず，届出がなされない場合，再生債務者としては，債権の届出をしてもらうよう，当該債権者に催促をすることが有益です。届出がなされてない原因は以下のとおりいくつか想定されます。

・当該債権者において単純に届出を失念している場合
・当該債権者において和議法の場合のように届出をせずとも不利益がないと誤解している場合
・再生債務者のミスにより誤った住所地に債権届出書を送付していた場合
・債権者の住所変更等のため債権届出書が送付されていない場合
・債権者が債権届出を送付したが何らかの理由により裁判所に不着となっている場合
・当該債権者の方針として債権届出はしない場合

このうち，当該債権者の方針として債権届出をしないという場合（例えば，リース業者の中には，リース債権は共益債権であるとの立場を貫き，再生債権の届出をしないものがあります。また，債権者の中には，自己の債権が焦げ付いたことを知られたくないものもあります）には，再生債務者から債権届出を催促しても，債権届出はなされないでしょう。その他の事由による場合には，念のため，再生債務者から，債権届出の有無について確認を行うことは，以下の理由から有益です。

・債権届出がなされない場合，再生債務者としては，結局，自認債権として処理することとなり，手間は同じ。
・自認債権として処理しても，自認債権には議決権がないから，当該債権者は債権者集会に参加できなくなってしまう。当該債権者が，再生計画に賛成の意思を有している場合には，賛成票を失うこととなるから，かかる事態を防止すべき。
・当該再生債権者が，再生債務者の重要な仕入先である場合には，債権届出の不着を放置しておいたことを再生債務者の不誠実な対応であると評価されることがある。その場合，再生債務者の今後の円滑な取引にも影響を与える可能性がある。

結局，実務上は，届出がなされない場合でも，再生債務者としては，債権の届出をするよう，当該債権者に催促をし，期限後の届出であっても，できるだけ認否書に記載をするようにし（法101条2項），それでも，なお，届出のない再生債権については，自認債権として認否書に記載をすることになります（法101条3項）。　［古里健治］

Q233 債権届出期間経過後に届出書を送付してきた債権者については，どう扱いますか。

A

期限後届出として扱うのが原則です（法101条2項）。

再生債権者の責めに帰することができない事由によって債権届出期間内に届出をすることができなかった場合または債権届出期間経過後に発生した再生債権（法95条1項，同条3項）については，債権届出期間経過後に提出された債権届出についても認否をすることができます（法101条2項）。ただし，前者の場合には，債権の届出ができない事由が消滅した後1ヵ月以内，後者の場合には再生債権の発生後1ヵ月以内に届出がなされている

ことが必要ですが，実務上は，その事由の認定は比較的緩やかに行われているようです。

[古里健治]

Q234 債権届出期間経過後に譲渡による届出名義変更があった場合，どう扱いますか。

A

届出名義の変更をしてもらいます。

届出をした再生債権を取得した者は，債権届出期間が経過した後でも，届出名義の変更を受けることができます（法96条）。これは，既に届出がなされ，または，再生債務者が自認して認否書に記載した再生債権について主体の変更があっても，再生計画に基づき弁済すべき額に影響を与えるものではないため，認められている措置です。届出名義変更については，①届出を受けようとする者の氏名又は名称及び住所並びに代理人の氏名及び住所，②取得した権利並びにその取得の日及び原因を記載した届出書の提出が必要ですが（規則35条），その届出がなされた場合には，以後は債権譲受人を再生債権者として扱い，認否することとなります。開始決定後に譲渡通知があった債権についても，開始決定時の債権者から債権届出をおこない，新債権者へ届出名義の変更を行うのが原則的処理ですが，実務上は，旧債権者から届出がない場合，新債権者の届出を認めているようです。

なお，認否書提出後に譲渡による届出名義変更があった場合も，同様に届出名義の変更を行うことになると思われます。

[古里健治]

Q235 債権届出期間経過後に譲渡を受けた債権者について，反対債権を再生債務者が有している場合，再生債権者は，相殺ができますか。

A

相殺できません。

再生債務者の債務者が再生手続開始後に他人の再生債権を取得したときは，相殺をすることができません（法93条の2第1項）。これは，再生債務者に対して債務を負担している者が，価値の下がった再生債権を低額で譲渡を受けて相殺するような行為は，再生債務者の資産に悪影響を与えますので，禁止する趣旨です。

[古里健治]

Q236 同一手形債権について、複数の者から届出があった場合、どのように認否しますか。

A

手形を開始決定時に正当に保有する者以外の届出には、認めない旨の認否を行います。

手形は転々流通することを予定しているので、受取人から裏書等により譲渡されることがあります。また、手形割引や担保に入れられる場合もあります。この場合、受取人、譲受人、担保権者等から、同一手形債権について、債権届出がなされる場合があります。この場合、いずれの債権者が手形を開始決定当時に正当に保有していたかを確認し、その者以外の届出は、認めない旨を認否することになります。各届出人からは、手形の両面の写しの資料提出を求めるとともに、原本の提示を求めることも有益です。認否書提出時点までに、判明しない場合には、全部の者について認めない旨の認否を行い、その後、関係者間で調整をしてもらい、真の権利者以外の者から、債権届出の取下げを受けた後、真の権利者について認める旨の認否に変更することになります。なお、手形債権については、振出一覧（手形番号、額面、振出人、届出人、原因債権の別途届出の有無）を作成しておき、重複や欠落がないかチェックする体制を整えた方がよいでしょう。　　　　　　　　　　[古里健治]

Q237 債権届出のされている債権について、当該債権を自働債権とする相殺通知も送られてきている場合、どのように認否しますか。

A

相殺が有効であれば、相殺により債権消滅として、届出債権額を認めない旨の認否を行います。

再生債権者が再生手続開始当時再生債務者に対して債務を負担する場合において、債権及び債務の双方が再生債権の届出期間の満了前に相殺に適するようになったときは、再生債権者は、その期間内に限り、再生手続によらないで、相殺をすることができます（法92条1項）。もっとも、実務上は、相殺の有効性について、争いがある場合もあり、また、再生債務者としても、逐一、債権者からの相殺通知に対してその有効無効の応答をしていません。そのため、再生債権者としては、相殺が有効であれば、債権届出は行わないが、仮に、相殺が無効であった場合に備えて念のため再生債権の届出を行うという例が見られます。したがって、再生債務者としては、相殺の要件（法92条・93条等）を吟味のうえ、相殺が有効であると判断する場合には、その旨を届出債権者に通知し、債権届出を取り下げてもらうことになります。取り下げをしない場合には、相殺により債権消滅として、届出債権額を認めない旨の認否をおこないます。

他方、再生債務者において、相殺が無効であると判断する場合は、届出債権が他の理由により不存在ないし消滅していない場合には、認める旨の認否をおこない（念のため、備考欄に相殺通知があったが無効と判断した旨記載しておくと判断過程が明確となるでしょう）、あわせて、反対債権の取り立てを行うことになります。再生債権者がこれを是認しない場合、最終的には、再生債務者の有する反対債権の取立訴訟の中で、再生債権者

側から，相殺の抗弁が提出され，その成否が受訴裁判所において判断されることになります。

[古里健治]

Q238 債権額の認否とは別に議決権額の認否を記載する欄がありますが，どのように記載するのですか。

A

法87条に従って認否をします。

再生債権とは，再生手続開始前の原因に基づいて生じた財産上の請求権のことであり（法84条1項），また再生手続開始後の利息請求権，再生手続開始後の不履行による損害賠償及び違約金の請求権，再生手続参加費用の請求権も再生債権です（同条2項）。

一方，再生計画案の可決のためには，議決権を行使できる再生債権者で出席したものの過半数及び「議決権総額の2分の1以上の議決権を有する者」の賛成がなければなりません。

したがって，再生計画案の可否を見極めるためには，議決権総額を算出する必要がありますが，再生債権の「財産上の請求権」は，金銭の支払を目的としない債権も含まれていますし，その他条件付債権等についても，それを金銭価値に「評価」する必要がありますがその評価方法は法87条1項1～4号に定められています。

また，法84条2項に定める再生債権については，議決権が認められていません（法87条2項）。

このように，届け出られた再生債権について，法87条の規定を参照して，議決権額の認否をすることになります。

[古里健治]

Q239 第三者が債務保証や物上保証をしている場合，議決権額は，どのように認否しますか。

A

債権額のとおりとなります。

再生債権者は，原則として債権額にて議決権を有します（法87条1項4号）。もっとも，別除権者については，その別除権の行使によって弁済を受けることができない債権の部分（予定不足額）についてのみ，議決権を有します（法88条）。そして，別除権は，再生債務者の財産の上に存する特別の先取特権，質権，抵当権又は商法もしくは会社法の規定による留置権が基礎となっています（法53条）。第三者が債務保証や物上保証している場合には，再生債務者の財産の上に存する担保権とは言えないので，別除権ではありません。したがって，一般再生債権として，債権額を基準として議決権額を認否することになります。

なお，届出再生債権者が，別除権に該当するものと判断して第三者の債務保証分を債権額から控除して議決権額を届け出た場合，届出議決権額よりも認めるべき議決権額が大きくなるため，届出議決権額の範囲内でのみ認める見解，あるべき議決権額を記載し，認めない議決権額はマイナス表示ないしはゼロと記載すべしとする見解が考えられます。

再生債務者が裏書きをした手形を担保にとっている場合については，商事留置権による別除権を認める見解，手形法上の振出人に対する債権を有

第13章　認否書作成
Q240・Q241

しているに過ぎないとして別除権を認めない見解が考えられます。　　　　　　　　　　［古里健治］

Q240 保証人や物上保証人が届け出た求償権の議決権はどのように認否しますか。

A

再生手続開始時の評価額となります（法87条）。但し，債権者自らが届出をしている場合には，開始手続前に弁済をするか，または開始決定後に保証人等が全額を弁済した事情がない限り，全額認めない旨の認否をすることになります。

再生債務者に対し再生手続開始前の原因に基づいて生じた財産上の請求権は，再生債権となります（法84条1項）。ここで，「再生手続開始前の原因に基づいて生じた」とは，債権の発生原因事実が，再生手続開始前に存在することを要するというものであり，弁済期が到来したり，停止条件が成就していることは必要ではありません。したがって，求償権の事前行使のような将来の請求権も再生債権となります。事後求償権が再生債権となることはもちろんです。

もっとも，債権者自らが届出をしている場合，当該債権者が有する再生債権の額は，開始決定時の現存額となるため（法86条2項，破産法104条1項，同4項），求償権者は，開始決定前に弁済したか，あるいは開始決定後に全額を弁済した場合に限り，手続に参加することが認められます。逆から言えば，当該債権者が届出をしている場合には，開始決定後になされた一部弁済に基づく求償権や，そもそも弁済がなされていない事前求償権については，認めない旨の認否をすることになります。　　　　　　　　　　　　［古里健治］

Q241 再生手続開始決定時点では，期限が到来していない債権の議決権はどのように認否しますか。

A

無利息の確定期限付債権については中間利息を控除します。

弁済期未到来の債権も，再生手続開始前の原因に基づいて生じた債権であれば，再生債権となりますが（法84条1項），議決権については，再生手続開始後に期限が到来すべき確定期限付債権で無利息のものについては，再生手続開始のときから期限に至るまでの期間の年数に応じた債権に対する法定利息を債権額から控除した額となります（法87条1項1号）。ただし，再生手続開始のときから期限に至るまでの期間が1年に満たない端数はこれを切り捨てるものとされています。したがって，期限到来までの期間が1年に満たない場合には，利息額を控除する必要はありません。利息付きのものについては，債権額にて議決権を有します（法87条1項4号）。　　　　　　　［古里健治］

Q242 条件付債権，金額不確定の債権は，どのように認否しますか。

A

再生手続開始時における評価額となります（法87条1項3号）。

条件付債権の議決権は，再生手続開始時における評価額が認めるべき債権額となります（法87条1項3号ホ）。したがって，再生手続開始時における条件の成否の見込みが議決権額を決定する要素となります。

金額不確定の債権は，再生手続開始時の評価額が認めるべき債権額となります（法87条1項3号ニ）。合理的と認められる評価方法により，算定することとなります。　　　　　　［古里健治］

Q243 存続期間が不確定な定期金債権はどのように認否しますか。

A

再生手続開始時における評価額となります（法87条1項3号）。

金額や存続期間が不確定な定期金債権については，具体例として，終身年金型の生命保険金が挙げられますが，このような債権は，再生手続開始時の評価額が議決権として認める額となります（法87条1項3号イ）。その評価方法については，例えば終身年金型の生命保険を例にとれば，平均余命により存続期間を定めたうえ，再生手続開始時の支払基準を適用して算定することが考えられます。これに対し，金額及び存続期間が確定している割賦払債権は，各支払予定時における割賦払金について，再生手続開始のときから各支払予定時に至るまでの期間の年数に応じた債権に対する法定利息を債権額から控除した額の合計額が議決権額として認める額となります。但し，その合計額が法定利率によりその定期金に相当する利息を生ずべき元本額を超えるときは，その元本額が議決権額となります。　　　　　　［古里健治］

Q244 非金銭債権，外国通貨の債権の議決権額は，どのように認否しますか。

A

再生手続開始時における評価額となります。

非金銭債権については，その権利の性質上，債権額はないので，その債権を金銭的な価値に評価する必要があります。そこで，再生手続開始時の評価額が議決権額となります（法87条1項3号ハ）。

外国通貨の債権の議決権については，再生手続開始時の評価額が議決権額となります（法87条1項3号ニ）。再生手続開始日のレートで換算した額となるでしょう。

［古里健治］

Q245 再生手続開始後の利息請求権，再生手続開始後の不履行による損害賠償及び違約金請求権，再生手続参加費用の請求権は，議決権がありますか。

A

議決権は認められません。

再生手続開始後の利息請求権は，再生債権となります。しかし，これらは，本来の再生債権の付帯請求であり，他の倒産手続きでは劣後債権として位置づけられているもので，議決権は認められていません（法87条2項・84条2項1号）。同様の趣旨で，再生手続開始後の不履行による損害賠償及び違約金の請求権（法87条2項・84条2項2号），再生手続参加の費用の請求権（法87条2項・84条2項3号）にも議決権は認められていません。

再生手続開始前の罰金，科料，刑事訴訟費用，追徴金，過料については，政策的に一般の再生債権より劣後的地位に置くのを相当とする趣旨で，議決権は認められていません（法87条2項・97条）。

［古里健治］

Q246 自認債権については，議決権がありますか。

A

ありません。

再生債務者等は，届出がされていない再生債権があることを知っている場合には，認否書に自ら認める債権（自認債権）として，その自認する内容等を記載する必要があります（法101条3項）。自認債権は，再生債権の調査及び確定，再生計画による権利の変更及び再生計画による弁済の対象となりますが，議決権の行使等の積極的な手続きへの関与は認められていません（法170条2項，171条1項規則38条2項）。

［古里健治］

Q247 議決権認否のための別除権評価はどうしますか。

A 時価によります。

担保物件の換価が行われていない以上，現在の時価を基準にして，別除権の評価をし，債権額から別除権額を控除して，予定不足額を算定することになります。　　　　　　　　　　　［古里健治］

Q248 別除権付の債権において届出書にある議決権額欄の数値と，不足見込額とが異なる場合，どちらを届出議決権額と記載しますか。

A 不足見込額の数値を記載します。

再生債務者等が別除権を評価して不足見込額を算定したものに基づき，認否をすることになります。　　　　　　　　　　　　　　　　　　［古里健治］

Q249 別除権付債権において，債権届出期間満了後に担保物件の換価により一部返済がなされた場合，どのように認否しますか。

A 不変期間内に届出内容の変更がなされた場合，それに対応した認否をします。

別除権者は，その別除権の行使によって弁済を受けることができない債権の部分についてのみ，再生債権者として，その権利を行うことができます（法88条）。ただし，その担保権によって担保される債権の全部又は一部が再生手続が開始された後に担保されないこととなった場合には，その債権の当該全部又は一部について，再生債権者として，その権利を行うことができます（法88条但書）。したがって，債権届出期間満了後に担保物件の換価により一部返済がなされた場合，債権額が減少し，担保物が消滅しますので，届出内容の変更を受け（法95条5項），それに対応した認否をします。

認否書提出後に担保物件の換価により一部返済がなされた場合にも，届出債権の一部取下げを受け，別除権の確定があったものとして，処理し，認否書については変更をおこなうことになります（規則41条）。再生債権の調査の確定（法104条）の後は，届出債権の一部取下げを受けることになります。　　　　　　　　　　　　　　　［古里健治］

Q250

海外に所在する再生債務者財産から，債権の一部回収を行った債権者についての議決権は，どう扱われますか。

A

回収額について議決権はありません。

債権者が海外の所在する再生債務者の財産から債権の一部の回収を行った場合でも，その弁済を受ける前の債権額全部をもって再生手続に参加できます（法89条1項）。ただし，外国において弁済を受けた部分については，議決権を行使することができません（同条3項）。海外財産に対して再生手続の効力が及ぶとの立場（普及主義。法4条）を採用することに伴う調整です。

［古里健治］

Q251

認否書において認めた場合，認めない場合，それぞれどのような効果が発生しますか。

A

認めた事項は確定し，認めない事項は所定の手続きにより確定されます。

認否書において，再生債務者等が，届出債権に関する事項を認めた場合，その再生債権の内容又は議決権の額は，原則として，確定します。認否書において，再生債務者が認めなかった債権については，債権の内容又は議決権の額は，そのままでは確定しないこととなります。未確定債権の内容については，具体的には，届出再生債権の状態（通常の場合，訴訟係属中の場合，有名義債権の場合）に応じて，以下のとおり，異なる手続により債権の内容の確定手続がおこなわれます。未確定債権の議決権の額は，債権者集会の期日にまで処理が持ち越され（法170条1項），最終的には裁判所が定めます（法170条3項）。また、債権者集会が開催されない場合も，最終的には裁判所が定めます（法171条1項）

(1) 認否書において，再生債務者等が，届出債権に関する事項を認めた場合

① 調査期間内に届出再生債権者の異議がなかったとき（異議があったが撤回された場合，異議を述べた再生債権者が再生債権の届出を取り下げたことにより異議権を喪失した場合を含む）
……再生債権の内容（権利の存在，届出人への帰属，給付の内容，期限，数額等），議決権の額，自認債権の内容は確定する（法104条1項）。
② 届出再生債権者の異議があったとき
(イ) 執行力ある債務名義（仮執行宣言付支払督促，執行証書等（民事執行法22条各号参照））又は終局判決（仮執行宣言の有無，確定の有無を問わない）のある再生債権に対して異議を出す場合
(A) 再生債権に関し再生手続開始当時訴訟が係属する場合
(a) 異議者等が受継のうえ，上級審の手続続行・上訴手続申立てをした場合
受継された訴訟手続において，その債権の存否及び内容を確定する（法109条2項）。

          (b) 受継申立てがなかった場合
             異議等のある再生債権にかかる調査期間の末日から1ヵ月以内の不変期間内に（法109条3項・同法105条2項），受継申立てがなかった場合，異議はなかったものとみなされる（法109条4項）。
       (B) 上記(A)以外の場合（別途訴訟が係属していない場合）
          (a) 再生債務者がすることのできる訴訟手続（確定判決に対しては再審の訴え）の提起があった場合
             提起された訴訟手続において，その債権の存否及び内容を確定する（法109条1項）。
          (b) 訴訟手続の提起がなかった場合
             異議等のある再生債権にかかる調査期間の末日から1ヵ月以内の不変期間内に（法109条3項・同法105条2項），再生債務者がすることのできる訴訟手続の提起がなかった場合，異議はなかったものとみなされる（法109条4項）。
    ㋺ 上記㋑以外の場合（通常の再生債権に対する異議の場合）
       (A) 再生債権に関し再生手続開始当時訴訟が係属する場合
          (a) 異議を受けた再生債権者が受継申立てをした場合
             受継された訴訟において，その債権の存否及び内容を確定する（法107条）。
          (b) 受継申立てがなかった場合
             異議等のある再生債権にかかる調査期間の末日から1ヵ月以内の不変期間内に（法107条2項・105条2項），受継申立てがなかった場合には，以後，再生手続への関与は認められず，再生計画認可の決定が確定したときは，免責の対象となる。
       (B) 上記(A)以外の場合（別途訴訟が係属していない場合）
          (a) 異議を受けた再生債権者が査定申立てをした場合
             裁判所が査定の裁判において，その債権の存否及び内容を定める（法105条3項）。この裁判に不服の場合には，異議の訴えを提起して争うことができる（法106条）。
          (b) 査定申立てがなかった場合
             異議等のある再生債権にかかる調査期間の末日から1ヵ月以内の不変期間内に（法105条2項），査定申立てがなかった場合には，当該再生債権については，未確定債権として，以後，再生手続への関与は認められず，再生計画認可の決定が確定したときは，免責の対象となる（法178条）。

(2) 認否書において，再生債務者等が，届出債権に関する事項を認めなかった場合
    ㋑ 執行力ある債務名義（仮執行宣言付支払督促，執行証書等（民事執行法22条各号参照））又は終局判決（仮執行宣言の有無，確定の有無を問わない）のある再生債権を，再生債務者等が，認めない場合
       (A) 再生債権に関し再生手続開始当時訴訟が係属する場合
          (a) 再生債務者等が受継のうえ，上級審の手続続行・上訴手続申立てをした場合
             受継された訴訟手続において，その債権の存否及び内容を確定する（法109条2項）。
          (b) 受継申立てがなかった場合
             再生債務者等が認めなかった再生債権にかかる調査期間の末日から1ヵ月以内の不変期間内に（法109条3項・同法105条2項），受継申立てがなかった場合，異議はなかったものとみなされる（法109条4項）。
       (B) 上記(A)以外の場合（別途訴訟が係属していない場合）
          (a) 執行力ある債務名義や終局判決に対してすることのできる訴訟手続（確定判決に対しては再審の訴え）の提起があった場合
             提起された訴訟手続において，その債権の存否及び内容を確定する（法109条1項）。

(b) 訴訟手続の提起がなかった場合
　　再生債務者等が認めなかった再生債権にかかる調査期間の末日から1ヵ月以内の不変期間内に（法109条3項・105条2項），執行力ある債務名義や終局判決に対してすることのできる訴訟手続（確定判決に対しては再審の訴え）の提起がなかった場合，再生債務者等において，その再生債権を認めたものとみなされる（法109条4項）。
(ロ) 上記(イ)以外の場合（通常の再生債権を，再生債務者等が，認めない場合）
　(A) 再生債権に関し再生手続き開始当時訴訟が係属する場合
　　(a) 認められなかった再生債権者が受継申立てをした場合
　　　受継された訴訟において，その債権の存否及び内容を確定する（法107条）。
　　(b) 受継申立てがなかった場合
　　　再生債務者等が認めなかった再生債権にかかる調査期間の末日から1ヵ月以内の不変期間内に（法107条2項・105条2項），受継申立てがなかった場合には，以後，再生手続への関与は認められず，再生計画認可の決定が確定したときは，免責の対象となる（法178条）。
　(B) 上記(A)以外の場合（別途訴訟が係属していない場合）
　　(a) 認められなかった再生債権者が査定申立てをした場合
　　　裁判所が査定の裁判において，その債権の存否及び内容を定める（法105条3項）。この裁判に不服の場合には，異議の訴えを提起して争うことができる（法106条）。
　　(b) 査定申立てがなかった場合
　　　再生債務者等が認めなかった再生債権にかかる調査期間の末日から1か月以内の不変期間内に（法105条2項），査定申立てがなかった場合には，当該再生債権については，未確定債権として，以後，再生手続への関与は認められず，再生計画認可の決定が確定したときは，免責の対象となる（法178条）。

［古里健治］

Q252 認否書を提出しないとどうなりますか。

A

　手続廃止原因の1つとなっているので，裁判所の決定により，手続が廃止される可能性があります。

　再生債務者は，裁判所が定める期限までに認否書を提出することを義務付けられています（法101条5項）。

　法が認否書の提出期限を一般調査期間より前とすることを前提としていることから明らかなように（同項），認否書はその後予定されている異議等の手続の前提となるものであり，再生債務者が認否をしないと，その後の手続の進行が困難となります。

　そこで，法は，再生債務者から認否書が提出されない場合は，裁判所は，監督委員もしくは管財人の申立てまたは裁判所の職権で，再生手続の廃止を決定することができます（法193条1項3号）。

　したがって，再生債務者は，裁判所が指定した期限内（東京地裁では，再生手続開始決定正本に記載されています）に認否書を提出するよう，注意が必要です。

［古里健治］

Q253 届出債権について認否漏れがあった場合，どうなりますか。

A

認めたものとして処理されます（法101条6項）。

届出債権について認否漏れがあった場合，再生債務者等において，再生債権の内容・議決権について認めたものとして処理されます（法101条6項）。具体的には，以下のとおりです。

(1) 期限前の届出債権について
　① 認否書に債権の内容についての認否がない場合
　　債権の内容について再生債務者等において，認めたものとみなされます（法101条6項前段）。
　② 認否書に議決権についての認否がない場合
　　議決権について再生債務者等において，認めたものとみなされます（法101条6項前段）。
　③ 認否書に債権の内容及び議決権についての認否がいずれもない場合
　　債権の内容及び議決権について再生債務者等において，いずれも認めたものとみなされます（法101条6項前段）。

(2) 期限後の適法届出債権について
　① 認否書に債権の内容についての認否がない場合
　　債権の内容について再生債務者等において，認めたものとみなされます（法101条6項後段）。
　② 認否書に議決権についての認否がない場合
　　議決権について再生債務者等において，認めたものとみなされます（法101条6項後段）。
　③ 認否書に債権の内容及び議決権についての認否がいずれもない場合
　　①，②のように，債権の内容または議決権のいずれか一方のみの認否がないときは，記載がないものは認めたものとみなされますが，いずれについても認否がないときは，追加届出債権については認否書の記載は任意的である以上（法101条2項）認否がされていないものとして扱われます。　　　［古里健治］

Q254 認否の結果について，債権者は再生債務者に写しの交付を請求することができますか。

A

できます。

再生債務者等は，一般調査期間中は，認否書の写しを再生債務者の主たる営業所又は事務所に備え置かなければなりませんが（規則43条1項），その場合，再生債権者は，再生債務者等に対し，当該債権者の再生債権に係る記載がされた部分の写しを交付するよう請求することができます（同条3項）。　　　［古里健治］

Q255
認否の結果について，債権者は裁判所に写しの交付を請求することができますか。

A

できます。

利害関係人は，裁判所書記官に対し，民事再生法の規定に基づき裁判所に提出された文書の謄写，その文書の謄本の交付を請求することができます（法17条2項）。

再生債権者は，債権調査手続において異議を述べるか否かを認否書により判断する必要があることから言っても「利害関係人」あたることはもちろんですし，かつ再生債務者等が提出する認否書は，民事再生法に基づき裁判所に提出された文書ですから，債権者は，認否書の謄本の交付を要求することができます。　　　　　　　〔古里健治〕

Q256
再生債務者が営業所に認否書の写しを備え置いている際に，再生債権者から，認否書の写しの交付を求められた場合，認否書全部の写しを交付する必要はありますか。

A

必要ありません。当該債権者の債権に係る記載された部分だけの写しで足ります。

再生債務者は，再生債権者の閲覧に供するため，認否書の写しを主たる営業所または事務所に備えおくことが求められていますが（規則43条1項2項），その際，再生債権者は，「当該再生債権に係る記載された部分の写し」（同条3項），即ち，自らの債権に係る認否が記載された部分しか写しの交付を求めることはできません（同項）。

このように，写しの交付を求める範囲を交付を求めている当該再生債権者の認否が記載されている範囲に限った趣旨は，一般に倒産手続の債権調査における債権者の関心は自らの債権が認められるか否かにあることと，再生債務者の負担を考慮したものといわれています（参考『条解規則』89頁）。　　　　　　　　　　　〔古里健治〕

Q257
認否書を提出した後に債権を認める旨変更することはできますか。

A

できます。

再生債務者等は，認否書の提出後に再生債権の内容又は議決権についての認否を認める旨に変更する場合には，その旨を記載した書面を裁判所に提出するとともに，当該再生債権を有する再生債

権者に対し，その旨を通知することが必要です（規則41条1項）。

一方，一度認める旨の認否をしたものを変更する点については上記規則に定められていません。

この点，誤記その他裁判の更正に準じた事由がある場合には更正の提出により認否書の記載の訂正を認める運用がなされているようであり（金法1594号18頁），また，債権者と協議をしたうえ，債権者に届出を取り下げてもらう場合もあるようですが，規則41条1項に基づく変更以外の変更は裁判所が認めない場合があるため，認否書の作成については細心の注意が必要です。［古里健治］

第14章　債権調査

Q258　債権確定手続の流れはどうなっていますか。

A

　再生債務者等が提出する認否書，届出債権者等からの異議により，争いのない債権を絞り込み，争いのある債権については，債権の種別に応じて，査定等により確定されます。

　第1段階として債権者による債権届出がなされます。すなわち，再生手続に参加しようとする再生債権者は，債権届出期間内に，各債権について，その内容及び原因，議決権の額等を裁判所に届け出ます（法94条1項）。別除権者は，このほか，別除権の目的及び別除権の行使によって弁済を受けることのできないと見込まれる債権の額についても届け出ます（法94条2項）。届出の追完等は，一定の場合にのみ認められます（法95条）。

　第2段階として再生債務者等による認否書の提出がなされます。すなわち，再生債務者等は，届出があった再生債権についてその内容及び議決権についての認否を記載した認否書を作成し，裁判所に提出します（法101条1項2項5項・103条3項）。届出がされていない再生債権があることを再生債務者等が知っている場合には，これもあわせて認否書に記載し，裁判所に提出します（法101条3項4項）。届出債権について認否の記載がない場合には，再生債務者等において，これを認めたものとみなされます（法101条6項）。

　第3段階として債権調査期間における異議の有無が検討されます。すなわち，再生債権の調査において，再生債務者等が認め，かつ，調査期間内に届出再生債権者の異議がなかったときは，その再生債権の内容等は確定します（法104条1項）。届出をした再生債権者（管財人が選任されている場合は，再生債務者を含む）は，調査期間内に，裁判所に対し，認否書に記載された再生債権の内容等について，書面で異議を述べることができます（法102条・103条4項）。ただし，異議等のある再生債権に関して，既に再生手続開始当時，訴訟が係属していた場合には，この中断していた訴訟（法40条1項）について受継の申立（民事訴訟法124条以下）を，債権者が調査期間の末日から1月の不変期間内におこなう必要があります（法107条）。また，異議等のある再生債権のうち執行力ある債務名義又は終局判決のあるものについては，異議者等は，再生債務者がすることのできる訴訟手続によってのみ，異議を主張することができるため（法109条），例えば，確定判決に対しては再審の訴えを，調査期間の末日から1月の不変期間内に，提起する必要があります。

　第4段階として債権の種別に応じて，査定の裁判等がおこなわれます。すなわち，再生債権の調査において，再生債権の内容について再生債務者等が認めなかったり，または届出債権者が異議を述べた場合には，当該再生債権（異議等のある再生債権）を有する再生債権者は，その内容の確定のために，裁判所に査定の申立をすることができます（法105条）。この査定の申立は，異議等のある再生債権にかかる調査期間の末日から1月の不変期間内にする必要があります（法105条2項）。裁判所は，申立が適法である場合，異議者等を審尋したうえで，査定の裁判において，債権の存否及びその内容を定めます（法105条3ないし5項）。この査定の裁判の結果に不服がある場合は，その送達を受けた日から1月の不変期間内に異議の訴

第14章　債権調査
Q258

えを提起することができます（法106条）。また，前述の受継された訴訟や再審の訴え等については，各々これらの手続において，債権の内容が確定されることになります。これらの再生債権の確定に関する訴訟の結果については，再生債務者等又は再生債権者の申立てにより，書記官が，再生債権者表（法99条）に記載します（法110条）。確定した再生債権については，再生債権者表の記載は，再生債権者の全員に対して確定判決と同一の効力を有することになります（法104条3項）。

以上を整理すると以下のとおりとなります（参考『再生書式』書式61〜74，189参照）。

[松村昌人]

			民事再生法の参照条文	債権内容の確定
認否書（自認債権を含む）において再生債務者等が認め，調査期間内に届出債権者の異議もない債権			法104Ⅰ	○
調査期間内に届出債権者等が異議を出す場合（法102Ⅰ，Ⅱ，103Ⅳ）or再生債務者等が認否書において認めない場合（法101，103Ⅲ）	執行力ある債務名義又は終局判決のあるものに対して	当該再生債権に関し，再生手続開始当時，訴訟が係属する場合（例：一審の認容判決に対し控訴審にて審理中）	調査期間の末日から1月以内に異議者or再生債務者等が受継申立をした	法109Ⅱ，Ⅲ	△
			期間内に受継なし（→異議なしor再生債務者において認めたものとみなされる）	法109Ⅳ	○
		訴訟係属がない場合（例：確定判決）	調査期間の末日から1月以内に異議者or再生債務者等が，再生債務者がすることのできる訴訟手続（例：再審の訴え）の提起をおこなった	法109Ⅰ，Ⅲ	△
			期間内に提訴等なし（→異議なしor再生債務者において認めたものとみなされる）	法109Ⅳ	○
	通常の再生債権に対して	当該再生債権に関し，再生手続開始当時，訴訟が係属する場合（例：一審で審理中）	調査期間の末日から1月以内に異議を受けた債権者が受継申立をした	法107Ⅰ	△
			期間内に受継なし	法107Ⅱ，105Ⅱ	×
		訴訟係属がない場合	調査期間の末日から1月以内に異議を受けた債権者が査定の申立をした（→査定の裁判→異議の訴え）	法105，106	△
			期間内に査定の申立をしない	法105Ⅱ	×

（○…債権内容が確定。）
（△…当該手続において決定。）
（×…債権は未確定のまま，以後は手続への関与は認められない。
　　　再生計画認可の決定確定により，民事再生法178条本文により免責の対象となる）

Q259 議決権確定手続の流れはどうなっていますか。

A

届出がなされた再生債権について，再生債務者等が提出する認否書において認めた事項は確定し，認めない事項は裁判所が確定します。

第1段階として債権調査期間における議決権確定があります。すなわち，再生債権の調査において，再生債務者等が認め，かつ，調査期間内に届出債権者の異議がなかったときは，その再生債権の議決権の額は，確定します（法104条1項）。したがって，認否書において，再生債務者等が認めなかったり，または，届出債権者からの異議があった債権の議決権の額は，そのままでは確定しないこととなります。未確定債権の議決権の額は，債権者集会の期日にまで処理が持ち越されます。債権査定申立，査定の裁判に対する異議の訴え等の確定手続は議決権においては用いられません。なお，また，届出がなされない再生債権について再生債務者等が自認したもの（法101条3項）については，議決権はありません（法104条1項括弧書・170条・171条参照）。

第2段階として債権者集会における議決権確定があります。すなわち，再生債務者等又は届出再生債権者は，債権者集会の期日において，届出再生債権者の議決権につき異議を述べることができます。ただし，民事再生法104条第1項の規定によりその額が確定した届出再生債権者の議決権については，この限りではありません（法170条1項）。したがって，債権調査期間において確定した議決権は，その確定額に応じて議決権を行使することができます（法170条2項1号）。また，債権調査期間において確定しなかった届出債権（再生債務者等が認めなかったり，または，届出債権者からの異議があった債権）についても，債権者集会の期日において，再生債務者等又は届出再生債権者のいずれからも異議が出されなかった場合には，その届出の額に応じて，議決権を行使することができます（法170条2項2号）。さらに，債権調査期間において確定しなかった届出債権につ

			民事再生法の参照条文	議決権の可否
届出再生債権	再生債務者等が認めた場合	調査期間内に届出債権者の異議がない	法104Ⅰ，170Ⅱ①	○
		調査期間内に届出債権者の異議があった／債権者集会期日において，異議なし	法170Ⅱ②	○
		調査期間内に届出債権者の異議があった／債権者集会期日において，異議あり	法170Ⅱ③	△
	再生債務者等が認めない場合	債権者集会期日において，異議なし	法170Ⅱ②	○
		債権者集会期日において，異議あり	法170Ⅱ③	△
自認再生債権			法104Ⅰ括弧書，170	×

※

（○…議決権行使可能。　△…議決権は裁判所が決定。　×…議決権がない。）
※…書面投票のみの場合は，裁判所が議決権を決定。

いて，債権者集会の期日において，再生債務者等又は届出再生債権者のいずれからか異議が述べられた場合には，裁判所が，議決権を行使させるかどうか及びいかなる額につき議決権を行使させるかを定めることになります（法170条2項3号）。再生債権者の議決権については，債権の区分に応じて，一般の債権は債権額（法87条1項4号），別除権者については別除権の行使によって弁済を受けることができない債権の部分についてのみとされています（法88条・87条）。この裁判所による議決権の確定においては，諸般の事情を考慮して，裁判所の裁量により決定が行われ，この決定に対しては，不服を申し立てることができません。なぜなら，債権者集会において議決権を行使しう

る額は，当該債権者集会において直ちに確定されないと手続が進行しないからであり，また，議決権の行使額についての決定は，当該再生債権の存否や額に影響を与えるものではないからです。もっとも，決定後，重要な事情が判明した場合等には，裁判所は，利害関係人の申立てまたは職権にて，いつでも議決権の行使額についての決定を変更することができます（民事再生法170条3項）。

以上を整理すると表のとおりとなります。なお，書面投票（法169条2項2号）の場合には，債権者集会の期日における異議が観念できませんので，未確定分の議決権は，裁判所が定めます（法171条）（参考『再生書式』書式61〜74，189参照）。

[松村昌人]

Q260 一般調査期間を，債権者は，どのようにして確認すればよいでしょうか。

A

裁判所からの通知等により確認します。

再生債権の調査をするための期間は，その期間の初日と債権届出期間の末日との間には1週間以上2月以下の期間をおき，1週間以上3週間以下の範囲内で裁判所が決定します（民事再生規則18条）。裁判所は，再生手続の決定と同時に，再生債権の届出をすべき期間及び再生債権の調査をす

るための期間を定めなければならず（法34条），この再生債権の調査期間は，公告されるとともに（法35条1項），知れたる債権者には書面で送達されます（法35条3項）。したがって，債権者は，裁判所からの通知文書により，債権届出期間及び一般調査期間を知ることができます。なお，債権者であるにもかかわらず，通知文書が届かない場合には，事務手続き上の過誤による場合もありますので，再生債務者または担当裁判所に問い合わせをすることが考えられます。　[松村昌人]

Q261 当社の届出債権が，認否書において認められなかったり，他の債権者から異議を述べられたりした場合，放置しておくと，どのような不利益を受けますか。

A

債権が免責により消滅させられる可能性があります。

再生債権の届出をした場合に，再生債務者等が認めない旨の認否をしたり，または，他の届出債権者から異議を受けた場合には，調査期間の末日から1月の不変期間内に査定の申立等をしないと，当該再生債権は，未確定のままの状態となります。

債権の内容については，未確定である以上は，以後，再生手続への関与は認められません。再生計画認可の決定が確定したときには，免責の対象とされてしまいます（法178条本文）。

なお，債権調査期間において確定しなかった届出債権について，債権者集会の期日において，再生債務者等又は届出再生債権者のいずれからか異議が述べられた場合には，裁判所が，議決権を行使させるかどうか及びいかなる額につき議決権を行使させるかを定めることになります（法170条2項3号）。場合によっては，議決権の行使が認められなかったり，不当に少額でしか議決権が認められない可能性があります。　　　［松村昌人］

Q262 再生債務者の行った認否に，不服があります。どうすることができますか。

A

自己の届出債権に対する異議については，査定の申立等をおこないます。他の債権者の債権の内容等について再生債務者の認否に不服があるときには，異議を述べることができます。

第1に，債権者が届け出た自分の再生債権について，再生債務者等が，認否書において認めなかった場合には，債権の内容又は議決権の額は，そのままでは確定しないこととなり，特に債権の内容については，再生計画の認可決定の確定により免責される危険性もあります。そこで，未確定債権の内容については，具体的には，届出再生債権の状態（通常の場合，訴訟係属中の場合，有名義債権の場合）に応じて，本書Q258のとおり，査定の申立をする等の債権の内容の確定手続をおこなうことが必要です。なお，議決権の額については，本書Q259のとおり，債権者集会の期日等にまで処理が持ち越され，最終的には裁判所が定めます（法170条・171条）。

第2に，実体のない他の債権者の債権の内容について，再生債務者が過誤ないし通謀により，認める旨の認否をした場合，これを放置しておくことは問題です。なぜなら，ありもしない債権が認められてしまうこととなり，再生計画の賛否において議決権の行使結果をゆがめることとなるばかりか，配当率が減少する等の悪影響を受ける可能性があるからです。そこで，これを是正する必要がありますが，民事再生手続においては，裁判所による再生債権の調査は，再生債権者表に記載された事項（債権の内容，原因，議決権額等）について再生債務者等が作成した認否書並びに再生債権者及び再生債務者（管財人が選任されている場合）の書面による異議に基づいてするものとされています（法100条）。そこで，届出をした再生債権者としては，一般調査期間内に，裁判所に対し，届出再生債権の内容・議決権，自認債権について，書面で，異議を述べることになります（法102条）。なお，この場合異議等のある再生債権に関して，既に再生手続開始当時，訴訟が係属していた場合には，この中断していた訴訟（法40条1項）について受継の申立て（民事訴訟法124条以下）を，調査期間の末日から1月の不変期間内におこなう必要があります（法107条）ので，「相手方」（法107条1項）として受継申立てをうける可能性があります。また，異議等のある再生債権のうち執行力ある債務名義又は終局判決のあるものについては，異議者等は，再生債務者がすることのできる訴訟手続によってのみ，異議を主張することができるため（法109条），例えば，確定判決に対しては再審の訴えを，調査期間の末日から1月の不変期間内に，提起する必要があります（参考『再生書式』書式69〜71）。　　　　　　　　　［松村昌人］

第14章　債権調査

Q263 債権に異議を述べましたが、後日、異議を撤回することはできますか。

A

異議の撤回は可能ですが、時期に制限があります。

ある債権者の届出債権について、他の届出債権者が異議を述べた後、その異議を撤回することができるか否かについては、民事再生法は直接規定していません。もっとも、会社更生法や破産法等における取扱いにおいては、異議の撤回は可能であるとされています。実質的にも、異議の撤回は、異議等を受けた再生債権を有する再生債権者に不利益を与えるものでもないことから、異議の撤回は可能であると解されます。この点、民事再生規則41条2項も、異議の撤回を前提とする規定を設けています。もっとも、手続の進行上、以下のとおり、一定の時期以降の撤回は認められないと、『破産・民事再生の実務〔新版〕（下）』（208頁）で指摘されていますので、注意が必要です。

(1) 債権の内容についての異議に関して
　(A) 査定の裁判が確定した後（債権内容が確定するため）
　(B) 債権確定訴訟が提起された後（訴訟手続で処理されるため）
　(C) 債権調査期間の末日から1ヵ月の不変期間が経過した後（債権内容が確定するため）
(2) 議決権の額に対する異議に関して
　(A) 債権者集会当日の後
　(B) 書面決議の場合は裁判所が議決権に関する決定をした後

裁判例としては、東京高決平成13年12月5日金融・商事判例1138号45頁が、「届出債権に対する異議は、異議ある債権に対する査定の裁判の申立期間、すなわち、異議ある再生債権に係る調査期間の末日から1か月内であれば撤回することが可能であると解され、また議決権に対する異議は、債権者集会の当日まで撤回することが許されるものと解される。」判示しています。

（参考 「再生債権に対する異議申出書」『書式実務』241頁）　　　　　　　　　　　［松村昌人］

Q264 他の債権者から、当社の届出債権について異議が出されました。どう対処しますか。

A

査定の申立等をおこないます。

再生債権の調査において、再生債権の内容について再生債務者等が認めず、又は届出債権者が異議を述べた場合には、当該再生債権の内容の確定のために、当該再生債務者等及び当該異議を述べた届出再生債権者の全員を相手方として、裁判所に査定の申立てをすることができます（法105条1項）。この査定の申立ては、調査期間の末日から1月の不変期間内にしなければなりません（法105条2項）。裁判所は、異議者等を審尋したうえで、査定の裁判において、債権の存否及びその内容を定めます（法105条3ないし5項）。この査定の裁判において、届出債権の内容が認められれば問題ありませんが、万が一、その全部又は一部が否定されるなど、裁判の結果に不服がある場合は、その送達を受けた日から1月の不変期間内に異議の訴えを提起して、更に争うことができます（法

106条「査定の申立てについての裁判に対する異議の訴え」)。

なお，届出債権に関して，既に再生手続開始当時，訴訟が係属していた場合には，この訴訟を利用することになります。すなわち，再生開始決定により中断している（法40条1項）訴訟について，受継の申立て（民事訴訟法124条以下）を，調査期間の末日から1月の不変期間内におこない（法107条)，この訴訟において届出債権の内容について決着を図ることになります。

また，届出債権について，既に執行力ある債務名義を有していたり，終局判決がある場合には，異議者等の方から，再生債務者がすることのできる訴訟手続によって，異議主張をすることになっています（法109条)。例えば，確定判決を既に有している場合には，異議者等が，これに対して，調査期間の末日から1月の不変期間内に再審の訴えをしてきますから，これに応訴すれば足ります。上記期間内にこれらの手続が異議者等からなされなければ，異議はなかったものとみなされますので（法109条4項)，届出債権は無事確定することになります（参考『再生書式』書式71,「再生債権査定の申立書」『書式実務』243頁)。

[松村昌人]

Q265 査定の申立ては，具体的には，どのように行いますか。

A

査定申立書を裁判所に提出しておこないます。

査定の申立ては，申立書に，(1)当事者の氏名又は名称・住所・代理人の氏名及び住所，(2)申立ての趣旨及び理由，を記載して，裁判所に提出しておこないます（規則45条1項)。申立ては，調査期間の末日から1月の不変期間内にする必要があります。提出先の裁判所は，再生事件が係属している裁判体です。申立ての理由については，申立てを理由づける事実を具体的に記載し，かつ，立証を要する事項ごとに証拠を記載して（規則45条2項)，証拠書類の写しを添付する必要があります（規則45条3項)。査定の申立てをする場合，相手方は，再生債権の内容を認めなかった再生債務者等および異議を述べた届出再生債権者の全員となります。申立書については副本を作成し，相手方に直接送付します。

裁判所は，不適法申立てについては却下し（法105条3項)，適法申立てについては，その申立てに理由があるか否かを判断するため，異議者等を審尋したうえで（法105条5項)，異議等のある再生債権について，その債権の存否及び内容を定める裁判（査定の裁判）を行います（法105条4項)（参考『再生書式』書式71)。

[松村昌人]

Q266 査定の裁判の結果に不服があります。どのように対処すべきですか。

A

異議の訴えを提起します。

査定の申立てについての裁判に不服がある者は，その送達を受けた日から1月の不変期間内に，異議の訴えを提起することができます（法106条1項)。異議の訴えを提起する者としては，例えば，

第14章　債権調査

(1)債権届出をしたところ，異議が出たので，査定の申立てをしたが，査定の裁判においても，債権の存在を認められなかった再生債権者や，(2)再生債権者の債権を否定するために異議等を出したところ，査定の申立てについての裁判で，当該他の再生債権者の債権が認められてしまった異議者等が考えられます。

異議の訴えは，再生裁判所が管轄します（法106条2項）。被告とすべき者は，誰が異議の訴えを提起するかによって異なります。例えば，(1)査定の裁判において，債権の存在を認められなかった債権者が訴えを提起する場合には，異議者等の全員を被告とします。また，(2)他の再生債権者の債権を否定するために異議を述べたが，査定の申立についての裁判で，当該他の再生債権者の債権が認められてしまった異議者等が訴えを提起する場合には，当該他の債権者を被告とします（法106条4項）。異議の訴えについては，査定の申立ての裁判の送達を受けた日から1月の不変期間内を経過した後でなければ開始することができず（法106条5項），同一債権について複数の異議の訴えが同時に係属している場合には，事件は併合して審理・判し，民事訴訟法上の類似必要的共同訴訟として扱われます（法106条6項）。これは，集団的債務処理の特性上，同一の再生債権に関する裁判に対して，複数当事者が関係することが予想されるところ，これを当該訴訟の当事者の全員について足並みをそろえて，結果を合一に確定する必要があるためです。

異議の訴えは，訴えが不適法である場合には却下され（当事者が異なっていたり，出訴期間が経過している場合等），訴えが適法である場合には，訴えに理由があるか否かを審理のうえ判決をします。判決の内容は，査定の裁判どおりとする場合には「認可」，査定の裁判と結論を異にする場合には「変更」となります（法106条7項）（参考『再生書式』書式72，「異議訴訟の訴状」『書式実務』245頁）。

［松村昌人］

Q267　再生債権の確定に関する訴訟の結果は，再生手続にどのように反映されますか。

A

再生債権者表に記載がなされます。

裁判所書記官は，再生債務者等又は再生債権者の申立てにより，再生債権の確定に関する訴訟の結果を，再生債権者表（法99条）に記載します（法110条）。具体的には，再生債権の確定に関する訴訟の結果に応じて，(1)査定の申立てに対する裁判について異議の訴えが法定期間内に提起されなかった場合には，査定の裁判の内容，(2)異議の訴えが提起されたものの却下された場合には，査定の裁判の内容，(3)再生債権の確定に関する訴訟の判決がある場合にはその判決の内容，が再生債権者表に記載されます。再生債権の確定に関する訴訟の判決は，再生債権者の全員に対して効力を有するとされていますが（法111条），再生債権者表の記載は，再生債権者の全員に対して確定判決と同一の効力を有するとともに（法104条3項），給付請求権については，再生債権者表の記載が債務名義になるとされています（法180条3項）（参考『再生書式』書式73）。

［松村昌人］

Q268 既に同一請求権について、訴訟が係属している場合、どう扱いますか。

A 訴訟手続を受継します。

再生債権の確定については、査定の申立て、及び査定の裁判に対する異議の訴えによるのが原則的形態です（法105条）。ただし、異議等のある再生債権に関し再生手続開始当時、訴訟が係属する場合において、再生債権者がその内容の確定を求めようとするときは、異議者等の全員を当該訴訟の相手方として、訴訟手続の受継の申立てをしなければなりません（法107条1項）。この受継の申立は、調査期間の末日から1月の不変期間内にしなければなりません（法107条2項・105条2項。名古屋地決平成14年12月24日判例時報1811号152頁）。これは、既に当該再生債権に関する訴訟が係属している場合には、当該訴訟を活用することが、費用と時間の節約となるからです。なお、再生開始決定にともなって、再生債務者の財産関係の訴訟手続のうち再生債権に関するものは中断していますので（法40条1項）、手続としては、中断された同訴訟を受継するため、受継の申立てをすることになります（法107条、民事訴訟法124条以下）上記不変期間内に、受継申立てをしないまま、再生計画が認可された場合には、再生債務者はその責任を免れます（法178条。大阪高判平成16年11月30日金融法務事情1743号44頁）。また、再生債権者は、異議等のある再生債権の内容及び原因について、再生債権者表に記載されている事項のみを主張することができます（法108条）。この点、債権届出書において工事孫請契約により取得した不法行為損害賠償金あるいは不当利得返還金とされている場合に、訴えの変更としてなされた請求を請負代金債権とすることは、法108条に反し許されないとしたものとして、仙台高判平成16年12月28日判例時報1925号106頁がありますが、比較的ゆるやかに解する裁判例もあります。（大阪高判昭和56年6月25日判例時報1031号165頁、大阪高判昭和56年12月25日判例時報1048号150頁）。

［松村昌人］

Q269 異議を出すべき債権について、既に、仮執行宣言付支払督促、執行証書、仮執行宣言付判決、確定判決等がある場合、争うことができますか。

A 再審等の債務者の採りうる訴訟手続を利用して異議を述べます。

再生債権の確定については、査定の申立て、及び査定の裁判に対する異議の訴えによるのが原則的形態です（法105条）。ただし、異議等のある再生債権のうち執行力ある債務名義又は終局判決のあるものについては、異議者等は、再生債務者がすることのできる訴訟手続によってのみ、異議を主張することができます（法109条1項）。これは、再生債権者が、既に執行力のある債務名義等を有している場合には、その優越的な地位を尊重することが望ましいとの趣旨によるものです。

執行力ある債務名義とは、具体的には、仮執行宣言付支払督促、執行証書です。終局判決には、確定判決、仮執行宣言付判決、未確定判決、仮執行宣言のない未確定判決を含みます。

これらの債務名義等のある債権については、異

議主張の方法が限定されており，再生債務者がすることのできる訴訟手続による必要がありますので（法109条1項），例えば，(1)確定判決に対しては，再審の訴えを提起する，(2)未確定の終局判決に対しては，当該訴訟を受継して，上訴をしたり，上級審での手続を続行する等の訴訟手続によることになります。　　　　　　　　　　［松村昌人］

Q270 簡易再生・同意再生の決定があった場合でも，再生債権者表は作成されるのですか。

A 作成されません。

簡易再生の決定が確定したときは，再生債権の調査および確定に関する規定（法第4章第3節）は，適用されません（法216条）。簡易再生手続においては再生債権の調査，確定がおこなわれません。したがって，再生債権者表も作成されません（法216条・99条）。

同意再生の決定が確定したときも，再生債権の調査および確定に関する規定（法第4章第3節）は，適用されない結果（法220条），同意再生手続においては再生債権の調査，確定がおこなわれません。したがって，再生債権者表も作成されません（法220条・99条）（参考『再生書式』書式73）。

［松村昌人］

Q271 再生債権者表の記載の効果には，どのようなものがありますか。

A 確定判決と同一の効力等があります。

再生債権の調査において，再生債務者等が認め，かつ，調査期間内に届出再生債権者の異議がなかったときは，その再生債権の内容または議決権の額は，確定し（法104条1項），裁判所書記官が，その旨を，再生債権の調査結果として再生債権者表に記載します（法104条2項）。確定した再生債権に関する再生債権者表の記載は，再生債権者の全員に対して確定判決と同一の効力を有します（法104条3項。不可争性）。

再生計画の認可決定が確定したときは，裁判所書記官は，再生計画の条項を再生債権者表に記載しますが（法180条1項），この場合，再生債権に基づき再生計画の定めによって認められた権利については，その再生債権者表の記載は，再生債務者，再生債権者及び再生のために債務を負担し，又は担保を提供する者に対して，確定判決と同一の効力を有し（法180条2項），給付請求権を内容とする場合には，再生債務者及び再生のために債務を負担した者に対して，再生債権者表の記載により強制執行をすることができます（法180条3項）。もっとも，「確定判決同一の効力」に既判力が含まれるかについては，必ずしも明らかではありません（参考『注釈（下）』78頁，『条解民事再生法（第2版）』弘文堂840頁参照）。

なお，再生計画について不認可の決定が確定したときには，確定した再生債権については，再生債権者表の記載は，再生債務者に対し，確定判決と同一の効力を有し（法185条1項本文），再生債

第14章　債権調査

務者に対し，再生債権者表の記載により強制執行をすることができます（法185条2項）。ただし，管財人が選任されている場合に，再生債務者が，一般調査期間や特別調査期間内に，裁判所に対し，再生債権の内容について書面で異議を述べた場合には，この限りではありません（法185条1項但書・102条2項・103条4項）(参考『再生書式』書式73)。

[松村昌人]

Q272 共益債権の存否や額について争いがある場合，どのように確定しますか。

A

通常訴訟手続によって確定をします。

共益債権は，再生手続によらないで随時弁済するとされており（法121条1項），再生債権に先立って弁済を受けることができます（法121条2項）。すなわち，共益債権は，再生手続によらないで行使することができます。したがって，仮に共益債権の存否や額について争いがある場合には，通常の民事訴訟等手続すなわち民事保全手続，民事訴訟手続，強制執行により回収を図ることになり，その存否や額も，訴訟手続において判決や和解等により確定されます（労働債権たる共益債権の支払を認容した事例として，東京地判平成17年11月25日労働判例909号35頁，原状回復請求権の事例として東京地判平成17年8月29日判例時報1916号51頁。）。

もっとも，共益債権に基づき，再生債務者の財産に対し，強制執行や仮差押えがされている場合において，その強制執行又は仮差押えが再生に著しい支障を及ぼし，かつ，再生債務者が他に換価の容易な財産を十分に有するときは，裁判所は，再生手続開始後において，再生債務者等の申立てにより，又は職権で，その強制執行又は仮差押えの中止又は取消しを命ずることができます（法121条3項）。また，債権者が，自己の債権は共益債権である旨主張している場合でも，法律上再生債権に過ぎない場合には，弁済禁止の適用があり（法85条），債権届出を行わない限り再生手続に参加することはできず，訴訟が係属していた場合でも当該訴訟は中断し（法40条1項），強制執行等をすることはできず（法39条1項），既になされている強制執行等の手続は中止されます（法39条1項）。再生会社の租税債務を代位弁済したことにより取得した求償権・代位権について，共益債権性を否定したものとして，東京地判平成17年4月15日判例時報1912号70頁があります。

[松村昌人]

第15章　否認権

Q273　否認の類型には，どのようなものがありますか。

A

破産法，会社更生法と同様に，①再生債権者を害する行為の否認（法127条），②相当の対価を得てした財産の処分行為の否認（法127条の2），③特定の債権者に対する担保の供与等の否認（法127条の3），④権利変動の対抗要件の否認（法129条），⑤執行行為の否認（法130条）の類型があります。

［村田由里子］

Q274　再生債権者を害する行為の否認について説明して下さい。

A

再生債権者を害する行為（財産減少行為）の否認とは，担保の供与又は債務の消滅に関する行為を除く，⑴再生債務者が再生債権者を害することを知ってした行為（法127条1項1号），⑵再生債務者が支払の停止又は再生手続開始，破産手続開始，整理開始若しくは特別清算開始の申立て（以下「支払の停止等」と言う）があった後にした再生債権者を害する行為（法127条1項2号），⑶再生債務者がした債務の消滅に関する行為であって債権者の受けた給付の価額が消滅した債務の額より過大であるものが⑴⑵のいずれかに該当するとき（法127条2項），⑷再生債務者が支払の停止等があった後又はその6月以内にした無償行為及びこれと同視すべき有償行為（法127条3項）を対象とします。

⑴乃至⑶についていえば，例えば，不動産・動産の廉価での売却，対価的均衡を欠く代物弁済等がこれにあたります。

⑷については，判例（最判昭和62年7月3日，民集41巻5号1068頁）は，主債務者と保証人との間に，会社とその代表者という密接な関係がある場合でも，破産者たる当該代表者が当該会社の債務のために対価を得ずにした保証契約の締結は，たとえそれと引き換えに債権者が主債務者たる当該会社に対して出捐をしたとしても，無償否認の対象となると判示しています。

⑴の場合，再生債務者の詐害意思の立証責任は，否認権を行使する者が，受益者の善意についての立証責任は，受益者が負担します。

⑵の場合，再生債務者の主観的要件は不要であり，受益者の善意についての立証責任は，受益者が負担します。この場合，再生債務者の主観的要件を不要としたのは，支払の停止等があった後に財産減少行為がなされた場合に，再生債権者を害することを知らなかったということは通常考えられないからです。

(4)の場合，再生債務者及び相手方の主観的要件は不要です。　　　　　　　　　　　　　　　　　　　　　　　　　　　　［村田由里子］

Q275 相当の対価を得てした財産の処分行為の否認について説明して下さい。

A

相当の対価を得てした財産の処分行為の否認とは，再生債務者がその有する財産を，相手方から相当の対価を取得して処分する行為のうち，(1)当該行為が，不動産の金銭への換価その他の当該処分による財産の種類の変更により，再生債務者において隠匿，無償の供与その他の再生債権者を害する処分（以下「隠匿等の処分」と言う）をするおそれを現に生じさせるものであること，(2)再生債務者が，当該行為の当時，対価として取得した金銭その他の財産について，隠匿等の処分をする意思を有していたこと，(3)相手方が，当該行為の当時，再生債務者が前記(2)の隠匿等の処分をする意思を有していたことを知っていたこと，のいずれの要件にも該当する場合に限り，否認の対象とするものです（法127条の2第1項）。

旧破産法下においては，適正価格による売買の場合でも，不動産のような固定資産を消費・隠匿しやすい金銭に換えることは，債権者の共同担保となる一般財産を減少させる行為として否認の対象となると解されていましたが（大判昭和8年4月15日），相当の対価を得てした処分行為については，否認できる場合を限定することにより，取引の安全を図ったものです。

再生債務者の隠匿等の意思，相手方の悪意については，原則として，否認権を行使する者に立証責任がありますが，相手方が再生債務者の内部者と認められる場合には，立証責任が転換されています（法127条の2第2項）。すなわち，次の①～③に該当する者は，悪意が推定されます。再生債務者が法人である場合には，①再生債務者の理事，取締役等の機関又は構成員，②再生債務者が受益者の子会社又は孫会社である場合等再生債務者を事実上支配していると認められる者，再生債務者が個人である場合には，③再生債務者の親族又は同居者。　　［村田由里子］

Q276 特定の債権者に対する担保の供与等の否認について説明して下さい。

A

特定の債権者に対する担保の供与等（偏頗行為）の否認とは，既存の債務についてされた担保の供与又は債務の消滅に関する行為であって，(1)再生債務者が支払不能になった後又は再生手続開始，破産手続開始若しくは特別清算開始の申立て（以下「再生手続開始の申立等」と言う）があった後にした行為（法127条の3第1項第1号），(2)再生債務者の義務に属せず，又はその時期が再生債務者の義務に属しない行為であって，支払不能になる前30日以内になされたもの（同条同項第2号）を対象とします。

例えば，担保の提供義務がないにもかかわらずなされた追加担保の提供，弁済期到来前の弁済などがこれにあたります。新規の融資に対する担保の供与はこれにあたりません。

再生債務者の主観的要件は不要ですが，(1)の場

合，債権者の悪意については，否認権を行使する者が立証責任を負います。ただし，①債権者が法127条2項各号に掲げる再生債務者の内部者である場合，又は，②再生債務者の義務に属せず，又はその方法もしくは時期が再生債務者の義務に属しないものである場合には，立証責任が転換されています（法127条の3第2項）。

(2)の場合，債権者に他の再生債権者を害する事実を知らなかったことにつき立証責任があります。

[村田由里子]

Q277 偏頗行為につき，法127条1項1号（故意否認）により否認することはできますか。

A

できません。旧法下においては，判例は，偏頗行為の故意否認を認めていました（大阪地決平成12年10月20日）が，新法は，偏頗行為（再生債権者間の公平を害する行為）の否認の対象となる危機時期を，支払の停止に代えて支払不能によって画する（法127条の3第1項）と共に，偏頗行為の故意否認を認めないこととしました（法127条1項括弧内参照。）。これは，債務者が債務超過状態にあっても，信用・財産・労務による収入等により，全ての債務について履行の可能性が認められる時点でなされた偏頗行為の否認を認めると，債務者の信用取引等を不当に制限することになること，他方，支払不能になった場合には，債務者は，現在弁済期にある債務さえも弁済できない状況となっており，このような場合には，再生手続開始後と同様，再生債権者間の平等が図られるべきであるからです。

[村田由里子]

Q278 権利変動の対抗要件の否認について説明して下さい。

A

権利変動の対抗要件の否認とは，支払の停止等があった後，権利の設定，移転又は変更をもって第三者に対抗するために必要な行為がなされた場合に，その行為が権利の設定，移転又は変更があった日から15日を経過した後悪意でされたものであるときは，その対抗要件具備行為を否認するものです（法129条1項本文）。

悪意の立証責任は，否認権を行使する者が負います。

[村田由里子]

Q279 執行行為の否認について説明して下さい。

A

執行行為の否認とは，執行力のある債務名義がある行為又は執行行為に基づく行為を否認するものです（法130条）。

執行力のある債務名義がある行為の否認とは，例えば，給付判決に基づいて行なった再生債務者の弁済の効力を否認する場合であり，執行行為に基づく行為の否認とは，転付命令や競売による所有権の移転等執行機関を通じて実現された法律行為の効果を否認する場合などです。

［村田由里子］

Q280 転得者に対する否認は可能ですか。

A

転得者に対する否認とは，再生債務者から受益者に移転された財産がさらに第三者へと移転された場合にも，第三者に対して否認の効力を主張することを言いますが，「転得者が転得の当時，それぞれの前者に対する否認の原因が存在することを知っていた場合」（受益者について否認原因があり，かつ，その後の中間転得者及び現転得者の全員がそれぞれの前者について否認原因があることを知っていた場合）には，否認が可能です（法134条1項1号）。この場合，相手方に対する否認原因の存在については，否認権を行使する者が立証する必要があります。

転得者が再生債務者の内部者である場合，すなわち，法127条の2第2項各号に掲げる者である場合には，これらの者が自己又はその前者の善意を立証する必要があり（法134条1項2号），立証責任が転換されています。

転得者が無償行為又はこれと同視すべき有償行為によって転得した場合には，転得者の合理的期待や取引の安全を考慮する必要性が低いので，転得者が善意であっても，その前者までの全員が否認の原因があることにつき悪意であった場合には，否認権を行使できます（法134条1項3号）。

否認の対象となる行為が再生手続開始の申立の日から1年以上前の行為である場合，支払停止後の行為であることまたは支払停止の事実を知っていたことを理由として否認することはできません（法131条）。

［村田由里子］

Q281　一般優先債権に対する弁済は，否認の対象となりますか。

A

なりません。

一般優先債権は，再生債権ではなく，再生手続によらずに弁済ができる（法122条2項）ため，一般優先債権に対する弁済は，有害性を欠くことから，否認の対象にはなりません。

なお，担保権についても別除権として，再生手続によらず行使することができるため（法53条2項），担保権付債権（不足額と見込まれる部分を除く）が担保権の実行により弁済された場合には，否認の対象にはならないと解されています。

［村田由里子］

Q282　否認権は，誰が行使するのですか。

A

管財人が選任されている場合は，管財人が，選任されていない場合は，利害関係人の申立または職権により，裁判所から否認権の行使のための特別の授権を受けた監督委員（法56条1項）が行使します（法135条1項）。　　　［村田由里子］

Q283　否認権の行使に関する法的手続には，どのようなものがありますか。

A

管財人が否認権を行使する場合には，否認の訴え，否認の請求，抗弁という行使形態が明文で認められています（法135条1項3項）。また，所有権移転登記手続の請求訴訟において，管財人が登記の原因である売買につき否認権を行使する場合のように，否認を理由としない訴えにおいて，攻撃方法の一つとして否認権を行使することも解釈上認められています。

監督委員が否認権を行使する場合には，否認の訴え，否認の請求による方法のみが認められており（法135条1項），抗弁や攻撃方法として否認権を行使することはできません（法135条3項参照）。

監督委員は，管財人とは異なり，再生債務者財産に関する訴訟につき，一般的な当事者適格を有する者ではないからです（法67条1項）。つまり，否認の相手方が目的物の引渡請求訴訟を提起するときは債務者を被告とすることになるし，管財人の場合のように否認を理由としない訴えを先に提起することもないので，監督委員が原告となって否認の訴えを提起する場合以外は，訴訟の当事者

となることがないから（『新注釈（上）』675頁）とされています。　　　　　　　　　　　　　　　　　　　　　　　　［村田由里子］

> **Q284** 否認の請求をすることができるのは誰で，管轄裁判所はどこですか。また，否認の訴えを提起することができるのは誰で，管轄裁判所はどこですか。

A

　否認の請求，否認の訴えをすることができるのは，管財人が選任されている場合には管財人のみであり，管財人が選任されていない場合には，裁判所から否認権限を与えられた監督委員（法56条1項・135条1項）で，管轄裁判所は再生裁判所です（法135条2項。再生裁判所とは，官署としての裁判所の意味ですが，東京地方裁判所では否認の請求については，20部が，否認の請求を認容する決定に対する異議の訴え，否認の訴えについては，通常部が，それぞれ担当する実務取扱いとなっています）。　　　　　　　　　　　　　　　　　　　　　　　［村田由里子］

> **Q285** 否認の請求事件において，文書提出命令の申立てや証人尋問の申請はできますか。

A

　できません。

　否認の請求においては，簡易迅速に否認権を行使することを可能にするために，否認の原因たる事実の立証は，証明ではなく疎明で足りるとされています（法136条1項）。したがって，当事者が提出できる証拠は，即時に取り調べることができるものでなければなりません（法18条，民事訴訟法188条）。但し，裁判所は申出のない証拠を職権で取り調べることができます（法8条2項）。

　　　　　　　　　　　　　　　　　　　　　　　［村田由里子］

> **Q286** 否認の請求を認容する決定には既判力がありますか。

A

　あります。否認の請求を認容する決定が既判力を有する場合には，①異議の訴えにおいて，否認の請求を認容する決定を認可する判決が確定したとき，②異議の訴えが1ヵ月の不変期間内に提起されなかったとき，③異議の訴えが却下されたときがあります（法137条4項）。そのほかに，解釈上，④異議の訴えが提起期間経過後に取り下げられたとき（『新注釈（上）683頁』）にも既判力が生じます。　　　　　　　　　　　　　　　　　　　　［村田由里子］

Q287

管財人が原告の通常訴訟において，新たに攻撃方法として否認権を行使する場合，管轄裁判所はどうなりますか。

A

　管轄裁判所は再生裁判所になるため，通常訴訟の管轄裁判所が再生裁判所と異なる場合には，移送の申立てが必要になります。

　法135条2項は，否認権に関する裁判を再生裁判所に集中させることにより，否認原因に関する裁判所の判断が区々になることを防止する趣旨ですから，通常訴訟において否認権が行使される場合には，同条の趣旨から，再生裁判所が否認原因についての判断を行うべきだからです。ただし，管財人が抗弁として否認権を行使する場合には，法135条2項の適用はなく，移送の申立ての必要はないものと考えられます。　　　　[村田由里子]

Q288

否認の相手方と債務者との間で否認の目的である権利義務に関する訴訟が係属している場合，否認権限を有する監督委員は，否認権を行使するために，訴訟に参加することはできますか。

A

　できます。監督委員は，訴訟に当事者参加することができます（法138条1項）。

　例えば，再生手続開始前に，再生債務者が相手方に対して行った不動産の売却について，詐欺による取り消しを主張して，当該不動産の登記の抹消を請求している場合に，監督委員が当該行為が否認の要件を充たすとして訴訟に参加する場合が考えられます。

　監督委員に別訴を提起することを認めると，その間に，再生債務者を当事者とする訴訟の判決が先に確定してしまい，否認権を行使しても，否認登記や所有権確認が当該判決の既判力によりできなくなるおそれがあり，また，判決内容が矛盾するおそれがあるため，当事者参加を認めて，民事訴訟法40条を準用して合一確定を図ることとしました。　　　　[村田由里子]

Q289

監督委員と相手方との間の否認の訴えが係属している場合，否認以外の攻撃方法は誰が主張するのですか。

A

　再生債務者が主張します。再生債務者は，否認訴訟の目的である権利義務に関する請求をするため，相手方を被告として否認訴訟に当事者として参加することができます（法138条2項）。

例えば，売買を原因として移転登記手続が経由された不動産について，監督委員が対抗要件具備行為を否認するため否認訴訟を提起している場合に，再生債務者が，錯誤を理由に売買契約の無効を主張して，訴訟に参加する場合が考えられます。

この場合にも，再生債務者に別訴の提起を認めると，Q288と同様，既判力による遮断効や矛盾判決のおそれが存在するため，再生債務者に当事者参加を認めて，合一確定を図ることとしました。

［村田由里子］

Q290

監督委員と相手方との間に否認の訴えが係属している場合，否認以外の攻撃方法について，再生債務者が訴訟に参加しないか，主張しない場合，どうしたらいいですか。

A

相手方は，再生債務者を被告として，否認訴訟の目的である権利義務にかかる訴えを否認訴訟に併合して提起することができます（法138条3項）。

そして，相手方が提起した訴訟と否認訴訟とは，合一確定が要請される（法138条4項，民事訴訟法40条）ため，相手方は，再生債務者が訴訟に参加しない場合や主張を行わない場合であっても，否認訴訟の目的である権利義務にかかる訴えについて紛争の一回的解決を図ることができます。

［村田由里子］

Q291

詐害行為取消訴訟や破産法の規定による否認訴訟は，再生手続開始によりどうなりますか。

A

中断します（法40条の2第1項）。この場合，否認権限を付与された監督委員又は管財人は，中断した訴訟を受け継ぐことができ（義務ではありません），訴訟の相手方も，受継の申立てができます（法140条1項）。

中断した訴訟手続について，監督委員等が受継しないまま，再生手続が終了した場合，当該訴訟を提起した再生債権者又は破産管財人が，その訴訟を当然に受継します（法40条の2第7項）。

監督委員等が受継した後に，再生手続が終了した場合には，当該訴訟手続は中断し（法40条の2第4項，法140条4項），その訴訟を提起した再生債権者又は破産管財人が訴訟手続を受け継がなければならず，相手方も受継の申立てができます（法40条の2第6項，140条4項）。

なお，再生手続の開始によって，中断した訴訟手続きを監督委員等が受継した場合（法140条1項），詐害行為取消訴訟又は破産法の規定による否認訴訟を提起した再生債権者又は破産管財人に対する相手方の訴訟費用請求権は，共益債権になります（同条2項）。

［村田由里子］

第15章　否認権
Q292

Q292 否認権行使の効果はどのようなものですか。

A

否認権が行使されると，再生債務者の財産は原状に復します（法132条1項）。すなわち，再生債務者から相手方に移転した財産権は，当然に，再生債務者の財産に復帰し（否認の物権的効力），その効力は，否認の相手方に対する関係で，かつ，再生手続の限りで生ずると解されています（相対的効力）。

否認の対象となる財産が物理的に消滅し，譲渡され（転得者に対する否認が認められない場合），特定性を失って相手方の一般財産に混入した場合等，その財産を復帰させることが不可能である場合には，相手方に対し，価額の償還を請求することになります（法133条参照）。

なお，否認権が行使された場合，上記のとおり，原則として相手方には原状回復義務がありますが，法127条3項に定める無償行為については，善意の相手方を保護するため，相手方が，その行為の当時，再生債務者について支払停止，破産，再生手続開始，特別清算開始の申立があったこと又はその行為が再生債務者を害することを知らなかった場合（立証責任は相手方）には，否認権行使時において現に受けている利益を回復すればよいとされています（法132条2項）。

他方，否認権が行使された場合，相手方は，再生債務者に対して行った反対給付について返還請求権等を行使することができます。

具体的には，相手方は，①反対給付が再生債務者財産中に現存する場合には，当該反対給付返還請求権を行使することができ（法132条の2第1項第1号），②反対給付が再生債務者の財産中に現存しない場合には，反対給付の価額償還請求権を共益債権として行使することができます（同条同項2号）。旧法では，②の場合，再生債務者が受けた利益が現存するかどうかにより，相手方の法的地位（共益債権か再生債権か）が異なっていましたが，利益が残存するかどうかという取引の相手方にとって与り知らない偶然の事情により，相手方の再生手続上の地位が大きく異なることは相当ではないことから，新法は，原則として，価額償還請求権を共益債権とすることとしました。ただし，否認の相手方が当該行為の当時，再生債務者が隠匿等の処分をする意思を有し，かつ，相手方が再生債務者の意思を知っていた場合には，ア反対給付によって生じた利益の全部が再生債務者財産中に現存する場合には，現存利益の返還請求権（権利の性質は，共益債権），イ反対給付によって生じた利益が再生債務者財産中に現存しない場合には，反対給付の価額償還請求権（権利の性質は，再生債権），ウ反対給付によって生じた利益の一部が再生債務者財産中に現存する場合には，現存利益の返還請求権（権利の性質は，共益債権）と反対給付と現存利益との差額償還請求権（権利の性質は，再生債権）をそれぞれ行使することができます（法132条の2第2項）。

管財人等は，否認の相手方に対し，再生債務者がした給付（現物）の返還を求めるか，価額賠償を求めるかの選択ができます（法132条の2第4項）。管財人等が価額賠償を求める場合には，当該目的物の価額から法132条の2第1項，2項により共益債権となる額（現物返還が可能な場合にはその価額）を控除した額の償還を請求することができます。

［村田由里子］

第15章　否認権

Q293

否認の相手方から管財人に対し，法132条の2第4項により，差額賠償を求めることはできますか

A

できません。法は，差額賠償を選択できる者を否認権限を有する監督委員又は管財人に限定しています。差額賠償の選択権は，再生手続の円滑化・合理化のために，管財人等に認められたものだからです。

［村田由里子］

Q294

再生債務者から貸金について弁済を受けたところ，否認されました。否認による不当利得返還債務と元来の貸金債権とを相殺できますか。

A

できません。不当利得返還債務を履行しない限り，貸金債権は復活しません。

否認権の行使の効果は，Q301のとおり，物権的効果を有するため，否認権行使により，相手方の再生債務者に対する反対給付返還請求権等の債権も復活するのが原則です。しかし，このように解すると，再生債務者財産が原状に回復していないにもかかわらず，再生債権が復活することになり不都合です。

したがって，法は，再生債務者の財産が現実に回復された後でなければ，相手方の債権は復活しないことを定めました（法133条）。

［村田由里子］

Q295

否認によって再生債務者に復帰した財産が未処分のまま，再生計画不認可決定，再生計画取消決定，再生手続廃止決定が確定した場合，否認の効力はどうなりますか。

A

再生計画認可決定の確定に至ることなく再生手続が終了した場合には，否認の効力は消滅し，再生計画認可決定確定後に再生手続が終了した場合には，否認の効力は消滅しません（法13条4項，6項参照）。

否認制度は，再生手続における債権債務者間における衡平な権利関係の調整を目的としており，その効果も否認の相手方に対する関係でのみ，かつ，再生手続の限りで生ずるという相対的なものと解されています。したがって，再生手続の目的が達成されずに手続が終了する場合（一旦確定した再生計画がその後の事情により取消された場合については，一応，再生手続の目的が達成されたものと考えます），否認の効力も消滅すると解すべきです。他方，計画の成立後に手続が終了した場合については，否認によって回復された財産は，計画の基礎となっているため，否認の効果が覆る

ことはないと解すべきです。　［村田由里子］

Q296 担保目的でする停止条件付債権譲渡契約は，否認の対象となりますか。

A

なります。

1　停止条件付債権譲渡契約については，どの時点を権利変動の時点と解するかについて解釈が分かれており，下級審の裁判例は，権利変動の対抗要件の否認の要件である法定の15日の起算点を契約締結の日であると解し，否認の対象となるとするもの（大阪高判平成10年7月31日金融法務事情1528号36頁等）と，条件成就の日であると解し，否認の対象とならないとするもの（東京地判平成10年12月24日金融法務事情1559号44頁等）がありました。

2　その後，最高裁（最判平成16年7月16日民集58巻5号1744頁）は，停止条件付債権譲渡契約に関し，「債務者の支払停止等を停止条件とする債権譲渡契約は，その契約締結行為自体は危機時期前に行われるものであるが，契約当事者は，その契約に基づく債権譲渡の効力の発生を債務者の支払停止等の危機時期の到来にかからしめ，これを停止条件とすることにより，危機時期に至るまで債務者の責任財産に属していた債権を債務者の危機時期が到来するや直ちに当該債権者に帰属させることによって，これを責任財産から逸脱させることをあらかじめ意図し，これを目的として当該契約を締結しているものである。」と述べて，権利変動の対抗要件の否認が適用されるかという点については言及しませんでしたが，旧破産法72条2号（破産法162条1項1号）に基づく否認の対象となる旨判示しました。

3　前記の判例の判断は，新法制定後においても踏襲されると解されますので，支払停止等を停止条件とするいわゆる担保目的でする債権譲渡契約は，危機否認（法127条の3第1項1号）の対象となります。　［村田由里子］

Q297 執行手続において再生債権者が受けた配当等による満足の効果を否定した場合，実体法上どのような関係になりますか。

A

否認権行使により，再生債権者が受けた配当等は，当然に再生債務者の財産に復帰することになり（否認権行使の物権的効果），再生債権者が受領した配当は，不当利得となります。

したがって，再生債権者は受領した配当等の額に相当する金銭を再生債務者に対して返還する義務を負います。

この場合，執行行為自体（例えば，不動産の競売による売却）の効果は否定されません。但し，執行行為が再生債権者の直接的な満足を目的とする場合（転付命令，譲渡命令）には，執行行為自体の効果が否定されます。　［村田由里子］

Q298　法125条の報告書提出後、否認の要件に該当する行為を発見した場合、どうしますか。

A

補充報告書を提出することが考えられますが、具体的事案に応じて適切に対処すべきです。

再生債務者等は、再生手続開始後遅滞なく、報告書を裁判所に提出しなければなりません（法125条1項）。報告書は、東京地方裁判所の標準スケジュールでは再生手続開始の約3ヵ月後に提出されるため、その後の調査の結果、否認すべき事実を発見する場合もあります。

この報告書は、再生債権者に再生計画案の当否を判断するための情報を提供するとともに、裁判所に再生手続監督のための必要な知識を与えることを目的とするものですので、報告書提出後に否認すべき事実を発見した場合には、否認の要件に該当する行為につき具体的に記載した補充報告書を作成して、裁判所に提出することが必要な場合もあり得ます。申立代理人としては、否認の要件に該当する行為の規模、否認される可能性、当該行為の相手方との関係、補充報告書に記載することによる債権者の反応等再生計画全体に与える影響を勘案し、場合によっては監督委員に相談する等、具体的事案に応じて対処することになります。

［村田由里子］

Q299　否認すべき行為の相手方が大口債権者である場合、否認権の行使についてどうしたらよいですか。

A

否認することによる影響、すなわち、相手方から再生計画に反対され、再生計画が可決されなくなる可能性や、相手方が重要な取引先である場合に、取引継続がされなくなる可能性等を考え、否認権の行使については慎重に判断することになります。

［村田由里子］

Q300　否認すべき行為がある場合、当該債権者の議決権は、どうなりますか。

A

当該債権者が反対給付を返還し、または価額を償還したことにより反対債権が復活した場合（法133条）で、当該債権者が復活による増加額について、あらためて債権届出を行った場合に限り、議決権数が変更されます。

再生債務者の行為が否認された場合、受益者には原状回復義務が発生しますが、受益者の再生債

権は，原状回復義務の履行が終了するまで復活しない（法133条）ため，否認すべき行為が否認されたとしても当然に，当該債権者の議決権が増加することにはなりません。また，再生債権は，届出（法94条以下），調査（法100条以下）手続きを経て再生債権の内容と議決権の額が確定（法104条）することとなります。　　　　　　［村田由里子］

Q301　再生手続開始決定後，営業譲渡を行った場合，後日，否認の対象となりますか。

A

実務上はなりません。

再生手続開始決定後に営業譲渡を行う場合，裁判所の許可が必要であり（法42条1項），裁判所は，許可にあたり，知れたる債権者，労働組合等再生債務者の従業員の過半数を代表する者の意見を聴取しています（同条2項3項）。

このように，再生手続開始決定後の営業譲渡については，裁判所の許可が必要であること，その際，利害関係人の意見を聴いていることから，裁判所がいったん許可した行為が，後日，否認の対象となることは通常あり得ないと考えられます。

［村田由里子］

Q302　否認権のための保全処分とはどのようなものですか。

A

1 (1)　否認権のための保全処分とは，平成16年の法改正により新設された制度で，再生手続開始の申立後，開始決定がなされるまでの間において，否認権を保全するために必要があると認められる場合に，裁判所は，利害関係人（保全管理人が選任されている場合には，保全管理人）の申立て又は職権により，担保を立てさせ又は立てさせないで，仮差押え，仮処分その他の保全処分を命ずることができます（法134条の2第1項2項）。

(2)　開始決定後は，監督委員又は管財人は，否認権を被保全権利として民事保全上の保全処分の申立をすることができますが，開始決定を待っていては，再生債務者の財産が善意の第三者に譲渡され，又は費消される等して，開始決定後に否認権を行使しても，再生債務者の財産の散逸を防止できないおそれがある場合など，否認権を保全する必要性がある場合に認められた保全処分です。

2　否認権のための保全処分の申立書には，申立ての趣旨及び理由を記載し，その理由には，保全すべき権利及び保全の必要性を具体的に記載し，かつ，立証を要する事由ごとに証拠を記載する必要があります（規則65条の2）。

3　否認権のための保全処分がなされた場合，再生手続開始の申立てを取り下げるには，裁判所の許可が必要になります（法32条後段）。

［村田由里子］

Q303 開始決定後,否認権のための保全処分はどのようになりますか。

A

監督委員又は管財人は,否認権のための保全処分に係る手続を続行することができます(法134条の3第1項)。

この場合,監督委員又は管財人は,裁判所に手続を続行する旨を届け出なければならず(規則65条の3第1項),当該届出がなされた場合,裁判所書記官は,遅滞なくその旨を保全処分の申立人及び相手方に通知しなければなりません(同条第2項)。

否認権のための保全処分に係る手続を続行する場合,担保の全部又は一部が再生債務者財産に属する財産でないときは,監督委員又は管財人は,担保の全部又は一部を再生債務者財産に属する財産による担保に変換しなければなりません(法134条の3第3項)。

開始決定後1ヵ月以内に,監督委員又は管財人が否認権のための保全処分に係る手続きを続行しない場合には,保全処分は効力を失います(法134条の3第2項)。保全処分の相手方を長期間不安定な地位におくことを避けるためです。

[村田由里子]

第16章　役員への損害賠償

Q304　役員への損害賠償はどのような場合に認められますか。

A

以下の場合が考えられます。

役員への損害賠償の根拠となるものとして、株式会社の役員の場合、会社法423条に基づく損害賠償請求権、他の会社の場合には、役員としての善管注意義務違反（民法644条）に基づく損害賠償請求権が挙げられます。その他、株主の権利行使に関する利益供与に関する規定（会社法120条4項）、剰余金の配当等に関する責任の規定（会社法462条1項、465条1項）等が役員への損害賠償の根拠となります。無担保貸付による債権の焦げ付きや、無謀な投資による会社への損害等も、一定の場合、役員への損害賠償の根拠となります。

なお、会社法第11節の「役員等の損害賠償の責任」の節においては、取締役のみならず、会計参与、監査役、執行役及び会計監査人も含めて「役員等」と称されています（会社法423条1項）。

［古里健治］

Q305　役員への損害賠償の追及は、どのような手順で行われますか。

A

以下の手順で行われます。

役員への損害賠償の追及は、会社が役員に対して、任意の交渉により役員の私財を提供させることで解決する場合が多いと思われます。ただし、交渉がまとまらない場合には、法的手続により解決を図ることが可能です。民事再生法は、役員への損害賠償の追及方法について、(1)法人の役員の財産に対する保全処分（法142条）、損害賠償請求権の査定（法143条以下）の手続を設けています。これは、通常の民事保全や訴訟手続とは別個の手続で、迅速な処理を目指しています。具体的には、民事再生法142条に基づいて当該役員の財産を仮に差押さえる等の処分を行い、その後、民事再生法143条により損害賠償請求権の査定の申立を行い「（役員）は、（再生債務者）に対して金××円を支払え。」との査定決定を取得して、保全しておいた役員財産に対して強制執行を行うという方法をとることになります。

［古里健治］

Q306 管財人が選任されていない場合，役員への損害賠償請求が適切に行われるでしょうか。

A

適切に行われない事態も予想されますので，それを見越した事前の対処が必要となります。

法人である再生債務者の役員は，民事再生手続の開始後もその地位にとどまり，経営権を原則として失いません（法38条1項）。このため，役員が自らの責任追及に消極的になるおそれがあります。しかし，再生手続が開始された後は，再生債務者は債権者に対して，公平誠実に業務や再生手続を追行する義務を負担します（法38条2項）。また，役員の責任が明らかに認められるにもかかわらず，損害賠償請求を怠るような場合には，債権者からの理解が得られず，再生計画案が否決されて破産になったり，再生債務者の財産の管理・処分が失当であるとの判断が下されて管理命令（法64条）を受けることになるでしょう。このような制度的担保のため，管財人が選任されていない場合でも，役員への一定の損害賠償請求がなされることが期待されます。実務でも，代表者等の役員が，自発的に，私財を提供する例が散見されますし，金融機関等の債権者へ役員個人の財産が入担保されている場合が多いようです。なお，管財人が選任されている場合は，管財人が役員への損害賠償請求を適切に行うものと考えられます。

〔古里健治〕

Q307 役員が調査に協力しない場合，申立代理人としてどのように対処しますか。

A

法人の代理人である以上，協力するよう説得に努めるべきです。

役員への損害賠償請求権が存在するか否か，調査をする必要があることもあります。この場合，当該役員が調査に協力しない場合，申立代理人として，再生手続の遂行に支障を感じることも考えられます。役員等から民事再生手続の遂行を委任されている場合が多いからです。しかしながら，申立代理人が委任を受けているのは，法律上，再生会社という法人であり，役員個人ではありません。そして，再生会社たる法人は，債権者に対して，公平誠実に業務や再生手続を追行する義務を負担しており（法38条2項），その申立代理人も，再生債務者が上記義務を履行するよう指導監督すべきことが期待されています。また，役員への損害賠償請求が不十分と債権者から判断される場合，債権者からの理解が得られず，再生計画案が否決されて破産になったり，再生債務者の財産の管理・処分が失当であるとの判断が下されて管理命令（法64条）を受けることも想定されます。会社の利害関係者は，当該役員だけでなく，多くの従業員や取引先や株主を含んでいます。したがって，申立代理人としては，上述した理由を，役員に対して説明し，調査に協力するよう説得をすることとなります。なお，役員個人の利益を防御するために，他の弁護士を選任して，当該弁護士と再生債務者代理人弁護士との間で，責任根拠指摘・個人財産開示・和解契約締結等の手続を行った実例があります。

〔古里健治〕

第16章　役員への損害賠償

Q308　役員に責任財産がない場合、どうしますか。

A

　少なくとも、財産状況を書面等により明らかにしたうえ、責任財産が存在しない旨を監督委員や裁判所に報告する必要があります。

　役員に責任財産がない場合、経済的には、損害賠償の請求をしても無意味であることが多いと思われます。その場合、仮に差し押さえるべき財産がないので、民事再生法142条の法人の役員の財産に対する保全処分の発令対象も存在しないこととなりますし、民事再生法143条以下の損害賠償請求権の査定を行っても、強制執行の対象となる財産がないことになるからです。また、役員に責任財産がない場合や、一定の財産を有していても、会社債務の担保として、金融機関等の債権者に、入担保されている場合には、役員自身も、損害賠償責任を強硬に否定したりはしないのが通常です。したがって、役員に法的に責任が認められる場合には、その旨当該役員に確認を受けて、役員から財産関係の一覧表とその担保設定状況等の説明を書面でさせ、当該書面を資料として、監督委員や裁判所に報告をするという措置をとることが考えられます。

［古里健治］

Q309　役員への損害賠償請求権は、再生計画に盛り込むべき財源とすることができますか。

A

　相応の財産が存在する場合には、盛り込むことも可能です。

　役員への損害賠償請求権も、会社の財産ですから、その額によっては、再生計画の弁済率を左右する可能性もあります。もっとも、その額が僅少にとどまる場合や、役員に責任財産が存在しない場合には、その経済的価値はありませんし、役員が責任を争っている場合には、再生債務者の財産となるか否か自体が流動的です。したがって、再生計画の原資の1つとすることが可能となるのは、役員に相応の損害賠償責任が認められ、かつ、責任財産が確保されている場合です。それをこの場合、再生計画提出までには、役員の損害賠償の査定や責任財産の確保を一応完了させておくことが望ましいと思われます。

　なお、再生計画作成時に回収の見通しが立たない場合には、とりあえず、後に役員から損害賠償がなされた場合には別途再生計画の内容とする旨注記しておくことも1つの方法でしょう。

［古里健治］

第16章　役員への損害賠償

Q310　役員の財産に対する保全処分の被保全権利は、どのようなものが含まれますか。

A

法人が役員に対して有している損害賠償請求権です。

役員の財産に対する保全処分の被保全権利は、役員の責任に基づく損害賠償請求権と規定されており（法142条）、金銭債権であることが前提です。もっとも、役員の果たすべき義務に違反したことによる損害賠償請求権も含まれます。株式会社の役員の場合、任務懈怠による損害賠償請求権（会社法423条1項）、株主の権利行使に関する利益供与に関する責任（会社法120条4項）、剰余金の配当等に関する責任の規定（会社法462条1項、同法465条1項）等が役員への損害賠償の根拠となります。無担保貸付による債権の焦げ付きや、無謀な投資による会社への損害等も、一定の場合、役員への損害賠償の根拠となると考えられます。株式会社の場合には、役員としての善管注意義務違反（民法644条、会社法355条）に基づく損害賠償請求権が、役員の財産に対する保全処分の被保全権利に含まれることになります。医療法人や農業協同組合や商業協同組合等では、役員の損害賠償義務について、商法を準用している場合がありますので、それに基づく損害賠償請求権も、役員の財産に対する保全処分の被保全権利に含まれます。

［古里健治］

Q311　役員の財産に対する保全処分の申立権者は、誰ですか。

A

以下で述べる者に申立権が認められます。

役員の財産に対する保全処分は、裁判所の職権によってなされる場合があるほか、一定の者に申立権を認めています（法142条）。具体的には、(1)開始決定前の段階では、(A)保全管理人が選任されている場合には、当該保全管理人のみが申立権を有し、(B)保全管理人が選任されていない場合には、再生債務者及び再生債権者が申立権を有します。そして、(2)再生開始決定がなされた後には、(A)管財人が選任されている場合には、当該管財人のみが申立権を有し、(B)管財人が選任されていない場合には、再生債務者及び再生債権者が申立権を有します。保全管理人や管財人が選任されている場合に、再生債務者や再生債権者からの申立てを認めていないのは、財産の管理処分権を集中して掌握する機関のみが申立てをすることが好ましいとの趣旨です。もっとも、申立権がない者であっても、裁判所の職権を促すために、上申書を提出することは可能です。

なお、監査役設置会社たる再生債務者が、取締役の責任を追及する場合には、監査役が会社を代表します（会社法386条）。

［古里健治］

Q312 保全の相手方となる、役員の範囲はどうなりますか。

A

株式会社の取締役、執行役、監査役、財団法人等の理事や監事、清算人またはこれらに準ずる者です。

民事再生法142条1項は、「再生債務者の理事、取締役、執行役、監事、監査役、清算人またはこれらに準ずる者」を役員としています。

また、会社法423条1項は、任務懈怠により生じた損害を株式会社に対して賠償する責任を負う者として、「取締役、会計参与、監査役、執行役又は会計監査人」を挙げていますが、会社法423条1項では列挙されながら民事再生法142条1項では列挙されていない会計参与、会計監査人も、民事再生法142条1項における「これらに準ずる者」として、保全の相手方となる役員に含まれると考えられます。支店長や部長や課長等の使用人は、142条1項に列挙されていませんが、一定の場合、取締役等に「準ずる者」とされる可能性があります。会社法上の執行役ではない執行役員については、その実態に応じて、執行役に「準ずる」者として責任対象に含まれる可能性もあります。名誉会長やCEO等といった肩書きを有する者については、会社法上の取締役に就いている場合には、当然に、保全処分の対象となる役員に含まれますし、正式の取締役でない場合にも、一定の場合、役員に準ずる者とされて、責任対象に含まれる可能性もありえます。常務取締役等の肩書きを有しているものの正式には取締役として選任されていないいわゆる表見取締役についても、一定の場合、役員に準ずる者とされて、責任対象に含まれる可能性もありえます。使用人兼取締役については、取締役たる地位を有する以上、責任対象に含まれます。名目のみの取締役であっても、取締役たる地位を有する以上、責任対象に含まれますが、実務に関与していないことから、責任を実際に負担しないこともありえます。　［古里健治］

Q313 役員の財産に対する保全処分は開始決定前にも行うことができますか。

A

できます。

裁判所は、緊急の必要があると認めるときは、再生手続開始の決定をする前でも、再生債務者（保全管理人が選任されている場合は保全管理人）の申立てにより又は職権で役員の財産に対する保全処分をすることができます（法142条2項）。
　［古里健治］

Q314 役員の財産に対する保全処分の発令に担保は要求されますか。

A 不要です。

法142条による保全処分は特殊保全処分であることから、立担保は不要です（参考 松下淳一『注釈（上）』447頁）。

[古里健治]

Q315 役員の財産に対する保全処分に不服の場合、どうしますか。

A 即時抗告をすることとなります。

法は保全処分に不服がある場合の手段として、即時抗告を認めています（法142条5項）。なお、即時抗告をしても、執行停止の効力はありません（法142条6項）。

[古里健治]

Q316 役員に対する損害賠償請求権の査定の申立ては、誰が行うことができますか。

A 管財人が選任されている場合には管財人、管財人が選任されていない場合には再生債務者または再生債権者です。

法は、査定の申立を行うことができる者として、管財人が選任されている場合には管財人、管財人が選任されていない場合には再生債務者または再生債権者と定めています（法143条1項後段・2項）。

[古里健治]

第16章　役員への損害賠償

Q317　損害賠償請求権の査定の対象となる役員は，どのようなものがありますか。

A

　再生債務者の理事，取締役，執行役，監事，監査役，清算人又はこれらに準ずる者です。

　法は，査定の対象となる役員として，上記の者を列挙しています（法143条1項・142条1項）。「これらに準ずる者」にどのような者が含まれるかについては，保全の相手方の項で述べたこと（Q323）を参照して下さい。

［古里健治］

Q318　損害賠償請求権の査定の申立てには，時効の中断効がありますか。

A

　あります。

　法は，査定の申立てがあった場合には，時効の中断に関しては，裁判上の請求があったものとみなされる旨定めています（法143条5項）。

［古里健治］

Q319　損害賠償請求権の査定の裁判は，どのように行われますか。

A

　規則に定められた事項を記載した申立書を提出し，役員の審尋が行われた後，裁判所が決定します。

　査定の申立書には，①当事者の氏名又は名称及び住所並びに代理人の氏名及び住所，②申立の趣旨及び理由を記載する必要があります（法143条1項，規則69条1項）。申立ての理由は，申立てを理由づける事実を具体的に記載し，かつ立証を要する事由ごとに証拠を記載し，その写しを添付する必要があります（規則69条2項・4項）。そして，申立書及びその添付書類は，役員に対して直送することが求められています（規則69条5項）。

　そのうえで，役員を審尋（必要的審尋。法144条2項）したうえ，裁判所が決定を出すこととなります。

［古里健治］

Q320

損害賠償請求権の査定の裁判の主文は，どのようなものですか。

A

実務と学説が分かれています。

実務の実例では，「A（役員）に対する……（責任原因）に基づく損害賠償請求権の額を○○円及びこれに対する平成○年○月○日から完済まで年5分の割合による金員と査定する」との裁判が出されています（東京地決平成12年12月8日金法1600号94頁）。査定の裁判は，給付を命ずる確定判決と同一の効力を有すると定められていますので（法147条），あえて給付を命じる形の主文とせず，査定の求めに呼応した表現をとっているものと思われます。一方，査定の裁判は給付を命じる裁判であるとして，「（役員）は再生債務者に対し，金○○円を支払え。」という主文にすべきという意見もあります（参考 松下淳一『注釈（上）』453頁）。

［古里健治］

Q321

損害賠償請求権の査定の裁判は，どの時点で確定するのですか。

A

以下の法で定められた時点です。

法は，査定の裁判の送達を受けた日から1月の不変期間内に異議の訴えが提起されないとき，または異議の訴えが却下されたときに確定するとしています（法147条）。

［古里健治］

Q322

損害賠償請求権の査定の裁判に対して，抗告をすることができますか。

A

できません。

再生手続に関する裁判について，即時抗告ができるのは，民事再生法に特別の定めがある場合のみです（法9条参照）。そして，査定の裁判については，「特別の定め」はありませんので，抗告をすることはできません。

そこで，査定の裁判に不服がある場合には，査定の裁判に対する異議の訴えを提起する必要があります（法145条1項）。なお，「査定の申立を棄却する裁判」については，異議の訴えも提起できないので（法144条1項で「査定の裁判」と「申立を棄却する裁判」を区別していることを参照），それでもなお賠償請求する場合には，別途損害賠償請求訴訟を提起する必要があります。

［古里健治］

Q323

損害賠償請求権の査定の裁判において，和解することはできますか。

A

可能と考えます。

法には，査定の裁判において，和解することを認めない旨の規定は存在しません。

そこで，相互の互譲により妥協点が見いだせれば，和解をすることも可能と考えます。

但し，法人側の譲歩の程度によっては，債権者から，馴れ合いの和解であるとの批判を招く要因となりますので，和解内容については注意が必要です。

［古里健治］

Q324

株主は，役員に対して査定の申立てとは別に代表訴訟を提起することができますか。

A

諸説あります。

査定の申立てとは別に，株主が役員に対して代表訴訟を提起できるかについては説が分かれています。そのなかで，管財人が選任されている場合には提起できず，選任されていない場合は提起できるという考えが多数説のようです（参考 高橋宏志・ジュリ1196号105頁）。

多数説の根拠は，管財人が選任された場合には，再生債務者の権利行使の権限は管財人に集中するが，選任されていない場合には，管財人への権限集中はなく，また旧来の経営陣がそのままの地位にいるような場合には，経営陣相互の「かばい合い」を防止する株主代表訴訟の趣旨を生かし，代表訴訟を認めるべきだというもののようです。

その他の説として，管財人が選任されていても株主代表訴訟を認める見解，管財人が選任されていても認めない見解等があります。

なお，株主が代表訴訟を提起した後に会社あるいは再生債権者が査定の申立てをした場合には，代表訴訟の審理の終結と判決言渡しが間近の場合を別にして，原則として査定の申立てを優先すべきであり，先行する代表訴訟が重複起訴の禁止（民事訴訟法142条）に触れるとの見解もあります（参考 松下淳一『注釈（上）』451頁）。

［古里健治］

Q325

会社は，役員に対して，査定の申立てとは別に，損害賠償請求訴訟を提起することができますか。

A

できません。

査定の裁判の申立てがなされているにもかかわらず，会社が別途，役員に対して損害賠償請求訴訟を提起することは重複する提訴となるので（民事訴訟法142条），できません。

ただし，「査定の申立てを棄却する裁判」が出された場合には，それに対しては異議の訴えが提起できないので，それでもなお会社が賠償請求をする場合には，別途損害賠償請求訴訟を提起する必要が出てきます。　　　　　　　　［古里健治］

Q326

損害賠償請求権の査定の裁判に不服のある場合，どのようにするのがよいですか。

A

異議の訴えを提起します。

法は，査定の裁判に対して不服のある者について，異議の訴えを提起することを認めています（法145条1項）。

なお，異議の訴えの管轄裁判所は，「再生裁判所」（法145条2項），すなわち，再生裁判所が係属している官署としての裁判所です（東京で言えば再生事件が係属している「機関」としての民事第20部ではなく，官署としての「東京地方裁判所」を意味します）。　　　　　　　　［古里健治］

Q327

異議の訴えにおいて，原告となる者，被告となる者は，誰ですか。

A

法が定める以下の者です。

査定の申立てに対する裁判に対し，異議の訴えを提起する場合，その者が役員であるときは，役員が原告となり，査定の申立てをした者が被告となります。異議の提起をする者が査定の申立てをした者であるときは，その者が原告となり役員が被告となります（法145条3項）。

職権でされた査定の裁判に対し異議の訴えを提起する場合には，役員が提起する場合には役員が原告，再生債務者等（管財人が選任されている場合は管財人，選任されていない場合には再生債務者等。以下同じ）が被告となり，再生債務者等が提起する場合には，再生債務者等が原告，役員が被

告となります（法145条4項）。　　［古里健治］

Q328　異議の訴えの出訴期間はいつまでですか。

A

査定の裁判の送達を受けた日から，1ヵ月以内です。

法は，出訴期間について，査定の裁判の送達を受けたときから1ヵ月の不変期間と定めています（法145条1項）。なお，この出訴期間の経過後も，相手方からの提訴されている異議の訴えの手続のなかで，反訴としての異議の訴えを提起することはできると言われています（参考 松下淳一『注釈（上）』455頁）。　　［古里健治］

Q329　査定の申立てを棄却する決定に対しては，異議の訴えを提起することができますか。

A

できません。

法は，「査定の裁判」と「申立てを棄却する裁判」を区別しています（法144条1項）。そして，異議の訴えが提起できるのは，「査定の裁判」だけです（法145条1項）。

査定の申立てを棄却する裁判に不服であれば，別途損害賠償請求訴訟を提起する必要があります。　　［古里健治］

Q330　一部棄却の査定に対して会社側から査定額の増額を求める異議の訴えを提起することができますか。

A

できます。

査定の裁判に対して，裁判所が裁判で認めた査定額が会社側が求めた査定額より低額であった場合，会社側は，それを不服として異議の訴えを提起できます（法145条）。　　［古里健治］

Q331 会社・債権者側と役員側の双方から異議の訴えが提起された場合，併合されますか。

A

併合されます。

法は，異議の訴えが数個同時に係属した場合には，弁論及び裁判は併合しなければならないと定めています（法146条2項）。したがって，必要的共同訴訟となります。　　　　　　［古里健治］

Q332 複数の役員について，異議の訴えが提起された場合，併合されますか。

A

必要的共同訴訟ではないので必ず併合されるわけではありません。

法は，異議の訴えが「数個同時に係属する」ときは，弁論及び裁判は併合しなければならない旨定めていますが（法146条2項），「数個同時に係属する」とは，ある一人の役員に対する異議の訴えが競合した場合であり，数人の役員に対する査定がなされ，その各々について異議の訴えがなされた場合は含まれません。前者の場合は合一確定の必要がありますが，後者の場合はないからです。

したがって，併合は必要的ではありませんが，裁判所の裁量により併合される場合もあると思います（民事訴訟法152条1項）。　［古里健治］

Q333 異議の訴えの主文は，どのようなものとなりますか。

A

判決内容により異なります。

法は，査定の訴えを不適法として却下する場合を除き，査定の裁判を認可し，変更し，または取り消す旨の判決することを定めています（法146条3項）。

具体的には，役員側が異議の訴えを提起する場合は，その請求は，査定の裁判の取消を求めるものとなるので，その請求を容れるときは「査定を取り消す」旨の，また請求を排斥するときは「請求を棄却し，査定を認可する」旨の，さらには一部認容するときは「査定を変更する」旨の主文となります。

また，法人側が異議の訴えを提起する場合には，その請求は，査定の取消と正当と考える賠償額の査定を求めるものとなりますので，その請求を容れる場合には「査定を変更する」旨の，請求を容れない場合には「請求を棄却し，査定を認可する」

旨の主文になります。　　　　［古里健治］

Q334 役員による債務不存在確認請求訴訟は可能ですか。

A

　異議の訴えではなく，債務不存在確認訴訟を提起することはできません。

　査定の裁判により，会社に対する損害賠償債務の存在及び額が認定された場合，その結論に不服のある役員に認められている手続は異議の訴えであり，それによらず別途債務不存在確認訴訟を提起することはできません。

　査定の申立がなされる前に，役員が債務不存在確認訴訟を提起することは理論上は可能ですが，会社が査定の申立をする前に，役員の側から債務不存在確認訴訟を提起することは，通常は考えがたいでしょう。　　　　［古里健治］

第17章　再生計画案提出

Q335　債権届出期間満了前に再生計画案を事前提出することができますか。

A

可能です。

再生計画案は、債権届出期間満了後に提出するのが原則です（法163条1項）。しかし、手続の迅速化や手続の安定を図る趣旨から、再生債権届出期間の満了前であっても再生計画案の提出を認めています（法164条1項）。この段階では再生債権の調査・確定が未了ですので、再生債権の調査・確定を前提とする再生債権者の権利変更や未確定再生債権に関する定め等は定めることができません。この場合には、債権届出期間満了後、裁判所の定める期間内に、届出債権者などの個別具体的な権利変更の定めや未確定の再生債権に関する定めを補充することになります（法164条2項）。なお、東京地裁では、手続の迅速化や問題点の事前洗出し等の観点から、申立日から2ヵ月後ころに、財産評定書及び民事再生法125条所定の報告書の提出と同時に、正式な再生計画案の提出に先立って再生計画の草案を事前に提出する実務運用がおこなわれています。これにより再生計画案の事前提出を行う必要性は乏しいと指摘されています（『破産・民事再生の実務〔新版〕（下）』256頁）。

［長沢美智子］

Q336　事前提出をする再生計画案の特色は何ですか。

A

法164条1項による再生計画案の事前提出の場合には、再生債権者の債権届出期間満了前に行うため、まだ再生債権の全容が明らかとなっておらず内容や額が確定されていません。したがって、権利変更の一般的な基準（法156条）を定めるだけで、届出債権者などの個別具体的な権利変更の定め（法157条）や未確定の再生債権に関する定め（法159条）は債権届出期間満了後、裁判所の定める期間内に、再生計画案の条項を補充することになります（法164条2項）。なお、事前提出の必要性が乏しいとの指摘についてQ346参照。

［長沢美智子］

Q337　再生計画案を事前提出するのは，実際には，どのような場合ですか。

A

　法164条1項に基づく再生計画案の事前提出の場合には，再生債権者の債権届出期間満了前に行うため，いまだ再生債権の内容や額は確定していません。したがって，事前提出するような事案というのは，再生債権について争いが生じないような場合，あるいは再生債権の調査・確定手続のない簡易再生および同意再生の場合などに利用されることが考えられます（法216条・220条）。

[長沢美智子]

Q338　実際の再生計画にどのような条項を記載するのでしょうか。

A

　再生計画に記載する事項は，大きく分けると，次の3つに分けることができます。
1　絶対的必要的記載事項
　＝再生計画に必ず記載しなければならない事項
2　相対的必要的記載事項
　＝民事再生法に定める所定の事由が発生する場合には必ず再生計画に記載しなければならない事項
3　任意的記載事項
　＝再生計画の具体的内容に応じて任意に記載できる事項

3の任意的記載事項は，更に
①　再生計画に記載するかどうかは任意であるが，いったん再生計画に定めがなされると，再生計画認可決定の確定により一定の効力が認められる事項
②　再生計画認可決定の確定によって特に一定の効力が生ずるわけではないが，再生計画に記載することが可能な事項

に分けられます。

　民事再生法は，「1　絶対的必要的記載事項」，「2　相対的必要的記載事項」，「3　任意的記載事項」の①に関する規定を定めていますが，「3　任意的記載事項」の②に関する規定は定めていません。この点，会社更生法167条2項が「その他更生のために必要な事項に関する条項を定めることができる。」との包括的な任意的記載事項に関する規定を定めているのと異なります。

　しかし，民事再生法に定めがある事項以外は再生計画に記載することができないという趣旨ではなく，関係者の権利を不当に害したり，再生手続に有害なものでない限り，民事再生法に定めがない事項であっても任意に再生のために必要な事項を記載することは可能ですし，実際にもこのような任意的記載事項を再生計画に記載しているのが一般的です。

[上床竜司]

Q339 再生計画の絶対的必要的記載事項（再生計画に必ず記載しなければならない事項）にはどのような事項がありますか。

A

再生計画の絶対的必要的記載事項は，
1. 再生債権者の権利の変更に関する条項
2. 共益債権の弁済に関する条項
3. 一般優先債権の弁済に関する条項
4. 知れている開始後債権があるときは，その内容に関する条項

の4つです（法154条1項）。

これらの条項を欠く再生計画は不適法であり，その不備を補正しなければ再生計画案を債権者集会または書面による決議に付することができません（法174条2項1号）。

1の「再生債権者の権利の変更に関する条項」が絶対的必要的記載事項とされているのは，再生債権者の権利がどのように変更されるのかは再生計画の最も重要な条項で再生計画の中核をなすものだからです。

2の「共益債権の弁済に関する条項」が絶対的必要的記載事項とされているのは，共益債権は再生手続によらないで随時弁済することができるため，この共益債権の弁済が今後どの程度の負担になるのかは再生計画の実行に影響を及ぼすからです。

3の「一般優先債権の弁済に関する条項」が絶対的必要的記載事項とされている理由も，2の「共益債権の弁済に関する条項」と同様に，再生手続によらないで随時弁済することができるため，一般優先債権の弁済がどの程度の負担になるのかを明らかにするためです。

4の「知れている開始後債権があるときは，その内容に関する事項」が絶対的必要的記載事項とされている理由は，会社更生法で更生計画の必要的記載事項とされたことを受けて（会社更生法167条1項7号），手続の移行が生じる場合などに備える必要があるからです。　　　　［上床竜司］

Q340 再生計画の相対的必要的記載事項（民事再生法に定める所定の事由が発生する場合には必ず再生計画に記載しなければならない事項）にはどのような事項がありますか。

A

再生計画の相対的必要的記載事項は，
1. 債権者委員会の費用負担に関する条項（法154条2項）
2. 債務の負担及び担保の提供に関する条項（法158条）
3. 未確定の再生債権に関する条項（法159条）
4. 別除権不足額に対する適確な措置に関する条項（法160条1項）

の4種類です。

相対的必要的記載事項については，上記の1から4に該当する事実がない場合にはこれらの事項を再生計画に記載する必要はありません（例えば，債権者委員会がない場合には，債権者委員会の費用負担に関する条項を定める必要はありません）が，上記の1から4に該当する事実が発生する場合には，これらの事項については再生計画に定めなければ所定の効力を発生させることができません。例えば，債権者委員会の費用負担に関する条項を再生計画に定めなければ，債権者委員会の費用を再生債務者に負担させることはできません。　　　　［上床竜司］

Q341 再生計画の任意的記載事項（再生計画の具体的内容に応じて任意に記載できる事項）にはどのような事項がありますか。

A

再生計画の任意的記載事項には，大きく分けると
1　再生計画に記載するかどうかは任意であるが，いったん再生計画に定めがなされると，再生計画の認可決定の確定により一定の効力が認められる事項
2　再生計画の認可決定の確定によって特に一定の効力が生ずるわけではないが，再生計画に記載することが可能な事項

の 2 種類があります。

1 のタイプの任意的記載事項は，
① 自己株式の取得に関する条項（法161条 1 項）
② 株式の併合に関する条項（法161条 2 項）
③ 資本金の額の減少に関する条項（法161条 3 項）
④ 発行する株式の総数についての定款の変更に関する条項（法161条 4 項）
⑤ 募集株式を引き受ける者の募集に関する条項（法154条 4 項，162条）
⑥ 根抵当権の極度額を超える部分の仮払いに関する条項（法160条 2 項）

の 6 つです。

2 のタイプの任意的記載事項は，民事再生法に定めがあるわけではありませんので様々な事項がありますが，実務上，次のような事項が記載される例があります。
① 再生計画の基本方針
② 弁済資金の調達方法に関する事項
③ 破産配当率の見込み
④ 別除権者に対する弁済計画の概要
⑤ 営業譲渡に関する事項
⑥ 合併，新会社の設立，役員の変更などの，会社組織の変更（資本の減少以外）に関する事項
⑦ 子会社・関連会社の処理（破産，民事再生，清算等の法的処理）に関する事項
⑧ 清算型再生計画における，再生債務者の解散・清算に関する事項

などです。　　　　　　　　　　　［上床竜司］

Q342 再生計画は，大まかに分けてどのようなタイプがあるのでしょうか。

A

再生計画には，大きく分けて，「1　企業存続型」，「2　営業譲渡型」，「3　清算型」の 3 つの基本類型があると言われています。
1　企業存続型
　　従来の企業形態をそのまま維持して，その事業収益・資産の売却代金等を再生債権者に対する弁済原資とし，将来の一定期間にわたって分割弁済を行う類型の再生計画です。
　　この類型の再生計画が最も多い類型です。
　　従来の企業形態をそのまま維持する類型の中には，将来の収益から分割弁済を行う代わりに，金融機関から融資を受けてその借入金を再生債権者への弁済原資に充てて，一括弁済を行って残債務について免除を受けるケースもあります。
2　営業譲渡型

再生債務者の営業または事業の全部または一部を第三者に譲渡して，営業等の譲渡代金を再生債権者に対する弁済原資とする類型の再生計画です。

営業譲渡型の再生計画には，
① 再生計画によらずに，裁判所の許可（法42条）を得て営業等の譲渡を行う場合
② 再生計画の定めによって営業等の譲渡を行う場合
とがあります。

民事再生法は，再生手続開始後は，再生計画によらずに裁判所の許可を得て営業等の譲渡を行うことができると定めています（法42条1項）ので，①の再生計画によらない営業譲渡が一般的です。

もっとも，①の，再生計画によらずに営業等の譲渡を行う場合でも，再生計画の中で，裁判所の許可を得て営業等の譲渡を行ったこと，営業等の譲渡代金を再生債権者に対する弁済原資とすることを記載するのが一般的です。

3 清　算　型

再生手続の中で事業を清算することを目的とする再生計画案です。

事業の再生を目的とする民事再生手続において清算型の再生計画が認められるか，については議論がありましたが，現在の実務では清算型の再生計画は適法なものと認められています（→詳細は，Q355）。　　［上床竜司］

Q343 再生計画によって営業等の譲渡を行う場合，どのような方法で営業等の譲渡を行えばよいのでしょうか。

A

民事再生法には，再生計画による営業等の譲渡について明文の規定がありませんが，再生計画による営業等の譲渡は当然にできると解されます。

再生計画によって営業等の譲渡を行う場合であっても，株主総会の特別決議あるいはこれに代わる法43条の代替許可は必要となります。もっとも，法42条に定める裁判所の許可・再生債権者や労働組合等の意見聴取手続を重ねて行う必要はありません。

民事再生法では，再生計画によらなくても法42条に定める裁判所の許可及び法43条の代替許可を受けることによって営業等の譲渡を行うことができますので，あえて再生計画によって営業等の譲渡を行う必要はなく，ほとんどのケースで再生計画によらずに営業等の譲渡が行われてますが，一部のケースでは再生計画において営業等の譲渡を行うことを定めています。例えば，債権者の一部が再生計画案に強硬に反対しており，裁判所から営業等の譲渡の許可を得るのに先だって行われる再生債権者の意見聴取手続のみでは多数の債権者が営業等の譲渡に賛成しているかどうかはっきりしない場合には，再生計画案の中で営業等の譲渡を行う旨を定めて，債権者集会において営業等の譲渡を含む再生計画案を可決することによって確実に営業等の譲渡を行うことが考えられます。

［上床竜司］

第17章　再生計画案提出

Q344

Q344 債権者への弁済を行った後に会社を清算するという再生計画は認められますか。認められる場合，再生計画の内容はどのように定めればよいでしょうか。

A

　民事再生法は，経済的に窮境にある債務者について，債務者の事業または経済生活の再生を図ることを目的とする再建型の手続とされています（法1条）。従って，民事再生法の目的からいって，債務者法人の清算を目的とする再生計画（清算型再生計画）を認めることができるのか，が問題となります。

　この点，会社更生法では，清算を内容とする更生計画案の作成を裁判所が許可すること（会社更生法185条1項）及び関係人集会において清算を内容とする更生計画案を可決すること（会社更生法196条5項）が明文の規定で認められていますが，民事再生法では清算型再生計画を認める明文の規定はありません。

　しかし，再生手続を開始して再建を試みたが事業を再建できる見込みが少ない場合，常に破産や特別清算などの他の清算型手続に移行しなければならないとすると手続に時間がかかり不経済です。このような場合には，清算を目的とする再生計画案を作成して再生手続の中で再生債務者の財産を処分して債権者に弁済する方が合理的です。また，民事再生法では明文で営業等の全部譲渡を認めています（法42条）が，営業等を全部譲渡した場合には再生債務者の事業を清算せざるを得ませんので，法はもともと営業等の全部譲渡後の清算を予定していたものと考えられます。従って，清算型の再生計画も適法なものとして認可されると解されます。実務においても，清算型の再生計画が裁判所によって認可されています。

　次に，最初から清算型の再生計画案の作成を目的として再生手続が申し立てられた場合，申立てを棄却すべきか，という点が問題となります。この点については，このような清算型再生計画の作成を予定した申立ては再生計画の作成・可決・認可の見込みがない（法25条）として棄却すべきであるという見解もあります。しかし，民事再生法は債務者の事業の再生に加えて経済生活の安定も目的としており，直ちに破産手続を開始するのではなく清算型の再生計画案が作成・可決・認可されることによってソフトランディングができれば利害関係人の経済生活の安定を図ることができるので，清算型の再生計画案の作成を目的とする申立ても棄却すべきではないと考えられます。

　もっとも，最初から清算を目的として再生手続を申し立てることは実際には考えにくく，申立ての時点では再建を目的とした再生計画を作成しようとしたが再建の見込みがたたなくなって清算型の再生計画を作成せざるを得なくなる場合が通常です。

　清算型の再生計画では，再生債務者の資産を全て換価・処分して，処分代金を再生債権者に対して弁済するという再生計画を定めることとなります。再生計画を作成した時点ではまだ全ての資産の処分が完了していないために，最終的に再生債権者に弁済する金額及び時期を確定することができないことがあります。その場合には，資産処分代金によって生じた弁済原資を再生債権者に対して債権額に按分比例して追加弁済する旨の調整条項を定めるのが一般的です。

　調整条項を定めるにあたり，債務免除の効力をいつ発生させるかという点については様々なバリエーションが考えられます。1つは，残余財産を全て換価処分して再生債権者に弁済した時点で再生債権者から債務の免除を受けるものと定める場合です。次に，再生計画で定められた弁済期に弁済を行った時点で債務免除の効力が生じるものと定めた上で，残余財産を換価処分したときには処分代金を再生債権者に追加弁済する，と定める場合があります。後者の場合，一旦債務免除の効力が発生しているので残余財産の処分代金を再生債権者に弁済する根拠がないのではないかという問題が生じます。そこで，このような問題を解決するために，追加弁済部分については債務免除の効力が失われる，と定めることが考えられます。

債務免除の効力発生時期については，債務免除益をどの年度で計上するか，という税務上の要請から債務免除の時期及び額が決定され，それにあわせて再生計画の条項を定める必要が生じるために，上記のような様々なバリエーションが考えられています。

［上床竜司］

Q345 民事再生における再生計画は，会社更生における更生計画とはどのような点が違うのでしょうか。

A

会社更生法は，更生計画の条項として次のような条項を列挙しています。

（必要的記載事項）
　更生債権者の権利を変更する条項
● 更生担保権者の権利を変更する条項
● 株主の権利を変更する条項
● 取締役・会計参与・監査役・執行役・会計監査人・清算人に関する条項
　共益債権の弁済に関する条項
● 債務の弁済資金の調達方法に関する条項
● 予想超過収益金の使途に関する条項
● 続行された強制執行等における配当等に充てるべき金銭の取扱い等に関する条項
　開始後債権に関する条項

（任意的記載事項）
　更生のための担保提供・債務負担に関する条項
　未確定の更生債権・更生担保権に関する条項
△ 株式の消却，併合，分割，株式無償割当てに関する条項
● 新株予約権の消却・無償割当てに関する条項
△ 資本金または準備金の額の減少に関する条項
● 剰余金の配当その他会社法461条1項各号に掲げる行為に関する条項
△ 定款変更に関する条項
● 事業譲渡等に関する条項
● 株式会社の継続に関する条項
　自己株式の取得に関する条項
　募集株式を引き受ける者の募集に関する条項
● 募集新株予約権を引き受ける者の募集等に関する事項
● 募集社債を引き受ける者の募集に関する条項
● 解散に関する条項
● 組織変更に関する条項
● 合併に関する条項
● 会社分割に関する条項
● 株式交換に関する条項
● 株式移転に関する条項
● 新会社の設立に関する条項
● その他更生のために必要な条項

このうち，●のついている条項は，民事再生法が再生計画について同様・類似の規定を定めていない条項，△は民事再生法が再生計画について一部同様の規定を定めている条項です。

再生計画の条項と更生計画の条項を比較すると，会社組織の変更に関する条項が再生計画では自己株式の取得・資本の減少・株式の併合・発行予定株式総数についての定款の変更・募集株式を引き受ける者の募集に関する条項しかないのに対し，更生計画では役員の変更，社債発行，合併，解散，新会社の設立などの会社組織の変更を定めることができるのが大きく異なる点です。

また，更生計画では担保権者の権利も変更されるのに対して，再生手続では担保権者は別除権者として再生手続によらずに権利を行使することができますので，再生計画の定めによって担保権者の権利を変更することができません。

［上床竜司］

Q346 再生計画では，弁済資金の調達方法に関する条項を定める必要がありますか。

A

会社更生手続では，債務の弁済資金の調達方法に関する条項は，更生計画に必ず記載しなければならず（会社更生法167条1項4号），この記載を欠いた場合には更生計画そのものが不適法となり裁判所の認可を受けることができません（必要的記載事項）。更生計画に債務の弁済資金の調達方法に関する条項を記載することとされているのは，更生計画が遂行可能かどうかを判断するために必要と考えられたためです。この記載は抽象的ではなく具体的であることが望ましいが，将来の見通しに関することなのである程度弾力性を持たせておくこともやむを得ないとされています。条項の記載としては「資産売却処分による売得金，営業収益金及び新株式に対する払込金等をもってこれにあてる」と抽象的に記載して，事業計画表・資金計画表・売却予定資産表などを添付するのが通常です。

これに対して，民事再生手続では，債務の弁済資金の調達方法に関する条項を再生計画に記載することは法律上要求されていませんので，この記載をしなくても再生計画は適法なものとして認可されます。実際には，弁済資金の調達方法に関する記載がない，あるいは抽象的な記載に留める例が多いですが，更生計画と同様に事業計画表・資金計画表などを添付する例もあります。

民事再生では再生計画案作成の時間的余裕があまりないため更生計画のように詳細な事業計画表・資金計画表などを添付することは難しいと思われますが，再生債権者に再生計画の遂行可能性を理解してもらうためにはある程度具体的な事業計画・資金計画を再生計画に記載するか，債権者説明会で事業計画・資金計画を資料として債権者に配布するなどの工夫が必要でしょう。

［上床竜司］

Q347 再生債権の権利の変更に関する条項は，通常はどのように記載するのですか。

A

再生債権の権利の変更に関する条項は再生計画の中心をなすもので，債務の減免，期限の猶予などが主な内容です。債務の更改，代物弁済，債務の株式化（デット・エクイティ・スワップ）なども権利の変更の方法の一つです。

① 権利の変更の一般的基準

再生債権の権利の変更に関する条項においては，まず，債務の減免，期限の猶予その他の権利の変更の一般的基準を定めなければなりません（法156条）。約定劣後債権の届出があるときは，約定劣後債権についての一般的基準も定めます。

権利変更の一般的基準の定めは，債権者間の平等を保障する機能を果たしています。また，法定期間内に債権届出がされず，再生債務者が自認しなかった再生債権で再生計画には記載されないが，例外的に失権しない再生債権や，債権調査・確定手続を行わない簡易再生・同意再生では，個別の権利変更を定めることができないため，権利変更の一般的基準の定めに従って再生債権者の権利が変更されます（法181条・215条1項・219条2項）。

債権の種類に応じた差等を設ける場合には，それぞれの債権の種類ごとに根拠となる権利変更の

一般的基準を定める必要があります。

債務の減免（弁済率）についての一般的基準は，例えば，

「元本○○万円以上の再生債権については，再生計画認可決定が確定したときに，元本の○○パーセントに相当する金額並びに利息・遅延損害金・違約金及び再生手続参加費用の全額について免除を受ける」

のように定めます。

再生手続開始後の利息・遅延損害金・違約金・再生手続参加費用については再生計画において劣後する旨を定めることが明文の規定によって認められています（法155条1項但書・84条2項）。また，再生手続開始前の利息・損害金についても全額免除と定めることが多いです。

期限の猶予・弁済方法についての一般的基準は，例えば，

「元本○○万円以上の再生債権については，免除後の金額を次のとおり分割して弁済する。
　第1回　平成○○年○月○日　免除後の金額の○○パーセントに相当する金額
　第2回　～　」

のように定めます。

②　変更後の権利の具体的内容

次に，個々の届出再生債権及び自認債権（未届出債権で101条3項の規定により認否書に記載された再生債権）について，

　ⅰ　変更されるべき権利（変更前の権利）
　ⅱ　変更した後の権利の内容

を定めなければなりません（法157条1項）。ただし，未確定の再生債権及び別除権不足額については権利の変更を定めることができないので，確定した再生債権についてのみ，変更されるべき権利及び変更後の権利の内容を定めます（法157条1項但書）。

変更した後の権利の具体的な内容を定める理由は，再生計画によって認められた権利は再生計画の定めに従って変更されて，再生債権者表の記載は確定判決と同一の効力を有し，執行力を有するからです。

変更した後の権利の具体的な内容は，別紙として再生債権弁済計画表などを添付して明らかにします。

③　権利の変更を受けない場合の明示

再生計画によって権利の変更を受けないものがあるときは，その権利を明示する必要があります（法157条2項）。

全額弁済される少額債権，再生手続開始前の罰金（法155条4項）などがこれにあたります。

［上床竜司］

Q348

再生計画における弁済条件について再生債権者の間で差異を設けることはどのような場合に許されますか。

A

再生計画における権利の変更の内容（弁済条件）は，再生債権者の間では平等でなければなりません（法155条1項）。もっとも，再生債権者間の平等とは形式的な平等ではなく実質的な平等の意味ですので，実質的平等に反しなければ再生債権者の間で弁済条件に差をつけても構いません。

民事再生法は，次の場合には再生計画で別段の定めをして債権者間で弁済条件に差を設けることを認めています（法155条1項但書）。

①　不利益を受ける再生債権者の同意がある場合

②　少額の再生債権

少額の再生債権は，申立後開始決定前は保全処分による弁済禁止の対象外とされるのが一般的で，開始決定後も裁判所の許可を得て弁済することができます。これは，主として再生債権者の数を減らすことによって手続進行の手間と費用を軽減することが目的です。

これに対して，再生計画において少額債権について有利な扱いを認める趣旨は，社会政策的な配慮を含めて実質的な公平をはかる点に主眼があります。

再生計画において有利な扱いをする少額債権の範囲は，保全処分で弁済禁止の例外とされる少額債権や開始決定後に弁済することができる少額債権よりも範囲が広くてもよいとされています。

再生計画で例えば50万円以下の少額債権を全額弁済すると定めた場合，50万円を超える再生債権者も50万円を超える部分について債権を放棄すれば全額の弁済を受けることができる，と定めることがあります。そのような定めは再生債務者にとっては将来の弁済の負担を軽減するというメリットがあります。もっとも，このような少額債権は再生計画認可決定の確定後の短い期間内に弁済すると定めるのが通常ですので，予想以上に多数の再生債権者が債権放棄をして少額債権として一括弁済を受けようとしたために弁済資金が足りなくなることがないように注意する必要があります。

③　法84条2項に掲げる請求権
・再生手続開始後の利息の請求権
・再生手続開始後の不履行による損害賠償及び違約金の請求権

については劣後的取扱いをすることが公平に適うため，他の債権と異なる弁済条件を定めることが認められています。再生手続開始後の利息・遅延損害金については，通常，再生計画では100パーセント免除すると定めます。

④　その他，差を設けても衡平を害しない場合
①から③以外でも，債権者間に差を設けても実質的衡平を害しない場合には再生計画で別段の定めをすることができます。

例えば，次のような場合には別段の定めをすることができます

ⅰ　債権額に応じて弁済率に差を設けること。
再生債権の金額に応じて何段階かに区分し，債権額が高額になるのに応じて免除率を高くスライドさせることは一般的に行われています。例えば，

50万円未満	全額弁済
50万円以上100万円未満	50％弁済
100万円以上500万円未満	30％弁済
500万円以上	10％弁済

もっとも，このように弁済率を定めた場合，90万円の債権については45万円の弁済，100万円の債権については30万円の弁済となり，債権額が少ない債権者の方が多く弁済を受けるという事態が生じます。このような事態を避けるためには，一つの債権を一定の金額ごとに区分して各区分ごとに弁済率をスライドさせる方法が考えられます。例えば，

50万円未満の部分	全額弁済
50万円以上100万円未満の部分	50％弁済
100万円以上500万円未満の部分	30％弁済
500万円以上の部分	10％弁済

このように定めれば，90万円の債権については70万円の弁済，100万円の債権については75万円の弁済となり，債権額が少ない債権者の方が多く弁済を受けるという事態が生じません。

ⅱ　労働債権類似の下請業者の債権を有利に取り扱うこと
ⅲ　親子会社・関連会社・役員等の債権を劣後させること
ⅳ　不法行為による損害賠償請求権を有利に扱うこと

その他，再生計画において他の債権と異なる取扱いをすることができるかどうかが問題となるケースとして，次のような場合があります。

ⅴ　ゴルフ場会員の預託金返還請求権
　　（→Q349を参照）
ⅵ　敷金・保証金返還請求権
　　（→Q350を参照）

⑤　約定劣後再生債権
再生債権者と再生債務者との間において，再生手続開始前に，当該再生債務者について破産手続が開始されたとすれば当該破産手続におけるその配当の順位が破産法第99条第1項に規定する劣後的破産債権に後れる旨の合意がされた債権を，「約定劣後再生債権」といいます。いわゆる劣後ローンや劣後債が，これに該当します。

約定劣後再生債権の届出がある場合には，他の再生債権者と約定劣後再生債権者との間で，順位劣後化に関する合意の内容を考慮して，再生計画の内容に公正かつ衡平な差を設けなければなりません（法155条2項）。すなわち，約定劣後再生債権は，他の再生債権よりも劣後的に取り扱われます。

劣後的破産債権に相当する再生債権（手続開始後の利息等）は100％免除と定められるのが一般的ですので，約定劣後再生債権についても，通常は，100％免除と定めることとなります。

[上床竜司]

Q349　ゴルフ場会員の権利については，再生計画ではどのような定めをするのでしょうか。

A

ゴルフ場の多くは預託会員制をとっていますが，預託会員制ゴルフのゴルフ会員権は，
・ゴルフ場施設の優先的利用権（いわゆる，プレー権）
・年会費の納入義務
・据置期間経過後に退会とともに預託金の返還を請求する権利

などの複数の権利義務から成り立っている権利であり，これらのプレー権・会費納入義務・預託金返還請求権などが一体となった包括的権利と解されています。このように，預託会員制ゴルフ場会員の権利は，単なる金銭債権ではなくプレー権を含む点に特徴があります。また，多くのゴルフ場では，会員は退会した後でなければ預託金の返還を請求することができないと会則で定められています。このようにゴルフ会員権については単なる金銭債権とは異なる特殊性があるため，ゴルフ場会員については，再生計画においても，一般の再生債権者とは異なる取り扱いをすることが通常であり，そのような別異の取り扱いをすることも債権者間の実質的衡平に反しません（法155条1項但書）。

ゴルフ場会員の権利については，まず，退会して預託金の返還を請求する会員と，退会せずに引き続きプレーを希望する会員（プレー会員）とを区別するのが一般的です。退会する会員については，他の再生債権者と同様の弁済条件で債務の一部をカットして残額を弁済します。プレー会員の取り扱いについては，多種多様な方法が採られています。例えば，次のような取り扱いを定める例があります

① まず，退会しない会員については，プレー権（施設利用権）を保障することを定めます。
② 再生計画認可決定確定後一定期間（例えば10年間）は預託金の返還を据え置き，据置期間経過後に退会した会員に預託金を返還する例。この場合の預託金の弁済率は，再生計画認可決定直後に退会した会員より有利な条件とされるのが一般的です。プレー会員については預託金債務をカットしないで全額弁済とする例もあります。
③ ②のように，プレー会員については一定の据置期間経過後に退会を条件に預託金の全額あるいは一部を返還すると定めた場合，据置期間経過後に退会・預託金の返還請求が集中すると預託金の返還に応じきれないことがあり得ます。そこで，据置期間経過後に返還する預託金について各年毎に預託金返還総額の上限を設けて，その年に退会した会員からの預託金返還請求額があらかじめ設定した上限を超えた場合には，抽選によって預託金を返還する会員を決めて抽選にはずれた会員については翌年以後に預託金を返還する，と定める例があります（Q486を参照）。
④ プレー会員の預託金の全部または一部をデット・エクイティ・スワップによって株式化し，株主会員制に移行する例があります。この場合，株主が多数になり株主総会の手続が煩瑣となるという問題があります。この点については，平成14年1月1日から施行された中間法人法を活用して，従来任意団体あるいは権利能力なき社団と見られていたクラブを法人化して会員が中間法人の社員となり，中間法人であるクラブがゴルフ場の株式を持つという方法もあります。そうすることによって，会員は間接的にゴルフ場の経営に関与することができ，ゴルフ場は株主総会の手続負担を軽減することができます。
⑤ ゴルフ場を売却（営業譲渡）し，プレー会員は譲渡先のゴルフ場のプレー権を無条件，あるいは新規会員よりも有利な条件で取得する例があります。この場合には，プレー権については再生計画ではなく営業の譲受人とプレー会員との合意によって定められることに

第17章 再生計画案提出

なりますので、プレー権については再生計画で定める必要はありません。もっとも、再建計画の全体像を明らかにするために営業譲受先のゴルフ場におけるプレー会員の権利について記載することもあります。

［上床竜司］

Q350

敷金・保証金返還請求権については、再生計画ではどのような定めをするのでしょうか。

A

再生債務者がその所有不動産を賃貸して敷金・保証金を受け取っている場合、敷金・保証金返還請求権が再生債権となります。

敷金は、賃貸借の目的物の明渡しまでに発生する未払賃料・賃料相当損害金・原状回復費用など、賃貸借契約により賃貸人が賃借人に対して取得する一切の債権を担保するものです。敷金返還請求権の法的性格については、賃貸借の終了後明渡し時にそれまで生じた被担保債権を控除してなお残額があるときはその残額について賃借人が返還請求権を取得するという、停止条件付債権であると解されています。保証金についても敷金相当分については同様に考えられます。

敷金・保証金返還請求権について権利の変更に関する条項を定める場合には、次の点が問題となります。

まず、敷金・保証金返還請求権は賃貸借の終了後明渡し時に金額が確定して具体的な権利が発生します。賃貸借契約に特に定めがないときには明渡し時が敷金・保証金返還債務の履行期となりますが、賃貸借契約で「敷金は明渡し後1ヵ月以内に返還する。」のような定めがある場合には、賃貸借契約の定めに従って履行期が定められます。従って、敷金・保証金返還請求権の弁済方法については、

「賃貸不動産の明渡し後に賃貸借契約の定めに従って弁済すべき時期と前記〇〇による弁済期（一般の再生債権について定めた弁済期）とのいずれか遅い時期に弁済する」

のように定めます。

次に、敷金・保証金返還請求権については、
① 敷金・保証金の全額を基準に一定の弁済率を掛けた金額を弁済額とするのか、
② 明渡し時に未払賃料・原状回復費用等の被担保債権を控除した残額を基準にするのか、
が問題となります。①の場合には、再生計画の認可決定確定時に敷金・保証金返還請求権について債務免除の効力が発生しますので、免除後の減額された敷金・保証金の金額の限度でしか未払賃料・原状回復費用等に充当することができず、賃借人がその金額を超える債務を負ったときには賃貸人にこれを弁済しなければなりません。これに対して、②の場合には、明渡し時までは債務免除の効力が発生しませんので、敷金・保証金の全額に充つるまで未払賃料・原状回復費用等に充当することができます。従って、②の方が賃借人にとっては有利といえます。②の考えの方が、敷金・保証金返還請求権が明渡し時に賃借人が賃貸人に対して負担する債務を控除した残額について発生する停止条件付債権であるという法的性格には合致すると思われます。②の考えに立った場合、賃借人は賃料を敷金・保証金の金額まで不払いにすることによって実質的に敷金・保証金全額を回収したのと同じ利益を得ることができ、他の債権者との衡平・平等を害するのではないか、という問題があります。しかし、敷金・保証金は賃貸借契約に付随するもので、賃借人としても明渡し時に敷金・保証金返還請求権と賃料債権・原状回復費用請求権とを相殺することができるという強い期待を持っていることが多いので、このような賃借人の期待を保護するために、②の立場に立って敷金・保証金全額を未払賃料等に充当することを認めても衡平・平等には反しないと思われます。

もっとも、①の考えに立った再生計画案の実例もあり、裁判所も、①・②のいずれの考えに立った再生計画案も妥当なものであるとして認可する

第17章　再生計画案提出　Q351

運用を行っているようです（山本和彦ほか「新法下における破産・再生手続の実務上の諸問題」事業再生と債権管理111号22頁）。

②の考えによる場合，敷金・保証金返還請求権についての債務免除の定めは，次のように定めることが考えられます。

「敷金・保証金返還請求権については，賃貸借契約終了後賃貸不動産の明渡し時に，賃貸借契約の約定に従って控除すべき未払賃料・原状回復費用等を控除した残額について，○○パーセントの免除を受ける。」

［上床竜司］

Q351 再生計画の弁済率・弁済期間は何％，何年間の弁済とする例が多いのでしょうか。

A

事業者の再生計画について東京地方裁判所がまとめた統計によれば，平成14年3月31日までに可決・認可された再生計画の弁済率・弁済期間は表①のようになっています（園尾隆司「民事再生手続と再生計画の実情と課題」NBL736号27頁）。

弁済率については，弁済率10パーセント未満の再生計画が全体の約3分の1を占めています。弁済率が1パーセント未満の再生計画は，ほとんど

表①　再生計画の弁済率および弁済期間（可決認可）（事業者）（東京地裁）

以上～未満	0～1%	1～5%	5～10%	10～15%	15～20%	20～25%	25～30%	30～35%	35～40%	40～45%	45～50%	50～55%	55～100%	100%	計
1年以内	20	15	17	9	6	3		1				2	1	2	76
2年以内															
3年以内		6	5		2	3									16
4年以内			1												1
5年以内		2	7	3		5			2		1	3		1	24
6年以内			1	5	1	4									11
7年以内		7		3		4		3				1			19
8年以内				6	1	3	3							1	14
9年以内			1	1	5	2	2	5							16
10年以内		4	4	17	12	17	6	11	2	4		3	3		83
10年超					1	1		3							5
計	20	34	37	44	28	42	11	20	7	4	1	9	4	4	265

＊対象事件は，可決認可された事件のうち，代表者個人36件，給与所得者1件を除く全件である。

が清算型再生計画か，多額の預託金債務を負ったゴルフ場の事件です。弁済率が30パーセント未満の再生計画は全体の8割になります。弁済率が100パーセントという再生計画もあります。

再生計画による債務の弁済期間は，原則として再生計画認可決定の確定から10年以内とされています（法155条3項）。最も多いのは弁済期間を10年とする再生計画で，全体の約3割を占めています。他方，弁済期間が1年以内という短期弁済の再生計画も3割近くになります。弁済期間が1年以内の再生計画の多くは，営業譲渡やスポンサーからの資金援助によって再生を図る事件です。統計によれば，必ずしも弁済期間を10年あるいはそれに近い長期弁済とする再生計画が多いとは言え

ません。

　和議法の当時は弁済率の平均が4割から5割程度だったのに比べると再生計画による弁済率は低くなっています。これは，再生手続では，履行を怠った場合の再生計画の取消・職権破産や，再生債権者表の記載に確定判決と同一の効力が認められるなど履行確保の手当がなされているため，弁済の履行可能性に重点をおいて再生計画を作成する場合が多いためといえます。　　　[上床竜司]

Q352 再生計画による弁済期間は「特別の事情」がある場合に限って10年を超えることが認められていますが，「特別の事情」が認められるのはどのような場合ですか。

A

　再生計画による債務の弁済期間は，原則として再生計画認可決定の確定から10年以内とされています。ただし，特別の事情がある場合には10年を超える弁済期間を定めることができます（法155条3項）。

　どのような場合に「特別の事情」が認められるかは個別の事案に応じて裁判所が判断することとなります。例えば，次のような場合には「特別の事情」が認められると考えられます。

① 10年経過後に弁済原資となる特別の収入が見込める場合，例えば建設会社が大規模な宅地開発を計画中で開発が完了するのが10年経過後になる場合

② 本来の弁済期が10年経過後に到来する債権者が相当の割合を占めている場合

③ 予想される収益によって10年以内で弁済したのでは清算価値（破産した場合の配当額）を下回るため債権者の一般の利益を害する場合

　単に弁済期間を10年以上とすれば相対的に弁済率が高くなり債権者の利益に資する，というだけでは特別の事情があるとはいえません。

　　　[上床竜司]

Q353 債権者集会で否決された再生計画案にはどのような例が多いのでしょうか。

A

　事業者の再生計画について東京地方裁判所がまとめた統計によれば，平成14年3月31日までに否決・廃止された再生計画の弁済率・弁済期間は表①のようになっています（園尾隆司「民事再生手続と再生計画の実情と課題」NBL736号27頁）。

　この統計によれば，否決・廃止された再生計画のうち半分以上が弁済期間を10年間とするものでした。弁済期間が10年間という長期の再生計画が否決される率が高いのは，弁済期間が長期になるため債権者が再生計画の履行可能性に疑問を持つためと考えられます。

　否決・廃止された再生計画の弁済率は10パーセントから30パーセントのものが8割近くを占めており，この点は可決・認可された再生計画とそれほど違いはありません。

　このような統計から，再生計画が可決されるためには，弁済率の高さよりもむしろ短期間に確実に弁済できるかどうかが重要だといえます。

第17章 再生計画案提出

表① 否決廃止事例における弁済率と弁済期間（事業者）（東京地裁）

以上〜未満	0〜1%	1〜5%	5〜10%	10〜15%	15〜20%	20〜25%	25〜30%	30〜35%	35%以上	計
1年以内	1			1						2
2年以内										
3年以内								1		1
4年以内										
5年以内			1	2	1	1				5
6年以内										
7年以内						1				1
8年以内										
9年以内				2	1					3
10年以内	1			4	4	4			1	14
10年超									1	1
計	2		1	9	6	5	1	1	2	27

＊対象事件は，否決廃止された事件のうち，代表者個人20件，給与所得者1件を除く全件である。
＊35％以上の2件は，60％16年弁済1件，100％10年弁済1件である。

［上床竜司］

Q354

共益債権や一般優先債権の弁済に関する条項はどのように記載するのでしょうか。

A

共益債権及び一般優先債権の弁済に関する条項は，再生計画の絶対的必要的記載事項とされています（法154条1項）。

共益債権及び一般優先債権は，再生手続によらないで随時に弁済され，再生債権に優先して扱われます。従って，共益債権及び一般優先債権の弁済がどの程度の負担になるのかは再生計画の実行に影響を及ぼすため，再生計画に共益債権及び一般優先債権の弁済に関する条項を定める必要があります。

再生計画では，共益債権及び一般優先債権については，将来弁済すべきものを明示すれば足ります（規則83条）。会社更生手続における更生計画では，既に弁済したものを明示して，かつ将来弁済すべきものについて合理的な定めをしなければならないとされていますが，民事再生手続では再生手続中に弁済した共益債権・一般優先債権は再生債務者の報告書に記載されて再生債権者はそれを閲覧することができるので，再生計画においてあらためて既に弁済した共益債権・一般優先債権を示す必要はありません。

将来弁済すべき共益債権及び一般優先債権の具体的な記載方法については，民事再生法・規則には特に定めはありません。

共益債権については，

① ○○年○○月○○日以降に発生する共益債権は，随時弁済する。

とだけ簡潔に記載するか，あるいは

② ○○年○○月○○日までに発生した共益債権の未払残高は金○○○○円である。

　上記未払共益債権及び○○年○○月○○日以降に発生する共益債権は，随時弁済する。

のように共益債権の未払残高のみを記載する例が多いようです。共益債権者の一覧表を添付する例

はあまりありません。

一般優先債権については，優先債権者総数・総額・内訳（公租公課・労働債権などの債権の種類ごとの総額）を記載することが多いようです。公租公課については一覧表を添付して債権者名・各債権者ごとの債権額・内訳（本税・延滞税の金額）を明示する例もあります。　　　［上床竜司］

Q355 債権者委員会に関する費用負担について，再生計画ではどのような定めをしますか。

A

民事再生法では，3名以上10名以内の再生債権者で構成する債権者委員会が再生手続に関与することが認められています（法118条，規則52条）。そして，再生計画で定められた弁済期間内に，その履行を確保するため，債権者委員会が監督その他の関与を行う場合に，再生債務者が委員会の費用の全部または一部を負担するときは再生計画においてその負担に関する条項を定めなければならないとされています（法154条2項）。債権者委員会の費用を再生債務者が負担すべきどうか，負担金額が妥当かどうかについて再生債権者に情報を開示してその判断を仰ぐ必要があるからです。

もっとも，弁済期間中に債権者委員会が履行を監督するために支出する費用の項目や金額をあらかじめ想定することは現実には困難だと思われます。そのため，具体的な項目や金額は明示しない代わりに，裁判所の許可を得た場合に債権者委員会の費用を支払うことができる，と定めた例もあります。　　　　　　　　　　　　［上床竜司］

Q356 再生債務者の債務を保証したり，債務について物上保証人が担保を提供する場合には再生計画ではどのような定めをしますか。

A

再生債務者以外の者が，再生債務者の再生のために，債務を引き受けたり，保証人となったりして，新たに債務を負担する場合があります。また，再生債務者以外の者が，再生債務者の再生のために，担保を提供する場合（物上保証）もあります。これらの場合には，再生計画において，債務を負担するものあるいは担保を提供する者を明示して，かつ債務あるいは担保権の内容を定めなければなりません（法158条1項2号）。再生計画の条項は再生債権者表に記載されると確定判決と同じ効力を有し，強制執行が可能となります（法180条2項）。従って，再生計画に債務の負担について定めがなされた場合には，再生債権者は，再生のために債務を負担した者に対して，再生債権者表の記載によって強制執行をすることができます。

なお，この条項を定めるためには，再生計画案を提出する前に債務を負担する者または担保を提供する者の同意を得ておかなければなりません（法165条1項）。

この条項の定め方としては，債務を負担する者や担保を提供する者を氏名・社名，住所，代表者名などで特定します。また，負担する債務や提供する担保の内容を具体的に記載します。債務負担や担保提供に関する契約書を再生計画に別紙として添付することもあります。　　　［上床竜司］

Q357

再生計画を作成した時点で，異議が出されたためにまだ確定していない債権については，再生計画ではどのような定めをしますか。

A

債権調査において異議が出されて再生計画認可決定時までに債権の確定手続が終了していない場合には，再生計画において，その権利確定の可能性を考慮して適確な措置を定めなければなりません（法159条）。

「適確な措置」とは，未確定債権の取り扱いが，他の再生債権と比べて平等かつ衡平な取り扱いがなされており，しかもその未確定債権がどのように確定しても再生計画全体の履行が確実な措置をいいます。

例えば，未確定債権が確定したときは，権利の変更に関する一般的基準に従って他の再生債権と同一の弁済率で弁済する，確定した日に既に弁済期が到来している場合には確定後一定期間内，または最初に到来する分割弁済期日に支払う，などと定めます。

[上床竜司]

Q358

再生計画を作成した時点で，別除権行使によって弁済を受けることができない債権の部分（別除権不足額）が確定していない債権については，再生計画ではどのような定めをしますか。

A

別除権の行使によって弁済を受けることができない債権の部分（別除権不足額）が確定していない債権については，再生計画において，別除権不足額が確定した後の権利行使に関する適確な措置を定めなければなりません（法160条1項）。

「適確な措置」とは，別除権不足額の取り扱いが，他の再生債権と比べて平等かつ衡平な取り扱いがなされており，しかもその別除権不足額がどのように確定しても再生計画全体の履行が確実な措置をいいます。

「適確な措置」の定め方は，例えば，別除権不足額が確定したときは，権利の変更に関する一般的基準に従って他の再生債権と同一の弁済率で弁済する，確定した日に既に弁済期が到来している場合には確定後一定期間内，または最初に到来する分割弁済期日に支払う，などと定める方法があります。

また，債務者による別除権の目的物の評価額を基準として，評価額を超える再生債権（別除権予定不足額）について一般的基準に従って弁済することを想定した金額を他の再生債権の弁済期に再生債権者に預託して，別除権不足額が確定した場合に，預託金額がその時期までに弁済すべき金額を超えるときは超過額の返還を受けて，預託金額が弁済すべき額に不足するときは不足額を支払って精算する，と定めた例もあります。これは，別除権不足額が確定するまで別除権者が弁済を受けることができないとすると別除権者にとってリスクが大きいため，このようなリスクを少なくして別除権者が再生計画案に賛成しやすくするための工夫といえます。また，再生債務者が預託金を金融機関に預金して，その預金口座に別除権者が質権を設定した例もあります。

別除権が根抵当権の場合，元本が確定していれば，根抵当権の被担保債権のうち極度額を超える部分については，権利の変更に関する一般的基準に従い，仮払いに関する定めをすることができます。この場合，別除権不足額が確定した場合にお

ける精算に関する措置も定めなければなりません（法160条2項）。この場合の仮払い及び別除権不足額確定時の精算に関する条項の定め方は、上記の、別除権予定不足額に対する想定弁済額を預託する場合と同様の方法が考えられます。

［上床竜司］

Q359

民事再生では担保権者への弁済は再生計画によらずに手続外で弁済すると聞きましたが、再生計画には担保権者への弁済に関して何も規定しないのでしょうか。

A

　別除権者は再生手続によらないで権利を行使することができますので、再生計画では別除権者に対する取り扱いや弁済方法について記載する必要はありませんし、再生計画に記載したとしても法的な効力は発生しません。

　もっとも、再生債権者に対する弁済率は、再生債務者が別除権者に対してどのような弁済をするかによって大きく左右されます。そこで、再生計画によって変更された権利の内容が妥当かどうか、再生計画の履行が可能かどうか（法174条2項2号）を判断する材料を提供するために、再生計画の中に別除権者に対する取り扱いや弁済方法、別除権者との協定成立の状況などについて記載する例もあります。「再生計画の基本方針」や「弁済資金の調達方法」という項の中で別除権者の取り扱い等について記載することもあります。

　別除権者の取り扱いについては、再生計画自体に記載しない場合であっても、何らかの方法で再生債権者に情報を開示するのが望ましいといえます。

［上床竜司］

Q360

民事再生でも、会社更生のように減資・増資が必要な場合があると聞きましたが、実際にはどのような場合に減資・増資が必要なのでしょうか。再生計画で減資・増資を行った事例はどのくらいあるのでしょうか。

A

　民事再生手続では、原則として、再生債務者の株主の権利については変更を行わないものとされています。しかし、再生債務者が事業を再生するために、適切な資本の減少をするとともに新株を発行して新たに出資を必要とする場合もあります。その場合にわざわざ再生手続外で新株の発行や資本の減少を行うことは面倒ですし、場合によっては株主総会を開催して新株の発行（譲渡制限会社の場合）や資本の減少を決議することが困難な場合があります。そこで、再生計画の定めによって減資・増資を行うことが認められています。

　再生計画で減資・増資を行う必要があるのは、次のような場合です。

① スポンサーに新株を発行して出資をしてもらうために資本の減少を行う場合。

② 株主責任（特にオーナー経営者）を明確にして債権者や金融機関が再建に協力しやすい環境を整える場合。

　減資を内容とする再生計画には、100パーセント減資を行う場合と一部減資を行う場合があります。東京地裁の統計によれば、平成12年4月から平成18年9月までの間で減資を内容とする再生計画の件数は266件あり、そのうち222件が100パーセント減資でした。このように民事再生手続でも相当数の事件で減資が行われています（「特集民事再生手続の現状と課題・施行6年を経過した

民事再生手続を振り返って」事業再生と債権管理　115号57頁）。　　　　　　　　　　　　　　　　［上床竜司］

Q361 再生計画で減資・増資を定める場合，どのような事項を定めるのでしょうか。

A

民事再生法制定当時は，再生計画で資本の減少に関する条項を定めた場合には，株主総会の特別決議等の旧商法上の手続をとらなくても再生計画の定めによって資本の減少を行うことができましたが，再生計画に定めによって増資（新株の発行）を行うことはできませんでした。従って，再生計画で増資（新株の発行）に関する条項を記載しても法律上の効力はなく，別途旧商法上の増資手続を行う必要がありました。

ところが，株式の譲渡制限が定められている株式会社の民事再生手続において，株主総会の特別決議が成立しないために第三者割当増資ができない事例が報告され，再生債務者の事業の再生のためには株主総会の特別決議を経ないで第三者割当増資ができるようにすべきであるという議論がなされていました。

これを受けて，平成16年の破産法・民事再生法の改正により，株式の譲渡制限を定めている株式会社が株主以外の者に新株を発行しようとするときは，裁判所の許可を得て，再生計画において新株発行に関する条項を定めることができることとなり，この場合には株主総会の特別決議が不要となりました。

更に，平成17年の会社法制定に伴い，減資・増資に関する民事再生法の規定も，以下のように改正されました。

(1) 株式の取得に関する条項

再生計画によって再生債務者が自己株式を取得するときは，
① 再生債務者が取得する株式の数（種類株式発行会社にあっては，株式の種類及び種類ごとの数）
② 再生債務者が株式を取得する日

を定めなければなりません（法161条1項）。

上記の事項を再生計画において定めれば，再生債務者は，会社法に定める自己株式の取得手続を経ないで自己株式を取得することができます。再生債務者は，自己株式を取得した後に株式を消却することによって減資を行うことができます。

(2) 株式の併合に関する条項

再生計画によって再生債務者が株式の併合をするときは，
① 併合の割合
② 株式の併合がその効力を生ずる日
③ 種類株式発行会社の場合には，併合する株式の種類

を定めなければなりません（法161条2項，会社法180条2項各号）。

上記の事項を再生計画において定めれば，再生債務者は，株主総会の特別決議を経ないで株式の併合を行うことができます。

(3) 資本金の額の減少に関する条項

再生計画によって再生債務者が資本金の額の減少をするときは，
① 減少する資本金の額
② 減少する資本金の額の全部または一部を準備金とするときは，その旨及び準備金とする額
③ 資本金の額の減少がその効力を生ずる日

を定めなければなりません（法161条3項，会社法447条1項各号）。

上記の事項を再生計画において定めれば，再生債務者は，株主総会の特別決議を経ないで株式の併合を行うことができます。

(4) 募集株式を引き受ける者の募集に関する定め

再生債務者が，法166条の2第2項の規定による裁判所の許可を得て募集株式を引き受ける者の募集をしようとするときは，再生計画において，会社法199条1項各号に掲げる事項（募集事項）を定めなければなりません（法162条）。

第17章　再生計画案提出
Q362

再生計画において募集株式を引き受ける者の募集に関する条項を定めることができるのは，譲渡制限株式について募集株式の発行等を行う場合に限られます（法154条4項）。譲渡制限株式について募集株式の発行等を行うためには，会社法上，株主総会の特別決議が必要とされていますが，再生計画において募集株式を引き受ける者の募集に関する条項を定めることによって，株主総会の特別決議を経ないで募集株式の発行等を行うことができます。

[上床竜司]

Q362　民事再生における，減資・増資手続を教えて下さい。

A

減資を行うために株式の取得，株式の併合，資本金の額の減少等（以下「資本金の額の減少等」といいます）を定めた再生計画案を提出するためには，あらかじめ裁判所の許可を得なければなりません（法166条1項）。裁判所は，再生債務者が債務超過である場合に限って，資本金の額の減少等を定めた再生計画案の提出を許可することができます（法166条2項）。再生債務者が債務超過であるかどうかは再生債務者によって財産評定が行われた段階で明らかになりますので，通常は財産評定が完了した後に上記の許可を申し立てます。

裁判所が資本金の額の減少等を定めた再生計画案の提出を許可した場合，許可決定の要旨を株主に送達しなければなりません（法166条3項）。許可決定の要旨を送達する代わりに公告を官報に掲載することもできます（法10条3項）。東京地裁の運用では原則として送達ではなく公告によっています。

株主は，減資の許可決定に対して即時抗告をすることができます（法166条4項）。即時抗告は，許可決定の要旨が株主に送達されたときは送達から1週間以内（初日不算入。法18条，民事訴訟法332条・95条1項，民法140条），許可決定の要旨が公告されたときは，公告の翌日から2週間以内（初日算入。法9条・10条2項）に行う必要があります。許可決定・公告の官報への掲載（約2週間を要する）・即時抗告の申立等の期間を考慮すると，減資の許可の申立ては，再生計画案提出期限の1ヵ月以上前に余裕を持って行うのが望ましいでしょう。もっとも，実際にはそれだけの時間的余裕がない場合も多く，その場合には，減資の許可決定の確定を待たずに再生計画案を提出し，債権者集会までに許可決定が確定することを期待して手続が進められることになります。

その後，再生計画案の可決・認可・認可決定の確定という手続きを経て，再生計画で定めた再生債務者が株式を取得する日に株式取得の効力が発生し，あるいは，再生計画で定めた株式の併合・資本金の額の減少の効力発生日に，それぞれ株式の併合・資本金の額の減少の効力が発生します（法183条1項・2項・4項）。再生計画において資本金の額の減少等に関する条項を定めた場合には，資本金の額の減少等についての会社法上の手続は必要ありません。

他方，増資（募集株式を引き受ける者の募集）を定めた再生計画案を提出するためには，資本金の額の減少等の場合と同様に，あらかじめ裁判所の許可を得なければなりません（法166条の2）。

募集株式を引き受ける者の募集を定めた再生計画案を提出することができるのは，再生債務者に限られています（法166条の2第1項）。従って，再生債権者が従来の経営陣を強制的に排除する目的で減資・増資を行うことはできません。

裁判所の許可の要件は，再生債務者が債務超過であることと，募集株式を引き受ける者の募集が再生債務者の事業の継続に欠くことができないものである認められる場合であることの2つです（法166条の2第3項）。

裁判所の許可決定の送達・公告，即時抗告の手続等は，資本金の額の減少等を定めた再生計画案の場合と同様です（法166条の2第4項）。

再生計画において募集株式を引き受ける者の募

集に関する条項を定めた場合には，株主総会の特別決議を経る必要はありません。この場合には，取締役の決定（取締役会設置会社の場合には，取締役会の決議）によって募集事項を定めることとなります（法183条の2第1項）。　　［上床竜司］

Q363

減資・増資に伴って定款変更が必要になるのはどのような場合ですか。又，その場合には再生計画ではどのような定めをしますか。

A

再生手続中の会社が減資・増資を行う場合，授権資本枠（発行予定株式総数）を超えて新株を発行したいのであれば，定款を変更して授権資本枠を拡大する必要があります。会社法上は，定款の変更には株主総会の特別決議が必要ですが，再生手続中の会社では株主総会の特別決議を得ることが実務上困難な場合があります。そこで，再生債務者が再生計画で資本の減少に関する条項を定める場合には会社法上の定款変更の手続によらなくても再生計画の定めによって授権資本枠についての定款の変更をすることができることとして，授権資本枠の拡大を伴う増資を容易に行うことができるようにしました（法154条3項・161条4項）。

なお，減資をした結果，発行済株式総数が授権資本枠の4分の1を下回った場合に定款を変更して授権資本枠を縮小する必要があるか，という点については，旧商法下では学説に争いがありました。しかし，会社法においては，授権株式数，すなわち発行可能株式総数は定款で定められるべき事項であり（会社法37条1項，98条），発行可能株式総数の増減は定款変更によって行うことを前提としている（会社法113条）ことから，消却・併合によって株式数が減少しても発行可能株式総数は減少しないと解されます。

再生計画では，定款変更の内容を定めなければなりません（法161条4項）。まず，変更後の定款の内容について，「再生債務者が発行する株式の総数を〇〇万株に変更する」のように定めます。次に，定款変更の効力発生時期を定めます。授権資本枠の変更は資本金の額の減少等あるいは募集株式の発行等と関連があるため，通常は，資本金の額の減少等あるいは募集株式の発行等の効力発生時期と同じ時期を定款変更の効力発生時期とします。

再生計画において授権資本枠についての定款変更を定めたときは，定款は，再生計画認可決定が確定した時に再生計画の定めによって変更されます（法183条6項）。　　［上床竜司］

Q364

減資の方法として株式の併合をするときには，再生計画ではどのような定めをしますか。

A

資本減少の方法の1つとして株式の併合があります。会社法上は，株式の併合は株主総会の特別決議によって行います（会社法180条2項）。民事再生法が制定された当初は，再生計画の定めで資本の減少をした場合に，その方法として株式の併合を株主総会の特別決議を経ずに再生計画の定めによって行うことができるのかどうか，明らかではありませんでした。その後の法改正により，現在は，株式の併合に関する条項を再生計画で定めることができることとされました（法154条3項）。

第17章　再生計画案提出
Q365

再生計画によって株式の併合をするときは，
① 併合の割合
② 株式の併合がその効力を生ずる日
③ 種類株式発行会社の場合には，併合する株式の種類

を定めなければなりません（法161条2項，会社法180条2項各号）。

例えば，

① 併合する株式の種類及び併合の割合
  普通株式10株を1株とする
② 株式の併合がその効力を生じる日
  再生計画認可の決定が確定した後，最初に行う募集株式の発行の効力が生ずる日

のように定めます（事業再生研究機構編「新版再生計画事例集」46頁参照）。　　　［上床竜司］

Q365 民事再生では，会社更生のように再生計画で債務の株式化（デット・エクイティ・スワップ）を実行することができますか。また，民事再生でデット・エクイティ・スワップを実行した例はありますか。

A

デット・エクイティ・スワップ（Debt Equity Swap 略してDESという）とは，「債務の株式化」，すなわち債務を株式に変更することです。DESの手法としては，債権を現物出資して新株を発行する場合，債権者が債権相当額を出資して新株を引き受けて，払い込まれた資金を当該債権者に対する債務の弁済に充てる方法などがあります。DESは，過剰債務を抱える企業が再建を果たすために債務を圧縮する方法の1つです。債務を圧縮する方法としては債権放棄によることも考えられますが，債権者としては債権放棄を行う場合には税務上償却が可能かどうか，債権放棄をしたことについて取締役の損害賠償責任を問われないか，といった問題があるため，容易に債権放棄に応じないことがあります。そのような場合には，債権に代えて債務者の株式を取得させる方が，債権者は債務者の再建が成功すれば取得した株式を売却することによって回収をはかることができるため，債権者の同意を得やすくなります。最近はDESが企業再生の手法の1つとして注目を浴びています。

DESは，法的倒産手続に入る前の私的整理の段階で行われることが多かったのですが，大手スーパーの子会社が民事再生手続において再生計画によってDESを行った例があります。

この例では，まず，日本政策投資銀行，地元企業，役員・従業員など複数の出資者が出資して企業再生ファンド（出資金を信託財産とする信託勘定）を組成し，ファンドが新株を引き受ける形で100％減資・増資を行いました。このようなファンドによる出資とは別に，再生債権者に対する弁済方法の1つとしてDESが採用されました。再生計画では，再生債権者に対する弁済方法として，金銭による分割弁済の方法を定めるとともに，再生債権者が分割弁済に代えて債権を現在価値に評価し直した金額（一定の算式によって算定される中間利息を控除した金額）を債権額として債権を現物出資して再生債務者の株式の割当を受ける方法を選択することができる，と定められました。

債務の株式化を行う場合，旧商法下における東京地方裁判所商事部の取扱いでは，債権の実質価値が券面額未満であっても券面額で現物出資をすることが認められていましたが，この例では券面額ではなく再生計画によって変更された債権の現在価値によって現物出資する方法を採用しました。

現物出資によって募集株式の発行を行う場合には，原則として，検査役の調査を受ける必要があります。しかし，会社法の制定により，会社に対する金銭債権を現物出資する場合には，当該金銭債権の弁済期が既に到来しており，かつ，当該金銭債権の価額が当該金銭債権に係る負債の帳簿価額を超えない場合には，現物出資について検査役の調査は不要となりました（会社法207条9項5号）。

　　　　　　　　　　　　　　　［上床竜司］

第18章　別除権

Q366 今後も使用する不動産が担保に入っている場合どうしたらよいでしょうか。

A

1　別除権に関する協定書の締結

　民事再生においては会社更生と異なり、根抵当権等の担保権の実行は原則として拘束されません。よって、担保権者は担保権実行の要件が整っていれば、民事再生手続に拘わらず担保権の実行を行うことができます。この担保権について、再生債務者が担保提供している場合、民事再生手続との関係においては、別除権といいます（法53条）。

　よって、弁済禁止の保全処分決定や民事再生手続開始決定を得たとしても、別除権の行使（すなわち担保権実行）は、自由にできることになります。担保目的財産が、別荘・保養施設などの遊休資産であれば担保権を実行されても再生債務者の再生に影響はあまりありませんが、設問のように、例えばメーカーが今後も使用する工場を金融機関等の担保に提供している等の場合には、担保権を実行されてしまうと工場を失うこととなり、再生債務者は再生の道を断たれてしまうことになってしまいます。そこで、民事再生手続においては、再生計画案を債権者に了解してもらうことと並行して、別除権者との間において協議を行い、担保権の実行の猶予について合意する必要があります。この合意について契約書にしたものを一般的に「別除権に関する協定書」と言います。

　別除権は、繰り返しになりますが、民事再生手続に拘束されないことから、再生債務者の再建の意義やその実行性などを再生債務者から積極的に別除権者に対して説明し、理解を得ることが必要不可欠となります。口頭で了承を得ていたとしても、その後、別除権者の担当者が交替した場合などにおいては、合意については全くの白紙に戻ってしまう場合も少なくないことから、「協定書」という形式で合意書を作成することが必要となります。

2　別除権に関する協定内容

　別除権者と協定書を締結する場合には、大きく分けて2つの場合があります。1つは、担保目的財産は再生債務者の再建にとって必要不可欠である等の理由から、すくなくとも再建中は売却処分を行わず、再生債務者が使用し続けるという場合です。この場合は、担保目的財産相当額（＝担保評価額）を分割して別除権者に支払い、支払を終了した時点において担保権の解除を受けるという形式です。この形式においては、別除権者への支払いは別除権の受け戻しという性質を有することになります。また、再生債務者において、担保目的財産を一定期間は使用し続けるが、一定期間後は売却しその売却代金をもって別除権者への返済を行うという場合があります。この場合においては、別除権に担保されている債権額については、実際に担保目的財産を売却し、その売却代金から費用を控除して別除権者へ支払ができる金額とすることが多く、売却されるまで別除権額及び別除権によっては担保されない不足額（別除権不足額）が確定しません。別除権者としては、別除権により担保されている部分については別除権の実行により満額回収を行い、別除権により担保されていない部分については再生債権として弁済

を受けることを望むことになりますが，別除権不足額が確定していない間においては再生債権としての権利行使を行うことができないのが原則となります（法88条・法182条）。

3　担保権の実行手続中止命令について

民事再生手続開始の申立後においては，裁判所は，相当期間について担保権の実行手続を中止する旨の決定を出すことができます（法31条）。しかしながら，この担保権の実行手続中止の効力は，相当期間内に限られることから，この命令については，一時的な効力しか期待できず（一般的には3ヵ月程度とされているようです（参考『破産・民事再生の実務［新版］（下）』79頁）），再建に不可欠な資産が担保目的物の場合には，担保権者と協議を行い，協定書を締結する必要があります。

4　担保権消滅請求の制度

担保目的財産が再生債務者の事業の継続に必要不可欠な場合には，当該財産の価額に相当する金銭を裁判所に納付して担保権を消滅させることができます（法148条）。この価額の決定方法は，まず，再生債務者が相当と考える価額を裁判所へ提示します。担保権者から，その価額について異議が出され，裁判所に価額決定の請求がなされた場合には，裁判所が不動産鑑定を行うなどして価額を決定することになります。この場合，担保権者は裁判所から，決定された価額について再生債務者が納付した金銭による配当を受けることで満足せざるを得ません。この制度を再生債務者が選択する場合においては，その前提として当該財産評価額相当額の資金を有していることが必要であることから，再生債務者に対してスポンサーが付いている場合などに利用されることが多いと思われます。

［髙井章光］

Q367　再生手続における別除権には，どのようなものがあるのでしょうか。

A

民事再生法53条1項は，再生債務者の財産の上に存する特別の先取特権，質権，抵当権又は商法若しくは会社法の規定による留置権を有する者は，その目的である財産について，別除権を有するとしています。なお，再生債務者の財産の上に存する担保権についてのみが別除権となり，例えば再生債務者の代表者が自宅を担保提供している場合など第三者が担保提供している場合は別除権とはなりません。

民事再生法53条1項の「特別の先取特権」とは，動産先取特権（民法311条）や不動産先取特権（民法325条）のことです。「抵当権」については，民法上の抵当権，根抵当権のほか，工場抵当法，自動車抵当法，立木法，漁業法，漁業財団抵当法，鉄道抵当法，電話加入権質に関する臨時特例法，農業動産信用法等の特別法に基づく抵当権も含まれます。商事留置権は別除権となりますが，民事留置権は別除権とはなりません。また，法53条1項に列挙された担保権のみが別除権とされている訳ではありません。仮登記担保権（仮登記担保法19条3項参照）も別除権となります。非典型担保権である，譲渡担保権，所有権留保についても別除権として取り扱うのが通説です。リース債権については，別除権付再生債権とするのか，共益債権とするのか争いがありますが，今後の事業活動に必要なリース物件に関してのリース債権については，通常，支払を継続することになるので，どちらの法律構成を取ったとしても結論にあまり違いはありません。東京地裁においても，別除権付債権として扱うほか，共益債権的な取扱いもなされる事例も見られ，事案に応じて柔軟な対応ができる運用がなされています（『破産・民事再生の実務〔新版〕（下）』146頁）。

なお，別除権は，再生手続開始決定時において対抗要件を具備していなければなりません。対抗要件を具備していない場合は別除権としての効力

は認められず，再生手続開始決定後に対抗要件を具備したとしても，原則として，その対抗要件の効力は主張できません（法45条1項）。

[髙井章光]

Q368 譲渡担保権や所有権留保は，別除権となるのでしょうか。

A

通説では，譲渡担保権や所有権留保については別除権と考えられています。会社更生の事案では，譲渡担保権が更生担保権とされた最高裁判例があります（最判昭和41年4月28日・判時453号31頁）。なお，所有権留保の実行方法は，再生債務者に対し目的物の引渡しを求め，引渡しを受けた後に任意に売却し，売却代金をもって債務の充当を行うことになります。

所有権留保については，双方未履行双務契約の解除権（法49条）の適用があるか否かということがしばしば問題となります。すなわち，完全な所有権が移転しておらず売主に所有権移転義務が残っていると考えるのか，所有権はすでに移転していて売主の履行義務は残っていないと考えるのかにより，双方未履行となっているのか，そうではないと考えるのかという点が問題となります。破産法および会社更生法においては，双方未履行双務契約についての解除権の適用はないと考えられており（参考『条解更生（中）』300頁，『注解破産（上）』286頁），民事再生手続においても同様の結論となると考えられます。

所有権留保付き売買契約においては，契約の中で，民事再生手続が申し立てられることや，民事再生手続開始決定が発令されたことを契約解除事由としていることが少なくありません。このような特約の効力について，判例は，和議手続の場合には有効と解し（名古屋地判平成2年2月28日金商840号30頁），会社更生手続の場合には，特約は効力を有しないとしました（最高裁昭和57年3月30日・判時1039号127頁）。民事再生において，実務では，和議と同様の立場と考え，もしくは会社更生と異なり民事再生手続は担保権を拘束することができないことを理由として，特約を有効として取り扱いを行っている例が比較的多く見うけられましたが，民事再生が会社更生と同様に再建型手続であることを理由として，上記特約は効力を有さないという考え方も有力です（中村清「更生手続・再生手続とリース契約」清水直編著『企業再建の真髄』商事法務311頁）。東京地裁平成15年12月22日判決（判タ1141号279頁）及び東京地裁平成16年6月10日判決（判タ1185号315頁）は，民事再生手続では担保権が別除権として再生手続によらずに行使できることを理由に，上記特約の効力を民事再生を理由に制限することはできないと判示しましたが，東京高裁平成19年3月14日判決（判タ1246号337頁）は，上記特約は民事再生の目的である「債務者とその債権者との民事上の権利関係を適切に調整し，もって当該債務者の事業又は経済生活の再生を図る」ことを害するもので無効であると判示しました。なお，問題点は異なりますが，大阪地裁平成13年7月19日判決（判時1762号148頁）は，民事再生手続申立直前の仮差押を契約上の解除事由として行なわれた解除を有効としています。

[髙井章光]

Q369 リース物件は別除権の対象となるのでしょうか。

A

　リース債権については、リース物件に対して担保権を有している再生債権であるとして、別除権付き再生債権と考える考え方と、共益債権として考える考え方があります。どちらの法律構成を取ったとしても、リース物件を使用継続する場合には、通常、支払を継続することになり、あまり結論に違いはありません（理論的には、別除権付き再生債権とした場合には、支払の継続を受けられる部分は別除権評価額相当の範囲内に限られ、その評価を超える部分は別除権不足額として再生債権として取り扱われることになりますが、実務上は使用継続の場合はあまり厳密に検討はなされずに、リース債権全額を別除権付き再生債権として全額支払いの対象とされることも多いと思われます）。

　リースを別除権と考えた場合には、リース債権は再生債権となりますので、債権の届出を行う必要が生じますが、リース債権を共益債権と考えた場合には債権の届出は不要となります。実務では、両方の取扱がなされているように見受けます。なお、会社更生事件では、フルペイアウト方式のファイナンスリース契約のリース債権は更生担保権と解されています（最判平成7年4月14日判時1533号116頁は、フルペイアウト方式のファイナンスリースを更生債権と判示しているが、これは更生担保権として取り扱う趣旨と解されています）。

　リース料の支払を数ヵ月滞納している場合には、リース債権を別除権付き再生債権として取り扱うか、共益債権として取り扱うかによって差が生じます。すなわち、共益債権とした場合には、開始決定前に発生している債権は、開始決定前の使用の対価ですので、単なる再生債権となり、再生計画による権利変更の対象となってしまいます。しかし、別除権付き再生債権とした場合は、開始決定前に発生している債権についても別除権で担保されていることから別除権目的の受戻しとして支払を受けることができるという結論となると考えられるからです。リースを担保権（別除権）と考えた場合には、担保権消滅制度（法148条）の対象となるか否かが大きな問題となり、もし対象となるとされた場合は、リース物件の価値が下落している場合には、少額の支払いをもって担保権を消滅することができることになります（松下淳一執筆部分『詳解民事再生法－理論と実務の交錯－』295頁民事法研究会は、担保権の消滅請求制度の対象とならないとする説が有力説としているが、同じ著作の山本和彦執筆部分（416頁）は、リース物件は担保権の消滅請求制度の対象となるとする）。なお、大阪地裁平成13年7月19日判決（判時1762号148頁）は、リースについての担保権消滅請求の可否が争われた事案において、リース契約における、仮差押等の処分を受けた場合には契約を解除できる旨の特約により、契約は解除され、リース債権者はリース物件の所有権を取得しており、債務者は既にリース物件の所有権を有していないことを理由として、担保権消滅請求を認めませんでした（参考『民事再生の実務』新日本法規302頁）。

　また、リースについて、「リース会社は、リース物件についてユーザーが取得した利用権についてその再生債権を被担保債権とする担保権を有するものと解すべき」とし、リースについては、「物件」そのものではなく、「利用権」を担保する担保権であるとしています。東京地裁平成15年12月22日判決（判タ1141号279頁）及び東京地裁平成16年6月10日判決（判タ1185号315頁）も、フルペイアウト方式によるファイナンス・リースについてリース物件上の利用権について、担保権を有していると判示しました。　　　　［髙井章光］

Q370 債権者が再生債務者との間で契約によって抵当権や質権などの担保権を設定していなくても、別除権を主張できるのは、どんな場合ですか。

A

別除権は、契約によって設定された抵当権や質権等の担保権が一般的ですが、特に契約により担保権の設定を行っていなくとも、取引上の態様から別除権を債権者が主張しうる場合があります。まず、動産商品の取引を行っている場合には、動産売買先取特権（民法311条）を主張して別除権を主張することができる場合があります。これは、動産商品を売却したけれどもその代金の支払がないままに、購入者が民事再生手続を申し立てた場合において、購入者がその動産商品を転売し、転売代金の回収が未だなされていない場合には、債権者においてその売掛債権を差し押さえることによって、その売掛債権から優先的に回収を行うことができるというものです。なお、民事再生手続を申し立てた購入者が当該動産商品を保有している場合において、売主が動産売買先取特権を行使する方法について、平成15年に改正された民事執行法においては、執行官が当該動産について執行する方法が認められました。

転売代金を差し押さえる場合には、債権者は、支払が債務者に対してなされる前に差し押さえる必要があります。

また、商事取引において、相手方の所有するものを保有している場合には、商事留置権（商法521条）を主張して、債権の支払がなされるまではそのものを留置し、場合によっては競売手続により売却して、売却代金から債権回収を行うことが認められております。再生債務者が受取手形を取立てのために債権者である金融機関に提出していた場合にも商事留置権が成立します（破産の事案について、最判平成10年7月14日判時1663号140頁、金商1057号19頁・28頁）。この場合、銀行取引約定書などで、銀行が手形を取り立てた後に優先弁済することができる旨が規定されていることを理由として、当該金融機関によって弁済充当することができるかについては、争いがあります。実務においては、取立委任手形の取立てを行い、振込を受けまたは代理受領を行った場合のその返還債務と、貸金債権との相殺は、民事再生法93条1項1号により認められないとする取扱いが多いものと思われます。破産法と異なり民事再生法において、商事留置権は特別の先取特権とはされていないことからも、優先弁済を認める結論は相当でないと考えます（**参考** 『民事再生の実務』新日本法規296頁、『詳解民事再生法の実務』第一法規360頁）。　　　　　　　　　　[髙井章光]

Q371 登記・登録などの対抗要件の具備がなされていない担保権は、どのように扱われるのでしょうか。

A

民事再生法45条は民事再生手続開始決定後の登記、登録についてはその効力を主張できないとし、同法129条は支払停止等があった後の対抗要件具備については、否認の対象としています。よって、開始決定時に登記・登録等の第三者対抗要件を具備していない場合には、その効力を主張できず、担保権者は別除権として権利主張することができません。登記留保による担保権については、登記の具備が遅れた場合には、別除権として取り扱うことができないことになります。

但し，登記・登録権利者が再生手続の開始を知らないで登記・登録を行った場合は，この登記・登録の効力を主張することができ，担保権者は別除権として権利主張を行うことができます（法45条1項但書）。

[髙井章光]

Q372 別除権の行使はどのように行うのでしょうか。

A

別除権は再生手続によらないで行使することができます（法53条2項）。よって，担保権に基づいて強制執行手続きを行うことができます。さらに，別除権の権利の範囲内であれば，債務者からの弁済を受けることも許されます。債務者から弁済を受ける場合は，別除権評価額を確定した上で，別除権の受け戻しとして，その評価額の範囲内での弁済を受けることになります。なお，別除権の受け戻しは，監督命令において，監督委員の同意事項とされていることが多いので，その場合には監督委員の同意を得る必要があります。ただし，東京地裁では，監督委員の同意を再生計画認可までとしていることが通常であり，再生計画認可後においては別除権協定を締結することについて監督委員の同意は不要とされていることが多いようです（再生計画認可前においても別除権協定は監督委員の同意事項ではないとする取扱いがなされることもあるようです）。

よって，担保権者としては，債務者と交渉して任意弁済を促すか，任意弁済が行われない等の場合には，強制執行手続きを取ることにより，債権の回収を行うことになります。債務者としては，事業継続に必要なものが別除権の目的物となっている場合には，強制執行手続を取らないように担保権者に働きかけ，協定書を締結するなどして事業継続に支障が生じないように対応する必要があります。なお，再生債務者は，再生債権者の一般の利益に適合し，かつ，競売申立人に不当な損害を及ぼすおそれがない場合は，裁判所に対し担保権の実行としての競売手続の中止を求めることができます（法31条）。但し，この中止命令の効果は一時的なものにすぎません（Q373参照）。

また，別除権者とその別除権の評価額について争いある場合は，その物件が再生債務者の事業の継続に欠くことができない場合において，再生債務者はその評価額を裁判所に決定することを求め，決定された金額を納付することによって担保権を消滅させることができます（法148条・149条）。別除権不足額が確定した場合には，その別除権不足額は再生債権として取り扱いがなされることになります。

[髙井章光]

Q373 担保権の実行としての競売手続が中止されることはあるのでしょうか。

A

再生手続開始申立後において，再生債権者の一般の利益に適合し，かつ，競売申立人に不当な損害を及ぼすおそれがない場合には，利害関係人の申立もしくは職権にて裁判所は競売手続の中止を命ずることができます（法31条）。

この「再生債権者の一般の利益に適合し」とは，

債務者が再建に向けて営業努力を行うにあたり，例えばメーカーにおける工場のように，当該物件が再建に不可欠であり，競売手続により売却されてしまった場合には債務者の再建が著しく困難となってしまう場合のことです。「競売申立人に不当な損害を及ぼすおそれがない場合」とは，当該物件の価値が下落してしまう等の事情がないこと，価値が下落するおそれがあったとしても，債務者が代担保を提供する用意がある場合などです。なお，担保権消滅請求を行う予定がある場合に，その前に担保権が実行されることを防ぐために中止命令を求めたり，その担保提供などが否認権の行使の対象となる可能性がある場合に，実行されないよう中止命令を得ることも考えられます。この中止の期間については，31条は「相当の期間を定めて」と規定していますが，通常は3ヵ月程度とされ（『破産・民事再生の実務［新版］（下）』79頁），長くても再生計画認可決定（ないしは再生手続廃止決定）までとされることが多く，したがって，中止命令が出たとしてもその効果は一時的なものであり，再建のために別除権の目的物を使用し続けるためには，別除権者と協定書を締結する等の作業が必要となります。　　　　　［髙井章光］

Q374 別除権の目的物を再生債務者に受け戻してもらうことはできるのでしょうか。

A

別除権は原則として民事再生手続外の行使が認められています（法53条2項）。別除権の目的の受け戻しとは，別除権の評価額相当額を別除権者へ弁済することにより，目的物を別除権から解放することを言います。しかしながら，別除権の目的物の評価額以上の債権（別除権不足額）については再生債権として民事再生手続の中での権利行使しか認められないことから，別除権の目的物の評価額がどのように設定されるかの判断は非常に重要となるため，別除権の目的物の受け戻しには裁判所の許可が必要とされることがあります（法41条1項9号）。実際の運用においては，裁判所は監督命令において，別除権の目的の受け戻しについて，監督委員の要同意事項と定め（法54条2項），監督委員の同意をもって，裁判所の許可に代えていることが一般的です。監督委員の同意を得る際には，再生債務者は，当該対象物が債務者の事業活動にとって必要不可欠であることや，受け戻しを受けた方が経済的利益が大きいことなどを説明し，その受け戻し価格が適切であることを説明することになります。

別除権の目的の受け戻しには，通常，再生債務者と別除権者とが，当該別除権の取扱いについて協定を締結することになります。

別除権者との間における別除権を実行しないことを内容とする協定書の作成にあたり留意する点は下記のとおりです。

1　別除権者との協定書においては，①担保権実行の停止・取下・猶予と②別除権者への支払条件について規定することが骨子となります。支払条件については，元利金の支払，利息のみの支払，元本のみの支払などが考えられますが，元利金の支払を行い，別除権評価額相当額の支払が終了した時点で担保権を解除し，抹消登記を行うという条件が多いと考えられます。

2　再生債務者は，別除権者との協議が整う状況になった場合には，次頁記載のような協定書案を作成し，協定書締結に向けて各別除権者と個別に交渉を行うことになりますが，別除権者が後に，ほかの別除権者との締結した協定書の開示を求めてくることもあり得ることに注意する必要があります。このため，別除権者間において，同一フォームの協定書において，同一条件となるように気をつける必要が生ずることもあります。特に，同一物件についての別除権者間においては平等条件とすることを別除権者から求められることが多

くあります。　　　　　［髙井章光］

Q375 別除権協定書を作成しないとどうなるのでしょうか。

A

　民事再生法においては，別除権協定書の作成については特に規定がありません。しかしながら，以下のとおり，別除権協定書の締結は重要な意味を持つ場合もあり，監督委員や裁判所としても，再生計画認可の際の判断材料となる場合もあります（ただし，民事再生手続は非常に早い速度で手続が進むことや，別除権者の方で，再生計画認可を別除権協定書締結の条件としている場合もあることから，必ずしも再生計画認可決定時において，重要な資産に関する別除権協定書の締結が必要不可欠という扱いにはなっていないようです。）。

　処分されても事業に支障がない物件に対する別除権については，別除権協定書を締結しなくとも，口頭の合意にしたがって処理することで十分であることが多いと思われます。万が一，合意ができなかったり，合意内容が後にあいまいとなってしまい，担保権が実行されてしまったとしても，それほど重大な結果が生ずることがないからです。しかしながら，事業を行う上で重要な財産（例えば工場など）については，万が一，別除権者が担保権を実行してしまった場合には，事業継続に重大な影響が生じてしまいます。よって，このような事業活動を行うに際して重要な資産に対する別除権については，別除権者と交渉のうえ，一定の弁済を行うことを条件として担保権の実行を猶予してもらう内容の協定内容を記載した別除権協定書を締結しておく必要があります。別除権協定書という形にしておけば，後日，担保権者の担当者が交代し，これまでの経緯についてあまり詳しく知らなくとも，別除権協定書に従って処理すればよいことになり，債務者としては，安心して事業活動を行うことができます。また，別除権評価額を超えて担保権を設定している後順位担保権者に対しても，先順位担保権者への返済が進んだ場合に，後順位担保権者の担保権があたかも別除権評価額の範囲内のような形式になってしまい，その取り扱いについてもめる危険性がありますので，早期に担保権解除・担保権設定登記の抹消を求める必要があります。　　　　　［髙井章光］

Q376 別除権者との具体的交渉において気を付けるべき点は何ですか。

A

　売却処分可能な物件に対する別除権については，物件をできるだけ高額で早期に処分し，別除権者に対して売却代金から返済を行うことになります。破産管財人において，別除権付き物件を売却する場合には，破産財団に一部売却代金を組み入れることを別除権者との交渉で行うことがよくありますが，民事再生手続においては必要経費の控除を行う程度であることが一般的です。しかしながら，交渉次第により一般再生債権者に対する弁済原資を捻出することも可能かと思われます。事業継続に必要不可欠な物件に対しては，まず，別除権者に対し，担保権の行使を行わずに債務者との協定

を締結することによる対処の必要性について理解してもらうことが必要となります。この場合，民事再生手続に入ったらすぐに行動を開始し，有効な資料を作成・提出し，債務者が民事再生手続によって再建することについての理解を求め，当該物件が再建に必要不可欠であることを説明することになります。また，具体的条件交渉においては，当該別除権者の回収見込額を考慮するとともに，各別除権者間の平等にも気を配ることが必要となります。特に同一物件についての別除権者は，ほかの別除権者との間で締結した協定書の開示を求め，一部別除権者のみが有利な状況で協定を締結していないかをチェックすることが多いため，当初からこのような状況への対処を考えた条件交渉を行う必要があります。

[髙井章光]

Q377 別除権協定はいつまでに締結すべきでしょうか。

A

　別除権は，原則として民事再生手続外における行使を認められていることから（法53条2項），特に別除権協定書を締結すべき時期について規定があるわけではありません。しかしながら，監督委員・裁判所としては，事業活動において重要な資産に対する別除権については，別除権者と債務者との間に合意が成立し，事業活動中においては担保権の実行はなされないような状況であるか否かについて，再生計画が遂行できる見込みを判断する際における重要な判断要素としていることが通常です。よって，なるべく早い段階において，特に事業活動を行うにおいて重要度の高い物件については，別除権協定書を締結することが望ましいと言えます。しかしながら，民事再生手続は早い速度で進行することから，別除権協定書締結を債権者集会の時期までに行うことは困難であることが多いと思われます。さらに，別除権者としては，協定書締結は再生計画が認可されることが前提となっていることから，再生計画認可決定後に別除権協定書の締結を行うという姿勢を持っていることも多くあります。よって，別除権協定書の締結を債権者集会までに行うことができない場合には，債務者は，担保権が実行される可能性が低いことについて，別除権者との交渉の資料をもとに十分に監督委員や裁判所に説明する必要があります。

[髙井章光]

Q378 再生債務者の保有不動産の数が多い場合，別除権協定を締結する場合に債権者として注意することはありますか。

A

　再生債務者の保有不動産の数が多い場合というのは，再生債務者が賃貸業者であったり，全国展開している旅館・ホテル業であったり，小売業者であったり，流通業者であったりなど様々な場合があります。保有不動産の数が多い再生債務者の場合で，他の業績悪化の理由に加えて不動産価格の下落により，資産内容が悪化したことが再生申立ての原因の一つとなっている場合には，バランスシートを軽くするためにも保有資産の売却を行うことが再生計画の中に盛り込まれることになります。

　形式的な点では，不動産物件が非常に多く，別

除権者が多数存在し，別除権の順位も複雑に入り組んでいるなどの時は，特に別除権の弁済一覧表の割付に間違いがないかどうか充分注意が必要です。最近は表計算ソフトにより計算が楽になっており間違いも少ないと思われますが，入力そのものは人為的に行われますから，点検の意味でよく見ることです。

次に，別除権協定の対象となる物件について，保有不動産の数が多い場合には，売却物件なのか継続使用物件なのかにより別除権協定の条項や内容が異なりますので，いずれなのか検討する必要があります。売却物件の場合は，通常売却価格に連動して別除権の弁済が行なわれます。売却コストとしてどのようなものを控除するのか，いつまでに何を売却するのかなどについて，きめ細かに決めておくことが必要です。再生債務者が継続使用物件としてグループ分けをしていても，特に売却により高い弁済が見込めるような物件の場合には，売却代金により，再生債権者や別除権者への弁済を前倒しし，結果的に再生債務者の再生を行いやすくする場合があります。このような場合には，他に継続使用を行う代替物件がないか充分検討し再生債務者に継続使用の必要性を充分吟味してもらうことが大切です。

保有不動産のほとんどを売却するようなケースでかつ物件数が多い場合には，売却に時間もかかりますので，その時間とその間のコストを見込んでおくことが必要です。中には非常に売りにくい場所（たとえば，市街化調整区域，）にある不動産で汎用性がないような物件などについてはどのようにして売却していくのか頭の痛いところです。保有不動産の数が多い場合には，まとめて売却することも検討に入れることになるでしょう。再生債務者が不動産業者であれば売却についてのノウハウも債務者自身でもっていると思われますが，そうでない場合には，売却について専門的業者に単純に売却を委託する方法や賃料収益をあげてもらいながら，売却時期を見計らってもらう方法など，いろいろなバリエーションで，別除権の回収を図ることを検討すべきです。信託の方法を使って行うことも検討されてよいと思います。

［長沢美智子］

Q379 別除権の届出をしないと別除権を失効するのでしょうか。

A

民事再生法94条2項は，別除権者に対し，別除権の目的，別除権の行使によって弁済を受けることができないと見込まれる債権の額を届け出なければならないと規定しています。しかしながら，そもそも別除権は民事再生手続外において原則として行使できる権利であるため（法54条2項），別除権の届出がなされなかったとしても，その権利が失われることはありません。別除権の届出は，債権者集会において権利行使するための議決権を確定するため，別除権によりカバーされていない再生債権の議決権額を確定するためのものでしかなく，別除権の権利内容を確定させたり，失効させたりする手続ではありません。

［髙井章光］

Q380 別除権協定により議決権を決定することができるのでしょうか。

A

議決権の決定については，債権調査を経て行われますので，別除権者と債務者との間で，別除権協定により議決権を決めたとしても，必ずしもその内容に拘束されるわけではありません。債権認否の結果に対し，再生債権者は，一般調査期間内に議決権について異議を述べることができます（法102条1項）。従って，再生債務者と別除権者との間において別除権不足額を決め議決権を決定したとしても，他の再生債権者から異議が出されてしまう可能性があります。異議が出された場合議決権額は確定しないことになり（法104条1項参照），さらに債権者集会で異議が出された場合には，裁判所が議決権額を定めることになります（法170条）。しかしながら，第三者が議決権に対して異議を申し立てることは実際にはまれであることから，明らかに著しく不当な場合を除き，債務者と別除権者との合意により議決権が決まってしまうこともあり得ます。

［髙井章光］

Q381 別除権を有する債権者の債権届出における留意点は何ですか。

A

別除権を有する債権者は，債権の内容，原因，議決権の額等の他，別除権の目的及び別除権予定不足額を届け出なければなりません（法94条2項）。

別除権の評価については様々な評価方法があります。不動産であれば，公示価格などを利用したり，近隣取引事例から評価を行ったり，収益物件については収益還元をベースとして評価するなどがあります。しかしながら，別除権についての届出はあくまで，債権者集会における権利行使のための議決権額を確定するため，別除権不足額を確定する手続に過ぎず，この別除権についての届出・認否手続きの結果と，実際の別除権から回収する債権額とは異なります。よって，費用をかけて鑑定を行うことまでは，通常は必要がありません。

しかしながら，議決権額を定めるための別除権評価額，債務者において行った財産評定における評価額と，別除権協定における別除権評価額があまりにも乖離している場合には，その評価自体の適正について疑問が生じる余地が多くなる危険性があります。よって，後の別除権協定における別除権評価額に留意しながら，別除権についての届出を行う必要があります。なお，当然のことながら，別除権評価額が大きく，別除権予定不足額が小さい場合には，行使しうる議決権額は少なくなります。したがって，別除権予定不足額をいくらかにすることは他の再生債権者の議決権割合に影響することから，再生債務者が行ったこの議決権額についての認否に対しては，他の再生債権者は異議を申し立てることができます（法102条1項・170条）。

［髙井章光］

Q382 債権認否における別除権の評価に不服がある場合，不服を申し立てることができるのでしょうか。

A

　別除権の評価は，別除権不足額＝別除権者の議決権額に影響することから，債権の届出を行った再生債権者は，議決権額に対する再生債務者の認否の結果に対し，債権調査期間内に異議を述べることができます（法102条1項）。債権調査期間内に異議が述べられた場合，債権者集会においても，その議決権額について再生債権者から異議が述べられた場合は，裁判所がその議決権を行使させるかどうか，また，どのような額を議決権額とするかについて決めるとされています（法170条）。

　従って，別除権の評価について不服がある場合には，その別除権不足額たる議決権額について，債権調査期間内に書面で異議を述べ，さらに債権者集会にて異議を述べることができ，その場合には議決権について裁判所が決定します。債権者集会が開かれない場合には，債権調査期間内に異議が出された議決権額については裁判所が決めることになります（法171条）。

　なお，債権認否における別除権の評価額は，議決権額を決定するためのものであり，債権認否の結果と実際に当該別除権からの回収できる金額とは関連性はありません（債権認否における別除権の評価額に，別除権からの回収額は拘束されません）。

［髙井章光］

Q383 担保不動産売却の際の留意点は何でしょうか。

A

　再生計画が認可される前においては，別除権の目的の受け戻しについては監督委員の同意事項とされているのが通常であるため，その価額についての相当性を監督委員に説明して，不動産売却と別除権の目的の受け戻しについて監督委員の同意を得る必要があります。なお，この場合，法務局によっては，監督委員の自宅住所の入った資格証明書と，監督委員の実印による同意書及び実印の印鑑証明書などの提出を求められることもあり，予め，確認する必要があります。

　なお，最近は，裁判所も不動産について監督命令についての嘱託登記を行わない取扱いも多く，このような場合には，特に監督委員の同意書や印鑑証明書の提出を求められることはないのが通常です。いずれにしても登記申請日より余裕をもって当該法務局に問い合わせをして確認した方がよいと思われます。

　再生計画認可後において，監督委員の同意を得ることが不要とされている場合であっても，法務局によっては，認可が確定するまでは，監督委員の同意書や実印印鑑証明書等の提出を要求する場合もありますので注意する必要があります。しかし，基本的には，通常の売買と同じ方法で不動産を売却することができます。別除権不足額が確定しないと，当該別除権者は再生債権について弁済を受けることができませんので，担保不動産を売却し，別除権者へ売却代金から返済を行った場合には，充当関係を確認した上で，再生債権額を確認しておく必要があります。また，担保不動産を売却する予定であっても，買い手が見つからない等の理由から，長期間売却できない場合もあります。この場合，売却し，別除権不足額が確定しな

いと再生債権に対する弁済を行えないことになります。よって，売却を行う場合であっても，実際の売却価格にかかわらず，売却以前に別除権協定を締結し，相当な評価額で別除権額を決めてしまうことにより，別除権不足額を確定することも考えられます。

[髙井章光]

Q384

評価書提出のために依頼した不動産鑑定により，別除権の対象となっている担保物件が予想外に高い評価となった場合，その高い評価を基準に別除権協定を締結するのでしょうか。

A

別除権の対象となっている物件が，再生債務者の事業継続にとって必要な物かどうか，また必要な物である場合には債権者と交渉できるかどうかで異なります。高い評価のままで弁済案を立てても長期になってしまうような場合には，債権者に納得してもらうよう交渉することです。

別除権の対象となっている物件が，再生債務者の事業継続に必要でない物については，売却をして売却代金から別除権者に支払をする，または別除権者が競売の申立てをする等して処理をすることが多いと思われます。別除権協定を締結する際にも，対象物件が継続使用物件か否かにより協定内容を異にします。非継続使用物件の場合には，売却して売却代金より弁済をする旨の条項を締結しますので，鑑定評価が高く出ていても再生債務者としてそれほど気にする必要はありません。

しかし，継続使用物件の場合には，物件の評価をし，その評価に応じて弁済期間を設け弁済する内容の協定となりますので，評価が高く出ていれば，弁済額が増えることとなります。評価書記載の評価と別除権協定における別除権対象物件の評価とを同じにしなければならない訳ではありませんが，実際には高い評価が出ていれば，再生債権者はその高い評価にしたがった弁済計画でなければ，協定に応じてくれないでしょう。このような場合に高い評価にしたがって弁済計画を立てたのでは，弁済期間が長期化することになります（例えば，15年以上の弁済期間）。再生債権者とすると，それでは経済合理性が満たされないため協定を拒否する可能性が高くなります。他に方法がないような場合には，とりあえず長期の弁済計画を再生債権者に提示し，同意を取り付けるようねばり強く交渉を続けざるを得ません。

再評価を行うことに十分合理的な理由のある場合，例えば，当初の不動産鑑定評価に考慮されていなかった要素，時間が経って不動産が下落したとか，土壌汚染が見つかったとか，賃貸物件で空き室率が考慮されていなかった等の場合には再生債権者に再評価したものを提示し納得を得て，弁済協定を結ぶことです。再評価により価格が下がる場合には下がる理由について十分再生債権者の理解を得ておかないと再生債権者の反発を受け，結局評価も下げられず従前の高い評価を維持しなければならないことになり，こうしたことにより再生債務者側の弁済案が二転三転し，そのこと自体が再生計画の遂行可能性を疑う材料になります。したがって，再生債務者が再評価による弁済計画を提示するについてはそれを再度翻すことのないようにしなければなりません。

また，再評価により別除権協定を締結する場合には，当初財産評定にしたがって，別除権の不足額についての認否を行っている場合には，議決権額については少ない額でしか認めていないことになりますから，再生債権者としては再生計画についての議決権については発言権を薄められ，その後別除権協定を締結する際には別除権による弁済が当初予定よりも少なくなるという事態があり得ます。民事再生法には，この点の対応はありませんので，再生債権届出の際，再生債権者としては気をつけておく必要があるでしょう。

[長沢美智子]

第18章　別除権

Q385 製品が集合動産譲渡担保に入っている場合どうしたらよいでしょうか。

A

集合動産譲渡担保とは，倉庫などの場所を特定して，その倉庫にある動産を全て一体として譲渡担保にとる場合であり，目的物の場所，種類，量等が特定することにより目的物を特定できることが有効要件となっています。

このように，集合動産譲渡担保については有効要件が厳しいため，債務者としては，集合動産譲渡担保が有効に成立しているかについて判断する必要があります。有効に成立している場合には，その対象動産の価額を評価し返済方法や担保解除について決めた上で，担保権者との間で別除権協定書を締結する必要があります。特に，販売用製品などが対象となっている場合には，債務者の苦しい資金繰り状況においてはその製品の販売代金が重要な資金源となっていますので，売却を行い，その売却代金の一部を資金繰りに使用できるよう交渉を行う必要があります。（**参考**『民事再生の実務』新日本法規298頁）

［髙井章光］

Q386 別除権協定の内容は再生計画案に記載する必要があるのでしょうか。

A

再生計画案は主に再生債権の権利変更を行うことを目的としており，別除権は再生手続外で行使可能であることから（法53条2項），別除権不足額が未確定な場合の処理に関しては再生計画に記載する必要がありますが（法182条），個々の別除権の取り扱いについて再生計画に記載する必要はありません。しかしながら，事業活動を行うにおいて，重要な財産に対する別除権については，どのような処理がなされるかは再生計画の履行確保の上からも重要となるため，簡単でも再生計画において説明を加えておくことは望ましいと思われます。さらに，債権者に対する情報開示の観点からも別除権協定の内容を再生計画に掲載することは望ましいと考えられますが，別除権者としては開示を好まない場合もあるため，開示を行う場合には別除権者の意向にも注意を行う必要があります。

実際の再生計画案においては，別除権協定の内容を再生計画案に記載している例も散見しますが，ほとんどの再生計画案では全く触れないか触れても冒頭の再建方針等についての説明部分で概略を説明する程度であると思われます。（**参考**別除権についての再生計画案における取扱いについて，『新版再生計画事例集』商事法務32頁が詳しい）

［髙井章光］

Q387

事業譲渡の場合における，事業のために重要な資産に設定されている担保権についての対処はどのようにしたらよいでしょうか。

A

担保権付き資産は，いつ担保権の実行がなされるか不安定な状況にあるため，通常は，事業譲受人としては担保権が解除されないままで譲渡を受けることを拒むことから，当該資産が事業に必要不可欠な資産である場合には，事業譲渡そのものが実行できなくなってしまう危険があります。よって，担保権者（別除権者）と協議を持ち，別除権の目的の受け戻しを内容とする別除権協定を締結する必要があります。しかし，別除権者と協議が整わない場合には，担保権消滅請求（法148条）を行って，当該担保権が設定されている資産の評価額相当額を裁判所に納付することで，担保権を解除することも有効な手段となります。特に，資産の評価額に比べて過大な担保権が設定されている場合には，担保権消滅請求の利用効果は高いと言えます。

但し，担保権消滅請求を行ったとしても，その許可の決定に対して別除権者から異議が出される場合もあり，その場合には，裁判所が当該担保権の目的となっている資産の価額を評価人に評価させて決定するため（法149条・150条），時間がかかり，予定していた事業譲渡の実行までに手続が終了しないこともありえます。従って，事業譲渡契約においてはこの場合の処理を想定して，対応する方法を決めておく必要があります。また，担保権消滅請求制度によって価額が決定される前に事業譲渡契約が締結される場合には，担保権消滅の価額と事業譲渡代金との関係について，予め決めておく必要があります。　　　　　［髙井章光］

Q388

担保権消滅請求がなされた場合，担保権者はどうしたらよいでしょうか。

A

担保権者としては，債務者と交渉のうえで別除権協定を締結するよう交渉することが重要となります。特に無剰余の後順位担保権者としては，消滅請求が認められてしまった場合には，当該資産からの債権回収ができないことになるので，交渉により解決することによるメリットは大きいと言えます。裁判所が担保権消滅の許可を出した場合には，担保権者は即時抗告を行うことができます（法148条4項）。さらに，債務者が提出した申立書に記載された物件の評価額に異議がある場合には，申立書の送達を受けた時から1ヵ月以内に裁判所に対し，価額の決定を請求することができます（法149条1項）。ただし，この価額決定のための費用は，請求者が予納しなければなりません。

価額決定の請求がなされた場合には，裁判所は評価人に当該担保権の目的となっている資産の価額を評価させることになります（法150条）。この評価は，財産を処分するものとして算定しなければならない（民再規79条1項）とされ，不動産の場合には，取引事例比較法，収益還元法，原価法その他の評価の方法を適切に用いなければならない（同条2項）とされています。不動産については，社団法人日本不動産鑑定協会が，鑑定評価上の留意事項について指針を出しています（判タ1043号82頁，96頁）。この評価を基準として，再生債務者との間で別除権の評価額について合意す

るということも考えられます。　　［髙井章光］

Q389 担保権消滅請求制度における担保物の具体的な評価手続はどうなっているのでしょうか。

A

　別除権者との間における担保解除の交渉において，担保の目的たる資産の価額について交渉がまとまらない場合に，再生債務者が，当該資産の評価額相当を納付することにより，担保を解除する決定を請求することができます。これが担保権消滅請求の制度（法148条以下）です。この請求は，再生債務者の所有する財産に担保権が設定されている場合であって，当該財産が再生債務者の事業の継続に欠くことができないものであることが必要です（法148条1項）。

　担保権消滅請求を債務者が行う場合においては，その申立書に当該資産の表示や担保権の表示の他，当該資産の評価額を記載し（法148条2項2号），その価額の根拠を記載した書面を提出しなければなりません（規則71条1項1号）。この担保権消滅請求に対し，担保権者が，資産の価額について異議がある場合には，裁判所に対し価額の決定を請求することができます（法149条）。担保権者からの価額決定の請求においては，価額の評価をすでに行っている場合にはその価額を記載した書面を裁判所に提出しなければなりません（規則75条4項）。また，裁判所は，必要があれば，再生債権者等に対して，不動産登記簿謄本，公図，地図，固定資産評価証明書などを提出させることができます（規則76条）。このような資料をもとに，裁判所は担保物の評価額を決定することになりますが，債務者・担保権者の双方にとって重要な影響を与えることになるため，担保物が不動産であれば，少なくとも不動産鑑定士の鑑定意見書の添付を債務者に対して求めることになるものと思われます（不動産以外の場合には，専門家による意見書の提出が求められることになると考えられます）。なお，価額決定の請求がなされた場合には，裁判所は原則として評価人を選任し，評価を命ずることになります（法150条）。評価については「財産を処分するものとしてしなければならない」（規則79条1項）とされていますが，この意味するところについては諸説あります。競売価額とする説，早期売却市場性減価を伴う任意売却価額とする説，通常の市場価格とする説がありますが，競売価額とする説が有力です（『新注釈民事再生法（上）』744頁）。　　［髙井章光］

Q390 再生債務者の財産が第三者の債務の担保に入っている場合，担保権消滅許可の対象となるのでしょうか。

A

　担保権消滅許可について，法148条1項は，「再生手続開始当時再生債務者の財産の上に……担保権……が存する場合」と規定するのみであり，その被担保債権が，再生債務者に対する債権であるのか，第三者に対する債権であるのかについては限定していません。よって，第三者の債務に対し，再生債務者が自分の所有物件を担保提供しているような場合であっても，担保権消滅許可の対象となると考えます。

　この場合と逆に，被担保債権は再生債務者に対

する債権であるが，再生手続開始決定時において，当該担保の目的たる資産の所有者が第三者であるという場合については，「再生債務者の財産」との法148条1項の規定に反することになり担保権消滅許可の対象とはなりません。よって，例えば，再生会社の事業に供している不動産の一部が再生会社代表者名義であったような場合で，名義に拘わらず全ての不動産が金融機関の担保に入っているような場合には，再生会社名義部分については，再生会社の再生事件における担保権消滅許可の申立てを行い，それと同時に，代表者名義部分については，代表者についても再生手続を申し立てた上で，代表者の事業活動＝再生会社部分の事業活動であることを理由として，代表者名義についても代表者の再生事件における担保権抹消許可の申立てを行うことにより担保権の消滅を図るなどの措置を講ずる必要があります。

なお，「再生債務者の財産」と言うために，登記等の対抗要件が必要か争いがありますが，福岡高裁平成18年3月28日決定（判タ1222号310頁）は，対抗要件は不要と判示しました。

［髙井章光］

Q391

同一資産に対して，担保権が複数設定されている場合，その一部のみに対して，担保権消滅許可を行うことができるのでしょうか。

A

法148条1項は，「当該財産につき存するすべての担保権を消滅させることについての許可の申立てをすることができる」とされていることから，同一資産に対して複数の担保権が設定されている場合において，その一部のみに対して担保権消滅許可を請求することは困難とする考え方が一般的であり，そのとおりに運用されております。この考え方に立った場合には，担保権消滅許可制度は競売制度類似の制度と考えることになります。しかしながら，例えば，ほかの担保権者との間においては別除権協定の締結が終了しており，別除権付き債権に対しては分割弁済を行うこととなっている場合においても，下位の担保権者と協議が整わないことから，担保権消滅請求を行って，評価額全額を裁判所に納付しなければならないとすることは，担保権消滅許可を求めた債務者の意思に反することになりますし，別除権協定を締結済みの担保権者の意思にも反する結果となってしまいます。したがって，一部のみに対する担保権消滅許可の必要性も高く，一部の担保権者に対する担保権消滅請求を認める運用も検討に値するものと考えます。しかしながら，一部の担保権者に対する担保権抹消請求ができるとすると，同一の担保物に対して，複数の担保権者を相手とする複数の担保権消滅請求がなされる可能性もあることから，同一の担保物に対して統一的判断を行う必要性が生じます。よって，一部の担保権者に対する担保権抹消請求を認める運用がなされた場合においても，一旦，担保権消滅請求がなされた場合には，一部に対するものであったとしても，担保権者全員に対してその担保権の評価額については効果が生じることにする必要があると考えます（よって，このような場合には，別除権協定を締結している担保権者との間においては，別除権協定の内容が担保権評価額に優先することの確認を新たに行う必要が生じるものと思われます）。［髙井章光］

Q392

動産や債権が担保の対象の場合や，不動産であっても第三者の財産との共同抵当の場合でも，担保権消滅許可の対象となるのでしょうか。

A

担保権消滅許可の制度は，再生債務者の事業継続に必要な資産の上に担保権が設定されている場合に，裁判所の手続によって決定された価額を債務者が納付することにより担保権消滅する制度です（法148以下）。この消滅の対象となる担保権は民事再生法53条1項で規定された担保権であり，担保の目的となっている資産については，再生手続開始決定時に再生債務者が所有していれば，動産や債権であっても担保権消滅許可の対象となります。不動産が第三者の財産と共同抵当となっていても，担保権消滅許可の制度の目的は，再生債務者の所有する資産の上に設定されている担保権を消滅することにあるので，再生債務者所有の当該不動産に設定されている担保権も消滅の対象となります。

［髙井章光］

Q393

リースは担保権消滅許可の対象となるのでしょうか。

A

リースのうち，メンテナンスリースについては別除権付き再生債権という性格より，共益債権としての性格が強いと思われることから，メンテナンスリースについては担保権消滅許可の対象とならないと考えられます。しかし，ファイナンスリースについては別除権としての性格もあることから，担保権消滅許可の対象となると考えることもできます。ファイナンスリースについて，担保権消滅請求の対象となるか否かについては議論があるところであり，担保権消滅請求の対象とならないという説が有力ですが（松下淳一執筆部分『詳解民事再生法―理論と実務の交錯―』295頁民事法研究会），消滅請求制度の対象となるという見解もあります（山本和彦執筆部分『詳解民事再生法―理論と実務の交錯―』416頁）。なお，大阪地裁平成13年7月19日決定（判時1762号148頁）はリース債権の不払いがあったことを理由としてリース契約は民事再生手続開始以前に解除されていたとして，リースに対する担保権消滅請求を認めず，さらに，リースについては，「リース物件」ではなく，その「利用権」が担保の対象であると判示しております。他方，東京地裁平成15年12月22日判決（判タ1141号279頁），東京地裁平成16年6月10日判決（判タ1185号315頁）および東京高裁平成19年3月14日判決（判タ1246号337頁）は「利用権」を担保の対象としながらも，リースについて担保権消滅許可の対象となることを前提としております。

［髙井章光］

協　定　書

　株式会社〇〇銀行（以下，甲という。）と株式会社△△（以下，乙という。）は，乙の東京地方裁判所平成20年（再）第〇号再生手続開始申立事件（以下，本再生事件という。）に関連して，甲の有する別除権の取扱い等につき，本日，以下のとおり合意した。

(乙の現状の確認)
第1条　甲と乙は，本再生事件につき，現在，東京地方裁判所において，平成20年〇月〇日付けをもって再生手続開始決定がなされ，平成20年〇月〇日をもって再生計画認可の決定がなされ，その認可決定は平成20年〇月〇日に確定したことを確認する。

(乙の債務の確認)
第2条　甲と乙は，本再生事件の開始決定日現在において，乙が甲に対し，借入金債務の残元本として金〇〇〇円及びこれに対する利息・損害金債務を負担していることを確認する。

(担保権の確認)
第3条　乙は，甲を権利者として，乙が甲に対して負担する債務を担保するため，乙所有にかかる別紙物件目録の不動産（以下，本担保物件という。）につき，別紙担保目録記載の根抵当権（以下，本根抵当権という。）を設定していることを確認する。

(別除権付き債権の確認)
第4条　甲と乙は，本担保物件の評価額を金〇〇〇円とし，本根抵当権の極度額および順位を考慮して，本根抵当権に基づく別除権付債権（以下，別除権付債権という。）の額を金〇〇〇円とすることに合意する。
　2　甲と乙は，本再生事件における確定再生債権額は元本が金〇〇〇円，開始決定日の前日までの利息・損害金が金〇〇〇円であることを確認する。

(別除権付債権に対する返済)
第5条　乙は甲に対し，別除権付債権に関する支払いを以下のとおり行う。なお，支払いにおいては，甲は乙に対する元本債権・利息・損害金の順序で充当するものとする。
記
　(1)　平成〇〇年〇〇月から平成△△年△△月までの間，毎年3月末日限り，金〇〇〇〇〇円ずつ支払う。
　(2)　平成××年××月××日限り，金〇〇〇〇円を支払う。

(担保権実行の停止)
第6条　甲は，乙が再生計画どおりの履行を行うとともに，別除権付債権についても本協定書に定めるところにしたがって弁済を行う限り，乙が本担保物件を従前どおり継続して使用することを承認するとともに，本根抵当権に基づく競売の申立てを行わない。

(担保解除)
第7条　乙が再生計画どおりの履行を行うとともに，別除権付債権につき本協定書に定めるところに従って弁済を完了した場合，甲は本根抵当権設定登記の抹消登記手続をするものとする。ただし，その費用は乙の負担とする。

(その他)
第8条　本協定書にて定めた事項について，甲及び乙は，再生計画認可後の情勢の変化により，甲乙協議により変更することができる。

(解除条件)
第9条　甲と乙は，本協定書を，本再生事件につき再生計画認可決定の効力が生じないことが確定すること，再生計画不認可決定が確定すること，または再生手続廃止決定がなされることを解除条件として締結する。

第19章　債権者集会

Q394
債権者集会招集決定までの間や債権者集会当日に，再生計画案を変更することはできますか。

A

1　再生計画案を提出した者は，再生計画案を決議に付する旨の決定がされるまでの間は，裁判所の許可を得て，再生計画案を修正することができます（法167条）。また，裁判所からも，再生計画案の提出者に対して，修正を命じることができます（規則89条）。

　　もっとも，東京地裁では，再生計画案を提出する前に再生計画案の草案を提出し，裁判所と打ち合わせる機会がありますので，提出後に修正をするケースというのはそれほど多くないでしょう。

2　再生計画案に次のいずれかに該当する事由があると認める場合には，裁判所は，その再生計画案を決議に付することはできません（法169条1項3号）ので，裁判所が次の排除事由を発見したときは，再生計画案の修正を命じる（規則89条）ことになるでしょう。
① 　再生手続又は再生計画が法律の規定に違反し，かつその不備を補正することができないものであるとき（ただし，法律違反の程度が軽微であるときを除く）
② 　再生計画が遂行される見込みがないとき
③ 　再生計画の決議が再生債権者の一般の利益に反するとき

3　再生計画案を提出した者は，債権者集会当日においても，再生債権者に不利な影響を与えない場合は，裁判所の許可を得て再生計画案を変更することができます（法172条の4）。

［野崎大介］

Q395
債権者集会は，どのような場合に開催されますか。

A

1　倒産処理手続では，債権者の意向を反映させるための機関として，債権者集会の制度が設けられています。民事再生手続では，通常，再生計画案を決議するための債権者集会が開催されます。

　　裁判所は，再生計画案の提出があったときは，再生債権者の議決権行使の方法として，次の方法のいずれかを定めます（法169条2項）。
① 　債権者集会の期日において議決権を行使する方法
② 　書面等投票により裁判所の定める期間内に議決権を行使する方法
③ 　上記①又は②のうち議決権者が選択す

るものにより議決権を行使する方法

なお、②の「書面等投票」の具体的な方法については規則で定めるものとされ、書面のほか、将来のIT化に備えて電磁的方法も用いることができることが定められています（規則90条）。
2　再生計画案の決議をする場合以外は、債権者集会の開催は任意的となっています。

もっとも、次の場合には債権者集会を開催する必要があります。
　ア　再生債務者等又は債権者委員会の申立てがあったとき（法114条）
　イ　総債権額の10分の1以上に当たる債権を有する再生債権者の申立てがあったとき（法114条）
　　　　　　　　　　　　　　[野崎大介]

Q396 債権者集会はどのようなことを目的として開催されますか。

A

民事再生法上、債権者集会の規定があるのは次の3つの場合です。
① 　**財産状況報告集会**（法126条）

財産状況報告集会が開かれた場合、再生債務者等は、再生手続開始に至った事情、再生債務者の業務及び財産に関する経過及び現状などの要旨を報告しなければなりません（法126条1項・125条1項）。また、裁判所は、再生債務者、管財人又は再生債権者から、管財人の選任並びに再生債務者の業務及び財産の管理に関する事項につき意見を聞かなければなりません（法126条2項）。労働組合等は、これらの事項について意見を述べることができます（法126条3項）。

この集会は、原則として開始決定の日から2ヵ月以内に開催するものとされています（規則60条）。

ただし、実際には、申立後間もなく再生債務者が債権者説明会を開き、そこで再生手続開始に至った事情などを報告するのが一般的です。財産状況報告集会を開催した例はほとんどないようです。

② 　**再生計画案の決議のための集会**（法169条2項）
　⑴　再生計画案の提出があったときは、裁判所は、議決権行使の方法として次の方法のいずれかを定めます（法169条2項。議決権の不統一行使についてはQ406参照）。
　　ア　債権者集会の期日において議決権を行使する方法
　　イ　書面等投票により議決権を行使する方法
　　ウ　上記ア、イのうち議決権者が選択するものにより議決権を行使する方法

決議に先立ち、裁判所は、再生計画案又はその要旨を記載した書面を、再生債務者、管財人、届出再生債権者及び再生のために債務を負担した者又は担保を提供する者（ただし、議決権を行使することができない届出再生債権者を除きます）に通知します。事前に再生計画案の内容を利害関係人に知らせることにより、適正な議決権の行使を図るためです。
　⑵　再生計画案決議集会の進行は、東京地裁の場合次のとおりです。
　　a　まず、裁判所から手続の経過説明がされます。
　　b　次に、監督委員から事前送付された意見書に基づいて報告をします。
　　c　その後、各債権者が投票をし、直ちに集計をして、集計結果の発表をします。
　　d　再生計画案が可決され、裁判所が不認可事由なしと認めた場合は、その場で直ちに再生計画認可決定が言い渡されます。

このように、東京地裁では、債権者集会が非常に迅速に進むようになっていて、

第19章　債権者集会
Q397

大体30分程度で終了します。
(3) 所定の要件をみたせば，再生計画案の変更，債権者集会期日の続行も可能です（法172条の4・172条の5）。
(4) 再生計画案を可決するための要件として，次に掲げる同意が必要です（法172条の3）
　ア　議決権者（債権者集会に出席し，又は書面等投票をしたものに限ります）の過半数の同意
　イ　議決権者の議決権の総額の2分の1以上の議決権を有する者の同意
③　**再生計画変更決議集会（法187条2項）**
　再生計画認可決定後やむを得ない事由で再生債権者に不利益な計画変更をするときは，債権者集会の決議が必要です。例えば，権利を減縮する場合や，弁済期を繰り延べたりする場合がこれにあたります。

［野崎大介］

Q397　債権者集会の通知を受けるのは誰ですか。

A

1　債権者集会の期日に呼出又は通知を受ける者は次のとおりです（法115条）。
　①　再生債務者，管財人，届出再生債権者及び再生のために債務を負担し又は担保を提供する者があるときはその者
　②　労働組合等
　なお，議決権を行使することができない届出債権者は呼び出さないことができるとされています。例えば，再生債務者が自認し，届出をしなかった再生債権者や，法84条2項に掲げる債権を有する再生債権者（法87条2項）などです。また，知れている再生債権者の数が1,000人以上であり，かつ，相当と認めるときは，裁判所は，届出再生債権者と債権者集会（再生計画案を決議するためのものは除く）の期日に呼び出さない旨の決定をすることができます（法115条1項，34条2項）。

2　上記の呼出は，従来，呼出状を送達することによって行うこととされていましたが（旧法115条1項後段），呼出状の送達のほか相当な方法により行うことが可能となりました。
　債権者集会の招集は裁判所が行いますが，裁判所は，再生債務者等もしくは債権者委員会の申立又は知れている再生債権者の総債権について裁判所が評価した額の10分の1以上にあたる債権を有する再生債権者の申立てがあったときは，債権者集会を招集しなければなりません。また，これらの申立てがない場合であっても，裁判所は，相当と認めるときは，債権者集会を招集することができます（法114条）。
　債権者集会の期日及び会議の目的である事項は，官報に掲載して公告されます。債権者集会の期日でその延期又は続行が言い渡された場合は，あらためて上記の呼出，通知，公告が行われることはありません。

［野崎大介］

Q398

再生債権者は，債権者集会の日時，場所，再生計画案の内容をどのようにして知ることができますか。

A

1 債権者集会の日時，場所について

届出をした再生債権者（議決権を行使することができない届出再生債権者を除く）に対しては，原則として債権者集会の呼出が必要とされています（法115条1項2項）ので，届出をした議決権を有する債権者は，これにより債権者集会の日時・場所を知ることができます。知れている再生債権者の数が1,000人以上で裁判所が届出再生債権者を債権者集会（再生計画案の決議をするためのものを除く）の期日に呼び出さない旨の決定をした場合（法34条2項）には，その旨が公告，通知されます（法35条2項3項）。

また，裁判所は，債権者集会の期日及び会議の目的である事項を公告しなければならないとされ（法115条4項），公告は官報に掲載する方法によって行われます（法10条1項）ので，再生債権者が呼出状の送達を受けない場合は，これにより債権者集会の日時等を知ることができます。

2 再生計画案の内容について

債権者集会に先立ち，裁判所は，あらかじめ，再生計画案又はその要旨を記載した書面を届出再生債権者（ただし，議決権を行使することができない届出再生債権者を除く）に通知しなければならないものとされています（法169条3項）ので，議決権を有する届出債権者は，これにより再生計画案の内容を知ることができます。

それ以外の再生債権者は，裁判所に提出された再生計画案を閲覧・謄写する（法16条1項2項）ことにより再生計画案の内容を知ることができます。

［野崎大介］

Q399

再生計画案を提出し，債権者集会の期日が決まった時点において，どのように債権者を説得したらよいでしょうか。

A

再生計画案提出後，債権者集会までは通常では2ヵ月程度しかありません。そして，債権者集会では，基本的に投票が中心となることから，債務者は，提出した再生計画案について，時間を有効に使って債権者に対し説明を行い，理解を求める必要があります。再生計画案の可決要件は，出席債権者の過半数かつ議決権の総額の2分の1以上の債権者の同意となっていますので（法172条の3），できるだけ多くの債権者からの同意を得るよう努力し，大口債権者から同意を得るよう努力することになります。ゴルフ場の再生案件などは，債権者数が多いことから，過半数の同意を得ることが重要となりますが，通常の民事再生案件では，事業が継続することにより取引上の債権者からは同意を得やすい状況にあるため，大口債権者から同意を得ることが課題となります。

大口債権者が金融機関や大企業の場合には，稟議に時間がかかったり資料提出を求められることから，予め資料を作成し，なるべく早く説得活動に入る必要があります。そのほかの債権者については数が多いため，債務者の役員・従業員が手分けをして説明・お願いに回ることになります。

第19章　債権者集会

[髙井章光]

Q400 金融債権者に対する説得活動はどのようにしたらよいでしょうか。

A

　金融債権者は，大口債権者であることが多く，その場合には，その賛否が債権者集会での可否に大きな影響を与えます。よって，金融債権者に対しては，民事再生手続開始申立直後から説得活動を開始し，別除権の処理の問題等を含めて協議を行うことになります。金融債権者との交渉がうまく進んでいる場合には，再生計画案提出前において金融債権者に対して再生計画案の骨子を開示し，その理解を求め，場合によっては金融債権者の意見を踏まえた修正を行ったうえで再生計画案の提出を行うことが可能となります。

　金融債権者は，再生計画に対する賛否の判断においては，弁済額のほか，担保物件や保証人からの回収見込みをも考慮に入れ，全体としての回収可能額を計算していることが多いと思われます。さらに，弁済率の妥当性については，一般に，予想破産配当率を上回ることを条件としており，金融機関によっては，予想破産配当率と再生債権に対する3年から5年間程度の短期間における合計弁済率との比較により，再生計画における弁済率の妥当性を判断していることも少なくありません。

　いずれにしても，大口債権者たる金融債権者に対しては，最後まで気を抜かずに粘り強い説得活動を行うことが必要となります。　　[髙井章光]

Q401 一般取引債権者に対してはどのように説得活動を行ったらよいでしょうか。

A

　一般取引債権者については，再生申立後も営業活動上の取引が継続している場合には，再生債務者の事業継続について理解を得やすいため，なるべく多くの債権者から，事前に賛成の委任状や賛成に印をつけた議決票の提出を受けることに努力することになります。この委任状や議決票の回収については，再生債務者においてもれがないよう下記のようなチェック表を作成することが有効です。委任状等をなかなか提出してもらえない先には，担当役員や社長がお願いに行くなどの戦略を考えながら回収作業を行うことになります。特に債権額が大きい大口債権者については，金融機関に対するのと同様の注意をもって説得交渉を行う必要があります。

　一般取引債権者からの委任状・議決票を多く受領できた場合には，金融機関に対する説得活動においても，これだけ多くの取引債権者から賛成を得ているという説明を行うことができ有効です。

[髙井章光]

再生債権者賛成チェック表

債権者番号	債権者名	議決権額	賛否	備考	今後の対策
1	○○商事㈱	○○○○円	◎	3／1 委任状受領	
2	○○○㈱	○○円	○	3／5 ○○専務が口頭で賛成	3／17委任状を受領予定
3	○○総合開発㈱	○○○○円	△	2／28 考えておくとのこと	3／10社長が行く
4	○○興業㈱	○○○○円	×	2／8 反対とのこと	3／11社長が行く
⋮	⋮	⋮			
合計	賛成（◎と○）	○○○○円		債権額29% 債権者数41%	

Q402 債権者集会と債権者説明会とはどのような関係にあるのでしょうか。

A

債権者集会は，再生計画案に対する可否について債権者が投票活動を行う場であり，裁判所が主催します（なお，財産状況を報告するための債権者集会も法は規定しておりますが，実務においてはほとんど開催されておりません）。一般的には，債権者間の討論などはあまり行われず，再生計画案についての説明を簡単に再生債務者代理人が行い，監督委員がその再生計画案に対して意見を述べ，債権者からの質問を受ける時間を設けた後に（ただし，裁判所の運用によっては明確に質問の時間を設けていない場合も多くあります）すぐに投票に入ります。これに対し，債権者説明会は，再生債務者が主催し，再生債務者の再建方針や弁済方針について債権者に説明する場です。よって，再生債務者は資料を配布するなどして十分に説明を行い，債権者からも十分に質問を受け付けることが一般的です。再生手続申立直後は，債権者に対する情報開示の場として重要な位置づけがなされており，監督委員はできるだけ出席することが望ましく，再生債務者はその説明会の結果・内容について裁判所に報告しなければなりません（規則61条2頁）。

［髙井章光］

第19章 債権者集会

Q403 議決票・委任状はどのように取り扱われているのでしょうか。

A

1　再生計画案が裁判所に提出されると，裁判所は各再生債権者に対して，債権者集会の日程の通知と議決票を送付します。東京地方裁判所民事20部では，この議決票が投票用紙となっており，賛成もしくは反対の表示と，署名欄が設定されております。再生債務者は，債権者集会にて法定多数の債権者からの賛成を得るために，債権者集会前に再生債権者に対して賛成票を投ずるよう働きかけを行うことになります。実際には，再生債権者に対して，裁判所から送られた議決票の賛成の表示に○を記入してもらい，署名欄に署名してもらって（実際に○を記入した者が自らの名前を署名する扱い），債権者集会前においてでも再生債務者宛に提出してもらいます。再生債務者はこのようにして回収した議決票について，債権者集会前に裁判所に提出し，債権者集会前にできるだけの賛成票を獲得する努力を行うことになります。再生債務者が，再生計画案を裁判所に提出してから，裁判所が議決票を再生債権者に送付するまで，監督委員の意見書の作成などを行うため時間があくことから，東京地方裁判所では，この期間中においては，再生債務者が賛成票を投ずる旨を委任事項とする委任状を再生債権者から回収し，事前に裁判所に提出する方法を認める運用を行っています。これらの委任状については，議決票を裁判所が発送するまでにまとめて裁判所へ提出し，受任者宛の議決票を作成してもらうことになります。受任者は，債権者集会において，受任した議決案を一括して投票することになります。

2　なお，裁判所発行の議決票を債権者が紛失した場合には，裁判所にその旨を上申すれば再発行を受けることができる運用です（ただし，債権者本人が裁判所に取りに行くなどの手続がありますので，裁判所書記官に手続は確認してください。）。さらに，一度，反対欄に○がなされた後，再生債務者の説得活動の結果，再生債権者が翻意して賛成に投ずることとした場合には，反対につけた○を二重線で消して賛成に○を記入し直すことでも受け付けている裁判所もありますが，後日，この訂正が紛争とならないためにも再生債権者には訂正印の押印をお願いする方がよいのではないかと思います。いずれにしても取扱いについては，担当裁判所の書記官に相談する必要があります。

［髙井章光］

Q404 再生債権を代位弁済した場合や債権譲渡した場合，どうやって議決権を行使すればよいのですか。

A

届出をした再生債権を取得した者は，債権届出期間が経過した後でも，届出名義の変更を受けることができます（法96条）。よって，届出後に再生債権を取得した場合は，裁判所に届出債権の名義変更届出書を提出して議決権を行使することができます。

届出書には，①届出名義の変更を受けようとする者の住所・氏名等と，②再生手続において書面を送付する方法によってする通知又は期日の呼出を受けるべき場所（日本国内に限る），③取得した権利並びにその取得の日及び原因を記載し，④証拠書類の写しを添付します（規則35条）。債権譲渡の対抗要件等は別途備えておく必要があります。

債権届出期間が経過した後，再生債務者が自認したことにより認否書に記載された再生債権を取得した場合は，届出名義の変更を受けても議決権を行使することはできません（弁済を受けることは可能です）。

［野崎大介］

Q405 賛成の議決票を受領した後に代位弁済がなされた場合にはどうしたらよいでしょうか。

A

裁判所によって取り扱いが異なるため，当該裁判所の書記官と相談して対応を行うことになりますが，全額についての代位弁済であれば，名義変更届出を提出してもらった場合においても，名義変更後の債権者において賛成の意思が確認できれば，すでに提出がなされた議決票を流用するということも考えられます。また，一部のみ代位弁済を受けただけの場合であれば，名義変更後の債権者用の議決票を新たに裁判所から発行してもらい，それに基づいて権利行使をしてもらうことが考えられます。この場合には，従前の債権者が提出した議決票は，代位弁済がなされた後の残債権額についてのみ権利行使を認めることになります。

［髙井章光］

Q406 債権者集会の議決方法，可決要件，議決権の行使方法はどうなっていますか。

A

1 議決方法
　ア　議決権額
　　①　届出債権者
　　　　→Q238～Q244を参照してください。
　　②　届出をしなかった債権者
　　　　→再生債務者が自認した場合でも議決権は行使できません。
　　③　議決権が認められない債権については，Q245，246を参照してください。
　　④　別除権付再生債権は，別除権行使によって弁済を受けられない債権額について議決権を行使することができます。別除権付再生債権の議決権の認定についてはQ247，248，249を参照してください。
　イ　再生手続開始決定後，再生債務者の財産で外国にあるものに対して権利を行使したことにより弁済を受けた再生債権者は，その弁済を受けた債権の部分については議決権を行使することができません（法89条3項）。
　ウ　議決権の額は裁判所書記官の作成する再生債権者表に記載されます（法99条2項）。
2 可決要件
　再生計画案を可決するための要件として，次に掲げる同意のいずれもが必要です（法172条の3）。

① 議決権者（債権者集会に出席し，又は書面等投票をしたものに限る）の過半数の同意
② 議決権者の議決権の総額の2分の1以上の議決権を有する者の同意

3 議決権の行使方法
　ア　代理人による行使
　　再生債権者は，代理人をもって議決権を行使することができます（法172条1項）。
　　代理人の権限は，書面で証明しなければなりません（規則90条の4）。
　　その場合東京地裁では，議決権票が投票用紙になっており，議決権票が代理権を証する書面となります。委任状と議決権票の運用については，Q403を参照してください。
　イ　不統一行使
　　保証会社が複数の再生債権を代位弁済した場合やサービサーが複数の債権者から再生債権の回収を委託された場合などに，議決権の不統一行使をする必要性が指摘されていましたが，平成16年の改正により議決権の不統一行使が明文で認められました（法172条2項）。代理人が議決権を行使する場合も不統一行使が認められます（法172条3項）。
　　裁判所は，再生計画案を決議に付する旨の決定をする際に議決権の不統一行使をする場合における裁判所に対する通知の期限を定め，その期限を公告し，届出再生債権等に通知します（法169条2項3項）。不統一行使をしようとする場合は，上記の裁判所が定めた期限までに裁判所に対してその旨を書面で通知する必要があります（法172条2項）。
　　議決権の不統一行使がされた場合，不統一行使をした者を「議決権者」（法172条の3第1項）としてどうカウントするかについては法172条の3第7項に規定があります。議決権者としては1を加算し，同意票としては2分の1を加算します。

4 基準日による議決権の確定
　債権者集会の直前に議決権者が変更すると事務処理に混乱が生じかねませんので，裁判所は，相当と認めるときは一定の日（基準日）を定めて基準日における再生債権者表に記録されている再生債権者を議決権者と定めることができます（法172条の2第1項）。この場合，裁判所は基準日を公告します（法172条の2第2項）。平成16年の改正により会社更生法と同様の規定を設けたものです。

5 約定劣後再生債権の届出がある場合
　ア　約定劣後再生債権の届出がある場合，再生計画案の決議は，約定劣後再生債権ではない一般の再生債権を有する者と約定劣後再生債権を有する者とに分かれて行います（法172条の3第2項）。再生計画の内容に一般の再生債権者と約定劣後再生債権者とで公正かつ衡平な差を設けなければならないとされている（法155条2項）ため，決議も分かれて行うこととしたものです。
　イ　議決権を有する約定劣後再生債権を有する者がいないとき，又は裁判所が相当と認めるときは，約定劣後再生債権の届出があっても分かれずに議決を行うことができます（法172条の3第2項ただし書，同3項）。
　ウ　再生計画案の決議を一般の再生債権を有する者と約定劣後再生債権を有する者とに分かれて行う場合，双方について①議決権者の過半数の同意及び②議決権者の議決権の総額の2分の1以上の議決権を有する者の同意がいずれも必要となります（法172条の3第6項）。

［野崎大介］

Q407 債権者説明会というのはどのような制度ですか。

A

1 債権者説明会とは，再生債務者が，民事再生の申立に至った事情や再生債務者の業務及び財産に関する状況などを再生債権者等に説明するために自主的に開催するものです（規則61条1項）。再生債務者は，その結果の要旨を裁判所に報告しなければならないとされています（同条2項）。

民事再生法上，再生債務者の財産状況等を説明するためのものとして，他に財産状況報告集会が規定されています（法126条）。両者は，主催するのが再生債務者か裁判所かという点が大きく異なります。実務では，債権者説明会が開催されるのが通常であり，財産状況報告集会が開催されるのは例外的な場合に限られます。

2 再生債権者は，できるだけ早く再生債務者の状況や今後の手続の見通しなどを知りたがっていますから，申立後できるだけ早期に債権者説明会を開き，情報を債権者に提供すべきです。これを開くことによって，債権者も鎮静化するものです。

何らかの事情があって標準的なスケジュールよりも早く開始決定を出してもらいたいときは，それよりも前に債権者説明会を開くことが求められているようです（NBL736号15頁）。また，再生計画案を提出した後に同意を集めるために開催する場合もあるでしょう。

3 債権者説明会の開催に必要な費用は，再生手続開始決定前であれば裁判所の許可もしくは監督委員の承認により共益債権として扱われ（法120条1項2項），開始決定後であれば共益債権として随時弁済の対象となります（法119条3号又は7号）。　　　　［野崎大介］

Q408 書面決議となるのはどのような場合ですか。

A

1 裁判所は，再生計画案が提出された場合再生債権者の議決権行使の方法として次の方法のいずれかを定めます（法169条2項。議決権の不統一行使についてはQ406参照）。
① 債権者集会の期日において議決権を行使する方法
② 書面等投票により議決権を行使する方法
③ 上記①，②のうち，議決権者が選択するものにより議決権を行使する方法

債権者集会が開催されない場合，将来のIT化に備え，書面のほか電磁的方法も用いることができることも定められています（規則90条）。

東京地裁では，原則として債権者集会を招集し，書面等のみによる決議の方法はあまり採用されていません。例えば，東京地裁に申立てをし，債権者の9割が四国に居住していたにもかかわらず，書面決議に付されなかったという例もあります。

今後も，③の方法が定められていることもあり，②の書面等のみによる決議の方法が採られる例はあまり多くないと思われます。

②の方法が採用されるケースとしては，再生債務者がゴルフ場で再生債権者の数が多い場合で，地方の裁判所に申し立てたが，債権者の大部分が東京にいる場合などが考えられます。これまでの

第19章　債権者集会
Q408

例では，債権者が多数ではなく，地域的に分散している場合に利用されたケースがあるようです（NBL727号11頁）。

　なお，②の方法を定めた場合でも，再生債務者等，債権者委員会又は総債権額の10分の1以上にあたる債権を有する再生債権者が債権者集会の招集の申立てをしたときは，裁判所は②の方法による定めを取り消して，①又は③の方法を定めなければなりません（法169条5項・法114条）。

　2　書面等による決議の場合は，再生計画案の修正の余地がなく，債権者集会のような続行の規定もありません。否決された場合，手続が終了することになりますので，事前に債権者の同意を取り付けておくべきでしょう。事前に議決権者の意向を調査した結果，可決にいたらないと判断したときには，書面等投票の回答期間中（法169条4項）に限り債権者集会の招集の申立てをすることができます（法169条5項・法114条）。

　3　書面等による決議の結果を議決権者に知らせる手続はありませんので，議決権者は，認可又は不認可の決定によって初めて書面による決議の結果を知ることになります。この決定は，官報公告されるのみで，議決権者に通知されることはありません。

［野崎大介］

第20章　簡易再生，同意再生

Q409　簡易再生手続を選択することができるのは，どのような場合ですか。

A

簡易再生手続は，再生債権の調査・確定の手続を省略して簡易・迅速に再生計画を成立させることを目的とする手続です。

簡易再生の申立てができるのは，届出再生債権者の総債権について裁判所が評価した額の5分の3以上にあたる届出再生債権者が同意している場合です。簡易再生の申立ては債権の一般調査期間の開始前に行いますので，この時点では再生債権の調査・確定の手続が行われておらず債権額が確定していません。そのため，当事者間で再生債権の存否・金額に争いがある場合には「届出総債権額」を基準にするのは妥当でないため，「届出再生債権者の総債権について裁判所が評価した額」の5分の3以上の届出再生債権者の同意が要件とされています（法211条1項）。再生債務者等が提出した再生計画案が住宅資金特別条項を定めたものである場合には，「届出再生債権者の債権」から，「住宅資金貸付債権又は保証会社の住宅資金貸付債権に係る債務の保証に基づく求償権で，届出のあったもの」を除いた部分について裁判所が評価した額の5分の3以上の同意が，簡易再生申立ての要件となります（法211条4項）。

同意は書面によることが必要ですので，再生債務者は簡易再生の申立てにあたって，総債権額の5分の3以上にあたる届出再生債権者の同意書を裁判所に提出しなければなりません（規則107条1項）。

再生債権者の同意の内容は，
① 再生債務者らが提出した再生計画案に同意すること
② 再生債権の調査・確定の手続きを経ないことに同意すること
です。

また，簡易再生の申立てをする場合には労働組合（労働組合がないときは従業員の過半数の代表者）にその旨を通知しなければなりません（211条2項）。

［上床竜司］

Q410　どのような場合に，簡易再生手続を利用するのでしょうか。

A

簡易再生手続では，再生債権の調査・確定の手続が省略されますので，その分早期に再生計画認可決定を得ることが可能です。通常の手続より1～2ヵ月の短縮は可能と思われます。債権調査を行わない分，再生債務者の労力も節約できます。

簡易再生手続を利用するケースとしては，例え

ば，債権者数の少ない中小企業の倒産で，大多数の債権者から再建計画について同意を得られる見込みなので簡易迅速に手続を進めたい場合が考えられます。また，任意整理が先行していて，大多数の債権者は任意整理による再建計画に同意しているが少数の債権者が反対しているため任意整理ができない場合に，簡易再生手続を利用して少数債権者の反対を押し切って企業を再建させることも考えられます。

簡易再生手続では，再生債権の確定手続を行わず，また，再生計画が認可された場合でも再生債権に執行力が与えられません。従って，債権額に争いがある場合や再生債権者が再生計画の履行に不安を持っている場合には，再生債権者から簡易再生手続について同意を得ることは難しいと思わ れます。簡易再生手続を利用できるのは，任意整理が先行している場合など，簡易再生の申立て前に再生債務者と再生債権者との間で交渉があって，再生債権者との間で簡易再生手続を選択することについてある程度コンセンサスができているような場合が多いと考えられます。

なお，最高裁判所が全国の主要13裁判所を対象としてまとめた統計によれば，平成12年4月の民事再生法施行から平成14年4月までの間に簡易再生決定が発令されたのは9件でした。簡易再生の利用は立法当初予想していたよりも少ないといえますが，これは，通常の民事再生手続が，迅速に進行されており，当事者に負担の少ない形で運用されているためと思われます。　　［上床竜司］

Q411　簡易再生手続の申立ては，いつ行うのですか。

A

簡易再生の申立てができるのは，債権届出期間経過後，一般調査期日の開始前までです。簡易再生の申立てには，届出再生債権者の総債権について裁判所が評価した額の5分の3以上にあたる届出再生債権者が同意していることが要件とされて いますので，債権届出期間が経過して届出債権の総額が判明してからでなければ簡易再生の申立てはできません。また，簡易再生手続は再生債権の調査・確定手続を省略する手続ですので，再生債権の調査手続すなわち一般調査期日が開始する前に申し立てる必要があります。　　［上床竜司］

Q412　簡易再生手続のスケジュールはどのようになりますか。

A

簡易再生手続のスケジュールに関して，通常の民事再生手続と異なる点は次のとおりです。

① 債権調査・確定手続の省略
　簡易再生手続では債権調査・確定手続が省略されています。従って，通常の民事再生手 続で行う債権届出期間満了後の再生債務者による再生債権認否書の作成・提出，一般調査期間における調査を行う必要がありません。その分手続の期間を短縮することができます。

② 再生債権者からの同意書の取得
　簡易再生の申立てをするには，届出再生債権者の総債権について裁判所が評価した額の

5分の3以上にあたる届出再生債権者から同意を得る必要があります。簡易再生の申立てができるのは一般調査期間の開始前ですので，5分の3以上の届出再生債権者からの同意も一般調査期間の開始前までに取得する必要があります。もし，債権者からの同意取得に時間がかかりそうな場合には，再生手続開始の申立時に裁判所に一般調査期間の開始時期をできるだけ遅くする（ただし，債権届出期間満了後2ヵ月を超えることはできない）ように申し入れることが考えられます。

いつから同意書を取得することができるのかという点については，法211条1項が「再生債権者等が提出した再生計画案について同意し」と定めていることから，再生債務者が裁判所に再生計画案を提出した後でなければならないと考えられます。もっとも，裁判所に再生計画案を提出する前であっても，債権者から簡易再生への事実上の同意を得ておくことは可能ですし，再生計画案提出後に迅速に同意を得るためにも，あらかじめ債権者から事実上の簡易再生への同意を取得しておくことが望ましいでしょう。

③ **再生計画案の事前提出**

再生債権者の簡易再生への同意には，再生債務者が提出した再生計画案についての同意が含まれます。従って，再生債権者の簡易再生への同意は再生計画案を裁判所に提出した後に取得する必要があると考えられます。簡易再生の申立てまでに5分の3以上の再生債権者から同意を得るためには，手続の早い段階で再生計画案を裁判所に提出しておくことが望ましいでしょう。

簡易再生手続では，再生手続開始の申立て前に任意整理などが先行していて，申立時には再生計画案を用意できている場合も多いと思われます。このような場合には，法164条の再生計画案の事前提出制度を利用して再生手続開始の申立てと同時に再生計画案を提出することが考えられます。

一例として，東京地方裁判所における通常の民事再生手続標準スケジュールを参考にして作成した簡易再生手続のスケジュール例を掲げておきます。

再生手続開始の申立て	0日
再生計画案の事前提出	0日（申立と同日）
再生手続開始決定	1週間
債権届出期間の満了	1月＋1週間
5分の3以上の再生債権者からの同意書取得	1月＋1週間
簡易再生の申立て	1月＋1週間
簡易再生決定	1月＋2週間
債権者集会招集決定	1月＋2週間
債権者集会・再生計画認可決定	3ヵ月
再生計画認可決定の確定	4ヵ月

［上床竜司］

Q413 再生債権者としては，簡易再生手続に同意するかどうかは，どのように判断すればよいでしょうか。

A

再生債権者の簡易再生への同意の内容は，
① 再生債務者らが提出した再生計画案への同意
② 再生債権の調査・確定の手続を経ないことへの同意
です。

そして，簡易再生に同意した再生債権者は，再生計画案の決議のための債権者集会に出席しなかったときは再生計画案に同意したものとみなされます（法214条3項）。従って，簡易再生手続に同意するかどうかは，まず，再生債務者らが提出した再生計画案に同意できるかどうか，という観点から判断することになります。再生債務者らが提出した再生計画案に同意するかどうかの判断基準

は，基本的には通常の再生手続と同じです。再生計画が確実に履行されるか，再生計画の内容（弁済条件）に経済合理性があるか，などの観点から同意するかどうかを判断することになります。この点について再生債権者が適切な判断を下すことができるように，再生債務者は，再生債権者から簡易再生の同意を得ようとするときは再生債務者の業務及び財産の状況その他同意をするかどうかを判断するために必要な事項を明らかにしなければなりません（規則107条4項）。

また，簡易再生手続では再生計画認可決定が確定しても再生債権について執行力が付与されません（法216条による法180条2項の適用除外）ので，再生債務者が再生計画の履行を怠った場合にも強制執行をすることができません。この点も簡易再生に同意するかどうかを判断する上で考慮する事項の1つです。　　　　　　　　　　［上床竜司］

Q414　同意再生手続を選択することができるのは，どのような場合ですか。

A

同意再生手続は，届出再生債権者全員の同意がある場合に再生債権の調査・確定の手続，及び債権者集会の決議を省略して行う手続です。

同意再生の申立てができるのは，全ての届出再生債権者が同意している場合です。

同意は書面によることが必要ですので，再生債務者は同意再生の申立てにあたって全届出再生債権者の同意書を裁判所に提出しなければなりません（規則110条1項・107条1項）。

再生債権者の同意の内容は，
① 再生債務者らが提出した再生計画案に同意すること
② 再生債権の調査・確定の手続を経ないことに同意すること
です。

また，同意再生の申立てをする場合には労働組合（労働組合がないときは従業員の過半数の代表者）にその旨を通知しなければなりません（法217条6項・211条2項）。　　　　　［上床竜司］

Q415　同意再生手続を選択するメリットは，何ですか。

A

同意再生手続は，債権調査・確定の手続及び債権者集会の決議を省略するため，簡易再生手続よりも更に簡易・迅速に手続を進行することができます。再生手続開始の申立てから約1ヵ月で同意再生の決定がされて，申立てから約2ヵ月で同意再生の決定が確定します。このため，あらかじめ全債権者との間で再生手続進行について協議が調っているプレパッケージ型再生に適した手続です。

また，債権者の立場からすれば，任意整理によって債権放棄をした場合には税務上償却のメリットを受けられるかどうか明らかでない場合に，法的処理である同意再生手続を利用することによってカットされた債権を償却することが考えられます。

もっとも，通常の民事再生手続においても，申立前に全債権者と協議を調えた上で申立後1ヵ月余り後に決議のための債権者集会を開催した例が

あり，必ずしも同意再生を利用しなくてもプレパッケージ型再生を行うことが可能になっています。

プレパッケージ型再生の中でも，再生計画案で定めた弁済条件が債権者間で不平等な取り扱いをする内容になっている場合などでは，全債権者が再生計画案に同意していれば不利益を蒙る再生債権者の同意があることが明らかになるので，同意再生手続を選択するメリットがあると思われます。

[上床竜司]

Q416 同意再生手続のスケジュールはどのようになりますか。

A

同意再生手続では，通常の再生手続と異なり，債権の調査・確定の手続及び債権者集会の決議が省略されています。また，あらかじめ債権者との間で協議が調っているため債権者からの同意の取得にも時間がかからないと思われます。

同意再生手続のスケジュール例は以下のとおりです。簡易再生と同様に，再生計画案の事前提出制度を利用して再生手続開始の申立てと同時に再生計画案を提出します。同意再生の申立ては，債権届出期間の経過後，一般調査期間の開始前に行います。通常は，債権届出期間の経過後直ちに同意再生を申し立てます。

再生計画開始の申立てから同意再生決定までの期間は約1ヵ月，同意再生決定の確定までは約2ヵ月です。

再生手続開始の申立て	0日
再生計画案の事前提出	0日（申立と同日）
再生手続開始決定	1日
債権届出期間の満了	4週間＋1日
同意再生の申立て	1ヵ月
同意再生決定	1ヵ月
同意再生決定の確定	2ヵ月

[上床竜司]

第21章　可決・否決と認可・不認可

Q417　実際には，何割くらいが可決・認可されているのですか。

A

1　東京地裁では，民事再生法施行後6年間で，合計1835件の申立てがなされましたが，その中で，可決・認可となったものは1353件と全体の7割強を占めています。残りの3割弱は，廃止決定，取下げ，棄却決定などにより終了しています。債権者集会において再生計画案が否決されたものは123件で，付議された事件の約8％です。東京地裁以外の裁判所（大阪地裁を除く）では，再生計画案が否決される事件は，全体の1～2％程度と言われていますので，東京地裁の場合，否決される率が他の裁判所よりも高くなっています（事業再生と債権管理115号46頁）。これは，東京地裁においては，再生手続開始決定後6ヵ月以内という短い期間内に債権者集会を開催していることが影響していると考えられます。

2　債権者集会において多数の債権者の賛成を得られなかった場合の措置として，債権者集会の期日の続行の制度があります。東京地裁では，施行後2年間で債権者集会の期日が続行された事件は全体の1割未満ですが，そのうち大体5割程度で可決が得られています。

3　会社の再生と同時に会社代表者（その親族である役員を含みます）の保証債務を再生手続で整理することを目的とする申立てもみられます。その場合，会社代表者個人の再生事件について再生計画案が可決し，認可決定がされる率は，約6割前後です（NBL736号17頁）。

［野崎大介］

Q418　申立てから認可決定までの期間はどれくらいかかりますか。

A

東京地裁では，再生計画案が申立後3ヵ月以内に提出されれば，原則として申立てから5ヵ月以内に債権者集会が開かれ，可決・認可されています（事業再生と債権管理115号47頁）。また，数は多くありませんが，同意再生の場合は申立てから1ヵ月程度で認可決定が出され，プリパッケージ（事前調整済み）再生の場合は1ヵ月～2ヵ月程度で認可決定が出されています（NBL736号15頁）。他の裁判所では，可決・認可までの期間は東京地裁よりも若干長くなっているようです。

［野崎大介］

Q419 再生計画案が可決されなかった場合，再生債務者はどのような対応をすればよいのですか。

A

債権者集会が開催される場合か，開催されない場合で対応が異なります。

1 **債権者集会が開催される場合（法169条2項1号・3号）**

(1) 期日の続行

次のいずれかの場合，裁判所は，再生計画案の提出者の申立により又は職権で，続行期日を定めて言い渡さなければならないとされています（法172条の4）。再生債務者としては，期日の続行を申し立てて，次の期日までの間に再生債権者と交渉することになるでしょう。

① 議決権者（債権者集会に出席し，又は書面等投票をしたものに限る）の過半数が再生計画案に同意した場合
② 議決権者の議決権の総額の2分の1以上の議決権を有する者が再生計画案に同意した場合
③ 出席した議決権者の過半数であって，出席した議決権者の議決権の総額の2分の1を超える議決権を有する者が，期日の続行に同意したとき

この期日の続行の申立ては，口頭ですることができます（規則91条・90条の2）。ただし，再生計画案の可決は，債権者集会の第1回期日から2ヵ月以内にされなければなりません（法172条の4第2項）。この期間内であれば，続行の回数には制限がありません。また，裁判所が必要と認めるときは，1ヵ月を超えない範囲で，上記の2ヵ月以内という期間を伸張することができます（同条3項）。

なお，事前に可決される見込みがないと判断して，裁判所の裁量により債権者集会の開催を延期したという例もあります。

(2) 再生計画案の変更

再生計画案の提出者は，再生債権者に不利な影響を与えない場合は，債権者集会において，裁判所の許可を得て，再生計画案を変更することができます（法172条の3）。「債権者集会において」とは，最初の債権者集会期日だけでなく，集会期日が続行された場合の期日間も含むものと解されます。集会期日が続行された場合，通常は期日間に変更した再生計画案を提出しますが，それが正式な再生計画案として取り扱われています。

2 **債権者集会が開催されない場合（法169条2項2号）**

書面等投票による決議の場合には，債権者集会における期日続行に該当するような制度はなく，裁判所の定める回答期間内に可決要件をみたす賛成がなければ確定的に否決されます。

裁判所が再生計画案を書面等投票による裁判所の定める決議に付した場合であっても，再生債務者が回答期間内に再生計画案の決議をするための債権者集会の招集の申立てをしたときは，裁判所は，債権者集会を招集しなければならないとされています（法169条5項）ので，事前に債権者の意向を調査し，否決されるおそれがあると判断した場合は，債権者集会の招集を申し立てておくべきでしょう。

なお，上記の債権者集会招集の申立てができるのは，再生債務者のほか，管財人，債権者委員会，総債権額の10分の1以上にあたる債権を有する再生債権者です（169条5項）。

［野崎大介］

Q420 再生計画の認可決定は、いつ頃確定しますか。

A

再生計画は、認可決定の確定により効力を生じます（法176条）ので、認可決定がいつ頃確定するかが重要になります。

認可決定は、再生計画案が可決された後になされますが、再生計画案が可決された後、どの程度の期間で認可決定がされるかについては、民事再生法に規定がなく、運用に委ねられています。東京地裁では、債権者集会において再生計画案が可決されたときは、原則として、その期日に認可決定をする運用がなされています。

認可・不認可の決定があった場合には、債権者集会期日に呼び出すべき者にその主文及び理由の要旨を記載した書面を送達し（法174条4項）、労働組合等に決定があった旨を通知しなければならない（法174条5項）とされていますが、東京地裁では、原則として全件について債権者集会を実施していますので、これらの送達、通知は、官報に公告することにより代用しています（法10条3項）。公告依頼から公告の掲載までに約2週間かかり、それから更に2週間の即時抗告期間（法9条）が経過するまで確定しないため、再生計画が効力を生じるまでには、通常、認可決定言い渡しから約1ヵ月を要します。　　　　　　［野崎大介］

Q421 再生計画の認可決定が確定すると、どのような効力が生じますか。

A

1　再生債権について（詳しくはQ422とQ423を参照してください）

認否書に記載された再生債権と、記載されなかった再生債権とで取扱が異なります。

・認否書に記載された債権を有する再生債権者の権利は、再生計画の定めに従って変更され（法179条1項）、再生計画の定め又は民事再生法によって認められた権利を除き免責されます（法178条）。

・認否書に記載されなかった債権を有する再生債権者は、原則として失権します。

2　保証人、物上保証人について（詳しくは、Q424を参照してください）影響が及びません。

3　強制執行等の他の裁判上の手続について（詳しくは、Q425を参照してください）

破産手続、強制執行は原則として効力を失います。

4　資本減少について（詳しくは、Q426を参照してください）

再生計画の定めに従って資本減少等の効果が発生します。　　　　　　　　　　［野崎大介］

Q422

再生計画の認可決定が確定すると，認否書に記載された再生債権に対してどのような効力が生じますか。

A

1　権利の変更・免責

認否書には，再生債権者が届出期間内に届出をした債権と，再生債務者が自認した債権が記載されます（法101条1項ないし3項）。

再生計画の認可決定が確定すると，これらの債権を有する再生債権者の権利は，再生計画の定めに従って変更されます（法179条1項）。また，再生債務者は，再生計画の定め又は民事再生法によって認められた権利を除き免責されます（法178条）。ただし，再生手続開始前の罰金等は免責されません（同条但書）。

2　権利の行使

再生計画認可の決定が確定したとき，裁判所書記官は，再生計画の条項を再生債権者表に記載し（法180条1項）ますが，この再生債権者表の記載は，再生債務者及び再生のために債務を負担し又は担保提供するものに対して，確定判決と同一の効力を有します（同条2項）。また，再生計画に定められた権利が金銭の支払その他の給付請求を内容とするときは，当該権利を有する再生債権者は，この再生債権者表の記載により強制執行をすることができます（同条3項）。

ただし，認否書に記載された債権のうち，再生債権の調査において再生債務者が認めず，または他の届出再生債権者が異議を述べたものについては，査定手続（法105条）や異議の裁判（法106条）によってその再生債権が確定するまでは，再生債務者に対して再生計画の定めによって変更された権利を行使することはできません（法179条2項）。

［野崎大介］

Q423

再生計画の認可決定が確定すると，届出をしなかった再生債権に対してどのような効力が生じますか。

A

再生債権者が，定められた債権届出期間内に債権届出をしないと，再生債務者が自認した場合を除いて原則として失権し（法178条），再生手続による弁済を受けられなくなります。

ただし，次の例外があります。

ア　届出の追完

再生債権者がその責めに帰することができない事由によって債権届出期間内に届出ができなかった場合には，その事由が消滅した後1ヵ月以内に限り，届出の追完をすることができます（法95条1項）。また，債権届出期間経過後に生じた再生債権については，権利発生から1ヵ月以内に届出をしなければなりません（同条3項）。これらの届出は，再生計画案を決議に付する旨の決定がされた後はすることはできません（同条4項）。

イ　次の三つの場合は，再生計画に定めがなくても失権しません（法181条1項1号・2号・3号）。

①　再生債権者がその責めに帰すことのできない事由によって債権届出期間内に届出ができず，かつ，その事由が再生計画案を決

議に付する旨の決定前に消滅しなかったもの

② 再生計画案を決議に付する旨の決定後に生じた再生債権

③ 再生債務者が知っている債権で，再生債務者が自認しなかったもの

ウ ①及び②については，再生計画の一般的基準（法156条）に従って権利内容が変更され，再生計画の定めに従って弁済を受けることができます。ただし，再生債権者表に記載されていませんので，確定判決と同一の効力はありません。

③については，再生計画の一般的基準（法156条）に従って権利内容が変更されますが，再生計画で定められた弁済期間が満了するとき（その期間満了前に再生計画に基づく弁済が完了した場合又は再生計画が取り消された場合は弁済完了時又は再生計画取消時）までの間は弁済を受けることができません（法181条2項）。

［野崎大介］

Q424

再生計画の認可決定が確定すると，保証人や物上保証人に対してどのような効力が及びますか。

A

再生債権者が，再生債務者の保証人や物上保証人に対して有する権利には影響がありません。

1 再生計画は，別除権者が有する担保権，再生債権者が再生債務者の保証人その他再生債務者とともに債務を負担する者，物上保証人等に対して有する権利に影響を及ぼしません（法177条2項）。

民法の原則からすれば，主債務が消滅すれば担保権や保証債務は附従性により消滅するはずですが，債権者は債務者が倒産などにより弁済できなくなった場合に備えて担保権の設定等を受けていますので，その意義を失わせないようにするためです。

2 法177条2項にいう「再生債務者と共に債務を負担する者」とは，連帯債務者，不真正連帯債務者，手形・小切手法上の合同債務者（手形法47条・77条，小切手法43条），手形上の保証債務（手形法32条1項）などが含まれます。

3 再生手続では，債権届を怠り，かつ，再生債務者等が自認しなかった場合（法101条3項），再生債権は原則として失権します（法178条）。そうすると，当該再生債権について設定された担保権や保証債務も附従性により消滅するのか，法177条2項が適用されて失権の効力が及ばないのかが問題となります。判例は，会社更生法上の同様の規定（会社更生法203条2項）について，失権した場合にも同規定が適用されると解しており（最判昭和45年6月10日），再生手続でも同様に解されます。

したがって，債権届出を怠り，かつ，再生債権者が失権した場合にも，担保権や保証債務は消滅しないものと解されます。

［野崎大介］

Q425

再生計画の認可決定が確定すると，強制執行等の他の裁判上の手続にどのような効力が及びますか。

A

1　再生手続開始の決定により，再生債権に基づく強制執行等の手続及びそれ以前に開始された破産手続は中止し，特別清算手続は効力を失っています（法39条1項）。また，再生債権に関する訴訟手続は中断しています（法40条1項）。

2　ア　再生計画の認可決定が確定すると，再生手続開始決定により中止された破産手続及び強制執行等は効力を失います（法184条1項）。ただし，裁判所は，再生に支障を来さないと認められる場合には強制執行等の手続の続行を命ずることができるとされており（法39条2項），これによって続行された強制執行等の手続はそのまま継続されることになります（法184条1項但書）。また，上記の規定により効力を失った破産手続における財団債権は，租税債権（破産法47条2号に掲げるもの：一般優先債権とされます）を除いて共益債権とされます（法184条2項）。

イ　再生債権について再生手続開始当時訴訟が係属していた場合，訴訟手続は中断します（法40条1項）。その後，その債権について再生債務者等が認めず，または他の再生債権者が異議を述べたときは，その再生債権を確定する手続は査定の申立ではなく，中断している訴訟手続を再生債務者及び異議者（異議者等）が受継する方法によります（法107条1項・法109条2項）。異議者等が受継をして，訴訟が係属している場合は，再生計画認可決定が確定した後も異議者等がそのまま訴訟手続を追行します。受継があるまでに再生手続が終了した場合，再生債務者が当然に訴訟手続を受継します（法40条2項）。

［野崎大介］

Q426

再生計画に資本減少に関する条項を定めた場合，認可決定が確定するとどのような効力が生じますか。

A

1　民事再生法では，再生計画において資本の減少に関する条項を定めることができます（法154条3項）。これに関連して，①株式消却のための強制取得に関する条項，②株式の併合に関する条項，③再生債務者が発行する株式の総数についての定款の変更に関する条項をも定めることができます（法154条3項）。

資本減少に関する条項を定めた再生計画の認可決定が確定したときは，その計画の定めによって資本の減少をすることができます（法183条4項）。この場合，株式消却のための債権者保護手続の規定（会社法449条，740条），資本減少無効の訴え（会社法828条1項5号，2項5号）の規定はいずれも適用されません（法183条4項，5項）。もっとも，100％減資・増資の場合には，資本減少の効力発生時期と増資の効力発生時期とが一致するように再生計画中に資本の減少の効力発生時期を定める必要があります（Q350参照）。再生債務者は，再生計画案に①の条項を定めていた

ときは，認可された再生計画の定めによって株式を取得することができ（法183条1項），②の条項を定めていたときは，認可された再生計画の定めによって株式の併合をすることができます。（法同条2項）再生計画案に③の条項を定めていたときは，認可決定の確定時にその定めによって定款が変更されます（同条6項）。　　　　　　　[野崎大介]

Q427 債権者が失権するのはどのような場合ですか。

A

1　債権の届出をしなかった場合
　→Q423を参照してください。
2　債権調査における異議に対して査定の申立手続きをしなかった場合
　再生債権の調査において，再生債権の内容について再生債務者等が認めず，又は届出再生債権者が異議を述べた場合，当該再生債権を有する再生債権者は，その内容の確定のために，調査期間の末日から1ヵ月以内に査定の申立てをしなければなりません（法105条1項2項）。異議を述べられた再生債権者が期間内に査定の申立てをしないと，再生債権の内容が確定しないため，再生計画に記載されないことになり，再生計画の認可決定が確定したときは免責されます（法178条）。

なお，再生債権の調査において異議等がなく確定した再生債権が再生債権者表に記載されたが，再生債務者等の過誤により再生計画に記載されなかった場合は，和解調書の更正に準じて更正決定をなし得るものと解されます（参考『条解更生（下）』726頁）。

[野崎大介]

Q428 再生計画の認可決定又は不認可決定に不服がある場合はどうすればよいのですか。

A

即時抗告をします。

1　再生手続に関する裁判につき利害関係を有する者は，民事再生法に特別の定めがある場合に限り，当該裁判所に即時抗告をすることができるとされています（法9条）。再生計画の認可又は不認可の決定については，民事再生法175条に規定があり，これにより即時抗告をすることができます。即時抗告をすることにより認可決定又は不認可決定の確定が遅れ，その間，確定による効力の発生（法176条）が妨げられることになります。
2　即時抗告をすることができるのは「利害関係人」ですが，次の者が該当すると考えられます（参考『条解民事再生』819頁以下等参照）。
① 再生債務者
② 再生債権者
　届出の有無に関わらず即時抗告をすることができます。ただし，議決権を有しなかった再生債権者は，再生債権者であることを疎明しなければなりません（法175条3項）。
③別除権者
④再生のために債務を負担し又は担保を提供

する者
3　即時抗告をすることができるのは，認可又は不認可決定の公告が効力を生じた日から2週間以内です（法9条）。　　　［野崎大介］

Q429　再生事件は，どのような場合に終了しますか。

A

大部分は終結決定（法188条）により終了しますが，次の場合にも終了します。
① 再生手続開始の申立の取下げ（法32条）
　　取下げができるのは再生手続開始決定前に限られ，次の命令が発せられた後に取り下げる場合は，裁判所の許可が必要になります。
　　破産手続や強制執行等の中止命令（法26条1項）
　　強制執行等の包括的禁止命令（法27条）
　　仮差押え，仮処分その他の保全処分（法30条1項）
　　担保権の実行としての競売手続の中止命令（法31条1項）
　　監督命令（法54条1項），保全管理命令（法79条1項），住宅資金貸付債権に関する抵当権の実行としての競売手続の中止命令（法197条1項）
② 再生計画不認可の決定（法174条2項）の確定
③ 再生計画の取消し（法189条）
④ 再生手続廃止（法191条・192条・193条・194条）
⑤ 会社更生手続の更生認可決定（会社更生法208条本文）　　　［野崎大介］

Q430　清算中，特別清算中，破産手続中の法人について，再生計画案が可決された場合，法人の継続措置及び認可・不認可の決定はどうなりますか。

A

清算中，特別清算中，破産開始後の法人である再生債務者についても再生手続が開始される場合があり，再生計画案が可決されたときは，社団法人にあっては定款の変更に関する規定に従い，財団法人にあっては主務官庁の認可を得て，法人の継続措置を執ることができます（法173条1項）。

法人を継続するかどうかが定まったときは，再生債務者等は，速やかに，その旨を裁判所に届け出なければなりません（規則92条）。裁判所は，この届出がされたとき，又は再生計画案の可決後相当の期間内に届出がされないときに，再生計画の認可又は不認可の決定をします（規則93条）。
　　　　　　　　　　　　　　　　［野崎大介］

Q431 再生計画不認可の決定が確定した場合，再生債権者表の記載には，どのような効力が生じますか。

A 再生債務者が異議を述べた部分以外は確定判決と同一の効力が生じます。

債権調査の結果が再生債権者表に記載されると，調査により確定した再生債権について，再生債権者表の記載は，再生債権者の全員に対して確定判決と同一の効力を有するものとされていますが（法104条3項），再生計画不認可の決定が確定したときは，再生債務者に対しても，確定判決と同一の効力を有することになります（法185条1項本文）。また，再生債権者は，再生債務者に対し，再生債権者表の記載により強制執行をすることができます（同条2項）。

ただし，再生債務者が一般調査期間又は特別調査期間内に再生債権の内容について書面で異議を述べた場合には，再生債務者に対する確定判決と同一の効力は生じません（法185条1項但書）。

［野崎大介］

Q432 労働組合等は，再生計画案について意見を述べる機会がありますか。

A あります。

裁判所は，再生計画案の提出があった場合，労働組合等（従業員の過半数で組織する労働組合又は従業員の過半数を代表する者。法24条の2）に再生計画案についての意見を聴かなければならないとされています（法168条）。また，労働組合等は，再生計画案を認可すべきかどうかについて意見を述べることができ（法174条3項），認可又は不認可の決定があった場合は，その旨が労働組合等に通知されます（同条5項）。なお，債権者集会が開催される場合，労働組合等に対して期日が通知されます（法115条3項）。

従業員は再生手続に重大な利害関係を有していますし，再生債務者が再生するためには従業員の協力が不可欠ですので，労働組合等に再生計画案について意見を述べる機会が与えられています。

［野崎大介］

第22章　計画による弁済等

Q433　免責されない債権にはどのようなものがありますか。

A

1　再生債権は，原則として，再生計画により定められた権利を除き，すべて免責されます（法178条本文）。
　例外は次のとおりです
　ア　民事再生法に別段の定めがある場合（法178条本文）
　　①　再生債権者がその責めに帰することのできない事由により債権届の追完期間内に届け出られなかった再生債権（法181条1項1号）。
　　　例えば，再生手続開始前に行われた不法行為による損害賠償請求権は再生債権となりますが，債権届期間経過後に具体的な損害が発生したという場合は期間内に届け出ることが不可能ですから，「責めに帰することのできない事由」にあたると考えられます。
　　②　再生計画案決議のための債権者集会招集決定又は書面決議に付する旨の決定後に生じた再生債権（法181条1項2号）。
　　　例えば，双方未履行の双務契約を再生債務者が解除した場合に発生する相手方の損害賠償請求権（法49条5項）がこれにあたります。
　　③　再生債務者に知れたる再生債権であるにもかかわらず再生債務者が認否書に記載しなかった再生債権（法181条1項3号）。
　　　ただし，この場合は上記①，②と異なり，再生計画で定められた弁済期間が満了する時までの間は弁済を受けることができません（法181条2項）。
　イ　再生手続開始前の罰金（法178条但書・法97条）
　ウ　法178条の適用除外（法216条・220条・238条・245条）
2　共益債権，一般優先債権，別除権は免責されません。
　　　　　　　　　　　　　　　［野崎大介］

Q434　再生計画に従って配当をする際には，どのような点に注意すればよいのですか。

A

1　再生債権者への弁済
　ア　未確定の再生債権
　　異議等のある再生債権で，その確定手続が終了していない者があるときは，再生計画において，その権利確定の可能性を考慮し，これに対する適切な措置を定めなけれ

ばならないとされています（法159条）。したがって，再生計画案を作成する段階で，未確定の再生債権が将来確定した場合にいつ弁済するかを決めておく必要があり，再生債務者は，それに従って弁済をすることになります。
　イ　再生債権者が海外に所在する再生債務者の財産から一部弁済を受けた場合
　　再生債権者が，再生手続開始後に海外に所在する再生債務者の財産から弁済を受けた場合，弁済を受ける前の債権の全部をもって再生手続に参加できますが，他の再生債権者が自己の受けた弁済と同一の割合の弁済を受けるまでは，再生手続により弁済を受けることができないとされています（法89条1項2項）。
　ウ　弁済を受ける権利が譲渡された場合
　　再生計画認可決定が確定した後（認可決定確定前は，届出名義の変更によります→Q234を参照してください）でも，再生計画の定めに従って変更された再生債権を譲渡することは可能ですが，民事再生法には，このような場合に関する規定がありません。したがって一般の債権譲渡と同様に，再生債務者（管財人が選任されているときは管財人）及び第三者に対する対抗要件により弁済をする相手を決めることになります。
2　別除権者への弁済
　→Q100，Q101を参照してください。

[野崎大介]

Q435　共益債権など，再生債権以外の債権の弁済は，いつどのように行いますか。

A

1　共益債権
　共益債権は，再生手続外で，再生債権に先立ち，本来の弁済時期・方法により弁済します（法121条1項2項）。
　共益債権者は，弁済期が到来すれば再生債務者に履行を請求し，履行しない場合には仮差押え，訴訟の提起，強制執行の手続をとることができます。ただし，共益債権に基づく強制執行，仮差押えが再生債務者の事業継続に著しい支障を及ぼす場合，再生債務者がほかに換価容易な財産を十分に有するときに限り，裁判所は，担保を立てさせて，又は立てさせないで，これを中止し，取り消すことができます（法121条3項）。
2　一般優先債権
　一般優先債権は，再生手続外で，本来の弁済時期・方法により弁済します（法122条1項2項）。
　民事再生法上の一般優先債権は，主に税金等又は労働債権ですが，優先的更生債権や優先的破産債権と異なり，再生手続によらずに随時弁済するものとされました。
　したがって，再生債務者から任意の支払が受けられない場合，一般優先債権者は，仮差押え，訴訟の提起，強制執行，一般の先取特権の実行としての競売が可能です。また，税金等の場合，滞納処分も可能です。ただし，一般優先債権に基づく強制執行，仮差押え，競売が再生債務者の事業継続に著しい支障を及ぼす場合，再生債務者がほかに換価容易な財産を十分に有するときに限り，裁判所は，担保を立てさせて，又は立てさせないで，これを中止し，取り消すことができます（法122条4項・121条3項）。
3　開始後債権
　再生手続後の原因に基づいて生じた請求権のうち，共益債権，一般優先債権，再生債権に該当しないものは開始後債権とされ（法123条1項），再生計画で定められた弁済期間が満了してからでないと弁済をすることができません（同条2項）。また，再生計画で定められた弁済期間中は，開始後債権に基づく強

制執行，仮差押え，仮処分の申立は禁止されています（同条3項）。ただし，弁済期間満了前でも，再生計画で定められた弁済が完了したときや再生計画が取り消されたときなどには，開始後債権の弁済をしても再生手続の妨げになりませんので，弁済をすることができると考えられます。

4 罰 金 等

再生手続開始前の罰金，科料，刑事訴訟費用，追徴金，過料については，再生計画で定められた弁済期間が満了するまでは弁済をすることができません（法181条3項）。

　　　　　　　　　　　　［野崎大介］

第23章　認可後の対応

Q436 再生手続が終結するのはどのような場合ですか。

A

1. 監督委員も管財人も選任されていない場合
   →再生計画認可の決定が確定したとき（法188条1項）
2. 監督委員が選任されている場合
   →再生計画が遂行されたとき又は再生計画認可の決定が確定した後3年を経過したとき（法188条2項）
3. 管財人が選任されているとき
   →再生計画が遂行されたとき又は再生計画が遂行されることが確実であると認めるに至ったとき（法188条3項）

［野崎大介］

Q437 再生手続が終結すると，どのような効果が生じますか。

A

1. 再生手続終結の決定がされると，民事再生事件の係属を前提とする手続は必要がなくなりますので，すべて終了することになります。例えば，監督命令又は管理命令が発せられている場合，再生手続終結の決定により効力を失い（法188条4項），監督委員又は管財人による否認訴訟又は否認の請求（法135条），担保権消滅請求（法148条）は終了します。
   なお，担保権消滅請求は，価額決定手続中であっても終結決定により終了しますが，当該不動産の価額が確定し，裁判所が金銭の納付期限を定めた後（法152条1項）に終結決定があった場合は，担保権消滅請求の手続自体は終了していますので，再生手続終結決定の影響を受けることはなく，裁判所の定める期限までに金銭を納付すれば担保権は消滅します（法152条2項）。
2. 法人である再生債務者について再生手続終結の決定があったときは，裁判所書記官は，職権で，遅滞なく，再生手続終結の登記を再生債務者の各営業所又は各事務所の所在地の登記所に嘱託します（法11条5項3号・同条1項）。また，終結決定がされたときは，その主文及び理由の要旨が公告されます（法188条5項）。

［野崎大介］

Q438 再生計画の変更というのはどのような制度ですか。

A

1 再生計画認可決定後やむを得ない事由で再生計画に定める事項を変更する必要が生じたときは，再生手続終了前に限り，再生計画を変更することができます（法187条1項）。

2 要 件
① 再生手続終了前であること
　再生手続が終結決定（法188条）などにより終了している場合は，再生計画の変更はできません。
② 再生計画認可の決定があった後やむを得ない事由で再生計画に定める事項を変更する必要が生じたこと
　例えば，再生計画認可決定時に予想できなかった経済情勢の悪化や取引先の倒産により，再生計画どおりの弁済が不可能になった場合などがこれにあたります。

3 申立権者
　再生債務者，管財人，監督委員及び届出再生債権者です。

4 手 続
　再生計画の変更が再生債権者に不利な影響を及ぼす場合は，再生計画案の提出があった場合の手続に関する規定が準用され，債権者集会決議等（169条2項）の手続が必要になります（法187条2項）。ただし，再生計画の変更によって不利な影響を受けない再生債権者はその手続に参加させなくてもよく，また，変更計画案について議決権を行使しない者（変更計画案について決議をするための債権者集会に出席した者を除く）が従前の再生計画に同意していたときは，変更計画案に同意したものとみなされます（法187条2項）。

［野崎大介］

Q439 再生計画が認可された後，債務者が弁済を怠った場合，債権者はどう対処すればよいのですか。

A

1 確定した再生債権者表の記載は確定判決と同一の効力を有し，再生債権者は，再生債権者表の記載を債務名義として，再生債務者や再生債権者及び再生のために債務を負担する者に対して強制執行を行うことができます（法180条2項3項）。ただし，簡易再生及び同意再生の場合は，民事再生法180条は適用されませんので，（法205条・209条），別途債務名義を取得しなければなりません。

2 再生債権者及び再生のために担保を提供した者があるときは，その担保権を実行することになります。

3 再生債権者は，再生計画の取消しの申立て（法189条1項2号），再生手続終了前であれば再生計画の変更の申立て（法187条1項），再生手続廃止（法194条）の上申（債権者には廃止の申立権がないので，裁判所の職権発動を促す上申をします）をすることができます。再生計画取消しの決定が確定した場合，裁判所は，破産原因があると認めるときは，職権で破産開始決定をすることができます（法250条1項）。

［野崎大介］

Q440 再生計画の取消しとはどのような制度ですか。

A

1 再生計画認可の決定が確定した後、再生債務者が再生計画の履行を怠るなど、次の3つのうちいずれかの事由が生じたときは、裁判所は、再生債権者の申立てにより、再生計画の取消しの決定をすることができます（法189条）。

ア 再生計画が不正の方法により成立した場合（法189条1項1号）

ただし、再生債権者が取消原因事実を知ったときから1ヵ月を経過した場合又は再生計画認可決定確定のときから2年を経過した場合には、これを理由とする再生計画の取消しの申立はできません（法189条2項）。

イ 再生債務者等が再生計画の履行を怠った場合（法189条1項2号）

①再生計画上の履行義務の全部（履行された額を除く）について裁判所が評価した額の10分の1以上にあたる権利を有する再生債権者であって、②当該権利の全部又は一部について期限までに履行を受けていないものが申し立てることができます（法189条3項）。

ウ 再生債務者が一定の義務に違反した場合（法189条1項3号）

再生債務者が、①再生手続開始後に裁判所の許可が必要とされた行為（財産の処分、借財、別除権の目的の受戻し等）を裁判所の許可を得ずに行ったとき（法41条1項違反）、②裁判所の許可を得ずに営業又は事業の全部又は重要な一部の譲渡を行ったとき（法42条1項違反）、③監督委員の同意が必要とされた行為を監督委員の同意を得ずに行ったとき（法54条2項違反）には、再生債権者は、再生計画の取消しを申し立てることができます。この場合は、1号、2号のような申立ての時期、債権額による制限がありません。

2 再生計画取消しの効果

再生計画取消しの決定が確定した場合には、再生計画によって変更された再生債権は、原状に復します（法189条7項）。ただし、再生債権者が再生計画により得た権利は影響を受けません（同項但書）。

再生債権者は、再生債権者表の記載を債務名義として、再生債権者表に記載された全額について再生債務者に対して強制執行をすることができます（同条8項・185条）。もっとも、未確定の再生債権の場合、及び再生債務者が債権調査確定手続において異議を述べていた場合、並びに簡易再生及び同意再生の場合は、別途、判決等の債務名義を取得しなければ強制執行をすることはできません（法185条1項・205条・209条）。

3 破産手続への移行

再生計画の取消決定が確定した場合、裁判所は、その再生債務者に破産原因があると認めるときは、職権で破産開始決定をすることができます（法16条1項）。

詳しくは、Q447、Q449、Q453を参照してください。

[野崎大介]

Q441 再生手続の廃止とはどのような制度ですか。

A

再生手続を本来の目的を達成しないまま，将来に向かって終了させる手続です。

1 **再生計画認可前の手続廃止（法191条・192条）**

(1) 決議に付するに足りる再生計画案の作成の見込みがないとき（法191条1号），期間内に再生計画案の提出がないとき（同条2号），再生計画案が否決されたとき（同条3号）など，再生計画を確定できる見込みがないことが明らかな場合には，それ以上手続を続けるのは無駄ですし，再生債権者の権利行使に制約を加え続けることも妥当ではありませんので，裁判所は職権で再生手続廃止の決定をしなければならないとされています（法191条）。なお，再生計画の不認可決定（法174条）が確定したときは，廃止決定ではなく，その不認可決定により再生手続は終了します。

(2) 再生手続の申立ては，①破産原因たる事実が生ずるおそれがあるとき，または，②事業の継続に著しい支障を来すことなく弁済期にある債務を弁済することができないときになされますが（法21条1項），これらの事由がないことが明らかになったときは，裁判所は，再生債務者，管財人又は届出再生債権者の申立てにより，再生手続廃止の決定をします（法192条）

2 **再生債務者の義務違反による手続廃止（法193条）**

次のいずれかに該当する場合には，裁判所は，監督委員もしくは管財人の申立てにより又は職権で，再生手続廃止の決定をすることができます（裁量的です）。

ア 再生債務者が裁判所の定める保全処分（法30条1項）に違反したとき

イ ①再生手続開始後に裁判所の許可が必要とされた行為（財産の処分，借財，別除権の目的の受戻し等）を裁判所の許可を得ずに行ったとき（法41条1項違反），②裁判所の許可を得ずに営業又は事業の全部又は重要な一部の譲渡を行ったとき（法42条1項違反），③監督委員の同意が必要とされた行為を監督委員の同意を得ずに行ったとき（法54条2項違反）

ウ 届出債権についての認否書を期限までに提出しなかったとき

3 **再生計画認可後の手続廃止（法194条）**

いったん再生計画が認可されたものの，その遂行の見込みがないことが明らかになったときは，裁判所は，再生債務者もしくは監督委員の申立てにより又は職権で，再生手続廃止の決定をしなければならないとされています。

4 **廃止の効果**

ア 再生計画認可前の手続廃止の場合

再生債権の調査確定の手続が終了した後に手続が廃止された場合は，債権者表の記載の効力に影響はなく，再生債権者は，これにより強制執行をすることができます（法195条7項・185条）。

イ 再生計画認可後の手続廃止の場合（第3項の場合）

再生手続の廃止は，将来に向かって手続を終了させるものですから，再生計画に基づく弁済，免責，再生債権者の権利の変更，資本の減少等に影響を及ぼしません（法195条6項）。また，再生債権者は，債権者表の記載により強制執行ができます（法195条7項・185条）。

5 **破産手続への移行**

→Q447，Q449を参照してください。

[野崎大介]

Q442 再生計画の履行を確保するための手段として，どのようなものがありますか。

A

① 監督委員の監督

　監督委員が選任されているときは，監督委員により，再生計画の遂行の監督がなされます（法186条2項）。監督委員による監督がなされる期間は，監督命令が取り消されたとき（法55条1項）再生計画が遂行されたとき又は再生計画認可決定の確定から3年が経過して再生手続が終結したとき（法188条2項）までの間です。

② 再生債権者表の記載の効力

　再生計画認可の決定が確定すると，再生債権者表の記載は，再生債務者，再生債権者及び再生のために債務を負担し又は担保を提供する者に対して確定判決と同一の効力を有しますので，再生債務者が再生計画どおりに弁済しない場合には，これらの者に対して強制執行をすることができます（法180条2項・3項本文）。

③ 担保提供の制度

　裁判所は，再生計画遂行のため必要と認めるときは，共益債権者や一般優先債権者，異議等のある再生債権者で債権確定手続が終了していないもの，不足額が確定していない別除権者のために，再生債務者らに供託等の方法による担保を提供させることができます（法186条3項）。

　担保提供の方法は，金銭又は有価証券の供託，支払保証委託契約又は担保提供契約によらなければなりません（法186条4項，民訴76条，民訴規則29条）。

④ 債権者委員会

　監督委員も管財人も選任されていない場合には，再生計画の認可によって再生手続は終了します（法188条1項）。この場合，再生手続において債権者委員会が構成されているときは，手続終了後も債権者委員会を存続させ，債権者委員会が債務者の履行を監督することが考えられます。

　債権者委員会が再生計画の履行を確保するために監督等を行う場合において，再生債務者がその費用の全部又は一部を負担するときは，再生計画の中にその負担に関する条項を定めなければならないとされています（法154条2項）。

　実際に債権者委員会が履行を監督しているケースはまだ多くありませんが，取引先が中心となって債権者委員会を構成するなどの工夫をすれば，履行確保のために債権者委員会を活用する余地は十分にあると考えられます。

［野崎大介］

Q443 中断していた訴訟等へはどのように対応したらよいでしょうか。

A

1　再生債権に関する訴訟等は，再生手続開始決定により中断します（法40条1項）。中断した訴訟の対象となっている再生債権は，債権調査手続によって確定手続がなされます。債権調査手続において，確定した場合には，再生手続認可決定の確定によって，中断して

いた訴訟等は終了します。この場合の運用においては，中断した訴訟等の係属裁判所に対して，再生計画認可決定がなされたことについて，決定書謄本を添えて上申することがなされています。なお，再生債権の確定の内容を疎明するため債権認否書の添付を求められることもあります。
2 債権確定手続において，一般に債権認否の結果に不服がある場合には，査定の申立がなされ，査定決定に対して不服な当事者が存在する場合には，債権確定訴訟により解決が図られることになりますが，再生手続開始決定前に当該債権についての訴訟が係属し中断している場合には，査定の申立てを行うのではなく，不服ある債権者は当該訴訟の受継の申立てをすることになります（法107条）。

詐害行為取消訴訟も再生手続開始によって中断しますが（法40条の2），監督委員が，否認権行使の権限を付与された場合には，監督委員が訴訟を受継することができます（法140条1項）。再生手続が終了した場合には，詐害行為取消訴訟を提起した債権者または破産管財人が受継することになります。この場合には，再生手続終結決定書の謄本等，再生手続の終了を証明する文書を添付した受継申立書を訴訟係属裁判所に提出することになると思われます。

［髙井章光］

Q444 債権者集会後における申立代理人の役割はどのようになるのでしょうか。

A

民事再生手続は，監督委員が選任されている場合には，通常は，再生計画認可決定確定後3年間続いており，監督委員もその期間は選任されているままの状態です（法188条2項）。このような手続の性格からすれば，申立代理人においても少なくとも再生手続が終了するまで（再生計画認可決定確定後3年間）は代理人として，債務者の再建をサポートすべきです。特に，別除権協定の締結が未だ終わっていない場合においては，その交渉を続行することになりますし，予定されていたリストラが行われる場合には，法的アドバイスを行うことになると思われます。そして，何よりも再生計画の履行について監視することも責務として残っているものと考えます。なお，債務者と申立代理人との契約関係については，新たに顧問契約を締結することも多いと思われます。

［髙井章光］

Q445 再生手続終了後に計画が履行できなくなった場合はどのように対応したらよいでしょうか。

A

再生手続終了後においても，再生計画における履行義務が残っている場合には，債務者は当然にその履行を行わなければなりません。もし，履行義務を怠った場合には，再生計画の取消しの可能性が生じます（法189条1項2号）。再生計画の変更については，法文上，再生手続終了前に限ることとされていますが（法187条1項），法189条はこのような限定がないため，再生手続終了後にお

いても再生計画の取消しの決定を行うことは可能と解されています。(『破産，民事再生の実務［新版］（下）』305頁）なお，再生計画を変更せざるを得ないような状況が生じた場合には，再生計画の変更について，各債権者の同意を取り付けることにより対処するか，もしくは再度，民事再生手続開始の申立を行い，新たな再生計画に対し債権者から賛成を得て，認可を受ける必要があります。

［髙井章光］

第24章 他の倒産手続との関係

Q446 破産へ移行する場合はどのような場合ですか。

A

再生手続の申立てがなされたが、手続開始要件が整わずに申立てが棄却された場合において、職権で破産開始決定がなされることがあります。また、債務者が義務に反した行動を取ったり（法193条）、再生計画案が否決されてしまったりして（法191条）、再生手続廃止決定がなされ、その後、職権で破産開始決定がなされる場合があります。さらに、再生計画が認可された後、再生計画が遂行される見込みがないことが明らかになった場合には、債務者や監督委員の申立てもしくは職権で再生手続廃止の決定がなされ（法194条）、その後、破産開始決定がなされることもあります（法250条）。なお、職権による破産手続移行のほか、申立てによって破産手続へ移行することもあります。この場合には、再生手続開始決定の取消決定がなされ、または、再生手続廃止決定や再生計画不認可決定、再生計画取消決定があった場合に限られますが、これらの決定が確定する前であっても申立ては可能です。但し、これらの決定が確定した後に、破産開始決定がなされることになります（法249条）。

[髙井章光]

Q447 破産への移行が決定した場合の手続の流れはどのようになるのでしょうか。

A

債権者集会にて否決され、再生手続廃止決定がなされた場合には、手続は職権にて破産手続に移行することになります。しかしながら、再生手続廃止決定に対しては、即時抗告が許されていることから（法195条2項）、再生手続廃止決定が確定するまでの間は、未だ再生手続が続いており、債務者において財産管理処分権限が残っている状況であるため、混乱が生ずるおそれが大きい状態となっています。そこで、破産手続へスムーズに移行することができるように、再生手続廃止決定と同時に、破産開始決定前の保全管理命令を発令し、保全管理人が債務者の財産管理処分を行うことになります（法251条）。この場合、再生手続廃止決定が確定した後に、職権にて破産開始決定がなされ、従前の保全管理人（実務においては、監督委員が選任されることがほとんどである）がそのまま破産管財人となる場合が多いと思われます。

[髙井章光]

Q448 破産へ移行した場合に，再生債権・共益債権はどのように取り扱われるのでしょうか。

A

破産へ移行後において，再生債権は破産債権となり，共益債権は財団債権として取り扱われます（法252条6項前段）。この場合，財団が小さく，財団債権ですら金額支払ができない場合もありますので，破産管財人は，財団債権の支払についてもすぐに支払うのではなく，財団債権の総額を把握してから支払方法を決める必要があります。

[髙井章光]

Q449 破産へ移行した場合に，民事再生手続内で行われた再生債務者の行為は，否認権行使の対象となるのでしょうか。

A

民事再生手続において債務者が行った行為について，破産へ手続が移行した後に，破産管財人が否認権を行使できるかについては，法はなにも規定しておらず，議論のあるところです。この点について，一連の裁判所が関与した法的倒産手続内の行為であり，後に否認されうるとすると法的安定性が損なわれてしまうことを理由に否認権の行使を否定する考えもあり得ますが，法律上規定がない以上，否認権の行使を完全に否定することは困難であると思われます。しかしながら，一連の法的倒産手続内のことであり，利害関係を有する債権者もほぼ同様の利害関係を持続していることから，著しく債権者間の平等を害するような行為でない限り，行為に相当性が認められ（行為の不当性が否定され）否認の対象とならないと思われます。但し，法252条1項により，否認における判断においては，再生手続開始申立を場合によっては再生手続申立棄却，手続廃止等の申立時点を破産申立と同視することとされています。また，相殺禁止規定にも同様の取扱規定が置かれています（法252条1項）。

[髙井章光]

Q450 民事再生手続が廃止された場合，双方未履行契約の解除の効力は失効するのでしょうか。

A

双方未履行契約の解除の効力が失効されるとすると，法的安定性が著しく損なわれ，また，民事再生手続の廃止の効力においては遡及的効力が生ずる訳ではないため，双方未履行契約の解除の効力は失効しないものと考えます（参考『条解民事再生[第2版]』912頁）。

[髙井章光]

Q451

民事再生手続が廃止された場合，担保権消滅請求制度による担保権消滅の効力は失効するのでしょうか。

A

担保権消滅の効力が失効されるとすると，法的安定性が著しく損なわれ，また，民事再生手続の廃止の効力においては遡及的効力が生ずる訳ではないため，担保権消滅請求制度による担保権消滅の効力は失効しないと考えます（参考『条解民事再生［第2版］』912頁）。　　　　［髙井章光］

Q452

民事再生手続が廃止された場合，債権調査や確定手続の成果は失効するのでしょうか。

A

再生計画認可決定確定前に手続が廃止された場合には，債権調査・確定手続の結果を記した再生債権表の記載は確定判決と同一の効力を有しています（法195条7項）。再生計画認可決定確定後に手続が廃止された場合は，再生計画による権利変更の効力に影響は及ぼさないため（法195条6項），権利変更後の債権について確定判決と同一の効力が生じることになります（法180条）。なお，再生債権の査定手続は，再生計画認可決定確定前に再生手続が終了した場合には，終了するものとされますが，再生計画認可決定確定後に再生手続が終了した場合には，引き続き係属するとされ（法112条の2第1項），再生手続が終了した時点で査定の裁判に対する異議の訴えが係属している場合も，引き続き係属するとされています（法112条の2第4項，第5項）。これは，再生手続廃止後の破産手続において，債権確定に関する査定や裁判手続を流用できるようにしたものです。また，破産手続においては，再生手続における再生債権の届出がある場合には，破産債権の届出は要しないとすることができ，再生手続の届出を流用することが認められています（法253条1項）。

［髙井章光］

Q453

破産へ移行した場合のDIPファイナンスの取扱いはどうなりますか。

A

再生手続申立以後に実行された融資（DIPファイナンス）は，通常，担保権の設定を受け，また，債権そのものについて共益債権として処理がなされています。したがって，破産手続に移行した場合においても，債権は財団債権となり（法252条6項前段），担保権については別除権となり，その権利は保護されます。　　　　　　　　［髙井章光］

Q454

再生手続から破産に移行した場合，労働債権はどのような取扱いを受けますか。租税債権はどうですか。

A

再生手続中の労働債権は，通常は再生手続において共益債権とされていますので（法119条2号），破産手続に移行した場合には，財団債権となります（法252条6項前段）。なお，再生手続開始前の3ヵ月分の労働債権についても，財団債権とされています（法252条5項，破産法149条1項）。以上から，再生手続開始前3ヵ月分と再生手続期間中の労働債権について，財団債権として取り扱われることになります。再生手続が廃止し，破産へ移行する間の保全管理中の労働債権については明文による規定がありませんが，再生手続開始前3ヵ月分についても財団債権として取り扱うこととされていることからも，保全管理中の労働債権についても財団債権となると考えますが，保全管理期間中に支払をしておくべきです。

租税債権については，法119条2項（債務者の業務等に関する費用）となる租税など共益債権は，破産手続において財団債権となります（法252条6項）。

［髙井章光］

Q455

再生手続において，否認権行使がなされている場合，破産手続に移行した後はどのように取り扱われるのでしょうか。

A

再生手続中に係属している，否認の訴え，否認の請求を認容する決定に対する異議の訴えについては，再生手続廃止決定などによって一旦中断し，その後破産管財人が承継することができます（法254条1項）。

［髙井章光］

Q456

再生計画によって，第1回目の弁済がなされた後に，破産へ移行した場合，破産債権の配当においては，再生手続における弁済はどのように考慮されるのでしょうか。

A

先に再生手続において弁済が一部なされている場合には，その後の破産手続における配当の際には，再生手続における弁済を考慮して行うものとされています（法190条）。すなわち，再生計画によって生じている権利変更は原状に復するものとされ（法190条1項），破産債権の額を決める場合には，権利変更前の債権額から，再生計画等によって弁済を受けた金額を控除した金額をもって破産債権とするとされています（法190条3項）。しかし，一部の債権者のみが弁済を受けている場合には，弁済を受けていない債権者との間で不公平が生ずることとなるため，弁済を受けた金額を財団

に組戻した形で配当財源を算出し、破産債権については従前の再生債権額（弁済前の金額）を基準として弁済率を定め、その上で、先に再生手続で弁済を受けている債権者については、弁済を受けていない債権者が同率の弁済を受けるまでは破産配当を受けないという取扱いをすることとされています（法190条4項）。

［髙井章光］

Q457 破産手続中に再生手続を申し立てることができますか。

A

破産手続より再生手続の方が優先されるため、破産手続から再生手続への移行は可能です。債務者、債権者（法21条）、外国倒産処理手続における外国管財人（法209条1項）のほか、破産管財人も裁判所の許可を得て、再生手続の申立てができます（法246条）。この場合、破産手続における債権届出を流用し、再生手続において新たな債権届出を行わないとすることができます（法247条）。また、破産手続における財団債権は、再生手続においては共益債権とされます（法39条3項）。

［髙井章光］

Q458 会社更生手続開始の申立てがなされた場合の手続の流れはどうなるのでしょうか。

A

会社更生手続開始の申立てがなされただけでの状態においては、会社更生手続が開始されない可能性もあることから（会社更生法41条1項2号等）、民事再生手続もそのまま続行することになります。しかし、会社更生手続開始決定がなされた場合には、民事再生手続は中止し（会社更生法50条1項）、会社更生手続において更生計画が認可された場合には、中止した民事再生手続は失効することになります（会社更生法208条1項）。会社更生手続開始申立棄却、会社更生手続廃止、更生計画不認可決定がなされた場合には、中止していた民事再生手続は続行することになります（会社更生法252条1項但書参照、会社更生法257条参照）。

また、会社更生手続開始決定前であったとしても、民事再生手続を中止する必要がある場合には、裁判所は利害関係人の申立てもしくは職権で民事再生手続の中止の命令を発令することができます（会社更生法24条1項）。

［髙井章光］

Q459 会社更生へ移行した場合における再生債権・共益債権の取扱いはどうなるのでしょうか。

A

会社更生手続開始決定がなされた場合，再生債権は更生債権等となり，共益債権は会社更生手続においても共益債権となります（会社更生法50条9項1号）。なお，会社更生手続開始申立棄却，会社更生手続廃止，更生計画不認可決定がなされた場合には，中止されていた再生手続は続行されることになり，従前どおりの取り扱いとなり，更生手続での共益債権は再生手続において共益債権となります（会社更生法257条）。　［髙井章光］

Q460 会社更生へ移行した場合，DIPファイナンスの取扱いはどうなりますか。

A

再生手続申立以後に実行された融資（DIPファイナンス）は共益債権であるため，会社更生法50条9項1号によって，会社更生手続においても共益債権として扱うことができます。また，DIPファイナンスを担保するために設定された担保権が更生担保権として制限されてしまうのではないか，という問題も生じますが，DIPファイナンスが共益債権とされる以上，共益債権を担保するための担保権として取り扱うことができると考えます。　［髙井章光］

Q461 会社更生へ移行した場合，民事再生手続において再生債務者が担保権者との間で締結した別除権協定の効力はどうなるのでしょうか。

A

会社更生手続と民事再生手続は別個の手続であることから，民事再生手続における再生債務者の行為は必ずしも会社更生手続において尊重される訳ではありません。他方において，法的手続の安定の必要から，民事再生手続において監督委員や裁判所が直接関与した行為については，会社更生手続においても尊重されるべきという考え方も存在し得ます。

別除権協定については，監督委員の関与がなされずに締結される場合もあります。このような場合には，会社更生手続において，その効力を尊重する必要性が高いとは考えられませんので，原則としてその効力は及ばないと考えざるを得ないと考えます。さらに，監督委員の関与によって締結されたとしても，担保権を拘束する手続に移行したのであるから個別別除権協定の内容は効力を有さず，更生計画案における更生担保権の処遇によって決まるものと考えます。　［髙井章光］

第25章　罰則等

> **Q462** 民事再生法上の罰則はどうなっていますか。

A

1　罰則の改正

　平成16年の破産法改正に伴い，民事再生法の罰則も破産法と同様に改正されました。詐欺再生罪の構成要件が変更されたほか，これまでなかった罰則が新設されました。改正前と比較すると，処罰範囲が拡大され，かつ，重罰化されています。

2　詐欺再生罪（法255条）

　ア　再生手続開始の前後を問わず，債権者を害する目的で，次の①ないし④のいずれかに該当する行為をした者は，再生手続開始決定が確定したときは，10年以下の懲役若しくは1,000万円以下の罰金に処せられ，又は併科されます（法255条1項前段）。情を知って次の④の行為の相手方となった者も，再生手続開始決定が確定したときは同様です（法255条1項後段）。
　　①　債務者の財産を隠匿し，又は損壊する行為
　　②　債務者の財産の譲渡又は債務者の負担を仮装する行為
　　③　債務者の財産の現状を改変して，その価格を減損する行為
　　④　債務者の財産を債権者の不利益に処分し，又は債権者に不利益な債務を債務者が負担する行為。
　イ　債務者について管理命令又は保全管理命令が発せられたことを認識しながら，債権者を害する目的で，管財人の承諾その他の正当な理由なく債務者の財産を取得し，又は第三者に取得させた者も10年以下の懲役若しくは1,000万円以下の罰金に処せられ，又は併科されます（法255条2項）。

3　特定の債権者に対する担保の供与等の罪（法256条・新設）

　債務者が，再生手続開始の前後を問わず，特定の債権者に対する債務について，他の債権者を害する目的で，担保の供与又は債務の消滅に関する行為であって債務者の義務に属せず又はその方法若しくは時期が債務者の義務に属しないものをしたときは，再生手続決定の確定を条件として，5年以下の懲役若しくは500万円以下の罰金に処せられ，又は併科されます（法256条）。

4　監督委員等の特別背任罪（257条・新設）

　監督委員，調査委員，管財人，保全管理人，個人再生委員，管財人代理又は保全管理人代理が，自己若しくは第三者の利益を図り又は債権者に損害を加える目的で，その任務に背く行為をし，債権者に財産上の損害を加えたときは，10年以下の懲役若しくは1,000万円以下の罰金に処せられ，又は併科されます（法257条1項）。監督委員等が法人の場合は，その職務を行う役員又は職員が処罰されます（法257条2項）。

5　報告及び検査の拒絶等の罪（258条）

　再生債務者，再生債務者の代理人，法人である再生債務者の理事，取締役，執行役，監事，監査役及び清算人，再生債務者の従業員など一定の地位にある者が監督委員，調査委員，管財人，保全管理人及び個人再生委員から再生債務者の業務及び財産の状況に関する

報告請求を拒み，もしくは虚偽の報告をしたときは，3年以下の懲役若しくは300万円以下の罰金に処せられ，又は併科されます（法258条1項）。平成16年の改正により処罰される者の範囲が拡大されました（法258条2項）。再生債務者等が必要な検査を拒んだ場合も同様とされます（法258条3項，4項）。

6　業務及び財産の状況に関する物件の隠滅等の罪（259条・新設）

再生手続開始の前後を問わず，債権者を害する目的で，債務者の業務及び財産の状況に関する帳簿，書類その他の物件を隠滅し，偽造し，又は変造した者は，再生手続開始決定の確定を条件として，3年以下の懲役もしくは300万円以下の罰金に処せられ，又は併科されます（法259条）。

7　監督委員等に対する職務妨害の罪（260条・新設）

偽計又は威力を用いて，監督委員，調査委員，管財人，保全管理人，個人再生委員等の職務を妨害した者は，3年以下の懲役もしくは300万円以下の罰金に処せられ，又は併科されます（法260条）。

8　収賄罪（261条）

監督委員，調査委員，管財人，保全管理人，個人再生委員等が，その職務に関し賄賂を収受し，又はその要求もしくは約束をしたときは，3年以下の懲役もしくは300万円以下の罰金に処せられ，又は併科されます（法261条1項）。不正の請託を受けた場合には刑が引き上げられます（法261条2項）。監督委員等が法人の場合には，その職務を行う役員又は職員に適用されます（法261条3項）。

再生債権者もしくは代理委員又はこれらの者の代理人，役員もしくは職員が，債権者集会の期日における議決権の行使又は書面投票による議決権の行使に関し，不正の請託を受けて賄賂を収受し，又はその要求もしくは約束をしたときは，5年以下の懲役もしくは500万円以下の罰金に処せられ，又は併科されます（法261条5項）。

9　贈賄罪（262条）

第8項に記載した賄賂を供与し，又はその申込みもしくは約束をした者は，3年以下の懲役もしくは300万円以下の罰金に処せられ，又は併科されます（法262条1項）。不正の請託をして賄賂を供与した場合は，5年以下の懲役若しくは500万円以下の罰金に処せられ，又は併科されます（法262条2項）。

10　再生債務者等に対する面会強要等の罪（263条・新設）

再生債務者（個人である再生債務者に限る）又はその親族その他の者に再生債権を再生計画の定めるところによらず弁済させ，又は再生債権につき再生債務者の親族その他の者に保証をさせる目的で，再生債務者又はその親族その他の者に対し，面会を強請し，又は強談威迫の行為をした者は，3年以下の懲役もしくは300万円以下の罰金に処せられ，又は併科されます（法263条）　　　［野崎大介］

Q463　民事再生法における犯罪について実例はありますか。

A

詐欺再生罪での立件実例が報道されています。

民事再生法違反による最初の摘発事例としては，ホテル経営等会社の民事再生手続において，監督委員弁護士による調査の結果，会社の資金を他の会社の口座に送金する等して私的に流用したことが発覚したことにより，会社社長と公認会計士とが詐欺再生罪として逮捕され（日経新聞2003年6月12日朝刊43頁），起訴された事例（日経新聞2003年7月3日名古屋朝刊21頁）があります。同事例については，会社社長に対しては懲役3年の実刑判決（名古屋地判平成17年1月13日，高裁で懲役

2年に変更）が，公認会計士に対しては懲役3年執行猶予5年の判決（名古屋地判平成16年2月5日）がそれぞれ下されました。会社の再生手続きは廃止され，会社更生手続に移行したとのことです（日経新聞2003年8月29日名古屋朝刊36頁）。

また，家電量販店の民事再生手続において，監督委員弁護士による調査により，個人民事再生手続において，会社社長について，詐欺再生罪等として，同監督委員が告発をし（日経新聞2003年6月30日大阪夕刊19頁），資産たる株券を隠していたことにつき会社社長が詐欺再生罪として逮捕され（日経新聞2003年7月1日大阪朝刊16頁），起訴された事例（日経新聞2003年9月5日大阪朝刊16頁）があります。同事例の会社の再生手続きについては，管理命令の発令により，監督委員が管財人となり，管理型の民事再生手続に移行したとのことです（日経新聞2003年6月30日大阪夕刊19頁，日経新聞2003年7月1日46頁）。最近では，コンピューター周辺機器製造会社の民事再生手続において，同社の社長と副社長が共謀し，副社長が社長を務める別会社から本来必要がない業務管理ソフトを通常価格より高額で購入したことが，債権者の不利益になる財産処分にあたるとして，詐欺再生罪の容疑で逮捕されました（日経新聞2007年2月17日朝刊39頁，同夕刊11頁）。副社長には，懲役2年4月の実刑判決が下されました（東京地判平成19年10月25日，日経新聞2007年10月26日朝刊43頁）。

[野崎大介]

Q464 民事再生手続の申立前の行為でも，詐欺再生罪の適用がありますか。

A

民事再生手続の申立前の行為でも，詐欺再生罪の対象となり得ます。

詐欺再生罪（法255条）は，「再生手続開始の前後を問わず」としていますので，民事再生手続の申立後から開始決定前までの行為は詐欺再生罪の対象となり得ます。そして，法255条1項各号に記載された行為は，申立ての前後を問わずおこなわれ得る行為であり，申立ての時期という事情によって犯罪の成否が左右されることは不合理であり，同様に抑制する必要があること，文言上も民事再生手続の申立前の行為を排除していないことからして，民事再生手続の申立前の行為でも，詐欺再生罪の対象となり得ると解されます。このように解しても，法第255条が，債権者を害する目的を要件とし，客観的処罰条件として再生手続開始の決定の確定を規定していることから，処罰範囲の不当な拡大は防止できると考えられます。この点，詐欺破産の事例ですが，「同条により破産宣告前の行為が処罰されるためには，……破産申立てがなされることまでは要しないと解するのが相当である」との判示がなされています（東京地判平成8年10月29日判時1597号153頁）。また，詐欺再生罪の立件実例（ホテル経営等会社の民事再生手続）においても，開始決定後の行為のみならず，申立前の行為についても，対象となっているようです（日経新聞2003年8月29日名古屋朝刊36頁）。

[野崎大介]

Q465 特定の債権者だけに弁済をした場合，どのような犯罪が成立しますか。

A

従来，民事再生法上は，旧破産法上の過怠破産罪（「破産ノ原因タル事実アルコトヲ知ルニ拘ラス或債権者ニ特別ノ利益ヲ与フル目的ヲ以テ為シタル担保ノ供与又ハ債務ノ消滅ニ関スル行為ニシテ債務者ノ義務ニ属セス又ハ其ノ方法若ハ時期カ債務者ノ義務ニ属セサルモノ」旧破産法375条3号）に該当する規定がなく，詐欺再生罪が成立するかが問題とされ，否定的に解されていました。

しかし，平成16年の改正により新たな罰則規定が設けられ，他の債権者を害する目的など所定の構成要件をみたすときは，特定の債権者に対する弁済や担保の供与が処罰されることになりました（法256条）。

法256条の処罰の対象となるのは債務者であり，弁済又は担保の供与を受けた債権者側を処罰する規定は設けられていません。これは，債権者の立場からすれば，債務者の業績が悪化した場合に不良債権化を回避するための努力をする必要に迫られるのに，弁済又は担保の供与を受けることが処罰されるとなると，通常の経済取引に萎縮効果が生じることに配慮したものです。債権者が債務者の共犯として処罰されるかについては，債権者の弁済等受領行為が当然に予定されていることから，必要的共犯の問題があります。この点については，法256条と同様の行為を処罰対象としていた旧破産法375条3号の共犯の成否に関し，社会通念上許容される程度の弁済等の督促にとどまる限り不可罰と言い得るが，それを超えるような行為があった場合は，共犯としての責任を免れないと解されていた（『経済法編Ⅰ』注釈特別刑法第5巻708頁）ことが参考になります。　　　　［野崎大介］

Q466 粉飾決算をしていた場合，民事再生法上の犯罪が成立しますか。

A

業務及び財産の状況に関する物件の隠滅等の罪（法259条）が成立する余地があります。

民事再生法259条は，「債権者を害する目的で，債務者の業務及び財産の状況に関する帳簿，書類その他の物件を隠滅し，偽造し，又は変造した者は…3年以下の懲役もしくは300万円以下の罰金に処し，又はこれを併科する。」と規定しています。ここでいう「偽造」「変造」とは，刑法の文書偽造罪の「偽造」「変造」ではなく，証拠隠滅罪（刑法104条）の「偽造」「変造」であるとされています（法制審議会倒産法部会第33回議事録参照）。したがって，作成権限の有無は問題とならず，例えば会社の代表者が債権者の追及を逃れるため関連会社との間で架空伝票を作った場合や，帳簿に虚偽記載をした場合は，「偽造」又は「変造」にあたることとなります。そして，「債権者を害する目的」及び「再生手続開始の決定が確定」といった他の要件もみたすときは，業務及び財産の状況に関する物件の隠滅等の罪（法259条）が成立します。ただし，「粉飾」といっても様々な態様があり，債務者の財産の悪化や民事再生手続の妨害といった実害が生じないときなど「債権者を害する目的」の要件をみたさない場合には，同罪は成立しません。

なお，粉飾決算の結果，有価証券報告書に虚偽の記載をおこなった場合，金融商品取引法207条1項1号，197条1項1号，24条等により処断される場合があります。

［野崎大介］

第26章　業種別（メーカー）

Q467　外注先が再生債権の支払を求めて製品を留置している場合にどのように対応したらよいでしょうか。

A

留置している製品に対し、商事留置権が成立している場合には、その製品の評価額の範囲内での支払を条件として、製品の留置を解除するよう外注先と交渉を行う必要があります。納期の問題などで時間がない場合には、取り敢えず、相当額の担保を提供するなどして、製品の返還を求め、引き続き交渉を行うことも考えられます。なお、交渉結果を実行するためには、監督委員から、別除権の目的物の受戻しもしくは和解についての監督委員の同意を得る必要があります（法54条2項・法41条1項）。

［髙井章光］

Q468　継続的に材料の供給を行っている再生債権者が供給をストップした場合にどのように対応したらよいでしょうか。

A

継続的給付についての義務を負う双務契約の相手方は、再生手続開始申立前の給付についての返済がないことを理由として、義務履行を拒むことはできません（法50条1項）。しかしながら、現実的な対応においては、法律上の権利義務関係について説明するとともに、債務者の再建について説明し、理解を求めることが必要となります。さらに、20日締め翌月末支払などの一定期間ごとに債権額を算定する契約内容の場合においては、再生手続申立日を含む期間の取引については、共益債権となることから（法50条2項）、この対応により支払を行うことによって、供給再開を行ってもらえるかについても検討し、交渉することになります。なお、保全処分により支払が行えなくなる債権の判断については、納品時をもって判断することが一般的です。これは、納品前であれば、結局、仕入先は契約を解除し納品を行わない行動に出るでしょうし、他方において、納品を受けた以上、代金債権は発生していることから、保全処分の対象とすべき状況と評価できることが理由と考えられます。

［髙井章光］

Q469　メーカーが再生手続に入る際の留意点は何でしょうか。

A

　原材料，外注の費用について，今後は現金取引を仕入先から要求されることが考えられることから，当面の資金確保を行う必要があります。また，外注先に重要な金型等がある場合には，再生手続後はスムーズに取引を再開することができない場合があるため，そのようなことになった場合の代替措置について考慮しておく必要があります。倉庫を借りている場合や運送業者が商品を運送中の場合には，未払倉庫代・運送代を支払わないと製品について商事留置権を行使されてしまう可能性も生ずるため，対応策を用意しておくべきです。得意先からの発注が申立後に途絶えてしまった場合には，再建が困難となってしまうため，得意先への対応については特に注意を要することになります。さらに，ライセンス契約に基づいて製品を製造している場合には，民事再生手続申立が，ライセンス契約解除事由となっているか否かについても事前にチェックし，対応策を用意しておくことも必要になります。

［髙井章光］

Q470　継続的に供給を行っている債権者の再生債務者への対応はどうしたらよいでしょうか。

A

　再生手続開始前の給付についての返済がないことを理由として義務履行を拒むことはできませんが（法50条1項），一定期間ごとに債権額を算定して決済するような契約内容の場合においては，再生手続申立日を含む期間の取引については，例え再生手続申立前の取引であったとしても共益債権として取り扱われることができる場合もあります（法50条2項）。よって，このような主張を行い，共益債権として認められるよう資料提出等を行うことが有効です。

　また，継続的に動産を売却している場合には，動産売買先取特権に基づき転売先に対する売掛債権や再生債務者のもとにある当該動産を差し押さえることによって，優先的に回収することも検討すべきです。

［髙井章光］

第27章　業種別（小売・流通）

Q471

民事再生の申立てをした場合，通常，申立前の原因に基づき生じた債務については弁済が禁止されるものと聞きました。当社は小売業を営んでいるのですが，当社が発行した商品券やギフトカードはこの弁済禁止により取扱いが不能となってしまうのでしょうか。

A

　民事再生の申立会社が発行した商品券やギフトカードなどの前払式証票に基づき申立会社が負担する債務については，弁済禁止の保全処分において弁済禁止の対象としない取扱いをする場合があり，このような場合には申立会社が発行した前払式証票の流通性は確保されうると思われます。

　流通業を営む会社においては，商品券やギフトカードなどの前払式証票を発行することがあります。
　この前払式証票の発行会社が民事再生の申立てを行い弁済禁止の保全処分を受けた場合に，前払式証票が使用されることにより申立会社が負担する債務についてまで弁済が禁止されると，申立会社の発行した前払式証票の取扱いが不能となって，申立会社の信用は著しく毀損され，営業継続に極めて甚大な悪影響を及ぼすことが少なくありません。このような事態は再生債権者の一般の利益に反するものといえるでしょう。
　そこで，民事再生の申立ての際に発令される弁済禁止の保全処分においては，下記の債務を弁済禁止の対象としない取扱いをする場合があります。例えば，そごうやマイカルのケースではこのような取扱いがなされています。

記

再生債務者が発行した前払式証票（商品券・ギフトカード）の発行または使用によって再生債務者が負担する債務

　このような場合には，申立会社が発行した前払式証票の流通性は確保されます。なお，弁済禁止の対象としない取扱いをする場合には，申立会社の資金繰り上支障が生じないか否か慎重な検討が必要ですのでご注意下さい。また，再生手続の開始にあたっては，これらの前払式証票に係る債務について，監督委員の承認（法120条）を受けて共益債権化しておく必要があります。この場合，過去の例では，債権者との間で開始決定後も当該債務の弁済を行う旨の和解を行うことを前提として，この和解に基づき当該債務を共益債権化する手法が用いられたようです。　　　　［三森　仁］

Q472

当社は小売業を営む会社ですが，民事再生の申立てを考えています。民事再生の申立てをした場合に納入業者が所有権を留保している商品を一斉に引き上げられてしまうと店舗運営上重大な支障が生じます。何か対策はありますか。

A

　監督命令（法54条1項2項）において，取戻権（例えば，納入業者の留保した所有権に基づく商品の取戻権）を承認するには監督委員の同意を得なければならないと命じられる場合があります。そこで，対策としてこのような監督命令を受けることにより，納入業者が一斉に商品を引き上げることを防ぐことが考えられます。

　流通取引においては，納入業者が商品の所有権を留保したまま納入し，一般消費者に販売されたときに納入商品の所有権が移転するという取引がなされることがあります。

　小売業者が民事再生の申立てを行った場合に，納入業者により留保した所有権に基づき商品を一斉に引き上げられてしまうと，店舗の品揃えが不足して店舗運営上重大な支障が生じます。

　このような事態を防止するため，監督命令において，取戻権（例えば，納入業者の留保した所有権に基づく商品の取戻権）を承認するには監督委員の同意を得なければならないと命じられる場合があります。すなわち，「取戻権」とは，所有権に基づく返還請求権など，再生債務者に属さない財産を再生債務者より取り戻す権利のことで，本来再生手続には影響を受けない権利ですが（法52条1項），民事再生の申立直後の混乱した時期に十分な事実認定をせずに取戻権を承認することにより再生に支障が生ずる事態を防止するため，取戻権の承認（法41条12頁8号参照）に監督委員の同意を要するとする場合があるのです。このような監督命令を受けた場合には，監督委員の同意を得ずに納入業者が商品を引き上げることは禁止され，商品の引き上げを強行した場合には窃盗罪等の刑事処罰の対象ともなるおそれがあります（最判平成元年7月7日刑集43巻7号607頁参照）。

〔三森　仁〕

Q473

当社は小売業を営む会社ですが，民事再生の申立てを行い監督命令を受けています。監督命令において「取戻権の承認」に監督委員の同意を得なければならないとされていますが，例えば，催事業者が持ち込んだ商品で既に催事が終了したものについてはどのような手続を経て商品の返還をすればよいのでしょうか。

A

　監督委員に対し，取戻権を承認することについて同意することを求める申立てを行い，監督委員の同意を得た上で商品を返還することとなります。

　前記Q472で述べたとおり，監督命令において，取戻権を承認するためには監督委員の同意を得なければならないものとされる場合があります。

　しかしながら，例えば，催事業者が持ち込んだ商品で既に催事が終了したものや，月刊誌等の一

定期間に販売されるべきもので既に販売期間を経過したものについては，その返還により再生債務者の再生に支障が生ずるものとはいえず，むしろ，返還した方がバックヤードの整理・有効利用の観点から望ましいといえます。

かかる場合には，監督委員に対し，取戻権を承認することについて同意することを求める申立てを行い監督委員の同意を得た上で商品を返還することが認められます。　　　　　　　　［三森　仁］

Q474 当社は小売業を営んでいますが，民事再生の申立てをしたところ，当社所有の商品の運送を委託していた運送業者において運賃未払を根拠に運送中の商品を留置されてしまいました。商品の返還を受けるためにはどのようにしたらよいでしょうか。

A

　監督委員の同等を得て，運送業者の有している商事留置権を別除権として承認し，別除権評価額または被担保債権額のいずれか少ない金額を支払うことにより，別除権の目的物である商品を受け戻すことが考えられます。

　運送業者が貴社の商品を留置する根拠となるものは，商法521条の商事留置権と考えられます。
　この商事留置権は，民事再生手続においては別除権とされ，再生手続によらないで行使することができるものとされます（法53条）。
　そこで，監督委員の同意等（法54条2項・法41条1項9号参照）を得て，運送業者の有している商事留置権を別除権として承認し，別除権評価額または被担保債権額のいずれか少ない金額を支払うことにより，別除権の目的物である商品を受け戻すことが考えられます。

　なお，このような対応をとるためには，弁済する金額よりも別除権の目的物である商品の価値の方が高い場合であるとか，別除権評価額を弁済しても商品を取り戻す業務上の必要性がある場合など，弁済による損失と受戻しにより得られる利益とを比較衡量する必要があります。資金繰り上支障が生じないことのチェックも忘れてはなりません。また，別除権評価額を支払って商品を受け戻す場合に当該運送業者の未払運賃請求権が残存するときには，その後に運送を委託した商品について再度商事留置権を主張されるおそれが否定できません。従って，商品を受け戻すに際し当該運送業者の未払運賃請求権が残存する場合には，今後において商事留置権を行使しない旨の確認書等を徴求しておくことが必要な場合もありますので，ご注意下さい。　　　　　　　　　　［三森　仁］

Q475

当社は小売業を営んでいますが、民事再生の申立てを行い、先日、債権者集会を開催して今後の仕入れ取引に関する支払条件（旬払い）を提案したところです。そうしたところ、納入を中断していた納入業者から旬払いによる取引再開に応じる前提として保証金を積むことを要求されました。どのように対処したらよいでしょうか。

A

当該納入業者との取引継続が事業を再生する上で必要不可欠な場合で、資金繰りの面でも支障がないときには、監督委員の同意を得て保証金を差し入れることが考えられます。また、支払条件を変更する趣旨で前渡金を支払う場合もあります。

1 保証金の差入れは、担保権の設定行為であり、通常、監督命令において監督委員の同意を得るべき事項とされます（法54条2項参照）。

そこで、監督委員の同意を得て保証金を差し入れることが可能ですが、安易に保証金の差入れを認めては、たちどころに資金繰りに窮する結果となります。また、他の納入業者に対する取扱との均衡も問題となり、場合によっては他の納入業者からも同様の保証金要求が相次ぐことにもなりかねません。

そこで、できる限り、他の業者から納入できないかなど保証金を差し入れないですむ方法を検討する必要があります。検討した結果、他からの納入は困難など当該納入業者との取引継続が事業を再生する上で必要不可欠な場合で、しかも、資金繰りの面で支障が生じないときなどの場合に限り、監督委員の同意を得て保証金の差入れを行うことは認められるでしょう。なお、差入れ保証金の金額は当該納入業者との取引の規模に応じて決定されるべきもので、不相応に高額な保証金要求に応じることは難しいでしょう。

2 また、支払条件を変更する趣旨で前渡金を支払うことも考えられます。通常の場合、前渡金の支払は、担保権の設定行為ではなく、また、貸付金とも評価できないため、監督委員の同意は必要とされないことも多いでしょう。もっとも、資金繰りや他の納入業者に対する取扱との均衡について配慮すべきことは保証金の場合と変わりありません。

〔三森　仁〕

Q476

当社は、ショッピングセンターにテナントとして出店していますが、賃貸人であるショッピングセンター運営会社が先月末に民事再生の申立てを行い、先日開始決定がなされました。このショッピングセンターは、テナントの店舗営業による日々の売上金を毎日賃貸人に預託させ、月に1回月末で締めてその15日後に賃料、共益費その他の諸経費を控除して残額をテナントに返還するというシステムをとっており、当社の先月分の売上金が丸々返還されない状況となっています。当社は、現在、賃貸人に対し売上金を預託せず、いわゆる「自主管理」を行っていますが、先月分の売上預託金を返還してもらうことはできるでしょうか。

A

売上預託金の返還請求権は、原則としては再生手続開始前の原因に基づくものとして再生債権になるものと思われます。

ただ、①売上預託金が売上金をそのまま丸ごと預託したものであり、しかも、賃貸借にかかる敷金・保証金と異なって短期間に返還される特質を有しているとか、②売上預託金が返還されないと、中小零細テナントにとっては連鎖倒産に至るおそれがあり、かかる場合にはショッピングセンターの運営にも支障が生ずるとか、③売上預託金が返還されない事態が続くと、テナントのショッピングセンターへの協力の意識が損なわれるとともに、テナントによる自主管理状態が拡大し、店舗内規律が乱れ、店舗管理が破綻するおそれがあるといった事情に鑑み、売上預託金の返還を認めるケースもありますので留意して下さい（なお、ショッピングセンター運営会社と賃貸借契約を締結しているテナントと異なり、営業委託契約を締結している受託者については同様の取扱いが認められるとは限りません）。

㈱そごうの民事再生事件では、売上預託金を「取戻権」の対象であるとして返還を認めたと言われています。また、㈱マイカルのケースでは、賃貸人たる㈱マイカルとテナントとの間で、和解契約を締結することにより売上預託金の返還債務を和解契約に基づく共益債務として扱ったようです。また、民事再生法50条の継続的給付を目的とする双務契約の規定の適用を問題とする見解もあるようです。

もっとも、上記の例外的な処理は、かかる処理をすることが事業の再生に必要不可欠な特殊なケースに限られると思われますので、一般化することはできません。また、上記処理にあたっては資金繰りに窮しないように対処する必要があります。なお、テナントの防衛策として行われる「自主管理」は、賃貸借契約に基づく義務の違反となる場合が否定できず、後で、賃貸借契約を解除されるなど不利益に扱われるおそれもありますので、注意して下さい。

［三森　仁］

Q477

過去のスーパーマーケットなどの小売業の会社の再生計画を参考にして，小売業の会社の再生計画を策定する上で留意すべき点を教えて下さい。

A

1 まず，事業継続スキームの立案が必要ですが，過去の例では，スポンサーに対し営業譲渡を行った上で，再生債務者はスポンサーから営業委託を受けて小売業を継続するというスキームを採用したケースがあるようです。

2 また，店舗運営にあたっては閉鎖する不採算店の選別や店舗閉鎖の手順やスケジュールの管理，店舗閉鎖コストの資金確保など様々な問題が発生します。

3 配当率については，厳しい収益性からいかに清算価値（破産配当率）を保障するか頭を悩ませるところです。また，配当率が低い場合には，長期分割弁済では再生債権者の同意を得ることが容易ではありませんので，DIPファイナンスを受けるなどにより一括弁済資金を調達するスキームを考える必要があります。

4 また，小売業においては，再生債権者の中に多数の零細取引先があることが多く，少額債権者の取扱いをどのようにするか方針を決める必要があります。

5 特殊な例として，再生債務者が発行した前払式証票（商品券など）の発行または使用によって再生債務者が負担した債務に係る再生債権者の権利について，権利変更を行わないこととした再生計画の例があります。

6 また，再生債務者が所有する店舗に担保を設定している別除権者の取扱いが問題となります。このうち，採算店舗については別除権協定に基づき合意された担保権評価額を弁済するとともに，別除権不足額について再生計画に基づく弁済を行うこととなるものと思われますが，不採算店舗については店舗売却により別除権を返済することから，その売却価格如何によっては別除権予定不足額が大きくぶれるという問題があります。

この点，再生計画認可後に店舗を売却した結果，別除権者の予定不足額が予想を大幅に上回ったことに対し，別除権者と協定を結び，別除権者に関する部分だけ再生計画変更（配当率を若干削減したが，予定不足額の増加に伴い配当金額の合計は若干増額となった）を申立て，書面決議により処理をしたケースがあるようです（参考『再生事例』参照）。

[三森 仁]

第28章　業種別（ゴルフ）

Q478 ゴルフ場の価値はどのようして算出しますか。

A

財産処分価額での算出のほか、収益還元法、DCF法等もあります。

ゴルフ場の価値を算定することは、(1)財産評定との関係、(2)担保権者の予定不足額を決定する際の参考資料となること、(3)一般債権者（その多くは、ゴルフ会員権を有するメンバー）にとって清算価値保証原則が守られているか否かの参考資料となること（破産配当率を下回る弁済率の再生計画は認可されない）、(4)M&Aを実行するに際しての対価決定や裁判所代替許可のための資料等の意義を有しています。

再生債務者等は、再生手続開始後（管財人については、その就職後）遅滞なく、再生債務者に属する一切の財産につき再生手続開始の時における価額を評定しなければなりません（法124条）。財産評定を完了したときは、再生債務者等は、財産目録及び貸借対照表を作成して、裁判所に提出します（法124条2項）。この財産評定については、財産を処分するものとしてしなければなりませんが（規則56条1項本文、清算価値）、必要がある場合には、併せて、全部又は一部の財産について、再生債務者の事業を継続するものとして評定することができます（規則56条1項但書）。ここで、「必要がある場合」としては、再生債務者等がその事業の全部又は一部の譲渡を予定している場合に譲渡対価の参考資料とするケースが考えられます。

ゴルフ場における民事再生の場合、当該ゴルフ場を解体清算することを目的として民事再生を申し立てることは、会員のプレー権を保護する観点からは、実際的ではなく、(1)事業譲渡方式（M&A方式）、(2)自主再建型をとることが、実際には多いと思われます。したがって、(1)事業譲渡方式（M&A方式）を採る場合には、民事再生規則56条1項但書きにより、再生債務者の事業を継続する前提でも評定をしておくことが合理的と思われます。この場合、具体的な手法としては、収益還元方式（税引後利益を、一定の資本還元率で除して、事業体の価値を算出する方法）や、ディスカウンテッド・キャッシュ・フロー方式（DCF法。当該事業が生み出す将来の現金獲得額の総和を現在価値に引き直して企業価値を算出する方法）が考えられます。反面、(2)買主が値をつけられない結果、自主再建型となる場合には、原則どおり、財産処分価額（清算価値）のみの評定をおこなうことが考えられます。この場合、具体的には、当該ゴルフ場が所在する土地・建物について、評価を行うことになりますが、ゴルフ場が造成される土地は、山奥に所在することが多く、一部について借地である場合もあるほか、所有地についても固定資産評価額等も低額であるため、全体の合計額としても比較的低額となる場合が多いでしょう。

もっとも、事業譲渡方式か自主再建型かは、財産評定の時点では必ずしも確定していない場合もあること、財産処分価額（清算価値）といっても、処分をすべき財産について、ゴルフ場事業全体を処分すると想定した場合（他のゴルフ場や、リゾートホテルへの転用等）、事業譲渡方式においても清算価値保証原則（法174条2項4号）の観点から処分価額（清算価値）との対比の必要があること等の点に鑑みると、結局、処分価額（清算価値）と継続企業価値の両者の数値情報が必要とな

ることも多いと考えられます。（**参考**㈳日本不動産鑑定協会「民事再生法に係る不動産の鑑定評価上の留意事項について」判例タイムズ1043号96頁，会社更生に関するものであるが，日本公認会計士協会「財産の価額の評定等に関するガイドライン」（中間報告），財産評価の結果は，資産及び負債の帳簿価格を評価替えする性格のものでないことにつき，日本公認会計士協会『継続企業の前提が成立していない会社等における資産及び負債の評価について』）

[松村昌人]

Q479 貸借対照表に「コース勘定」とありますが，何ですか。換価性がありますか。

A

ゴルフコースの造成費用を計上したもので，独立して売却可能な資産ではありません。

ゴルフ場の貸借対照表には，資産の部に，「コース」，「コース勘定」，「コース施設」なる勘定科目が設けられており，比較的高額の数値が記載されていることがあります（『ゴルフ場企業決算年鑑全国97社308コース収録』一李出版）。

再生債務者等は，再生手続開始後（管財人については，その就職後）遅滞なく，再生債務者に属する一切の財産につき再生手続開始の時における価額を評定しなければなりません（法124条）。財産評定を完了したときは，再生債務者等は，財産目録及び貸借対照表を作成して，裁判所に提出します（法124条2項）。この財産評定については，財産を処分するものとしてしなければなりません（規則56条1項本文）。

コース勘定とは，土地を加工してゴルフコースを造る際の次のような費用を総称したものをいう非償却資産です（吉川和郎監『平成6年版ゴルフ場の税務会計』財団法人大蔵財務協会，11頁）。
・ゴルフコースの測量費用
・グリーンおよびティーグランドの地盛り，コースにするための地ならし，埋立て
・芝張り
・バンカー堀り，バンカー砂
・ウォーターハザード
・その他ゴルフコースを造るために要した費用

なお，耐用年数の適用等に関する取扱通達2—3—6（野球場，陸上競技場，ゴルフコース等の土木施設）では，ゴルフコースのフェアウェイ，グリーン，築山，池その他これに類するもので，一体となって当該ゴルフコースを構成するものは土地に該当するとしています。

したがって，コース勘定は，具体的なコースの形状等に化体しているものであり，これを土地から分離して独立の価値を持つものとして売却することは困難です。したがって，コース勘定の処分価格としては，0円として評価することも考えられます。もっとも，事業譲渡型の民事再生を念頭においている場合には，収益還元価額をもってコース全体の価値を算定する場合がありますので（規則56条1項但書），この場合は，コース勘定のような無形資産についても，土地と一体で評価する際に，結果的に，一定の財産的価値を有するものと評定される場合もあるのではないかと思われます。

[松村昌人]

Q480 法人会員について、再生債権の届出が個人名義でなされたものは、どうしますか。

A 届出事項を変更してもらいます。

ゴルフ場の会員は、利用できる日時の範囲の観点から、正会員と平日会員とに分類されるほか、会員の主体の観点からは、法人会員と個人会員とに分類されます（詳しくは各ゴルフ場の会則によります）。法人会員の場合、実際にゴルフのプレーをおこなう自然人を登録します（登録者の指定）。このため、会員の中には、法人会員と個人会員との法的区別が明瞭に認識されていない場合があり、債権届出においても、法人会員であるにもかかわらず、当該法人の代表者個人名義にて、債権届出がなされる場合が散見されます。

この場合、当該個人については、会員権資格は存在しないのですから、(1)届出債権について認めない旨を記載した認否書を提出することが考えられます。しかしながら、かかる形式的な対応をとった場合、無用の混乱を生じることとなるばかりか、届出のない法人会員分については、再生債務者において自認債権として別途認否書を提出することになり手続が煩雑となります。そこで、実務上は、(2)債権届出書を訂正ないし差替えをしてもらう、(3)便宜上届出名義の変更をしてもらう（法96条）等の対応が考えられます。

［松村昌人］

Q481 ゴルフ会員権について入会金部分は、どう認否しますか。

A 再生債権とは認めない例が多いようです。

預託金会員制のゴルフコースのメンバーになるには、通常、(A)ゴルフ場の募集に応じて、入会金と預託金を支払って、会員資格を取得する場合、(B)既に入会している他の会員からゴルフ会員権を譲り受けて、名義書換料を支払って、入会手続をとって、会員資格を取得する場合、があります。預託金制のゴルフ会員権の法的性質については、会則を契約内容とするゴルフ場と会員との個別契約に基づく契約上の地位であると解されます。そこで、入会金等についても、各会則の規定によりその権利性が判断されることになりますが、多くの会則では、入会金については会員に返還しない旨を定めていますので、入会金返還請求権が実体法上肯定される場合は、少ないと思われます。したがって、再生債権として入会金返還請求権の記載がある場合でも、再生債権としては認めない旨の認否書を提出することになります。もっとも、会則の規定ぶりによっては、入会金であっても、その実質が預託金である場合（返還規定がある場合）もあり、そのような会則のときには、返還請求権が認められる場合もあると思われます。

［松村昌人］

Q482　ゴルフ会員権については，プレー権はどう認否しますか。

A

預託金返還請求権とプレー権とを一体評価して，預託金返還請求権の額面を基準に，再生債権と扱う例が多いようです。

ゴルフ会員権は，預託金返還請求権と優先的施設利用権とを基本的内容とする契約上の地位であり，優先的施設利用権（プレー権）についても，理論上は一定の財産的価値が認められる場合もあります（プレー権にも財産的価値があることを示唆するものとして，東京高決平成16年7月23日金融法務事情1727号84頁，金融商事判例1198号11頁参照）。すなわち，民事再生法84条1項は，「再生債務者に対し再生手続開始前の原因に基づいて生じた財産上の請求権は，再生債権とする」と定めていますが，「財産上の請求権」とは，当該請求権が再生債務者の財産によりその目的が達成される請求権に限定されることを意味し，必ずしも金銭債権に限られません。よって預託金制のゴルフ会員権は，ゴルフ場施設の優先的利用権や預託金返還請求権などを内容とする契約上の地位であり，全体として財産上の請求権であり，再生債権となるとされています（参考『新注釈（上）』394頁）。

もっとも，預託金返還請求権が現実化されるには，会員がゴルフ場から退会すること（会員契約の解約）が条件となっている会則が殆どであるため，優先的施設利用権（プレー権）と預託金返還請求権とが同時に存在することは実際にはありません。したがって，預託金返還請求権に加えてプレー権を独自に経済的に算定することは実際的ではないでしょう。

営業の継続を前提とする民事再生においては，営業停止によるプレー権侵害を理由とする損害賠償請求権も発生しないため，損害賠償請求権に転化したプレー権を再生債権として認めることも困難であることを考えると，ゴルフ会員権については，全体として財産上の請求権たる再生債権として扱い，認否額については，預託金額面額によることとし，別途，プレー権を金銭上の価値として加算はしないことが合理的と思われます。この点，今泉純一「ゴルフ場と民事再生手続」（今中利昭編『ゴルフ場倒産と金融機関の対応』経済法令研究会，108頁所収）も，要旨，「会員権の債権額（議決権の額）は会員権が会員契約上の地位であり，かつ継続中の契約上の地位であることから，これを評価する必要がある。この評価額は，ゴルフ場との関係では預託金返還請求権相当額である（据置期間満了前の場合は中間利息分を控除）。」としています。また，和議法に関するものですが，プレー権は和議債権には含まれないとする見解を紹介するものとして，古曳正夫「和議手続におけるゴルフ会員権の取扱い」NBL　649号13頁があります。なお，東京地裁の運用例では，預託金返還請求権のみを再生債権とするものが多いとされており，優先的利用権については，それが共益債権であるか否かはともかくとして，独自に再生債権としての届出を求めることはほとんどないのが現状とされています（『破産・民事再生の実務［新版］下』ぎんざい191―192頁）。

[参考] 須藤編『民事再生の実務』新日本法規256～262頁，333，334頁　　　　　　　[松村昌人]

Q483 預託金据置期間満了前の預託金は，どう認否しますか。

A

中間利息を控除します。

ゴルフ場の預託金については，「開場後10年間据え置いて，退会時に返還する。」等として，据置期間を設けるとともに，「預託金には利息を付けない。」等と規定している会則が多いようです。

再生債権者は，債権の区分に応じて，議決権額が異なり，民事再生法87条によって個別に規定されています。そして，(A)一般的には債権額をもって議決権とし（法87条1項4号），(B)再生手続開始後に期限が到来すべき確定期限付債権で無利息のものについては，再生手続開始の時から期限に至るまでの期間の年数（その期間に1年に満たない端数があるときは，これを切り捨てるものとする。）に応じた債権に対する法定利息を債権額から控除した額をもって，議決権としています（法87条1項1号）。なお，条件付債権・将来請求権等については，再生手続開始の時における評価額を議決権とします（法87条1項3号）。

したがって，ゴルフ場の預託金の場合，再生手続開始時に据置期間が満了している場合は，その全額を議決権とし（法87条1項4号），他方，据置期間が満了していない場合には，預託金額から開始後据置期間満了までの期間について法定利息の割合による中間利息分を控除することも考えられます（法87条1項1号）。

もっとも，実務上は，会員が多数にのぼること，全会員について上記趣旨を理解させて債権の届出にあたって中間利息の控除を適正におこなわせることが非常に困難であること，理論上も据置期間経過後に退会（会員契約の解約権行使）により，はじめて預託金返還請求権が発生するという点で，厳密には確定期限付債権とは評価し難いこと，再生手続を選択しているゴルフ場においては据置期間が到来している場合が多いこと等の点から，中間利息や退会請求後の遅延損害金の調整を行わず預託金額面額をあらかじめ届出金額欄にプリントした特殊様式の債権届出用紙をゴルフ場側で作成し（他に，登録コース欄，会員番号欄，正会員と平日会員の区別欄，個人会員と法人会員との区別欄を設ける場合もあります。），債権者たる会員に発送していることが多いようです。

［松村昌人］

Q484 会員が何万人もいますが，債権者集会はどうしますか。

A

書面等投票の制度を利用することが考えられます。

再生計画案の決議は，債権者集会を開催して，同集会において決議をする方法によるのが原則的形態です（法169条2項1号。集会型）。しかしながら，ゴルフ場の場合，預託金返還請求権を有する会員が，多数にのぼることがあり，物理的に債権者集会を開催することが困難であることがあります。知れている債権者の数が千人以上である場合，届出再生債権者を債権者集会に期日に呼び出さない旨の決定も，裁判所は行うことができま

すが（法34条2項），再生計画案の決議をするための債権者集会は，この規定の適用がありません（同項かっこ書き）。そこで，書面等投票の制度が採用されています。すなわち，裁判所は，再生計画案の提出がされた場合において，議決権行使の方法として再生計画案を書面等投票によることとすることができ（法169条2項2号。併用型は3号），この場合には，その旨を公告し，議決権者に対し書面を送達し，債権者の意思を確認します（法169条4項）。そして，回答期間内に回答書を送付した議決権者の過半数（併用型の場合，債権者集会に出席した者を含む。）であって，議決権者の議決権の総額の2分の1以上の議決権を有する者の同意があるときは，再生計画案の可決があったものとされます（法172条の3）。なお，書面投票のみの場合（法169条2項2号），再生計画案が否決されると，集会決議等のように続行して再決議をする方法（法172条の4）が認められていないので，留意が必要です。

東京地裁の場合，原則として併用型を採用しています。もっとも，再生債権者数が数万人以上で，委任状の集まる見込みその他の事情から見て，多くの再生債権者が現実に参集する見込みのあるような特別な事件においては，書面決議も採用されているようです（参考『破産・民事再生の実務［新版］（下）』283頁）。

［松村昌人］

Q485 ゴルフ場の再生計画には，どのような実例がありますか。

A

自主再建型，資本注入・資産売却型等があります。

ゴルフ場の再生計画の実例を集めたものとしては，服部弘志監『ゴルフ場企業民事再生計画事例集（1〜3巻）』（一季出版）があります。これによると，自主再建型の再生計画案が16例，資本注入・資産売却型の再生計画案が14例，その他の再生計画案が7例となっています。具体的には，
・会員が組織した法人格なき社団に35％の株式を譲渡するもの
・将来，破産した場合に会員による株主会員制の経営に移行するもの
・新ゴルフ場に営業譲渡するもの
・スポンサーが再生会社の株式を取得するもの
・事業を3分割し，ゴルフ場営業のみを第三者に譲渡するもの
・中間法人が株式を取得するもの
等と多様です。会員権の処理についても，
・認可決定後6月以内に残留か退会かを選択させ，退会会員は一般の再生債権と同様の処理とし80％免除，残留会員は，認可後10年間在籍した後に退会を希望した場合，65％をカットし，残額35％を一括返還。ただし，年間返済額の合計について上限1億5,000万円を設けて，抽選制。
・退会希望者は一般再生債権と同様に9割免除。残留会員は，会員権を分割し預託金の据置期間を延長し，据置期間経過後は年間3,000万円の範囲内で預託金を返還するため，抽選制度を設ける。
・退会希望者は一般再生債権と同様に9割免除。残留会員は，預託金の据置期間を10年延長し，その後随時償還を受け付けるが，毎年の返還額は，未処分利益の2分の1を上限として，抽選で返還。代替措置として，正会員について記名者を増加，平日会員の土曜日の利用可。
・会員には再生計画認可決定確定後1ヵ月以内に預託金の約0.8％を返還し，拠出金なしで新ゴルフ場の会員とする。
・預託金の90％をカットし，残10％については，即時退会の場合は2年後から年1.25％の割合で8年間分割弁済か，残留会員の場合は10年間の据置期間経過誤に一括返還。

第28章　業種別（ゴルフ）
Q486

- 退会者には預託金の5％を返還，残留会員は，会員権を3分割するか，他の3コースのプレー権を付与するかを選択可能。
- 5％のみ返還するが，同額を新ゴルフ場に預託すると新ゴルフ場に入会可能。
- 会員を匿名組合員とする。

等と様々なものが用いられています（参考 服部弘志監『ゴルフ場企業民事再生計画事例集』・『第二巻ゴルフ場企業民事再生計画集』・『第三巻ゴルフ場企業会社更生計画集（附民事再生計画事例4件）』一季出版，事業再生研究機構編『新版再生計画事例集』商事法務，270頁以下，服部弘志「ゴルフ場のM&A」今中利昭編『ゴルフ場倒産と金融機関の対応』経済法令研究会，82頁所収）。

［松村昌人］

Q486　抽選による償還方法を再生計画案することができますか。

A

実質的に衡平であるとして，可能と考えられます。

弁済条件が平等性を欠いている場合，裁判所は，再生計画が法律に違反するものとして，その再生計画案を決議に付することができず（法169条1項3号・174条2項1号・155条），仮に決議に付されて可決された場合でも，再生計画不認可の決定をします（法174条2項1号・155条）。このため，抽選による償還方法が，当選者と落選者との間で不公平ではないかとの問題を検討する必要があります。

民事再生手続を行うゴルフ場の場合，預託金を全て返還する財源は，もともと存在しないことが多いと思われます。他方で，ゴルフ場の営業は，会員制を基本としており，会員が年会費の支払をおこない，プレーのため来場したり，ビジターを同伴してくる等により収入を確保することが予定されています。したがって，ゴルフ場の営業においては，全ての会員が退会して預託金の返還を請求することは，想定されませんし，実際にもそのようなことは稀でしょう。

そこで，再生計画においても，(1)認可決定直後の退会者については一般再生債権と同様の割合での債務免除を行い，免除後残額を償還し，(2)退会をせずにプレーを継続する会員については，相当期間，預託金の据置期間を延長し，据置期間経過後は抽選により償還者を決定するという案が考えられます。ゴルフ場の再生計画の実例においても，このような計画例が多いようです（服部弘志監『ゴルフ場企業民事再生計画事例集』（一季出版）によれば，約半数の再生計画案において，償還限度額を定め，これを超える会員が退会を申し出た場合，抽選によるとしています）。

このような退会者と残留者とを区分する再生計画案の場合，予定割合以上の会員が退会をした場合，計画弁済が不能となるおそれがあるため，将来の退会希望者について抽選による選抜を行う一般的必要性が認められます。もっとも，特定の債権者を再生計画上不利益に扱う場合，その者の同意が原則として必要となりますが（法155条1項但書），抽選による場合，不利益に扱われる可能性は全債権者に一般的抽象的に認められるため，再生計画時点では，機会の平等を保障しており，特定の会員のみを不利益に取り扱っているとまでは評価できないと思われます。また，他の一般再生債権者と同様の割合で弁済を受けることもできるとする選択制を定める再生計画の場合，ゴルフ会員のみを不利に扱っているとも言えません。民事再生法155条においても，「差等を設けても衡平を害しない場合は，この限りでない。」と規定していることからすると，抽選制の償還についても，実質的に衡平を害しないとして，かかる条項を含む再生計画案も許容される場合があると考えられます。

この点，裁判例でも，前期未処分利益を基準と

して算定した金額の範囲内で預託金の返還をするために，退会希望者全員の預託金額がこの金額を上回る場合には抽選とした事例で，いまだ平等の範囲内にあるとして，民生再生法155条1項に反しないと判断したもの（東京高決平成14年9月6日判時1826号72頁），抽選は退会者に平等に適用されること，再生会社の財産状況の予測困難性から抽選方式を採用したものである等として，再生計画認可決定を支持したもの（大阪高決平成18年4月26日金融・商事判例（244号18頁）が存在しています。

もっとも，抽選方式によっては，早期に弁済を受ける者と遅く弁済を受ける者との間に弁済の結果の平等が著しく害されているような場合もあり得，かかる場合には，法155条1項に違反する再生計画と判断される場合もあり得ます。この点，東京高決平成16年7月23日（金融法務事情1727号84頁，金融・商事判例1198号11頁）では，以下のように判示して，再生計画を不認可としており，抽選方式を含む再生計画作成にあたり，弁済が遅れる者への弁済率を増加させる傾斜弁済を提案しており，留意すべきと思われます。

「再生債権者に対する弁済は平等でなければならないから（法155条1項本文），継続会員債権者のような事実的条件の等しい債権者間においては，単に弁済を受ける機会が平等であるだけでは足りず，弁済の結果においても実質的に平等であることを要するというべきである。もっとも，抽選方式のすべてが債権者平等に反すると解することもなく，弁済が遅れる者への弁済率を計算上均衡が失われないように高くするといった傾斜弁済という条件の付加された抽選方式などであれば合理的な理由が認められ，債権者平等原則に反しないとされる場合もあり得る。いずれにせよ，本件再生計画における抽選方式は，このような条件が一切付加されていないから，抽選方式により早く弁済を受ける者と遅く弁済を受ける者との間に弁済の結果の平等が著しく害されているというほかない。」

なお，ゴルフ会員債権者間の平等性に加えて，ゴルフ会員債権者（残留組）と一般金銭債権者との平等も問題となりえます。この点については，前記諸裁判例のほか，東京高決平成13年9月3日金融・商事判例1131号24頁（実質的に株主会員制を保持できるゴルフ会員債権者と，0.1％弁済となる一般債権者との間で，実質的な衡平がなく違法ではあるが，結論として計画認可を認めたものがあります。また，和議法における事例ですが，大手ゴルフ場の和議条件では，「退会と残留とを会員に選択させ，残留会員について毎年総額10億円を限度として預託金の償還を行い，償還希望者が同限度額を超えるときは抽選制で当選した者に償還する。」として，抽選制度が採用されていたところ，同和議条件については，債権者平等の点について，東京地決平成11年3月10日金判1063号22頁が，要旨「プレー権と預託金返還請求権とが選択関係にあるという会員債権者の特殊性等に鑑み会員と他の和議債権者との間に債権者平等違背はない。抽選償還については全会員が抽選を受けることができ抽選に落選してもプレー権を失わないから債権者平等に反しない。」旨判示して認可決定を行い，その抗告審も原審を支持しています（東京高決平成11年5月17日金判1069号7頁）。同事件について，山本和彦「ゴルフ場に関する和議認可決定」（今中利昭編『金融商事判例別冊ゴルフ法判例72』経済法令研究会，34頁所収）は，民事再生法を踏まえて考察を加えています。

(参考)服部弘志監『ゴルフ場企業民事再生計画事例集』一季出版，服部弘志「抽選弁済を定めるゴルフ場事業の再生計画と債権者平等の原則再考」銀行法務21 50号9巻22頁，服部弘志「ゴルフ場事業者の再生手続における会員債権者の処遇と債権者平等の原則」田邊光政編『最新倒産法・会社法をめぐる実務上の諸問題』民事法研究会489頁所収）。

［松村昌人］

Q487 ゴルフ場の民事再生について、これまでの統計はありますか。

A

経済産業省サービス産業課「ゴルフ場事業再生に関する検討会報告書」（平成14年3月）等があります。

2001年から2007年までのゴルフ場の法的整理態様については、帝国データバンク「2007年ゴルフ場経営業者の倒産動向調査」によると、会社更生67件（13.5％）、民事再生349件（70.1％）、破産50件（10％）、特別清算32件（6.4％）となっています。また、民事再生法の2000年4月施行後から2006年12月までの全業種申請件数累計は、5,279件ですが、このうちゴルフ場経営企業は342件（6.5％）を占めていることが、帝国データバンク2007.1.9「民事再生法の適用申請企業の動向調査」にて報告されています。

ゴルフ場の民事再生に関する概況については、経済産業省サービス産業課「ゴルフ場事業再生に関する検討会報告書」（平成14年3月）によると、以下のとおりとなっています。

- 申立件数…75件（85コース）
- 申立者…ゴルフ場事業者（70件）、債権者（5件）
- 平均負債総額…330億円
- 申立理由（複数回答）…預託金返還問題（44件）、借入金返済困難問題（21件）、親会社の法的整理等（13件）、株式会社整理回収機構（RCC）関係（13件）、来場者減による営業収支悪化（10件）、破産申立てへの対抗（3件）、債権売却への対抗（2件）
- 再生手続開始決定までの平均期間…24日（最短1日、最長218日）

ゴルフ場については、申立てから認可決定まで比較的長期間を要する事例もあるため、上記申立てのうち、認可決定に至っているものは、30件で、うち経営継続型が42％、スポンサー型が58％という状況です。このほか、ゴルフ場の再生計画の実例としては、服部弘志監『ゴルフ場企業民事再生計画事例集1～3巻』（一季出版）にゴルフ場の再生計画実例が紹介されています。

［松村昌人］

Q488 ゴルフ場の民事再生については、管理型（管財人、保全管理人、会社更生優先）とされる場合が多いのですか。

A

会員等の債権者申立ての場合に、保全管理人等が選任された実例があります。

ゴルフ場については、預託金の返還時期が到来しても、その返還原資の準備ができておらず、その結果、多数の預託金返還請求訴訟を誘発する例があること等から、その経営が失当であるとの批判が会員等からされることがあります。このため、ゴルフ場の民事再生については、会社更生によるべきであるとの主張を受けたり民事再生手続によるとしても、経営陣の交替を要求されたり、保全管理命令や管理命令の発令により、再生計画の認可を待たずして事実上経営陣を更迭すべきとの要求が利害関係人から行われることがあります。帝

国データバンク「ゴルフ場経営業者の倒産動向調査」2005年～2007年では，3年間で民事再生法の申請後，利害関係人から会社更生の申立てがなされたケースとして，7件が紹介されています。

1．保全管理命令等

もっとも，保全管理命令等の発令の要件については，要旨，「再生債務者（法人）の財産の管理又は処分が失当であるときその他再生債務者の事業の再生や継続のために特に必要があると認めるとき」（保全管理命令につき法79条，管理命令につき法64条）とされていますので，同要件を充足することが発令の前提となります。したがって，ゴルフ場の民事再生であるからとの一事をもって，当然に，保全管理命令等が発令されるわけではなく，経営陣による財産管理や処分の態様その他の事情が考慮されることになります。ゴルフ場については，景気が比較的堅調で，ゴルフ会員権市場による売買が適正に機能していた時期（預託金額面額よりも市場で高く売却ができた時期）には，預託金問題が顕在化しなかったことを考えると，償還期限に預託金の返還ができないことのみを理由として，「再生債務者の財産の管理又は処分が失当である」と即断することは困難ではないかと思われます。裁判例としては，ゴルフ場ではありませんが東京高決平成13年12月5日金融・商事判例1138号45頁が「民事再生手続における管理命令の発令は裁判所の裁量に委ねられるべき事項であり，本件について原審裁判所が，その発令をしなかったとしても違法とはいえない。」と判示しています。

なお，経済産業省サービス産業課「ゴルフ場事業再生に関する検討会報告書」（平成14年3月）によれば，ゴルフ場の民事再生について保全管理人が選任された事例として3件（会員団体による申立て，債権者たる金融機関による申立て，親会社の会社整理に伴う申立て），民事再生法上の管財人が選任された事例として2件（会員団体による保全管理命令申立てに対応したもの，再生手続開始申立後に経営者が他界したもの），再生手続が廃止されて破産に移行したことにより破産管財人が選任された事例として2件が，報告されています。なお，再生手続が廃止された後に破産に移行するまでの期間については，民事再生法251条の規定による保全処分が発令される場合もあります。

2．会社更生

再生手続係属中に更生手続開始の申立があると，再生手続中止命令が出される場合があり（会社更生法24条1項），更生手続開始決定があると，再生手続は中止されます（会社更生法50条1項）。ただし，更生手続によることが債権者の一般の利益に適合するときは，民事再生が優先することになります（会社更生法41条1項2号）。裁判例としては，民事再生（但し，管理命令を発令）を優先させたもの（大阪高決平18年4月26日金融・商事判例1244号30頁），会社更生を優先させたもの（大阪地裁平19年12月31日）があります。

参考 「倒産法全面改正後の実情と問題点」（Ⅱ．再生手続と更生手続の競合）ジュリスト1394号2頁，「施行6年を経過した民事再生手続を振り返って」（4．管理命令をめぐって）事業再生と債権管理115号12頁（26頁～30頁），中井康之「主要裁判所における運用状況」事業再生と債権管理115号37頁（52～53頁）によると，東京地裁での管理命令はほとんど存しないとのことです。

［松村昌人］

第29章　業種別（建設）

Q489　建設会社の再生法の申立ての際に，工事出来高確認をする必要がありますか。

A

対施主，対下請業者との関係上，工事出来高確認をします。

建設会社が再生手続開始の申立をした場合でも，当然に工事契約が失効するものではありませんが（民事再生法49条），工事の途中で解除のやむなき場合もあります。この場合，注文主が既施工部分の引渡をうけて，別の工事請負業者に残工事をさせることになりますが，既施工部分を担当した再生会社にも出来高相当分の報酬請求権が認められます。よって，後日の請求のため出来高を確認しておく必要があります。なお，続行工事費用の増大等から，請求が認められない場合もあります（大阪地判平成17年1月26日判時1913号106頁）。

下請業者との請負契約は双務契約であり，再生法の開始決定時において工事が未完成であった場合，法49条により処理することが考えられます。ただし建設業の場合，工事出来高に応じて出来高報酬請求権が発生するとする契約実態があるため，この場合，下請業者（建設実務においては，協力業者と称することもあります）による出来高報酬請求権が，再生債権となると考える余地もあります。したがって，基準時（弁済禁止の保全命令発令時や開始決定時）における工事出来高を，確認しておく必要があります。この作業をしていない場合，後になって工事が進捗して完成する等した場合，再生債権の金額の査定において証拠資料が欠落する可能性があります。

なお，出来高確認については，下請業者の立会のもと，進捗率について文書にて確認を受けることが望ましいのですが，民事再生の申請時点においては，現場が混乱している場合もあり，円滑な出来高確認ができない場合も想定されます。そのような場合には，緊急下における当面の措置として，写真撮影等をして，証拠の保全を図ることが考えられます（参考 須藤英章編『民事再生の実務』新日本法規250～252頁，中島健仁「ゼネコンの会社更生をめぐる法的諸問題（2）」Credit & Law 98号20頁，「ゼネコン倒産処理をめぐる法的諸問題」金法1508号31～48頁）。　　　［松村昌人］

Q490　ゼネコン→再生債務者→孫請けと，数次請負形態となっている場合，孫請企業が再生債務者に対して有する未精算金はどうなりますか。

A

再生債権となるのが原則です。

ゼネコンから受注した工事案件について，再生債務者が，更に孫請けに出している場合があります。この場合，孫請業者は再生債務者に対して債

権を有しており、ゼネコンに対して直接債権を有しているわけではありません。再生債務者がゼネコンに対して有する債権は再生債務者の財産ですから、これを孫請業者が当然に取得する権利はありません。また再生債権については弁済禁止の対象となることから、支払をすることはできません。

この点、建設業法41条2項においては、「特定建設業者が発注者から直接請け負った建設工事の全部又は一部を施工している他の建設業を営む者が、当該建設工事の施工のために使用している労働者に対する賃金の支払を遅滞した場合において、必要があると認めるときは、当該特定建設業者の許可をした国土交通大臣又は都道府県知事は、当該特定建設業者に対して、支払を遅滞した賃金のうち当該建設工事における労働の対価として適正と認められる賃金相当額を立替払することその他の適切な措置を講ずることを勧告することができる」と規定しており、労働対価分について、孫請業者の債権を、ゼネコン側で処理するよう勧告される場合があるとしています。同項の「必要があると認めるとき」については、建設業法研究会『建設業法解説改訂9版』（大成出版社、397頁）では、「下請負人が不況による受注難で倒産したことにより、不払事件を惹起せしめた場合等、特定建設業者に全く非がない場合であっても、本項の勧告があり得ることを意味する。」と解釈しています。ただし、行政庁による民事不介入の原則からは謙抑的に運用されるべきであること、また、同項の

「労働者」とは自然人を指すものと解されることから、同条が直接支払の根拠となることはないようです。

もっとも、実務においては、上記建設業法41条の趣旨や、施工主との関係でゼネコンが現場の混乱や工期の遅延をおそれるあまり、再生債権を孫請け業者に支払うよう要求したり、ゼネコンから直接支払をする等と主張することがあります。この点については、再生債務者の資金繰り、孫請業者の代替性、将来の受注環境等諸般の事情を総合考慮して、対応する必要があります。場合によっては、例外的な対処として、民事再生法85条2項ないし、5項により、裁判所から弁済許可を取って、再生債権の支払いをしたり、ゼネコンから受けるべき請負報酬代金を、孫請け業者に対して直接支払うことを認めざるを得ない場合もありうるでしょう。ゼネコン（元請業者）が孫請業者に直接支払をする場合、ゼネコンは再生債務者に対して二重支払の危険を負担することになりますが、この点はあらかじめ契約で立替払の合意をしておくことで、ゼネコンの有する立替求償金と再生会社が有する請負代金請求権とを有効に相殺しうるとした裁判例が存在しています（東京高判平成17年10月5日判タ1226号342頁）。

[参考] 横浜弁護士会「建築請負・建築瑕疵の法律実務」ぎょうせい144～148頁、六川浩明「下請業者の倒産と実務上の対応移」Credit ＆ Law 128号6頁。　　　　　　　　　　[松村昌人]

Q491 工事現場を下請け業者が占有した場合、どうしますか。

A

続行工事部分の支払をする等して、対応します。

工事案件は、施工主に対する工期との関係で、工事の中断などをできるだけ避ける必要があります。特に、再生債権を有している下請業者の中には、再生債権の支払を求めて、その手段として、工事現場を占有し、再生債務者ひいては施工主に対して引渡を拒絶する者もいます。このような事態に対する対応策としては、説得を通じて、民事再生法の趣旨等を理解してもらい、円満に占有を解除してもらうことが原則的な対処方法となります。具体的には、(1)「新規の続行工事部分については、円滑に支払がなされる」旨を説明して納得を受けることになります。もっとも、下請業者が強硬な場合には、別途の対策を考える必要があります。すなわち、(2)当該占有が不法である場合に

は、仮処分手続において、当該下請け業者の占有を強制的に排除することが考えられます。もっとも、(3)留置権が適法に成立している場合等には、当該下請業者の代替性、工期の切迫度等を考慮して、再生債権の一部支払をするための弁済許可等（法53条・54条2項・85条2項・85条5項）を得ることが考えられます。また、(4)監督委員の同意（法54条2項）により、再生債権の支払いにかえて、貸付の形態で、当該下請業者の資金繰りを支援することも、検討の対象となるでしょう。なお、民事留置権及び商事留置権と民事再生との関係について判断したものとして、東京地判平成17年6年10日判タ1212号127頁があります。

[松村昌人]

Q492 建築途中の工事現場について、建築を続行することは、弁済禁止違反になりませんか。

A

弁済禁止の例外として指定を受けることが考えられます。

建設会社の再生のためには、弁済禁止保全命令（法30条6項）が出た時点での工事出来高を確認した後は、速やかに工事を再開し、工期どおりに工事を完成し、施主に引渡をすることが必要となります。民事再生法84条1項は、「再生債務者に対し再生手続開始前の原因に基づいて生じた財産上の請求権は、再生債権とする。」と定めており、「財産上の請求権」とは、当該請求権が再生債権者の財産によりその目的が達成される請求権に限定されることを意味し、必ずしも金銭債権に限られないとされています。従って、契約に基づく作為請求権（建築請負契約に基づく作為請求権）も再生債権となります（『新注釈民事再生法（上）』きんざい393頁）。このため建築を続行することは、再生債権の弁済となり、弁済禁止の対象になると思われます。そこで、かかる営業上必要な債務履行については、弁済禁止の保全命令の除外事由にあらかじめ列挙してもらい対処することが考えられます。もっとも、実務上は、契約の履行を前提として通常の日常営業に伴う事務として、特段の除外申請は行われていないようです。

ちなみに、開始決定の後は、建設会社の仕事完成義務は、通常の場合、代替的作為義務ですから、双方未履行の双務契約として、履行の選択を行い、工事を完成して引き渡しをし、請負代金を請求することになります（法49条）。なお、非代替的作為義務である場合には、破産に関する事案ですが、最判昭和62年11月26日民集41巻8号1585頁が、双方未履行の双務契約に関する規定である破産法59条の適用を否定しています。なお、不採算工事について再生会社が契約を解除する際の処理については、水元宏典「請負契約の処遇」（参考『Q&A民事再生』97頁）が、参考となります。

[松村昌人]

Q493 完成した工事案件について，将来の瑕疵修補請求に応ずることは，弁済禁止違反になりませんか。

A

弁済許可をとる等して対応することが考えられます。

完成して引渡を完了した物件について，後日隠れた瑕疵が発見されることがあります。また，工事物件については，通常，建設をおこなった建設会社が，竣工後1年，5年，10年などと定期検査をおこないますが，この際に瑕疵が発見されることも多いようです。建築工事の場合，完成品の使用年限が長いこと，また，住宅の品質確保の促進等に関する法律の第94条において，要旨，

「住宅を新築する建設工事の請負契約においては，請負人は，注文者に引き渡した時から10年間，住宅のうち構造耐力上主要な部分又は雨水の浸入を防止する部分として政令で定めるものの瑕疵について，民法第634条第1項及び第2項前段に規定する担保の責任を負う。この規定に反する特約で注文者に不利なものは，無効とする。」

として，瑕疵担保責任の軽減特約を制限していることから，瑕疵修補（いわゆるアフター・メンテナンス）の問題を避けて通ることはできません。この場合，(1)施工ミス等のため顧客に報酬を請求できないものについては，建設会社の費用と責任で補修をするべき義務がありますが，(2)顧客が汚損した又は経年劣化によるもの等については，有償補修として，顧客に作業報酬の請求をすることができます。

では，この(1)建設会社の費用と責任で補修をすべき債務については，再生債権として弁済禁止の対象となることはないのでしょうか。再生を図る民事再生においては，建設会社が，瑕疵修補請求に応じないとすることは実務上は困難ですが，再生債権については，弁済が禁止されていますので（法85条），この点を検討する必要があります。ここで，民事再生法84条1項は，「再生債務者に対し再生手続開始前の原因に基づいて生じた財産上の請求権は，再生債権とする。」と定めていますが，「財産上の請求権」とは，当該請求権が再生債権者の財産によりその目的が達成される請求権に限定されることを意味し，必ずしも金銭債権に限られないとされています（参考『新注釈（上）』393頁）。これを請負における瑕疵修補請求権（民法634条）についてみると修補に代えてする損害賠償請求権や修補とともにする損害賠償請求権については，再生債権者の財産によりその目的が達成される請求権に該当するので再生債権となり弁済禁止の対象になり，瑕疵修補請求権についても，再生債務者に対する作為請求権でありこれも再生債権となり弁済禁止の対象となるのではないかと思われます。旧会社更生法に関する裁判例ですが，瑕疵修補請求権ないしそれに代わる損害賠償請求権について，建築工事及び引渡が開始決定前におこなわれたことから，更生債権と認定し，未届更生債権として，更生計画認可決定により免責されるとしたものがあります（大阪地判平成13年6月29日判タ1095号284頁）。したがって，(1)民事再生法85条5項による少額債権の弁済の許可を受ける等して対応をするか，(2)再生債務者のために支出すべきやむを得ない費用の請求権で再生手続開始後に生じたもの（法119条7号）に該当すると解して，共益債権の弁済として瑕疵修補を実行するか（認めない見解として，条解民事再生法（第2版）弘文堂534頁参照），(3)完成引渡後も請負契約の瑕疵修補特約部分が双務契約的部分として残存しているとして共益債権（法49条4項）として瑕疵修補を実行することになるのではないかと思われます。もっとも，実務上は，軽微な修補作業の場合には，通常の日常営業に伴う事務として，特段の法的措置はとることなく，修補作業が行われているようです。

［松村昌人］

Q494 民事再生を申し立てたことを理由にJV契約を解除すると言われました。どうしますか。

A

解除の権利は再生債務者側にあることを強調します。

JV工事は，2社以上の建設会社が，共同で工事施工を行う建設業特有の事業形態で，この共同事業のための組織をジョイント・ベンチャー（Joint Venture，共同企業体）と呼びます。JVにおいては，施主に対して，建設事業を共同で請け負いますが，共同企業体は法人格を有しないため，共同企業体を構成する企業のうちの1社が代表者（幹事会社，スポンサー，親）として契約を締結し，財産管理もおこないます。他の会社は，構成会社（サブ，子）として，その構成割合（出資割合）に応じて，JV契約上の責任を負うとともに，分配権限を得ます。なお，対外的にはJVが発注者に対して有する請負代金請求権は，JVの構成員各自に不可分的に帰属します（大阪地判昭和59年6月29日判時1142号80頁）。また，代表者（業務執行者）たる組合員が，自己名義の口座に，請負代金の振込をうけたときには，同全員はJVの財産でなく，その代表者に帰属するとされています（大阪高判平9年12月3日金融法務事情1554号78頁。上告棄却）。このためJV預金口座はJVの名を冠した代表者名義の別口預金口座とする運用がなされています。

JVは，スポンサー企業とサブ企業との契約により構成されます。契約書にはJV構成員のうちいずれかが，工事途中において重要な義務の不履行その他除名し得る正当な事由を生じた場合には，除名が可能（特定建設工事共同企業体標準協定書（甲）16条の2），破産又は解散の場合には脱退（同協定書17条）との条項が入っていることがあるため，民事再生を申し立てたことを理由として，JVの相手方である企業が，「JV契約を解除する。」との申し入れをしてくることがあります。これは，JV契約の解除により，JVの一方企業を排除してしまうことで，施主から工事の単独受注を受けて，利益を独占しようとする意図等によるものです。建設業倒産の場合，再建型でなく，破産が選択されることが多いため（帝国データバンク『建設業者の倒産動向調査』では，2005年〜2007年で93〜95％が破産とされる），JV相手方が破産と誤解して，JVからの脱退を要求してくることもあります。

しかし再生会社の再建のためには，継続中の施工現場については，予定どおり工事を遂行して，請負代金を施主から受領することが肝要であり，当該工事案件が大幅赤字案件であることが明らかな場合を除いて，JV契約からの排除を受け入れるわけにはいきません。民法679条2号は，破産手続開始決定を組合脱退事由としていますが，民事再生・会社更生のような再建型手続は含まれていません。また，民事再生法49条1項は，「双務契約について再生債務者及びその相手方が再生手続開始当時共にまだその履行を完了していないときは，再生債務者等は，契約を解除し，又は再生債務者の債務を履行して相手方の債務の履行を請求することができる。」と規定しており，双務契約の解除・履行の第一次的選択権を再生債務者に与えています。そして，JVは，一般に組合と解されており，双務契約ですので同規定の適用が考えられます。この点，脱退除名条項の有効性が問題となります。裁判例としては，会社更生に関する事例ですが，「買主たる株式会社に更生手続開始の申立の原因となるべき事実が生じたことを売買契約解除の事由とする旨の特約は，債権者，株主その他の利害関係人の利害を調整しつつ窮境にある株式会社の事業の維持更生を図ろうとする会社更生手続の趣旨，目的（会社更生法1条参照）を害するものであるから，その効力を肯認しえないものといわなければならない。」と判示するものがあります（最判昭和57年3月30日民集36巻3号484頁）。再生法では，東京高判平成19年3月14日判例タイムズ1246号337頁が，解除特約を無効

と判断しています。他方，再建型倒産手続である和議開始の申立てがあることをリース契約解除事由とする特約を有効とした事例（名古屋地判平成2年2月28日金判840号30頁）もあります。したがって，再生会社の立場としては民事再生の申立がなされたことや開始決定があったことをもって，契約解除の事由となると定められている場合であっても，これが当然に有効となるものではないことを説明することになるでしょう。

なお，再建型倒産手続では脱退をさせない運用事例が多いとの指摘もなされています（横浜弁護士会編『建築請負・建築瑕疵の法律実務』ぎょうせい160頁）。

[参考] 福永有利「建設業におけるジョイントベンチャーと倒産法」判タ643号33頁

[松村昌人]

Q495

当社の下請業者が，JV契約の相手方企業（サブ）に対して，再生債権の支払いを請求しています。どうしますか。

A

三者で協議の場を設けて，和解により解決を図ることが考えられます。

JV工事は，2社以上の建設会社が，共同で工事施工を行う建設業特有の事業形態ですが，法的な性格としては，組合契約であると解されています。そして，組合の契約当事者である建設会社はいずれも商人であるため，組合の債務については，「数人がその一人又は全員のために商行為となる行為によって債務を負担したときはその債務は各自が連帯して負担する」とする商法511条1項の適用が考えられます。この点，最判平成10年4月14日（民集52巻3号813頁）は，和議に関する事例ですが，

「共同企業体は，基本的には民法上の組合の性質を有するものであり，共同企業体の債務については，共同企業体の財産がその引き当てになるとともに，各構成員がその固有の財産をもって弁済すべき債務を負うと解されるところ，共同企業体の構成員が会社である場合には，会社が共同企業体を結成してその構成員として共同企業体の事業を行う行為は，会社の営業のためにする行為（附属的商行為）にほかならず，共同企業体がその事業のために第三者に対して負担した債務につき構成員が負う債務は，構成員である会社にとって自らの商行為により負担した債務というべきものである。したがって，右の場合には，共同企業体の各構成員は，共同企業体がその事業のために第三者に対して負担した債務につき，商法511条1項により連帯債務を負うと解するのが相当である。」

と判示しています。したがって，民事再生の場合においても，JV契約に関してスポンサーである再生会社が行った取引についての債務についても，JVのサブである建設会社は連帯して支払う義務があることになります。この点，JV内部の契約でも特定建設工事共同企業体の標準協定書（甲型）10条では，JV各構成員は建設工事の請負契約の履行及び下請契約その他建設工事の実施に伴いJVが負担する債務の履行に関し，連帯して責任を負う旨規定しています。

そして，JV契約の相手方企業（サブ）が，下請業者の請求に対して，支払いを行った場合には，JV契約の相手方企業（サブ）は，JV契約のスポンサー企業である再生債務者に対して求償権を取得することになります。この求償権は，再生手続開始前の原因に基づいて生じた財産上の請求権であり，再生債権となりますが（民事再生法84条1項），仮に，JV契約の相手方企業（サブ）が，再生債務者に対して反対債権を有している場合には，相殺を受ける可能性があります。JV契約においては，未清算の債権債務関係が残存していることが多く，建設会社は複数のJV契約を締結していることが多いため，反対債権が存在することも多いでしょう。かかる相殺の問題については，前掲最判平成10年4月14日（民集52巻3号813頁）に

おいて，

　「和議債務者に対して債務を負う者が和議開始の申立てを知った後に和議債務者に対する債権を取得した場合は，右債権を自働債権として相殺をすることは原則として許されないが，右債権の取得が和議開始の申立てを知る前の原因に基づくものであるときは，右債権を自働債権として相殺することができるところ（和議法5条，破産法104条4号），連帯債務関係が発生した後に連帯債務者の一人が和議開始の申立てをした場合において，他の連帯債務者が和議開始の申立てを知った後に債権者に債務を弁済したときは，右弁済による求償権の取得は，右にいう「和議開始の申立てを知る前の原因に基づく」ものと解するのが相当である。」

と判示しています。したがって，民事再生の場合においても，JV契約に関してスポンサーである再生会社がおこなった取引についての債務を，JVのサブである建設会社が支払いをしたことによる求償権については，相殺の自働債権として用いられる危険性が高いと言えます。そこで，再生債務者としては，JVのサブである建設会社が実際の支払いをするまでに，当該下請業者と三者で協議する場を設けるよう要請して（民法443条参照），可能な限り，支払額の減免の交渉に力を割くべきでしょう（参考 中島健仁「ゼネコン会社再生をめぐる法的諸問題(4)」Credit & Law 111号32頁，横浜弁護士会編『建築請負・建築瑕疵の法律実務』ぎょうせい，161～167頁）。

［松村昌人］

Q496 財務諸表に，売掛金の表示項目がありませんが，どの勘定科目が該当しますか。

A

完成工事未収入金が売掛金に相当します。

　財産評定においては，資産を評価する必要があります。売掛金も評定の対象となります。また，売掛金については，それを円滑に回収することが，再生債務者の資金繰りとの関係でも重要となります。もっとも，建設業の場合，会計に用いる勘定科目が通常の企業と異なりますので，これを把握しておく必要があります。通常の企業では，売掛金に相当するものは，「完成工事未収入金」となります。「未成工事支出金」という勘定項目もありますが，これは，工事途中の案件に関する支出金（原価）ですから，工事を完成させた段階でないと集金をすることはできない性質のものです。法人である建設業者が建設業法に基づいて，国土交通大臣または都道府県知事に提出する貸借対照表，損益計算書等に関する書類の記載方法については，建設業法施行規則別記様式によります。類似する勘定科目名を挙げると以下のとおりです（建設業法施行規則別記様式15号及び16号の国土交通大臣の定める勘定科目の分類（昭和57年建設省告事第1660号））。

・完成工事未収入金……完成工事高に計上した工事に係る請負代金の未収額
・未成工事支出金……引渡を完了していない工事に要した工事費ならびに材料の購入，外注のための前渡金，手付金等（長期の未成工事に要した工事費で，工事進行基準によって完成工事原価に含めたものを除く）
・工事未払金……工事費の未払額
・未成工事受入金……引渡を完了していない工事についての請負代金の受入高（長期の未成工事の受入金で，工事進行基準によって完成工事高に含めたものを除く）

　なお，建設業会計においては，工事が完成してから完成工事未収金に振り替える「工事完成基準」と，工事の途中段階でも出来高を随時算定する「工事進行基準」とがあります（企業会計基準委員会「工事契約に関する会計基準」（企業会計基準第15号））。(A)工事完成基準は，工事が完成し，その引渡しが完了した日に請負金額をもって工事収益の計上をおこなうもので，大多数の建設会社におい

て採用されています。実現主義によるため確実性があるものの，工期が2事業年度以上にわたるような長期大型工事に適用した場合には，(1)完成に至る施工途上の事業年度においては，工事収益の計上がおこなわれない反面，(2)工事が完成した事業年度に収益と原価が全額計上されることになるので，期間損益の適正な計上という観点からは留意すべきです。キャッシュ・フローとの差が大きい場合には，監督委員に無用の誤解（例：工事をしているのに今月の利益が全くあがっていない等）を与える場合もありますので，場合によっては，会計上の処理の説明を行う必要があることもあります。これに対し(B)工事進行基準は，請負代金の総額，工事期間など請負工事契約に基づき，工事収益を工事の進捗度に応じて計上するものです。進捗部分について成果の確実性が認められる場合には，工事進行基準が適用されます（上記基準9項）。工事の進捗度の例としては，当期の実際発生工事原価と見積総工事原価との割合や，技術的な工事進行度等が利用されています。再生債務者が当該工事について，いずれの会計処理を選択しているか，事前に，確認をしておくことが必要です。なお，整理回収機構「再生計画における資産・負債の評価基準」では，完成工事未収入金について，「過去の瑕疵に基づく減額率や回収実績等を参考に一定割合を減額控除することも可能」としており，民事再生の場合においても，その評価の際の参考となるでしょう。(参考 田村雅俊『建設業会計の実務』清文社，『再生書式』書式30～36)。　　　　　　　　　　［松村昌人］

Q497 建設業者が民事再生を申し立てると，建設業の許可を取り消されませんか。

A 当然に取り消されるわけではありません。

建設業を営もうとする者は，一定の区分により，国土交通大臣や都道府県知事の許可を受ける必要があります（建設業法3条）。許可基準のひとつとして，要旨「請負契約を履行するに足りる財産的基礎又は金銭的信用を有しないことが明らかな者でないこと。」等が要求されており（建設業法7条4号・15条3号），民事再生の申立をした会社については，この許可基準を満たさない可能性があります。他方，一旦，建設業の許可を取得している会社については，建設業の許可の取消しについて定めた建設業法29条1項が，建設業法7条4号を指定していませんので，当然に，建設業の許可が取り消されるわけではありません。建設業の許可は，5年毎に更新がなされますので（建設業法3条3項），許可有効期間の5年間をとおして判断がなされます。なお，許可にかかる建設業者は，毎事業年度経過後に，貸借対照表，損益計算書等を国土交通大臣または都道府県知事に提出する必要があり（建設業法11条2項，17条，建設業法施行規則10条1項），これらの書類は建設業許可の更新の際の財産的基礎の審査に用いられます。虚偽の内容を記載した貸借対照表等を提出すると，建設業法違反として罰せられる場合があるので，注意が必要です（東京地判平成18年11月1日判例タイムズ1243号332頁）。また，許可の更新の申請日までに民事再生手続の申立てをした場合には，開始決定がなされるまでは，許可の更新を留保するとの取扱いがなされる場合もあります（「経営再建中の建設業者に係る建設業法上の事務の取扱いについて」平成12年6月1日建設省経建発第111号）。　　　　　　　　　　［松村昌人］

Q498 建設業者が民事再生を申し立てた場合，官公庁の入札の資格は維持できますか。

A

入札資格を喪失するため，その再取得が必要です。

国や地方公共団体等の発注にかかるいわゆる公共工事については，多くが指名競争入札や随意契約によっておこなわれていましたが，大規模公共工事において一般競争入札が本格的に採用されることとなり，適正な入札参加資格者の選定及び不良不的確業者の排除が求められるようになったため，平成6年の法改正により，経営事項審査が法律上の義務に格上げされています。すなわち，公共性のある施設・工作物に関する一定の建設工事について発注者から直接工事を請負うためには，建設業者は，その経営に関する客観的事項について，その許可を受けた国土交通大臣又は都道府県知事の審査（経営事項審査＝経審）を受けなければなりません（建設業法27条の23）。すなわち，公共工事の入札に参加しようとする建設業者は，経審を受ける必要があります。経審の審査項目では，経営規模（完成工事高，自己資本額，職員数），経営状況（売上高営業利益率，総資本計上利益率，キャッシュ・フロー対売上高比率等），技術力（技術職員数），その他（労働福祉，安全成績）が，考慮され，総合評点が決められます。民事再生の申立により，これらの数値に変動があり得るため，公共工事を請け負うことができる期間中であっても，再生手続開始の申立により，入札資格が，確認されないことがあります。例えば，「民事再生法に基づく再生手続開始の決定を受けた者の一般競争参加資格の取り扱いについて」（平成12年6月1日建設省厚契発第20号）では，再生債務者の一般競争参加資格について再度の一般競争資格審査の申請を行なわないときは，競争参加資格が確認されない場合があるとしています。一般競争参加資格の再認定がなされると，特定建設工事共同企業体も維持されます（「特定建設工事共同企業体の構成員の一部について民事再生法に基づき再生手続開始の申立てがなされた場合の取扱いについて」（平成12年6月1日建設省厚契発第22号・建設省技調発第96号））入札資格の再取得までのスケジュールについて，該当自治体等との関係で，事前に概要を把握しておく必要があるでしょう。なお，経営事項審査の関係では，「経営再建中の建設業者にかかる建設業法上の事務の取扱いについて」（平成12年6月1日建設省経建発第111号）第二項（経営事項審査関係事務の取扱いに，財務諸表の審査のあり方が記載されています。

(参考)『工事契約実務要覧』新日本法規，建設業許可行政研究会『建設業の許可の手びき』大成出版社）。　　　　　　　　　　　［松村昌人］

第30章　業種別（旅館業）

Q499　ホテルや旅館を営業する会社が民事再生手続の申立てを行う場合に申立直後の混乱を防ぐにはどのような点に注意すべきですか。

A

　ホテルや旅館の営業を目的とする会社の場合，民事再生手続申立てによって，従前の客足が途絶えるようなことが起こってしまっては，事業の再生自体が困難となるおそれがあります。従って，民事再生手続開始申立後であっても，イメージダウンや現実のサービス低下といったことが起こらないよう充分な配慮が必要となります。

　まず，接客等にたずさわる従業員には，会社の状況を充分に説明し，各従業員の理解を徹底させたうえ，宿泊客や予約客等からの問い合わせや，質問等に，混乱なく回答できるようにマニュアル等で対処方法の指導を行うなど，混乱を極力防ぐ必要があります。

　また，リネン，清掃等の各取引業者や食材等の納品業者に対しても，民事再生開始決定後の取り扱い等について理解を得ておき，引き続き継続した役務の提供や，材料の提供等をお願いし，サービスや仕入れ等に滞りが生じないようにする必要があります。

　また，ホテルの従業員の中には，職場に対する不安等から，辞職を申し出るといった自体も考えられるため，従業員に対する理解を継続して求める反面，人材派遣等で人的な設備の補完は常に配慮する必要があります。

［大城康史］

Q500　ホテルや旅館を営業する会社の民事再生申立後，再生計画提出までの間はどのような点に注意すべきですか。

A

1　ホテルや旅館の営業の場合，再生計画の前提としてスポンサーがつくか否かによっても事業再生の方法は異なりますが，いずれにせよ，年間通じて安定した集客を確保し，全体の売上の増加を図ることが不可欠です。

　そして，再生計画を提出するまでの間の再生債務者の売上状況は，今後のホテル営業の集客状況を占うものであり，再生債権者が再生計画に同意するかの重要な判断資料にもなるため，申立直後の混乱等を速やかに回避したうえで，従前の経営が不振であった原因を追究し，その対策を講じて，売上の増加を図っていく必要があります。

2　また，ホテルや旅館の場合は，常にサービスを保ち，質を低下させないためにも，一定のメンテナンスや，内外装の修繕等を継続して行う必要があり，再生計画提出時までの期間も，これらの費用は不可欠なものです。

　しかしながら，この時期に多額の経費をかけることは，利益を少なくするうえ，場合に

Q501

民事再生手続を行っているホテル内において，業務委託契約により働いている清掃人，配膳係等の債権についてどのように支払ったらよいでしょうか。

A

ホテルや旅館が民事再生手続を行った場合には，働いている清掃人，配膳係等に関する債権の支払が問題になることが多くあります。すなわち，ホテルなどでは清掃人，配膳係など大勢の人が働いていますが，これらの人々については当該ホテルが直接雇用しているわけではなく，ホテルがこれらの人を雇用している会社と業務委託契約を締結していることが多いので，これらの人に関しての申立前に発生している債権については，再生債権として取り扱われることになってしまいます。ところが，再生債権とされ，支払がなされない場合には，業務委託先において，これらの人々に対する給与の支払ができなくなる場合があり，今後の業務に多大な支障が生ずることに成りかねません。したがって，資金繰りにおいて余裕がある場合には，これらの経費について支払を行う方法を考える必要があります。この場合，業務委託契約について，継続的給付を目的とする双務契約と見ることができれば，例えば毎月20日締め翌月20日支払というように一定期間ごとに債権額を算定すべきとされている場合には，申立ての日の属する期間内の給付については共益債権とすることができますので（法50条2項），この取扱いを行ったり，民事再生法85条5項の「少額の再生債権を早期に弁済しなければ再生債務者の事業の継続に著しい支障を来すとき」に該当するとして裁判所の許可を得て支払いを行う方法を検討する必要があります。民法308条は「雇傭関係に基づいて生じた債権」と改正前の内容に比べ一般先取特権の対象となる債権を広く規定しております。従前においても「使用人との雇傭関係」については，解釈によって適用範囲が拡げられて来ましたが，上記のように給与以外の債権についても対象となることになりましたので，場合によっては，実質的には再生債務者が雇用しているものと同視しうると見なして一般優先債権（法122条）として取り扱うことも検討すべきものと考えます。

［髙井章光］

Q502

ホテル経営会社が民事再生を申し立てる予定ですが，どのような点に注意したらよいですか。

A

1　お客に飲食を提供する場合の材料は日々仕入れをしているはずです。これが途切れるとお客への飲食の提供ができなくなります。申立後に納入業者に材料供給の継続をお願いすることはもちろんですが，現金引き換えでなければ購入できないことも考慮して，現場に現金を持たせておく必要があります。万一それでも納入してもらえない場合に備え，他のルートによる仕入れ，場合によってはスーパーマーケット等から購入してくることも検

討しておく必要があります。
2　ホテルの場合，リネン業者等にも供給を継続してもらうことが必須です。リネン業者等は代替がきかないこともあります。場合によっては，買掛金が発生しないような工夫をすることが必要になることもあります。また，申立後ただちにお詫びに行き，以後の取引条件について協議をすべきです。
3　民事再生を申し立てると，旅行業者が送客を見合わせることがあります。申立ての直後にすみやか旅行業者に説明に行き，引き続き営業を続けていくことを理解してもらうよう努めるべきです。
4　営業を順調に継続できれば，宿泊客はある程度維持できると思われます。しかし，ホテルのグレード等にもよりますが，結婚披露宴等の宴会利用については深刻な影響が出る場合があります。資金繰り上考慮に入れておく必要があります。
5　クレジットカードの利用は通常民事再生申立後でも継続できると思われます。すなわち，ホテルとクレジットカード会社との契約は継続可能と思われます。また，クレジットカード会社が代金を所定の金融機関口座に入金した場合，当該金融機関が仮に債権者であっても，法93条により相殺は禁止されます。ただし，申立前に入金されたものは相殺されてしまいますし，申立後に入金されたものも手続的にただちに引き出しができないことも考えられますから，申立時期を検討したり，事前に金融機関の了解を取り付けるなどの対策が必要になることもあります。　　［髙木裕康］

Q503　当ホテルは，お客から料金の支払の代わりに取得した宿泊クーポン券について，取引銀行に交付した上，これを通じて旅行会社等から宿泊クーポン券の決済金の支払を受けています。当ホテルが民事再生手続を申し立てたところ，取引銀行は，預かった宿泊クーポン券について今後旅行会社から支払われる決済金を当ホテルに対する貸付金の返済に充当すると主張していますが，そのようなことができるのでしょうか。

A

できないものと考えます。

宿泊クーポン券について商事留置権が成立するのであれば，取引銀行は別除権の行使として宿泊クーポン券を自ら取り立て回収に充てる余地があります（法53条，銀行取引約定書4条）。しかし，宿泊クーポン券は，手形・小切手等と異なり，転々流通することを予定しておらず，有価証券には該当しないので，商事留置権（商法521条）の対象とはならないものと考えます。

貴社は取引銀行に決済金の取立てを委任していることになりますが，貴社は取引銀行との間に特段の合意のない限りこの委任関係を解約することができます（民法651条1項）。委任関係が解約されれば，商事留置権が成立しない以上，取引銀行が宿泊クーポン券を返還しない理由はありません。

また，取引銀行が宿泊クーポン券の決済金を受領した場合，取引銀行は貴社に委任契約に基づき，あるいは不当利得として決済金を返還する義務を負います。この返還義務は民事再生申立ての後に取引銀行が負担した債務ですから，相殺の受働債権とすることはできません（法93条1項4号および2号）。取引銀行との間の上記委任契約は，通常担保的機能を目的としたものではありませんので，法93条2項2号の「前に生じた原因」にも該当しないと考えます。　　［髙木裕康］

Q504 再生債務者が旅館業者の場合の債権者の注意点はどのような点でしょうか。

A

　日本の従来の旅館業者の場合には，会社の慰安旅行，研修旅行などを初めとする団体旅行客を宿泊させることが中心でした。特に日本の高度経済成長の時代を背景に従来の終身雇用型の雇用慣行なども相まって，団体旅行が頻繁に行われ，都市に近い観光地などは団体旅行客で潤いました。ところが，バブル経済の崩壊に始まった経済不況により団体旅行の中心だった会社は従業員をリストラし，また日本型の雇用慣行にも変化が現われて来たことに加え個人の生活のライフスタイルそのものの変化により団体旅行は激減し，変わって個人のリゾート型の旅行や家族旅行などが多数を占めるようになってきました。

　団体旅行などの団体客を中心にしてきた大型旅館，また団体客を見込んで過大な設備投資を行った旅館・ホテルなどが特にバブル崩壊後経済不況下に経営難になったり倒産が目立ちました。

　旅館業者の場合，再生計画としては，立地条件がよいとか，建物がよい等の理由があれば，他への転用を考え，建物を含め事業そのものを売却，営業等の譲渡を行うことも選択肢の1つです。スポンサーが付いて支援してもらうとか営業等の譲渡の手段が取れるとかにより再生を図ることができ，対価が得られれば，それを原資として再生債権に対する弁済ができますので，債務の免除を得て残余について一括弁済をするなどの返済計画も立てやすくなります。弁済資金ができるので，債権者の賛成も得やすいと考えられます。旅館業には限りませんが，債権者としては，スポンサー探しも大事なポイントです。

　自力再生の場合には，売上の向上といっても，旅館業の場合には客室数が一定であり単価もそう大きな変化は見込めませんので，営業努力により空き室率を減らしたり，宴会利用を増やす等多少の工夫はできても，売上を2倍にするようなドラスチックな変化は期待できません。自力再生型の場合は，上記工夫に加え人件費始め諸々の販管費を削減することによって営業利益を生み出していく事業計画を描く手法が取られています。また，旅館業者の場合には，建物が老朽化していくと客離れも進む傾向にあるため，通常はリストラなどで販管費を削減したことにより生み出した営業利益の中から，将来の設備投資も考慮して，再生計画における事業計画に織り込まなければなりません。長期にわたる弁済計画の場合には，債権者としてもある程度の設備投資を考慮しないわけにはいきませんが，再生債務者の描く事業計画を鵜呑みにすると弁済期間がさらに延びることになりますので，不要な設備投資をしないように事業計画については十分な検証を行うべきです。また，販管費などの支出項目についても，チェックが欠かせません。

［長沢美智子］

第31章　国際関係

Q505　再生手続において、外国人はどのように扱われますか。

A

外国人または外国法人は、再生手続に関し、日本人または日本法人と同一の地位を有することになっています（法3条）。

したがって、外国人または外国法人も、日本人または日本法人と同様に、民事再生手続の対象（再生債務者）となり得ます。ただし、日本に管轄があることが必要です。すなわち、債務者が個人の場合には、日本国内に営業所、住所、居所または財産を有するときに限り、日本で申立てをすることができます。法人その他の社団または財団である場合には、日本国内に営業所、事務所または財産を有するときに限り、日本で申立てをすることができます（法4条1項）。したがって、外国に本店がある会社でも日本国内に営業所、事務所または財産を有する限り、再生債務者となり得ます。

また、外国人または外国法人も、民事再生法が規定する債権の種類（再生債権、共益債権、一般優先債権、開始後債権）に応じて権利を行使することができます。したがって、裁判所および再生債務者も外国人である債権者を日本の債権者と同様に扱う必要があります。　　　〔髙木裕康〕

Q506　外国に本店のある会社について、日本で民事再生手続をとることはできますか。

A

外国に本店がある会社であっても、日本国内に営業所、事務所または財産を有する場合には、日本で再生手続をすることができます。

法3条は、外国人の地位について「外国人又は外国法人は、再生手続に関し、日本人又は日本法人と同一の地位を有する」と定めています。すなわち、民事再生法は、手続における内外人の平等を定めています。旧破産法2条（和議法11条で準用）は、そのただし書において、国内破産手続において、外国人・外国法人が日本人・日本法人と平等に扱われるための要件として「その本国法により日本人又は日本法人が同一の地位を有するとき」という、相互主義の制約をおいていました。これに対しては、大いに批判がありましたが、民事再生法においては、制定の当初から、旧会社更生法3条と同様に、相互主義による制約のない内外人平等が掲げられたわけです。このような流れの中、平成12年改正において、旧破産法2条のただし書きも削除されました。したがって、外国法人であっても、日本法人と同様、再生手続はもちろん、破産、会社更生手続を利用することができます。

その上で，法4条は，再生事件の国際管轄に関し，法人の場合，「日本国内に営業所，事務所又は財産を有するときに限り，」再生手続開始の申立をすることができる旨定めています。したがって，外国に本店がある会社であっても，日本国内に営業所，事務所または財産を有する場合には，日本で再生手続をすることができることになります。法4条2項は，「民事訴訟法により裁判上請求することができる債権は，日本国内にあるものとみなす」と規定していますから，そのような債権を有する外国法人は，日本に財産を有することになり，営業所又は事務所を日本国内に有しない場合であっても，日本で再生手続の申立をすることが可能です。

日本国内における管轄裁判所は，法5条により定まります。すなわち，再生債務者が外国に主たる営業所を有するときは，日本における主たる営業所の所在地を管轄する地方裁判所が管轄裁判所となります。営業者でないときまたは営業所を有しないときは，その普通裁判籍（民事訴訟法4条5項）を管轄する地方裁判所が管轄します。これらによる管轄裁判所がないときは，再生債務者の財産の所在地（債権については，裁判上の請求をできる地）を管轄する地方裁判所が管轄します。

［髙木裕康］

Q507 再生債務者について，外国倒産処理手続がある場合，どのような協力を求めることができますか。

A

同一の債務者について，複数の国でそれぞれ別個に倒産手続が進行することを認めるか否かについては，これを認める考え方（並行倒産主義）と認めない考え方（単一倒産主義）があります。民事再生法は，立法の当初からこれを認める考え方を採用し，その処理の特則を置いています（法第11章，法89条）。

再生債務者に関し，外国でも倒産処理手続が並行的に進められている場合に，再生債務者等と外国倒産処理手続について管理処分権限を有する者（以下，「外国管財人」といいますが，管財人がいない場合の債務者自身も含まれます）があり，この関係をどのように調整するかが問題となります。なお，外国で倒産処理手続が行われていても，当該外国倒産処理手続がDIP型であり，再生債務者について保全管理人・管財人が選任されていない場合には，いずれの倒産処理手続においても，再生債務者自身が管理処分権を有するわけですから，相互の協力という問題は生じません。

民事再生法の再生債務者等は，再生債務者について外国倒産処理手続（外国で開始された手続で，破産手続または再生手続等に相当するもの）がある場合には，外国管財人（当該外国倒産処理手続において再生債務者の財産の管理および処分をする権利を有する者）に対し，再生債務者の再生のために必要な協力および情報の提供を求めることができます（法207条1項）。

他方，再生債務者等は，外国管財人に対し，再生債務者の再生のために必要な協力および情報の提供をするよう努めなければなりません（同条2項）。

具体的な協力や情報の提供の内容については規定がありませんので，実際上の強制力はありませんが，国際協調に配慮しつつ，相互に協力しながら，倒産処理手続を進めるという精神を表したものと言えます。

具体的には，相互の手続きを同一歩調で進めたり，計画案の内容をすりあわせたり，債権者や資産に関する情報を交換したりすることが考えられます。また，それぞれの国以外の国に存する財産をどちらが管理処分するかが問題になります。民事再生法は，普及主義を採用しており，外国にある財産についても，再生債務者の管理処分権限が及んでいます（法38条1項）。しかし，ほとんどの場合，外国管財人の管理処分権限も及んでいると思われます。そこで，それらの国における管理

処分権限をどちらが行使するかについて調整する必要があります。　　　　　　　　　　　　　　　　［髙木裕康］

Q508 再生債務者は，国内の再生債権者の代理人として，外国倒産手続に参加することができますか。

A

1　再生債務者等の外国倒産処理手続への参加

再生債務者等（管財人が選任されていない場合の再生債務者および管財人）は，国内の民事再生手続における届出再生債権者であって，当該再生債務者についての外国倒産処理手続きに参加していない者を代理して，当該外国倒産処理手続に参加することができます（法210条2項）。ここにいう届出再生債権者には，法101条3項の規定により，再生債務者等が自認して認否書に記載した再生債権者を含みます。再生債務者等がこの規定による参加をした場合には，その代理する届出再生債権者のために，外国倒産処理手続に属する一切の行為をすることができます（法210条3項本文）。これらの規定により，国内の民事再生手続における届出再生債権者は，費用負担なくして外国倒産処理手続きに参加したのと同等の立場を確保することができます。しかしながら，届出の取下げ，和解その他届出再生債権者の権利を害するおそれのある行為をするには，当該届出債権者の個別の授権が必要です（法210条3項但書）。

再生債務者（管財人が選任されている場合を除く）は，上記規定により届出債権者を代理して再生債務者についての外国倒産処理手続きに参加しようとするときは，再生裁判所の裁判所書記官に対し，再生債務者の業務の遂行ならびに財産の管理処分をする権限は再生債務者に帰属することについての証明書の交付を請求することができます（規則106条1項）。また，再生債務者等は，上記規定により，外国倒産処理手続に参加したときは，その旨を当該再生債権者に通知しなければなりません（規則106条2項）。逆に，国内の民事再生手続に参加している届出再生債権者は，外国倒産処理手続に参加したときは，その旨を再生債務者等に通知しなければなりません（規則106条3項）。

2　外国管財人の民事再生手続への参加

他方，外国管財人は，日本国内の民事再生手続において届出をしていない再生債権者であって，再生債務者にかかる外国倒産処理手続に参加している者を代理して，当該再生債務者にかかる日本国内の民事再生手続に参加することができます（法210条1項）。

3　手続間の配当の平等

上記各規定は，同一の再生債務者について，日本国内の民事再生手続きと外国倒産処理手続が係属している場合に，再生債務者等および外国管財人に対し，それぞれの手続に参加した債権者を代理して他方の手続きに参加する権限を付与し，もって債権者に負担なくして他の倒産手続に参加したのと同等の立場を確保させる趣旨です。このようにそれぞれの倒産手続の主宰者が他の倒産手続に参加すること（クロス・ファイリング）により，それぞれの手続間において配当の平等を実現することができます。

　　　　　　　　　　　　　　　　［髙木裕康］

Q509

再生債権者が外国で弁済を受けた場合，再生手続にどのように反映されますか。

A

再生債権者は，再生手続開始の決定があった後に，再生債務者の財産で外国にあるものに対して権利を行使したことにより，再生債権について弁済を受けた場合であっても，その弁済を受ける前の債権の全部をもって再生手続に参加することができます（法89条1項）。しかし，他の再生債権者が自己の受けた弁済と同一の弁済を受けるまでは，日本国内の民事再生手続きにより弁済を受けることはできません（法89条2項）。また，外国において弁済を受けた債権の部分については，議決権を行使することができません（法89条3項）。

このような取扱いは，ホッチポット・ルール（hotchpot rule）と呼ばれるものです。本来，民事再生手続の効力は，外国にも及んでいますから（法38条1項参照），外国における財産も一元的に再生債務者等により管理され，かつ外国における財産から再生債権者が再生手続外で弁済を受けることは禁止されるべきですが，現実的には，当該外国の裁判所が日本国内の民事再生手続の効力を承認しているとは限らず，また再生債務者等が外国における財産をすべて管理掌握しているとは限らないので，再生債権者が外国において再生債権の弁済を受けることが起こりえます。法89条は，このような場合に，債権者間の弁済の平等を実現する手段の一つです。

このような取扱いを実現するためには，再生債務者等が各再生債権者の外国財産からの回収額を把握している必要があります。そこで，民事再生規則は，再生債権者が外国で弁済を受けた場合には，すみやかに再生債務者等に対し，その旨および当該弁済の内容を通知しなければならない旨定めています（規則28条）。外国倒産処理手続が係属している場合には，再生債務者等は，再生債権者の自主申告のみに頼ることなく，外国管財人に情報提供等の協力を依頼すべきでしょう（法207条1項）。

法89条があったとしても，再生債務者等が，債権者が外国で弁済を受けたことを認知できなかった場合には，本条は無力です。また，再生債権者が外国において日本国内の民事再生手続による弁済率より高率の弁済を受けてしまった場合には，本条は適用とならず，過剰弁済分の返還を実現する明文の根拠もないので，本条のみで完全な配当の平等は実現できません。外国における抜け駆け的回収が想定される場合には，再生債務者等は自ら外国倒産処理手続を申し立て，届出再生債権者を代理して当該外国倒産処理手続きに参加すること（法210条2項）を検討すべきでしょう。

［髙木裕康］

Q510

再生債務者について，外国倒産処理手続（外国で開始された手続で，破産手続又は再生手続に相当するものをいう（法207条1項））がある場合，その管財人等にはどのような権限がありますか。

A

1 民事再生法に規定された権限

① 再生手続の申立て

外国管財人（当該外国倒産処理手続において再生債務者の財産の管理及び処分をす

る権利を有する者をいう。法207条1項）は，債務者に破産原因が生じるおそれがある場合には，再生債務者について再生手続開始の申立てをすることができます（法209条1項）。この場合，当該再生債務者に再生手続開始の原因たる事実があるものと推定されます（法208条）。ただし，事業の継続に著しい支障を来すことなく弁済期にある債務を弁済できないことは，申立原因として認められていません。すなわち，債権者と同等の地位に立つことになります。

この場合には，包括的禁止命令・変更命令・取消命令，再生手続開始決定の決定時に公告すべき事項，債権届出期間・債権調査期間の変更および再生手続開始決定取消決定の確定について，外国管財人に通知しなければなりません（法209条4項）。

なお，当該外国倒産処理手続がDIP型である場合，外国管財人は債務者自身であることになりますが，この場合には，法209条によることなく，民事再生の申立てができることは当然です。

② 債権者集会の出席・意見陳述

外国管財人は，再生債務者の再生手続において，債権者集会に出席し，意見を述べることができます（法209条2項）。

③ 再生計画案の提出

外国管財人は，再生債務者の再生手続において，債権届出期間の満了後裁判所の定める再生計画案提出期間（法163条1項。同条3項により期間が伸長されたときはその期間）内に，再生計画案を作成して裁判所に提出することができます（法209条3項）。

④ 手続参加

外国管財人は，日本国内の再生手続において届出をしていない再生債務者であって，当該再生債務者についての外国倒産処理手続に参加している者を代理して，再生債務者の再生手続に参加することができます。ただし，当該外国の法令によりその権限を有する場合に限ります（法210条1項）。

⑤ 資格の証明

外国管財人の資格は，再生債務者についての外国倒産処理手続が係属する裁判所または認証の権限を有する者の認証を受けた書面で証明しなければならず（規則105条1項），この証明には訳文を添付しなければなりません（同条3項）。

2　外国倒産承認援助法に基づく権限

平成12年改正前の法4条1項は，「外国で開始された再生手続に相当する手続は，この法律に特別の定めがある場合に限り，日本国内にある財産及び日本国内で開始された再生手続について，効力を有する」と定めていました。したがって，外国管財人に認められる権限は前項に記載したものに限られました。

しかし，これでは国際的な経済活動を行う債務者について適切な倒産処理ができないことから，平成12年11月に，同項は廃止され，「外国倒産処理手続の承認援助に関する法律」が成立しました。この法律は，国際的な経済活動を行う債務者について国際的に整合のとれた財産の清算または経済的再生を図るため，外国倒産処理手続の承認の申立についての裁判ならびに債務者の日本国内における業務および財産に関し援助のための処分をする承認援助手続を創設することにより，外国倒産処理手続の効力を日本国内において適切に実現する手段を提供するものです。

外国管財人による承認の申立てを受けた裁判所が，外国倒産処理手続が日本国内において援助を与える適格性を備えているかを審査し，適格性を備えている場合には，承認の決定をします。この決定がなされた場合には，裁判所は必要に応じて，債権者の個別執行を禁止するための処分や債務者の財産管理処分権を制限する処分，日本国内にある財産の管理処分権限を管財人に専属させる決定などをすることができます。外国管財人が債務者の日本国内にある財産の処分を行うには，裁判所の許可を得ることが必要です（外国倒産承認援助法35条）。

同一の債務者について，日本国内において，民事再生法による手続と外国倒産承認援助手続きが競合する場合には，原則として民事再生法による手続が優先しますが，当該外国倒産処理手続が債務者の主たる営業所もしくは事務所または住所等がある国で申し立てられた手続で，承認援助手続による方が債権者一

般の利益となり，かつ日本国内において債権者の利益が不当に侵害されるおそれがない場合には，承認援助手続きの方が優先します。

（外国倒産承認援助法第5章第1節）［髙木裕康］

Q511 民事再生法上の犯罪について，国外犯規定はどのようになっていますか。

A

民事再生法上の犯罪として，①詐欺再生罪（法255条），②特定の債権者に対する担保の供与等の罪（法256条），③監督委員等の特別背任罪（法257条），④報告および検査拒絶等の罪（法258条），⑤業務及び財産の状況に関する物件の隠匿等の罪（法259条），⑥監督委員等に対する職務妨害の罪（法260条），⑦収賄罪（261条），⑧贈賄罪（法262条）および⑨再生債務者等に対する面会強請等（法263条）の罪があります。平成16年改正前は，このうち⑦収賄罪および⑧贈賄罪（法262条）の国外犯だけが処罰の対象でしたが，経済活動の国際化を踏まえ，同改正により国外犯の処罰の範囲が次のとおり整備拡充されています。

(1) ①詐欺再生罪（法255条），②特定の債権者に対する担保の供与等の罪（法256条），⑤業務及び財産の状況に関する物件の隠匿等の罪（法259条），⑥監督委員等に対する職務妨害の罪（法260条）および⑧贈賄罪（法262条）については，すべての者の国外犯が処罰の対象となりました（法264条1項，刑法2条）。

(2) ③監督委員等の特別背任罪（法257条）および⑦収賄罪（261条。ただし，議決権行使に関する収賄罪［法261条5項］を除く。）は，当該身分を有する者の国外犯が処罰の対象です（法264条2項，刑法4条）。

(3) 議決権行使に関する収賄罪（法261条5項）については，日本国外において犯した者も処罰の対象です。［髙木裕康］

Q512 アメリカ合衆国における再建型倒産処理制度はどのようなものですか。

A

1．アメリカ合衆国の倒産処理制度の概要

アメリカ合衆国憲法は，連邦議会が合衆国全土に適用される破産に関する統一法典を制定する排他的な権限を有するものと定め，破産法の立法は，連邦事項とされています。連邦破産法には，第7章の清算（Liquidation），第11章の再建（Reorganization）及び第13章の定期収入のある個人の債務整理手続（Adjustment of Debts of an Individual With Regular Income）等が規定されています。

以下，日本の企業に最も関係があるといえる再建型倒産処理手続である第11章を対象とし，その概略を述べ，最後に，アメリカにおける国際倒産の処理について略述することとします。

2．第11章 再建手続
(1) 事件の開始

債務者が，自ら申立てをする場合（自発的申立（voluntary case））には，支払不能

や債務超過等の要件は不要であり，破産裁判所（Bankruptcy Court）の判断による開始決定なしに自動的に手続が開始され，債務者の申立ては，即，破産の宣告，即ち，救済命令（Order for Relief）を意味します。さらに，申立てと同時に，担保付債権者であるか否かを問わず，原則として，全ての債権者による一切の債権回収行為が禁止されます（自動的停止（automatic stay））。

これに対して，債権者が債務者の倒産の申立てをする場合（非自発的倒産（involuntary case））には，債務者が弁済期にある債務の支払を一般的に停止したなど一定の要件を備える場合に，破産裁判所により，救済命令（Order for Relief）が発せられます。

(2) 再建手続における事業の運営

第11章の手続において，管財人が選任されるのは，旧経営陣の不正あるいは無能力等の場合に限られ，ほとんどの場合，債務者は，財産の管理処分権や事業経営権は失わずに，旧経営陣が継続して会社の再建にあたることとなります（いわゆるdebtor in possession（DIP））。そのため，第11章の手続は，本来の目的である倒産処理というよりも，その他の諸問題の解決のため，例えば，大多数の債権者との間で，債務の期限の延長や金利の減免について予め話をつけた上で，少数の反対者に対してもその効力を及ぼすべくこの申立てをする場合や，現在は黒字経営であるが不利な労働協約やその他の未履行双務契約（executory contract）をそのまま継続すると，いずれは競争力が落ちて赤字に転落しかねない状況下で，その未履行双務契約を拒絶してその拘束を逃れるために申立てをする場合等に利用されることがありました。このうち，労働協約破棄を目的とする第11章申立ては，社会問題となったので，改正により制限が加えられました。

(3) 再建計画の承認及び認可

第11章においては，大口債権者による無担保債権者全体の利益のための債権者委員会（Creditors' Commitee）を設立することが要求されています。他方，担保付債権者は，既に担保権という強力なバーゲニング・パワーを持っているため，債権者委員会が設立されることは稀です。債権者委員会は，第11章の手続継続中の会社の運営，再建計画の作成等について，債務者とときに対立しながら事件を遂行していく重要な存在です。

計画案が承認されるには，投票した債権者の頭数の過半数が同意し，かつ投票した債権者の有する債権の総額の3分の2以上の同意があることが必要です。

計画案は裁判所の認可により発効します。裁判所は，少なくとも1つ以上の組が承認した場合には，他の組で法定多数の同意が得られなかった場合でも，公正衡平の原則（fair and equitable rule）やその他の法定要件を満たすときは，その計画案を認可することが出来ます。これをクラムダウン（cram down）といいます。計画認可後に，その計画に基づく弁済等のための証券や証書が発行されると，それにより計画は遂行されたものとして手続は終了し，裁判所の監督が継続するということはありません。

4．アメリカ合衆国における国際倒産の処理

(1) 破産法は，債務者を合衆国内に居住地，住所，事業を行う場所又は財産を有する者と定義しています。それ故，そのような者であれば，正式事件（即ち，連邦破産法の全ての規定の適用が予定されている事件であり，第7章の清算手続と第11章の再建手続がこれにあたります）の申立てを行うことが出来ます。

正式事件においては，その所在地にかかわらず，債務者の全ての財産により財団が形成され，かつ個別的権利行使から債務者，その財団及び債務者が占有を継続する財産を保護するために，自動的停止の効果が生じます。債務者の財団を構成する財産の所在地が限定されないことに伴い，合衆国連邦破産裁判所は，債務者の財産に対する自らの管轄権が全世界に及ぶという立場を取っています。

(2) 付随手続

連邦破産法は，従来は，304条において，

正式事件とは別に，外国の倒産手続の管財人等の申立てにより開始される外国の倒産に付随する手続（ancillary proceedings）を規定していました。

この点については，2005年に改正がなされ，UNCITRALの国際倒産モデル法に基づいて第15章のAncillary and Other Cross-Border Casesを創設しました。その内容は，基本的には，日本の平成13年の「外国倒産処理手続の承認援助に関する法律」と同様です。　　　　　　　　　［渡邉光誠］

Q513 イングランド及びウェールズにおける再建型倒産処理制度はどのようなものですか。

A

1　イングランド及びウェールズにおける倒産処理制度

(1)　連合王国の中で，イングランド及びウェールズ，スコットランド，北アイルランドは別の法域を形成しており，倒産処理制度もその扱いを異にしています。

(2)　イングランド及びウェールズの倒産手続は，主として，1986年倒産法（Insolvency Act 1986）によって規律されています。かつては，債務者が自然人であるか法人であるかによって別々の法律の規制がありましたが，1986年倒産法は，この二元的な倒産法制を一本化しました。

1986年倒産法に規定されていない再建型倒産処理制度として，債務整理証書（Deed of Arrangement）及び会社法上の債務整理計画（Scheme of Arrangement）があります。前者は同意した債権者しか拘束できない点に，後者は手続が複雑である点に問題があります。これらの問題を解決するために1986年倒産法においては，任意整理，レシーバーシップ及び管理命令という再建型手続が新設されました。

(3)　以下，1986年法に規定されている再建型倒産処理制度である任意整理（Company Voluntary Arrangement），レシーバーシップ（Receivership）及び管理命令（Administration Order）について述べ，最後に，イングランド及びウェールズにおける国際倒産の処理について略述することとします。

2　任意整理

(1)　任意整理は，債務者と債権者との間の支払猶予，免除を内容とする合意をする手続です。この手続は，破産又は清算を回避する目的で使用されるほか，破産又は清算の開始後にも利用することが出来ます。任意整理手続においては，裁判所の関与が極めて少ないのが特徴です。

(2)　任意整理案は，債務者により，債権者に対して通知されますが，この通知には債務者の資産及び債務の概要並びに債務の支払時期及び方法を記載する必要があります。また，この通知において，債務者は，手続の監督，債務者の資産の管理，成立した任意整理の実施等の権限を有する受任者（Nominee）の選任についても知らせなければなりません。

整理案を実行するためには，自然人については債権者集会で，法人については債権者集会及び社員集会で，承認を受けなければなりませんが，整理案に対する裁判所の認可は必要とされていません。

承認された任意整理は，任意整理の提案の通知を受け，かつ，集会で議決権を行使しえた全ての債権者を拘束します。承認された整理案の実施については，受任者が遂行します。

3　レシーバーシップ

レシーバーシップは，元来，会社の資産上に浮動担保（Floating Charge）を有する社

債権者がその担保権を実行するための手続でした。即ち，レシーバーシップは，社債権者により選任されたレシーバー（Receiver and Manager）が，会社を経営し，又その有する資産の管理処分権限に基づいて事業を継続的企業価値で売却するなどして社債権者の債権回収を実現するというものです。

レシーバーシップは，レシーバーの権限が会社の総資産に及び，包括執行に近い性質を有しているところから，1986年倒産法は，レシーバーシップを倒産手続の一種として取り扱っています。その結果，レシーバー（1986年倒産法の下では，Administrative Receiverと呼ばれています）は，無担保債権者に対しても，必要な情報を提供する義務を負っています。

4 管理命令

(1) 上記レシーバーシップは，浮動担保が設定されていない会社には利用できないという問題があり，また，レシーバーシップの下では，無担保債権者の保護が不十分であるということも指摘されていました。これらの問題に対処するため，1986年法により新設されたのが，管理命令です。

(2) 管理命令は，①支払不能であるか，又は支払不能に陥ることが予測される会社であって，②未だ清算手続が開始されていないものについて，③(a)会社の事業の継続，(b)任意整理の承認，(c)会社法上の債務整理計画認可，(d)清算によるよりも有利な資産の換価，の少なくとも1つを目的として開始することが出来ます。裁判所は，申立てが上記①乃至③の要件を満たしている場合でも，裁量により管理命令を発令しないことが出来ます。

(3) 管理命令が発令されると，裁判所によって任命された管理人（Administrator）が，会社の経営及び会社資産の管理にあたります。また，管理人には，再建案を作成し，原則として管理命令開始から3ヵ月以内に債権者集会に提出することが求められています。再建案の承認には，原則として，債権者の債権の総額の過半数の同意が求められています。

5 イングランド及びウェールズにおける国際倒産の処理

(1) 法源

イングランド及びウェールズにおいて，国際倒産に関する規定は，わずかに1986年倒産法426条があるのみです。又，連合王国は，現在，正式な国際倒産の調和に関する条約に加盟していません。それ故，国際倒産に関するルールの多くは判例法が支配しています。

(2) 上述のとおり，連合王国の中で，イングランド及びウェールズ，スコットランド，北アイルランドでは別の法域を形成しており，そのため，連合王国間においても，ある法域で開始された倒産手続及び管財人を他の地域でどのように扱うかに関するという問題が生じ，この点について，倒産法426条が規定しています。

同条によれば，連合王国内のある法域において開始された倒産手続は，他の法域においても当然に効力を有します。しかし，ある法域で選任された管財人の権限が他の法域に所在する財産に対して当然に認められるわけではなく，管財人が権限を行使するには，手続開始地の裁判所から財産所在地の裁判所に対して共助の要請をするか，又は管財人が財産所在地の裁判所に訴えを提起して倒産手続の効力を主張することが必要となります。

また，同法426条は，連合王国外の「特定の国又は地域」において開始された倒産手続について，その裁判所から共助の要請があった場合，連合王国内の裁判所は，これに応じなければならないとしています。ここに，「特定の国又は地域」とは，チャネル諸島，マン島のほか通商産業大臣の命令により指定された国又は地域（オーストラリア，カナダ，香港，アイルランドなど）をいいます。

(3) これらの「特定の国又地域」以外の国で開始された倒産手続及び管財人をどのように扱うかは，上述のとおり判例法の問題とされています。　　　　　　［渡邉光誠］

Q514 カナダにおける再建型倒産処理制度はどのようなものですか。

A

1 カナダ倒産処理制度の概要
(1) カナダは，10の州と連邦政府からなる連邦国家であり，これら二段階の政府間の立法権の分配は，憲法（Constitution Act）に規定されています。この憲法により，破産及び倒産（Bankruptcy and Insolvency）は，連邦政府の立法事項とされています。

破産及び倒産を管轄する裁判所は，連邦裁判所ではなく，州の裁判所（Superior Court）とされています。

(2) 破産及び倒産を規律する連邦法として，破産法（the Bankruptcy and Insolvency Act）及び会社債権者整理法（the Companies' Creditors Arrangement Act）があり，これらを中心にカナダの倒産法制が確立されています。

破産法は，従前，破産及び債務者と無担保債権者との間の和議による再建を射程に取り込んでいたに過ぎませんでしたが，1992年に改正され，担保債権者をも取り込み，その手続外の権利行使を禁止することによって，債務者の再建を実現する制度となっています。

会社債権者整理法は，詳細な実体及び手続に関する条項を規定するというよりも，計画案作成のための一般的な枠組を規定しており，柔軟な対応を必要とする規模の大きな事業の再建に用いられます。

以下，破産法及び会社債権者整理法の再建型倒産処理制度について述べ，最後に，カナダにおける国際倒産処理について略述します。

2 破産法による再建
(1) 手続の開始
破産法上の再建手続は，個人にも法人にも適用されます。再建手続を開始する方法として，裁判所に計画案（Proposal）を提出する方法と計画案提出予定通知（Notice of Intention to Make a Proposal）を提出する方法があります。計画案提出予定通知とは，債務者が計画案を準備する時間がない場合に用いられるものです。

再建手続が開始されると，全債権者は自動的に権利行使を禁止され，この効果は，無担保債権者のみならず，担保債権者にも及びます。なお，債務者が，計画案提出予定通知による再生手続開始を選択した場合，権利行使の禁止は，最初の30日間のみ有効であり，債務者の申請により，裁判所は，最大6ヵ月まで権利行使の禁止をすることが出来ます。

(2) 再建手続における事業の運営
再建手続中，通常，債務者が自己の資産の管理を行い，自己の業務の執行を継続します。このように，債務者は，管理権限を失っていないにもかかわらず，全ての再建手続において，管財人（Trustee）の選任が要求されています。ただ，ここにおける管財人は，債務者の経済状態を債権者及び裁判所に対して報告するなど監督機関として機能するものです。

(3) 計画案の債権者による承認と裁判所による認可
（ⅰ）債権者による承諾
債権者は，後記のとおり組（Class）に分類され，債権者による計画案の承認には，債権者の組毎に，有効な債権届出をし，かつ管財人が召集する債権者集会に出席し投票した債権者の頭数の過半数及びその債権総額の3分2以上の者の賛成が要求とされています。

債権者は，通常，1つの無担保債権者と1つ又は複数の担保債権者の組に分類されます。担保付債権者の分類は，債務

の性質，債権者の担保権の性質及び優先度，債権者に付与されている救済手続，債権者の請求が計画案の中でどのように扱われているかという点に基づいて判断される利害関係の共通性（Commonality of Interest）という概念に基づき決せられます。担保債権者のある組が承認しなかった場合，その組に属する担保債権者は，権利行使の禁止には拘束されず担保権を行使できるようになりますが，かかる場合においても，再生の断念，即ち，自動的な清算手続への移行を直ちには意味しません。他方，無担保債権者が計画案を承認しなかった場合，自動的に清算手続へ移行することとされています。

(ⅱ) 裁判所による認可

債権者により計画案が承認された場合，計画案は裁判所の認可が必要となりますが，裁判所の認可においては，公正かつ合理的か，破産法の要求に合致しているか，債権者の一般的利益に合致しているかどうかが検討され，認可が決定されます。計画案が承諾され，認可された場合には，全ての無担保債権者及び計画案を承認した担保債権者を拘束することとなります。管財人は，認可された計画案の実施を監督し，又，裁判所は，計画案の実施の懈怠がある場合，債権者の申請により計画案を無効とすることが出来ます。裁判所が，計画案を認可せず，又，計画案が後に無効となった場合，自動的に清算手続が開始されます。

3 会社債権者整理法による再建

(1) 手続の開始

会社債権者整理法においては，500万カナダドル以上の債務を負う法人又は企業グループのみが会社債権者整理法上の再建手続を利用することが出来ます。手続を開始するかどうかは，裁判所の裁量ですが，一般に，会社再建が債権者にとり有利であり，債務者が継続事業体として存続でき，承認可能な計画案を作成でき，かつ申立てが不当な動機に基づいていない場合に手続を開始します。

破産法上の再建手続と異なり，会社債権者整理法においては，自動的に権利行使が禁止されるわけではなく，裁判所の命令により禁止されるものであり，その範囲も裁判所の裁量とされています。

(2) 再建手続における事業の運営

再建手続中，通常，債務者が自己の資産の管理を行い，自己の業務の執行を継続します。ただ，債務者による事業の運営及び経済状態を監督するために，監督委員（Monitor）が選任されます。また，法律上要求されているわけではありませんが，近年，債権者委員会が設置されています。

(3) 計画案の債権者による承認と裁判所による認可

債権者は，数種の組に区分され，その組毎に採決が行われ，承認に必要な多数は，破産法上のそれと同じです。法定多数に達しない組がある場合，その組は，計画案には拘束されません。ただ，実務の運用上は，多くの計画案は，全ての組における承認を要求しています。

債務者の計画案は，裁判所による認可が必要ですが，通常は，債権者が承諾すれば，裁判所は認可する扱いとなっています。

債権者による承認又は裁判所による認可が得られない場合には，破産法上の再建手続とは異なり，自動的に清算手続に移行するわけではありません。ただ，債権者に対する権利行使の禁止は解除され，債権者は，債務者の清算を申し立てることが出来るようになります。

4 カナダにおける国際倒産の処理

(1) 国際倒産の円滑かつ適正な実現を図るため，1997年に，破産法及び会社債権者整理法が改正され，カナダにおいて初めて，国際倒産に関する条項が規定されました。カナダの国際倒産法制度の最も大きな特徴の1つは，破産法及び会社債権者整理法上の倒産処理手続と外国倒産手続との調和を図るための広範な権限が裁判所に与えられ，裁判所に個別の倒産事件において事例に即した個別具体的対応を認めている点です。

(2) カナダの債権者と外国債権者との間に区別はなく，外国債権者は，カナダの債権者と同様に，自己の権利を届け出て手続に参

加することが出来ます。なお，破産法においては，カナダの清算手続に参加した債権者が外国の手続において配当を受けた場合，同等のランクの他の債権者全てが，当該債権者が外国手続において受領したのと同等の配当を受領するまでは，カナダにおいて配当を受領する資格がないとされています。
(3) 外国倒産手続における債権者に対する中止命令の効力は，カナダに居住し，又はカナダで事業を遂行している債権者については，カナダにある財産に関しては，及ばないものとされています。ただ，カナダにおいて，破産法もしくは会社債権者整理法に基づく倒産手続開始を申し立てることにより，又は，カナダにおける中止命令を申し立てることにより，中止命令の効果を取得することが可能です。外国倒産手続において，カナダの管財人，管理者等に該当する者は，カナダの裁判所に対して，手続開始の申立て，中止命令の申立てを含む倒産手続の諸々の領域における救済を求めることが出来るものとされています。

〔渡邉光誠〕

Q515 ドイツにおける再建型倒産処理制度はどのようなものですか。

A

1 ドイツ倒産処理制度の概要
(1) 最近まで，ドイツの倒産処理制度は，破産法，和議法，総括執行法（ドイツ統一の際の条約に従い制定され，旧東ドイツ地域において適用されていた法律）により規律されていました。ドイツの破産法は，わが国の破産法の母法であり，また，ドイツの和議法及びかつての日本の和議法は，共に，オーストリアの和議法に強く影響を受けているので，両国の和議法・破産法はその基本構造において，極めて類似するものでありました。

ドイツにおいては，増大する倒産事件に対応できず，機能不全に陥っているとの認識から，1970年代の終わりころから破産法及び和議法の全面改正作業が開始され，1994年に，新しい倒産法（Insolvenzordnung（InsO））（以下，「新倒産法」といいます）が制定され，1999年1月から施行されています。新倒産法は債権者の利益実現を第一義的目的とし，清算型手続と再建型手続の双方を規定しています。
(2) 新倒産法は，上記目的達成のために，清算型手続と再建型手続を同列に位置づけ，申立人が再建型倒産処理を希望するか，清算型倒産処理手を希望するかにかかわらず，手続開始後に，債権者により，倒産処理手続の種類が決定されます。
(3) 以下，新倒産法による再建型倒産処理について述べ，最後に，ドイツにおける国際倒産の処理について略述することとします。

2 手続の開始
(1) 倒産手続の申立ては，債権者及び債務者がすることが出来ます。手続を開始するには，債務者が自己申立てをする場合には，必ずしも支払不能となっていることは必要ではなく，支払不能になる虞があれば足り，早期に倒産手続を利用できるようになっています。

申立てがあると，手続開始決定があるまでの間，債務者の財産を悪化させるのを防止するため，裁判所は，管理人（Receiver）の選任，債務者の財産の譲渡禁止，債務者の財産の譲渡の有効性について管理人の同意を条件とすることなどの措置を講ずることが出来ます。裁判所に選任された管理人は，財産を保全するとともに，裁判所の要求に従って，倒産手続開始事由の有無，債

務者の事業の再建可能性について調査を実施します。
(2) 手続が開始されると，裁判所により債務者の事業を管理し，必要な財産の処分を行う管財人（Trustee）が選任されます。また，手続が開始されると，債権者は，倒産手続外での権利行使が禁止され，また係属中の訴訟及び全ての債権者の執行は停止されます。財団を構成する財産は，手続開始時に債務者に帰属する財産ですが，その後，債務者が取得した財産も財団を構成します。倒産手続の間，通常，債務者の財産の管理は，管財人により行われますが，新倒産法は，債務者自身による財産の管理も認めており，かかる場合，管財人の役割は，債務者の管理運営の調査・監督に限定されることとなります。

3 再建手続と清算手続の選択
(1) 債権者は，管財人により債権者集会に提出された債務者の財政状況に関する情報をもとに，清算型倒産処理をとるか再建型倒産処理をとるかの選択をします。再建には，債務者の財産の譲渡の方法と債務者自身による再建の方法があります。
(2) 財産の譲渡による再建の場合
　財産の譲渡による再建を債権者に提案し，その承諾を得る必要がありますが，この手続は，倒産処理計画を作成する必要がなく，早期に倒産処理を実現できることにメリットがあります。
(3) 債務者自身による再建の場合
　債務者自身による再建の場合，倒産処理計画案を作成し，その承認，認可を受ける必要があります。管財人及び債務者にのみ倒産処理計画案を提出する権利があります。
　まず，倒産処理計画案は，裁判所に対して提出され，裁判所は，債権者による承認が得られないことが明らかである場合等にこれを退けることができます。次に，組分けされた債権者毎に倒産処理計画案の承認が行われます。倒産処理計画案が承認されるには，原則として，各組毎に投票した債権者の過半数とその債権額の総額の過半数の賛成が必要です。倒産処理計画案が効力を生ずるには，さらに，裁判所の認可が必要です。
　裁判所の認可があり，もはや不服申し立てがなされないとなると，債権届出をしなかった債権者，倒産処理計画案に反対した債権者を含む全債権者を拘束します。また，債務者は，管理及び財産処分権を回復し，倒産処理計画は，管財人の監督の下実施されます。監督期間の間，一定の取引については管財人の同意がない限り，有効とされないものがあります。管財人は，毎年，債権者委員会及び裁判所に対して，倒産処理計画の履行状況及び将来の履行の見込みについて報告することが要求されています。

4 ドイツにおける国際倒産の処理
(1) ドイツは，EU議会が国際倒産手続に関する法整備を進めていたことから，国際倒産手続に関する立法の必要性を十分に理解しながらも，その立法化を差し控えていました。その結果，ドイツにおいて，国際倒産手続は，新倒産法に僅かに規定が存在するのみとなっています。
(2) ドイツの倒産処理手続が外国で有する効力
　ドイツ国際倒産法は，普及主義を採用しています。即ち，ドイツにおいて開始された倒産処理手続は，債務者の全ての財産を対象としています。新倒産法は，外国所在の財産について明示的には触れていませんが，連邦裁判所は，1976年に，倒産処理手続がドイツで開始された場合，外国に所在する債務者の財産も財団の一部を構成すると判示しました。また，ドイツ倒産手続においては，膨張主義が取られていますが，国際倒産手続においてもこの原則が適用されます。
(3) 外国倒産手続の承認
　ドイツ倒産法は，手続が開始された裁判所が，ドイツ法によると管轄権を有しない場合，外国手続を承認することがドイツ法の原則と明らかに矛盾する場合等の例外が存しますが，原則として，同種の外国倒産処理手続を承認しています。
　承認がなされると，その承認によりどのような効力があるか否かについては，外国倒産手続の効力により決せられます。

(4) 並行倒産手続の開始

ドイツ国際倒産法は，外国倒産処理手続を承認したとしても債務者の国内財産のみを対象とする別個の国内倒産手続（国内二次倒産手続）を開始することを許容しています。

この手続と外国で開始されドイツで承認された手続の効力の関係についてドイツ国際倒産法は規定していませんが，両手続の管財人は，互いに協力義務があるとされ，又，相互の手続における処置が相反する場合には，原則として国内手続の効力が優先するとされています。　　　　　　　［渡邉光誠］

Q516 フランスにおける再建型倒産処理制度はどのようなものですか。

A

1　フランス倒産処理制度の概要

現行の倒産処理制度は，1985年1月25日に制定された1985年法（1994年法により改正を受けています）により規律されています。

上記法律には，再建型手続と清算型手続の双方が定められており，1994年法により改正を受ける前は，全ての倒産処理手続は，まず，再建型手続として開始され，一定の期間（観察期間（periode d'observation））経過後，再建が困難であると判断された時点で初めて，清算型手続に移行することとされていました。しかし，現在では，1994年法の改正により観察期間の経過を待たずして，清算型手続を開始することも可能となりました。

以下，1985年法及び1994年改正法により規律されるフランスの再建型倒産処理について述べ，最後にフランスにおける国際倒産の処理について略述します。

2　手続の開始

(1) 会社が即時に履行すべき義務を履行できない状態となった場合には，50日以内に破産の申立てをしなければなりません。また，債務者がその債務を支払うことができなくなったなどの場合には，裁判所の職権又は検察官若しくは債権者の請求により手続が開始されます。

(2) 手続開始の決定の際に，裁判所は，債務者の管理又は監督を行う管理人（Receiver），債権者の利益を代表する債権者代表，これらの者を監督する主任裁判官を選任します。手続開始の決定があると，それ以前に生じた全ての債務の支払は禁止されます。

手続開始決定から清算型の倒産処理をするか再建型の倒産処理をするかの決定がなされるまでの期間を観察期間（periode d'observation）といいます。その期間は，裁判所が決定しますが，原則として6ヶ月を超過することは出来ません。なお，上記のとおり，再建の見込みがない場合には，観察期間を設けずに，直ちに清算手続を開始することが出来ます。

観察期間中は，管理人あるいは管理人の監督・補助の下債務者が，経営を継続します。管理人は，財産，労働関係の状況を調査し，報告書を作成します。管理人は，再建が可能であると判断した場合，その報告書の中で再建計画を提案します。債権者代表は，債権者の支払猶予又は放棄の承諾を債権者から取り付けます。

3　清算手続と再建手続の選択

(1) 観察期間の満了時に，裁判所は，上記管理人の報告に基づいて，さらに，債務者，債権者代表，従業員委員会その他裁判所が必要であると判断する者を聴聞し，再建型倒産処理をするか，清算型倒産処理をするかについて判断をします。

即ち，裁判所は，財政，経済及び雇用に関する状況が再建手続を選択するに値する

と判断した場合，①継続計画に従った債務者自身による企業の継続，②譲渡計画に従って企業活動を実行する第三者に対する企業資産の全部又は一部の譲渡を命ずることが出来ます。

これらのいずれも不可能である場合，裁判所は清算手続を命じます。

(2) 再建手続－継続

裁判所は，支払猶予期間を最大10年間とする継続計画を命ずることが出来ます。この命令において，裁判所は，計画実施の監督及び観察期間中に管理人又は監督者により開始された訴訟等の法的措置を追行する監督者を選任します。債務者が計画を懈怠した場合，裁判所は，継続計画を撤回して清算手続の開始を命じることが出来ます。

(3) 再建手続－譲渡

全部又は一部の譲渡は，第三者から管理人に対して，観察期間中に申し込まれ，最も雇用の維持及び債権者の支払の確保にとり適したものが裁判所により承認されます。譲渡の対価は，債権者に対する弁済に充てられます。

4 フランスにおける国際倒産の処理

(1) フランス倒産法には，国際倒産に関する規定はなく，倒産処理手続は，判例により適用される国際私法の一般原則，また条約，EU法に従って処理されることとなります。

(2) フランスの倒産処理手続と在外資産

フランスで開始された倒産手続が，外国にある資産に対して影響を及ぼすことを妨げる規定はありません。フランスは，当該物が存在する場所の法を適用するという国際私法上の一般原則を適用しています。従って，フランスで開始された倒産手続は，外国にある資産に対して，当該国の法律に従って適用されることとなります。ただ，一般的には，フランスで開始された倒産手続が，在外財産に対して効力を及ぼすには，当該国においてフランスで開始された倒産手続が承認される必要があります。

(3) フランスにおける外国判決の承認

(i) 条約の適用がない場合，外国判決は，フランス国内において当然に効力を生ずるものではなく，対内的効力を生ずるためには，執行認許状（Exequatur）を取得しなければなりません。

外国における倒産手続開始の判決が執行認許の対象となりうることは一致して肯定されており，その要件として，①原判決をした外国裁判所に管轄権があること，②当該裁判所における手続が適式であること，③フランスの国際私法により選択される法律が適用されていること，④国際公序に合致していること，⑤法律に対するあらゆる侵害がないことが必要とされています。

(ii) 欧州議会により起草された国際倒産に関する1990年6月5日のイスタンブール条約及び倒産処理手続に関する2000年5月29日のEU指令（規則）は，双方とも，権利としての外国倒産処理手続の承認の原則を内容としていますが，外国倒産処理手続に関する外国判決は法及び公序に則してなされたものでなければならないとされています。外国倒産手続の権利による承認の原則は，外国の倒産処理の決定及びその手続に関する一切の判決に及びます。

［渡邉光誠］

Q517 韓国における再建型倒産処理制度はどのようなものですか。

A

1 韓国における倒産処理制度の概要

韓国における倒産処理は，主として，清算

型倒産処理制度である破産法，再建型倒産処理制度である会社更生法及び和議法により行われています。これらは，それぞれ日本の破産法，会社更生法及びかつての和議法をモデルとしており，日本のこれらの法制度に類似しています。しかし，他方，これら3法は，1998年に，迅速かつ能率的な処理を実現するため，アメリカ連邦破産法の影響を受け大きな変容を遂げています。以下，会社更生法及び和議法による再建型倒産処理について概説し，最後に韓国における国際倒産の処理について触れることとします。

2 会社更生法による再建

(1) 手続の開始等

会社更生法は，財政的困難に直面するも経済的観点から救済する価値がある株式会社（Joint Stock Company）を再建し，債権者，株主その他利害関係人の利益の調整を図ることを目的としています。

商法は，パートナーシップ（Partnership），リミテッド・パートナーシップ（Limited Partnership），株式会社（Joint Stock Company）及び有限会社（Limited Liability Company）を規定していますが，このうち，会社更生法の適用を受けうるのは株式会社のみです。他の三者は，破産法又は和議法における救済を申し立てることができますが，会社更生法による救済を受けることはできません。

更生手続開始の申立権者は，債務者，債務者に対して資本の10分の1以上の債権を有する債権者及び債務者の発行済株式総数の10分の1以上の株式を有する株主です。

更生手続開始原因は，事業の継続に著しい支障を来たすことなく弁済期にある債務を弁済することが出来ない場合又は支払不能若しくは債務超過の場合とされています。

更生手続開始の申立てがあった場合，裁判所は，債務者の代表者につき審理し，また，選任した調査委員（Inspection Commissioner）に，更生手続開始原因の有無につき調査させ，更生手続を開始することの適否につき意見書を提出させることができます。

裁判所は，(i)手続の費用を予納しない場合，(ii)債権者や株主が，更生手続開始の申し立てをするために債権又は株式を取得した場合，(iii)申立てが，破産又は金融債務の回避を主たる目的としてされた場合，(iv)破産手続又は和議手続が裁判所に係属しており，同手続によることが債権者の一般的利益に適合する場合，(v)企業の清算価値が企業の継続価値を上回る場合，(vi)申立てが，租税債務の履行を回避すること又は租税債務の履行につき利益を受けることを主たる目的としてされた場合には，更生手続の開始を命ずることができません。このうち(v)は最も問題を引き起こしますが，実務上，その判断につき，大口債権者である債務者の取引銀行の意見が重要な意味を有します。

(2) 手続開始の効果等

裁判所が更生手続開始決定をした場合，同時に，管財人（Trustee）を選任し，また，債権届出期間，第1回債権者集会の期日，債権調査終了期日を設定します。債務者の事業を運営し，その財産を管理処分する権限は，管財人に専属します。いわゆるDebtor in Possession の概念は，韓国の更生手続には存在しません。また，更生手続が開始されると，担保権者は，担保権を実行することができません。

(3) 債権者の扱い

債権者は，債権の届出をしたうえ，原則として，更生計画に従って弁済を受けることとなります。

しかし，裁判所は，債権者に対する弁済をしないことが再建にとり障害となる場合，債務者を主たる取引先とする中小企業に対して債務者が弁済することを命じることができ，また，更生計画案の認可前であっても，調査委員の意見及び債権者集会における意見を聴取して，弁済を許可することが出来ます。なお，株主も，裁判所の定めた期間内に届出しなければなりません。

更生手続開始の申立時に，管理委員（Management Committee）が選任されなかった場合，裁判所は，債務者が中小規模の企業でない限り，10名以下の主たる債権者（多数は担保権者でないことを要します。）により構成される債権者会議（Creditors' Conference) を組織しなければなりません。同会議は，債権者の利益を手続に反映するため，裁判所から情報の提供を受け，あるいは自ら会計帳簿等の重要な情報を入手し，更生手続に対する意見を裁判所に対して提出する権限を有します。

(4) 更生計画案の提出及び認可

(i) 更生計画案の提出

管財人は，債権の届出期間満了後，裁判所が定めた期間内に，裁判所に対して，更生計画案を提出しなければなりません。債務者並びに届出をした債権者及び担保権者も更生計画案を提出することができます。

(ii) 更生計画案に対する同意及び認可の手続

更生計画案の承認に関する議決権の行使は，クラス毎に行われます。承認があるといえるには，支払の猶予及び担保権の減免が要求される債権者の75％の賛成が必要となります。なお，更生手続の開始時に債務者が債務超過にある場合，株主は，更生計画案に関する議決権を有しません。

更生計画案は，裁判所が認可したときに効力を生じます。法定多数の同意が得られない場合においても，裁判所は，法の定めに従って修正された更生計画案を認可することが出来ます。一種のクラム・ダウンが規定されているわけです。

更生計画案が認可された場合，債権者の債権，担保権，株主の権利は，更生計画により変容を受けます。また認可により，それまで停止されていた清算手続，強制執行手続，保全手続等は，全て失効します。

(5) 認可後の手続

(i) 更生計画の実施及び変更

管財人は，遅滞なく更生計画を実施する必要があります。裁判所は，管財人又は更生計画における債務負担者もしくは担保を提供した者に対して，更生計画を実施するために必要な命令を発することが出来ます。更生計画認可後，やむを得ない状況の変化が発生した場合，裁判所は，管財人，債務者，届出をした債権者又は株主の申立てに基づき，更生計画を変更することができます。

(ii) 更生手続の終了

裁判所は，更生計画を実施するに支障がないと判断した場合，管財人もしくは届出をした債権者の申立てにより又は職権をもって更生手続を終結し，終結及びその理由の概要を公告します。その後，債務者は通常の事業を再開することができます。

3 和議法による再建

(1) 和議手続の概要

和議手続は，担保権及び租税債権には影響がありませんが，債務者は，財産の管理処分権を失うことがないため，破産回避のためによく利用され，1997年以降の申立件数は，更生手続の申立件数を上回っています。しかし，再建型倒産処理手続が，実務上，会社組織再編に用いられる場合がありますが，和議手続は，そのような手段とはなりません。

(2) 手続の開始

和議手続の開始は，債務者が個人，法人のいずれであるかを問わず，債務者のみが申し立てることができ，債権者は申立権者とされておりません。また，和議案も債務者のみが提供することができます。裁判所は，管理委員 (Management Committee) から意見を聴取した後，清算委員 (Liquidation Commissioner) を選任することができ，清算委員は，裁判所が定めた一定期間内に債務者の財産及び会計帳簿を調査し，裁判所に対して和議手続を開始すべきか否かにつき意見書を提出します。裁判所は，清算委員の提出した意見書を検討した後，債務者が提出した和議案が実現する見込みがあると判断した場合，和議手続開始を決定することができます。

(3) 和議手続開始後の手続

上述のように和議手続においては，債務者は，その財産に対する管理処分権を失わず，同手続において選任される管財人 (Trustee) は，監督権を有するのみです。多数債権者が和議案に同意し，裁判所が認可した場合，全債権者の債権金額及び弁済期間が和議の条項に従って変容を受けます。

4 韓国における国際倒産の処理

会社更生手続は，相互主義に依拠しておらず，外国人は同様の扱いを受けます。

国外で開始された倒産手続（清算手続及び再建手続）は，韓国にある債務者の財産に対しては影響を及ぼさず，又，国内で開始されたこれらの手続も，在外財産に対して効力を有しません。韓国の倒産手続関連法令は，外国倒産手続の承認に関する規定を設けておりません。　　　　　　　　　　　　［渡邉光誠］

Q518 台湾における再建型倒産処理制度はどのようなものですか。

A

1 台湾における倒産処理制度の概要

台湾における倒産処理制度は，①破産手続，②和議手続，及び③会社更生手続からなっています。これらのうち，再建型倒産処理制度は，会社更生及び和議です。

法的倒産処理制度は，日本法に近似し，充実した内容を有していますが，あまり利用されず，私的整理が圧倒的に多くなっています。その理由は，債務者が，裁判沙汰を嫌う国民性から，法的倒産処理制度を避ける傾向があり，私的整理に協力的であること，手形不渡りとなっても1週間の猶予期間がある制度となっているため，この間に主要債権者との間で協議することが可能であること，破産申立により債権者自身の風評が悪化することを懸念していることなどが挙げられます。以下には，会社更生手続による再建及び和議による再建手続について概説します。なお，現在，台湾においては，国際倒産に関する法の手当はなされていないようです。

2 会社更生手続による再建

(1) 手続の開始

会社法に規定される会社更生手続は，株式又は社債を発行している会社が対象とされており，そのため，実際上，相当程度規模の大きな会社のための手続となっています。会社更生手続は，裁判所（「法院」）に対する申立てによりなされますが，手続開始の申立権者は，①債務者，②6ヵ月前から引続き発行済株式総数の10％以上の株式を保有する株主，及び③会社の発行済株式総数の金額の10％以上の額の債権者とされています。

手続開始決定がなされると，債務者に対する個別的権利行使は全て禁止されます。又，債務者の破産，和議，強制執行等の法的手続は，停止されます。

(2) 再建手続中の事業の運営等

会社法は，債務者たる会社の取締役を管財人（「重複人」）としています。つまり，Debtor in Possession を容認しているわけです。しかし，裁判所がこれを不適当とする場合には，債権者又は株主から選任されることがあります。又，更生債権者及び株主により構成される関係人集会による選任も可能となっています。実務上，取締役とともに，取締役の管財業務を監督すべく，弁護士や公認会計士が管財人に選任されることが多くなっています。

又，会社業務の知識及び経営経験を有する者，又は金融機関が，裁判所により更生監督人として選任されます。更生監督人は，管財人の監督等を職務内容とし，例えば，管財人が営業行為以外の会社財産の処分等を行う場合は，更生監督人の許可が必要とされています。

(3) 計画案の関係者集会による承認及び裁判所による認可

管財人は，更生債権者及び株主により構成される関係者集会に，会社の業務及び財務の状況に関する報告をするとともに，更生計画案を提出し審査を求めます。更生計

画案の提出は，債権者及び株主には認められておりません。更生計画案の決議においては，優先債権者，担保権付債権者，無担保債権者，劣後債権者に組分けがされ，各組の議決権総数の3分の2以上の同意が必要となります。

更生計画案が可決された場合，裁判所は，計画案が公正・衡平の原則を充たしている場合には，同案を認可します。

これに対して，1つ以上の組が同意しなかった場合でも，裁判所が債務者に更生の価値があると認めた場合には，裁判所は，更生計画案に対する修正方針を示し，1ヵ月以内に再度投票することを命じます。又，修正後も可決されない場合には，裁判所は，手続を廃止するか，不同意の組を保護する再修正を施した上で更生計画案を認可するかのいずれかの決定を行います。手続廃止決定をした場合，裁判所は，職権で破産宣告をすることができます。

3 和議手続による再建

(1) 和議手続は，破産法中に規定されていますが，①裁判所による和議手続と，②商会による和議手続，③強制和議手続があります。

②商会（日本の商工会議所に類似する組織）による和議は，商人が破産申立前に利用することが出来る和議手続ですが，破産法は，商会は，知れたる一切の債権者を和議に参加させ，且つ，債権者集会に出席させなければならないと規定しており，債権者が多数の場合実施が困難であり，実際上，債権者の少ない中小企業のみが対象となっており，適用例も僅かです。

又，③強制和議は，破産手続開始後，破産配当認可までの間に適用される和議手続です。即ち，破産者は，強制和議計画を裁判所に申請することができ，この場合，裁判所は，破産管財人，監査人及び債権者の意見を聞いた後，計画案を適切であると判断した場合には，計画案の承認のための債権者集会を招集します。その後の手続は，①裁判所による和議と同じです。以下，①裁判所による和議について述べます。

(2) 裁判所による和議手続

(i) 手続の開始

裁判所による和議手続の申立権者は，債務者に限られます。既に，破産申立てがなされている場合，又は，商会による和議が不成立となっている場合には申立てをすることができません。

申立ての際には，債務者は，財産状況説明書，債権者名簿及び和議案を提出し，さらに，予定弁済方法に対する担保を提供する必要があります。以上に基づき，裁判所は，手続開始又は申立て却下の決定をしますが，却下の場合には，債務者の破産が宣告されます。

(ii) 裁判所による和議における事業の運営

裁判所は，裁判官1名を監督者として選任し，又，会計士，商会が推薦した者その他適任者の中から監督補助者を選任します。和議手続中，債務者は，業務を継続することが出来ますが，これらの者の監督を受けることとなります。和議申立て後になされた通常の管理行為又は営業行為を超える行為は和議債権者に対して効力を有しません。

(iii) 計画案の関係者集会による承認及び裁判所による認可等

監督者又は監督補助者は，調査の結果に基づいて，債権者会議において，債務者の財産及び業務の状況につき報告し，又，債務者が提出した和議案に対して意見を述べます。債権者会議においては，出席債権者の過半数の同意と届出債権総額の3分の2以上の賛成が必要となります。

和議案が否決された場合，債権者会議の議長は，和議手続終了を宣言し，この報告を受けた裁判所は，債務者の破産を宣告します。

他方，和議案が可決された場合には，裁判所は，可決された和議案が公正，衡平であると判断した場合，和議を認可します。認可しない場合は，債務者の破産を宣告します。

認可された和議案は，担保権付債権者，優先債権者には一切影響を与えません。従って，営業用資産等，再建に必要な資産が担保に付されている場合には，別途，当該担保者と弁済計画，担保権実行に

第31章　国際関係
Q519

ついて協議しておく必要があります。

［渡邉光誠］

Q519 中国の再建型倒産手続は、どのようになっていますか。

A

企業破産法に、「重整」（担保権者拘束型）と「和解」（担保権非拘束型）の手続きが規定されています。

中国における企業の破産手続については、「中華人民共和国企業破産法」（以下、企業破産法）が、新たに制定され、同法が、2007年6月1日から施行されています。その内容ですが、債務者が期限到来の債務を弁済できないときで、①債務超過または②明白な弁済能力欠如である場合は、債権者または債務者は、「破産清算」の申立てをすることができ（同法7条、法2条）、破産手続受理時点で、「管理人」を選任し（同法13条、22条）、債権者は、債権届出（同法44条以下）を通じて破産手続きに関与することになります。

再建型倒産手続きとしては、同法中に、「重整」（同法70条以下）、「和解」（同法95条以下）が規定されています。両者の特色は以下のとおりです。

1，重整（担保権者を拘束する手続き）
　(1)　申請者、申請時期
　　債務者または債権者は、重整を直接申請することができるほか、債権者申立破産の場合には、破産宣告前の段階で、債務者または登録資本10％以上の出資者も、重整を直接申請することができます（同法70条）。申立原因は、破産原因のほか、明白な弁済能力欠如のおそれがある場合とされています（法2条2款）。
　(2)　経営権、担保権
　　重整の手続期間中は、原則として管理人が営業を管理しますが裁判所許可により、債務者が管理人の監督下で経営権を行使することもできます（同法73条）。なお、担保権の一時停止がなされます（同法75条）。
　(3)　再建案の可決要件
　　原則として、重整の手続開始後6月内に、「重整計画草案」が提出されます（同法79条）。債権者会議は、担保権の組、労働債権の組、税金の組、通常債権の組に分けられ（同法82条）、各組において、出席した議決権の過半数、かつ、その債権総額の3分の2以上で、重整計画草案が可決されます（同法84条）。出資者に影響がある計画の場合には、出資者の組でも表決されます（同法85条）。各組にて全て可決された場合に、重整計画草案が通過したものとされますが（同法86条）、一部の組にて否決された場合でも、一定の条件を満たす重整計画草案については、人民法院が批准することも可能とされています（同法87条）。
　(4)　可決等の後の計画実行
　　草案可決の場合は、管理人から債務者は財産と営業事務権限を移管されます（同法89条）。否決の場合は、破産宣告に移行します（同法88条）。人民法院の認可を経た和解協議は、債務者と全債権者を拘束します（法92条1款）。未届債権者も拘束され、重整計画実行後でないと弁済を受けられない扱いです（法92条2款）。草案和解協議により減免された債務については、債務者は、弁済責任を負担せず（同法94条）、重整計画に従って弁済を実行するものとされています（同法89条）。

2，和解（担保権者を拘束しない手続き）
　(1)　申請者、申請時期
　　債務者が和解協議草案を添付のうえ申請し、破産宣告前に和解手続きを実施します（同法95条）。申立原因は、破産原因と同じです。
　(2)　経営権、担保権
　　破産手続受理時点で管理人が選任されているときは、和解協議期間中は、経営権は、管理人が行使するものと解されます（同法98条参照、同法25条）。担保権者は、権利行使が可能です

（法96条2款）。

(3) 再建案の可決要件

債権者会議では，出席した議決権の過半数，かつ，その債権額の無担保債権総額の3分の2以上で，和解協議草案が可決されます（同法97条）。担保権者には，議決権はありません（同法59条参照）。

(4) 可決等の後の計画実行

可決の場合は，管理人から債務者は財産と営業事務権限の移管を受けます（同法98条）。否決の場合は，破産宣告となります（同法99条）。

人民法院の認可を経た和解協議は，債務者と和解債権者（無担保債権者）を拘束しますが（同法101条），担保権者は拘束しません。（同法96条2款）。和解協議により減免された債務は，債務者は，弁済責任を負担せず（同法106条），和解協議の条件に従って弁済を実行します（同法102条）。

(参考)　安建主，全国人民代表大会常務委員会法制工作委員会編『中華人民共和国企業破産法釈義』法律出版社2006年12月第1版）。

　　　　　　　　　　　　　　　［松村昌人］

監 修
須藤 英章

編者　企業再建弁護士グループ

上床　竜司	髙木　裕康	三森　仁
江木　晋	長沢美智子	村田由里子
大城　康史	野崎　大介	山本　正
髙井　章光	古里　健治	渡邉　光誠
	松村　昌人	

民事再生QA500〔第2版補訂〕

2003（平成15）年12月20日　第1版第1刷発行
2008（平成20）年　7月30日　第2版第1刷発行
6052-6：P416　¥4200E-012：200-020
2011（平成23）年　1月25日　第2版補訂第1刷発行
6064-9：P416　¥5000E-013：150-050-020

監修　須藤　英章
編者　企業再建弁護士グループ
発行者　今井　貴
発行所　株式会社 信山社
編集第2部総括
〒113-0033　東京都文京区本郷 6-2-9-102
Tel 03-3818-1019　Fax 03-3818-0344
笠間才木支店　〒309-1611　茨城県笠間市笠間 515-3
Tel 0296-71-9081　Fax 0296-71-9082
笠間来栖支店　〒309-1625　茨城県笠間市来栖 2345-1
Tel 0296-71-0215　Fax 0296-72-5410
出版契約 No.2011-6064-9-02020 Printed in Japan

Ⓒ企業再建弁護士グループ，2011　印刷・製本／亜細亜印刷・渋谷文泉閣
ISBN978-4-7972-6064-9　C3332　分類327.364 民事再生法

JCOPY　〈（社）出版者著作権管理機構 委託出版物〉
本書の無断複写は著作権法上での例外を除き禁じられています。複写される場合は、
そのつど事前に、（社）出版者著作権管理機構（電話 03-3513-6969, FAX03-3513-6979,
e-mail:info@copy.or.jp）の許諾を得てください。

新堂幸司　監修
日本裁判資料全集 1・2・3・4

判例研究の方法論で夙に指摘されているように事実の精確な認識の上にたって、法の適用ひいては判決の結論が妥当かどうか判断されなければならない。ロースクール時代を迎えて、実務教育の重要性が言われるようになったが、そのための裁判資料は十分であったか。判例研究が隆盛を極めている今日、ここに、日本裁判資料全集を刊行を企図する所以である。

中平健吉・大野正男・廣田富男・山川洋一郎・秋山幹男・河野敬 編

 1　東京予防接種禍訴訟 上　30,000円
 2　東京予防接種禍訴訟 下　28,000円

更田義彦・舎科直文・國広 正・五味裕子・坂井 眞 編

 3　長銀最高裁無罪事件 上　近刊
 4　長銀最高裁無罪事件 下　近刊

潮見佳男 著 プラクティス民法 債権総論[第3版] 4,000円
潮見佳男 著 プラクティス民法 債権総論Ⅰ[第2版] 4,800円
潮見佳男 著 プラクティス民法 債権総論Ⅱ[第3版] 4,800円
潮見佳男 著 プラクティス民法 契約各論Ⅰ　4,200円
潮見佳男 著 プラクティス民法 不法行為法Ⅰ　4,000円
新　正幸 著 憲法訴訟論[第2版] 8,800円
藤原正則 著 不当利得法　4,500円
青竹正一 著 新会社法[第3版] 6,500円
高　翔龍 著 韓　国　法[第2版] 6,000円
小宮文人 著 イギリス労働法　3,800円
石田　穣 著 物権法（民法大系2）4,800円
石田　穣 著 担保物権法（民法大系3）10,000円
加賀山茂 著 現代民法学習法入門　2,800円
加賀山茂 著 現代民法担保法　6,800円
平野裕之 著 民法総合シリーズ（全6巻）
 3 担保物権法[第2版] 3,800円
 5 契　約　法　4,800円
 6 不法行為法[第2版] 4,000円　(1,2,4続刊)
  プラクティスシリーズ 債権総論　3,800円
佐上善和 著 家事審判法　4,800円
半田吉信 著 ドイツ債務法現代化法概説　11,000円
ヨーロッパ債務法の変遷
　　　ペーター・シュレヒトリーム著・半田吉信他訳 15,000円
グローバル化と法　H･P･マルチュケ＝村上淳一編 3,800円
民事訴訟と弁護士　那須弘平 著　6,800円

◇学術選書◇

1　太田勝造　民事紛争解決手続論（第2刷新装版）6,800円
2　池田辰夫　債権者代位訴訟の構造（第2刷新装版）
3　棟居快行　人権論の新構成（第2刷新装版）8,800円
4　山口浩一郎　労災補償の諸問題（増補版）8,800円
5　和田仁孝　民事紛争交渉過程論（第2刷新装版）
6　戸根住夫　訴訟と非訟の交錯　7,600円
7　神橋一彦　行政訴訟と権利論（改版第2刷新装版）8,800円
8　赤坂正浩　立憲国家と憲法変遷　12,800円
9　山内敏弘　立憲平和主義と有事法の展開　8,800円
10　井上典之　平等保障の解釈　近刊
11　岡本詔治　隣地通行権の理論と裁判（増補版）9,800円
12　野村美明　アメリカ裁判管轄権の構造　続刊
13　松尾　弘　所有権譲渡法の理論　続刊
14　小畑　郁　ヨーロッパ人権条約の構想と展開　仮題　続刊
15　岩田　太　陪審と死刑　10,000円
16　石黒一憲　国際倒産 vs. 国際課税　12,000円
17　中東正文　企業結合法制の理論　8,800円
18　山田　洋　ドイツ環境行政法と欧州（第2刷新装版）5,800円
19　深川裕佳　相殺の担保的機能　8,800円
20　徳田和幸　複雑訴訟の基礎理論　11,000円
21　貝瀬幸雄　普遍比較法学の復権　5,800円
22　田村精一　国際私法及び親族法　9,800円
23　鳥谷部茂　非典型担保の法理　8,800円

◇総合叢書◇

1　企業活動と刑事規制の国際動向　11,400円
　　甲斐克則・田口守一 編
2　憲法裁判の国際的発展 (2)　栗城壽夫・戸波江二・古野豊秋 編

◇法学翻訳叢書◇

1　ローマ法・現代法・ヨーロッパ法
　　R.ツィンマーマン　佐々木有司 訳
2　一般公法講義 1926年　近刊
　　L.デュギー　赤坂幸一・曽我部真裕 訳
3　実効的権利保護　D.ライポルド　松本博之 編訳　12,000円
4　既判力と判決理由　A.ツォイナー　松本博之 訳　6,800円

◇法学講義のための重要条文厳選六法◇
法学六法 '11
46版薄型ハンディ六法の決定版 536頁 1,000円

【編集代表】	【編集協力委員】
慶應義塾大学名誉教授　石川　　明	慶應義塾大学教授　六車　　明
慶應義塾大学教授　池田　真朗	慶應義塾大学教授　犬伏　由子
慶應義塾大学教授　宮島　　司	慶應義塾大学教授　山本爲三郎
慶應義塾大学教授　安冨　　潔	慶應義塾大学教授　田村　次朗
慶應義塾大学教授　三上　威彦	慶應義塾大学教授　鹿野菜穂子
慶應義塾大学教授　大森　正仁	関西学院大学教授　大濱しのぶ
慶應義塾大学教授　三木　浩一	慶應義塾大学教授　渡井理佳子
慶應義塾大学教授　小山　　剛	慶應義塾大学教授　北澤　安紀
	慶應義塾大学准教授　君嶋　祐子
	広島大学准教授　新井　　誠

標準六法 '11
【編集代表】石川　明・池田真朗・宮島　司・安冨　潔・
三上威彦・大森正仁・三木浩一・小山　剛

スポーツ六法 2010
【編集代表】小笠原正・塩野　宏・松尾浩也

コンパクト学習条約集
【編集代表】芹田健太郎

保育六法【第2版】
【編集代表】田村和之

医事法六法
甲斐克則 編

ジェンダー六法
山下泰子・辻村みよ子・浅倉むつ子・二宮周平・戒能民江 編